100 PLACES YOU SHOULD VISIT IN YOUR LIFE

人 一 生 要 去 的

1个 地方

辞溪 主编

中国华侨出版社

北 京

图书在版编目（CIP）数据

人一生要去的100个地方：纯美珍藏版 / 辞溪主编.
—北京：中国华侨出版社，2017.12
ISBN 978-7-5113-7195-9

I.①人… Ⅱ.①辞… Ⅲ.①旅游指南—世界 Ⅳ.
K919

中国版本图书馆CIP数据核字（2017）第270924号

人一生要去的100个地方：纯美珍藏版

主　　编：辞　溪
出 版 人：刘凤珍
责任编辑：泰　然
封面设计：李艾红
文字编辑：李翠香
美术编辑：张　诚
图片提供：www.quanjing.com　　www.icpress.cn
　　　　　侯晓博　沈奇威
经　　销：新华书店
开　　本：720 mm×1020 mm　　1/16　　印张：27　　字数：630千字
印　　刷：北京鑫海达印刷有限公司
版　　次：2018年1月第1版　　2019年2月第2次印刷
书　　号：ISBN 978-7-5113-7195-9
定　　价：48.00元

中国华侨出版社　北京市朝阳区静安里26号通成达大厦3层　邮编：100028
法律顾问：陈鹰律师事务所
发 行 部：（010）58815874　　　　传　　真：（010）58815857
网　　址：www.oveaschin.com　　　　E-mail：oveaschin@sina.com

如果发现印装质量问题，影响阅读，请与印刷厂联系调换。

前 言
Preface

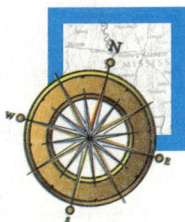

著名作家萧乾说过："人生就是一次不带地图的旅行。"的确，人生就是这样，一次次出发，一次次到达。每一次出发，就是一次梦想的发芽，而每一次到达，就是一次心灵的净化。都市的喧嚣，现实中的压力，使人们不自觉地产生一种本能的渴望，除了渴望物质的丰盈，更渴望强健的体魄和精神的乐土。所以，很多人选择用旅行来远离喧嚣，逃避困惑，而且既开阔心胸，又强身健体。虽然人的一生很短暂，而世界又是那么的广阔，人不可能走遍所有的角落，在时间和金钱还不允许的情况下，一个人也不可能到过太多地方。但是没有关系，本书会带给你和旅游有同样效果的感受，翻开浸着油墨淡香的书页，透过文字的呼吸，让我们一起去"旅行"。

人生是一次时光和地域交织、情感与经历融汇的旅途，每个人都期待这次旅途精彩而绚烂。世界上很多地方都是人生旅途不可错过的，是一个人需要停下脚步用心灵来欣赏、感悟和享受的。这些由自然、历史、人文沉积而成的人间仙境，是人们期待许久、寄放在心灵深处的梦幻之地，是召唤生命和生发梦想之地。我们根据《美国国家地理》和《中国国家地理》推荐和新浪网调查结果，选取了中外具有代表性的近百处自然与文化景观，编成本书，就是为帮助读者实现这一梦想。全书分为"神秘奇绝的大自然造化""欢愉忘忧的人间天堂""古代文明的斑驳遗痕""历史与现代的都市交响"等几个大的篇章，每个篇章下的各个景观又

1

独立成篇，其中包括承载沧桑的历史名城、普度性灵的宗教圣地、伟大的世界奇观、传承文明的精神家园、优美宁静的人间天堂……这些地方不仅仅具有美丽的风光，而且其厚重的文化底蕴带给我们的感悟，仿佛具有一种神奇的穿透力，让我们的灵魂感到战栗，让我们的心灵得到抚慰。

为了给读者提供更多的实用的旅游资讯，我们还设置了"必去的理由""适宜季节""适宜人群""旅游小贴示""主要景点"等辅助性栏目，帮助读者多角度地了解这些地方的自然和人文魅力。同时，在有些景观之后我们还间或穿插名人名家的游记随想，正所谓：美景的魅力和图画的色彩一起流淌，文化的神韵和名家的灵魂激情碰撞。

通俗流畅的叙述语言、图文互注的编排形式、新颖独到的版式设计等多种视觉要素的有机结合，本书既可以成为你畅游世界的"窗口"，也可以成为你选择下一次旅游目的地的指南。

呼吸不同的空气，看看不同的景色，听听不同的语言，感受不同的世界。从千里冰封、万里雪飘的白山黑水到一望无际的茫茫草原，从小桥流水人家的江南水乡到高原大漠的粗犷风光，天南地北各个地方都展现着它独特的魅力。想象在某个孤独的午后从巴黎左岸的咖啡馆中溢出的咖啡香气；地中海岸，圆月从帕特农神庙顶上升起，清冷的光辉洒遍人类搭建过的永恒神话圣坛；一对对有情人依偎在爱琴海洁白的沙滩上，看着落日斜晖把天边染成金黄；洁白的悉尼歌剧院透出现代的幽谧和安然；珠穆朗玛之巅，圣洁的雪山遗世独立，接受千年万载不变的膜拜；夏威夷海滩，头顶着烈日去拥抱碧蓝的大海，晶莹的沙滩，随风摇曳的椰子树，逐浪起伏的冲浪板……一切都不再是梦幻，所有关于天堂的神秘、旖旎、浪漫都凝聚在这本书中。

目录
Contents

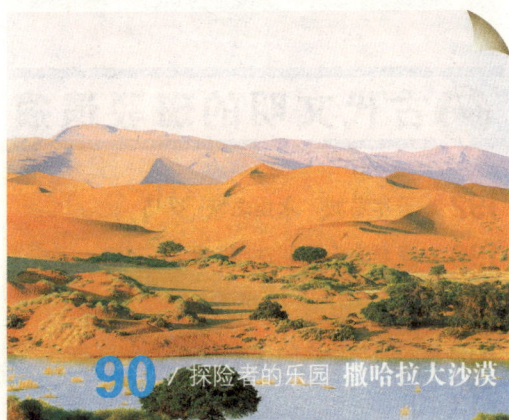

1

108/中国古典园林的典范 苏州

138/太平洋上的人间乐土 夏威夷

163/小桥流水人家 周庄

232 / 高原姑苏 **丽江古城**

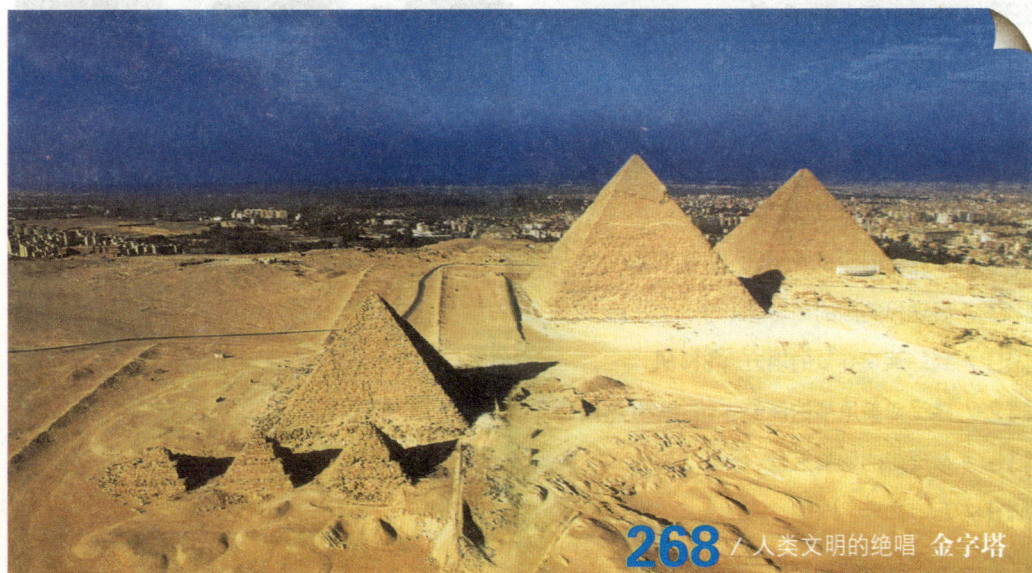

268 / 人类文明的绝唱 **金字塔**

历史与现代的都市交响

神秘奇绝的大自然造化

恒河/尼亚加拉大瀑布/长江三峡/天山天池/喀纳斯湖/黄河壶口瀑布/黄果树瀑布/阿尔卑斯山/加拿大落基山/富士山/科罗拉多大峡谷/长白山/武夷山/神农架/张家界/九寨沟/珠穆朗玛峰/雅鲁藏布江大峡谷/东非大草原⋯⋯

必去理由 孕育了一个伟大的民族，已成为一个宗教象征，并被冠以神圣之名的河流
适宜季节 冬季
适宜人群 精神上的朝圣者

印度文明的摇篮 恒河

印度圣河——恒河是印度的灵魂。宗教传统成为印度文明的一个重要部分。恒河之于印度教徒，是最为神圣的象征。身为印度教徒，一生至少必须到恒河净身一次。所以千百年来，朝圣者的足迹遍布了恒河两岸，诗人、歌手常常行吟于河畔。至今，恒河沿岸仍是印度的精粹所在。

恒河蜿蜒流过印度北方的各邦和孟加拉，其中最神圣的一段是瓦拉纳西古城旁的河岸。沿着弯弯的河流，河沿西岸建造了一大片阶梯，紧接背后是一大排古香古色的房屋和庙宇，看不到多少现代气息。再加上河面上一艘艘小木船、浸泡于河里的信徒、岸上打坐的僧人、石阶上火葬仪式的迷烟，虚幻般的情景，仿佛时光倒流了几百年。对岸大片渺无人烟的荒地，与密集的市区和热闹的西河岸形成强烈的对比。

因为印度教徒虔诚地把用恒河水"冲洗身上的过失"看成是莫大的安慰和荣幸，所以来此朝圣的人络绎不绝。每天清晨，成千上万的印度教徒，或男或女，或老或少，既有本地人，也有外乡人，来到恒河边，怀着虔诚的心情踏进恒河，以求用圣水冲刷掉自己身上的污浊或罪孽，达到人生超脱凡尘、死后到天国永生的愿望。在黎明时分河岸边的活动已经开始踊跃，加上层层薄雾笼罩河面，更增添一份神秘感。信徒们顾不上河水冰凉刺骨，向东方朝拜后便将身体浸没到圣水之中。男信徒一丝不挂地入水，女信徒则穿着五彩衣服。雾中只见河的浅水处影影绰绰全是人，但并不相互影响，都是各自祷告修行。

恒河两岸也很热闹，祷告、修行、洗衣、做饭互不干扰，还经常会见到一个一个的火化堆。外来者总不明白，即使上游正有火化仪式把骨灰撒下河，下游的信徒们也个个若无其事，各行其是，像是天经地义一般。

> 恒河是印度教徒心目中的圣河，他们相信在此沐浴能净化心灵，驱除邪祟，故此河里常有信徒沐浴。

> 正在恒河里沐浴的印度教徒

旅游小贴士

　　气候：印度的气候大体属于热带季风型，一年分为四季：冷季（12月至次年3月）、热季（4-6月）、雨季（7-9月）和西南季风退却季（10-11月）。到印度旅游的最好时间是每年11月到次年2月，但由于印度国土辽阔，各地气候略有差异，北部山区则以4月至7月天气最好。

　　旅游购物：印度以手工艺制品闻名，游客可选购的纪念品种类很多，大致可分为：手织制品——手绢、地毯、头巾、台布等；皮制用品——皮包、皮鞋；青铜银制品——浮雕、水瓶、泰姬陵模型等；木制雕刻品——檀木笔、乐器等；珠宝玉石饰物等。

自然界的奇景 尼亚加拉大瀑布

尼亚加拉大瀑布位于纽约州西北部，横跨美国和加拿大两国边境，是世界上著名的自然景观。它由两个主流汇合而成，一是美国境内的"美国瀑布"，一是介于美、加边境的"马蹄瀑布"。这两个瀑布奔腾交织在一起，从高达35~38米的峭壁上倾注而下，一泻千里。

尼亚加拉瀑布位于美、加边界连结伊利湖与安大略湖的尼亚加拉河上。据测算，伊利湖水以每分钟1400万升的流量由长56千米的尼亚加拉河流入安大略湖，东西水位落差99米，流程的一半处正是尼亚加拉瀑布所在地，形成了尼亚加拉大斜坡最著名的自然景观——尼亚加拉瀑布。尼亚加拉大斜坡是最后冰川期留下的遗迹，它绵延起伏，东部向下倾斜，形成多岩石的陡坡。

尼亚加拉瀑布以山羊岛为界，分属加拿大和美国，由三股飞瀑组成。其中，在河东美国一侧悬挂二瀑，落差55米，叫"彩虹瀑"和"月神瀑"。在河西加拿大一侧的飞瀑最为壮观，其状若马蹄，称"马蹄瀑"，是世界上最宽的瀑布，落差54米，瀑布下面的水潭深56米。马蹄瀑与前两瀑相距约二三百米，但看上去基本是"三位一体"的半弧形。据计算，三股飞瀑总宽度为1160米，总的最大流量可达每秒6000立方米。

▷ 在尼亚加拉瀑布参观的各国游客

来到尼亚加拉瀑布处，人们可以从多个角度欣赏其壮丽的风采。那里有著名的"前景观望台"，巍峨耸立。如果想仰视大瀑布倾泻的景象，可以沿着山边崎岖小路，前往"风岩"，那就算站在大瀑布的脚下了。翘首仰望，便会看见大瀑布以磅礴气势、铺天盖地、飞流直下，不禁使人心里涌起一股激情，与大自然产生共鸣。游客在此必须穿上雨衣，否则飞珠落玉，衣衫尽湿。但是要看大瀑布正面全景，最理想的地方还是站在彩虹桥上。桥跨瀑布下游的尼亚加拉河，在桥上步行 5 分钟，便可从美国走到加拿大。

在大瀑布附近，还有一个规模较小，却享有盛名的瀑布，其名美丽动人，叫作"新娘面纱瀑布"，又叫"月光瀑布"。闻其名，便可想见它那流水潺潺、银花飞溅的迷人景色。同旁

边蔚为壮观的瀑布相比，它显得别具一格，另有一番风韵。正如新娘的面纱，在微风中轻轻拂动；又似一片月光，柔和地洒在绝壁之上，令游客为之陶醉。

游客可以搭乘"雾中少女"号游览船穿梭于波涛汹涌的瀑布之间，到扑朔迷离的水雾之中去领略惊心动魄、涤荡尘器的感觉。微波荡漾的碧水渐渐波涛起伏。两岸礁石千姿百态，石壁上像有一层贝壳镶嵌。无数静伏的海鸥被浪花惊动后振翅飞起，它们有的贴近湖面翱翔，有的与缭绕的飞雾争高，有的与急浪搏击。

每年来尼亚加拉瀑布旅游的游客约 400 多万人，这就不难理解，靠着著名的维多利亚瀑布，附近建有维多利亚瀑布城；靠着这个尼亚加拉瀑布，加、美两国也均设有尼亚加拉瀑布城。而且，它们同被称为"蜜月之都"。这两座瀑布城的经济发展很快。

▷ 雄伟壮丽的尼亚加拉"马蹄瀑布"

⭐ 尼亚加拉大瀑布

　　尼亚加拉瀑布是我的旧游之地，那是在一九二四年夏，同游者闻一多早已下世。瀑布风光常在我想象之中。美国人称尼亚加拉瀑布为"度蜜月者的天堂"。度蜜月者最理想的地方应该是一个山明水秀而又远离尘嚣的地方，像尼亚加拉瀑布游人如蚁昼夜喧琢的地方，如何能让一对度蜜月者充分的全神贯注的彼此互相享受呢？这也许是西方人的看法，而度蜜月本是西方的产物。不过瀑布本身确是十分动人的。

　　我们到水牛城，立即驰往尼亚加拉瀑布（市镇名），傍晚在一家汽车旅馆住下。我上次来，一下火车站就听到滂湃的声音，如今旧地重游，夜阑人静，一点声音也听不到，是瀑布上的槛岩年年崩落减小了水势，还是我的耳朵渐聋以至于充耳不闻？任何名胜，游览一次有一次的情趣，再游便另是一种风光。

　　翌晨，旅馆特备小型游览汽车专为我们使用一天，导游兼任司机，取费甚廉，仅八元。这位蓄小胡子的导游可是一个人才，不但口若悬河，一路没有停嘴，而且下车之后他倒退着走路，面对着我们指手画脚的不惮烦的详为解说一切，走到山羊岛上的时候，我生怕他一不当心仰跌到急湍里去。山羊岛上曲折有致，忽然看到树丛里有野兔出没，君达君迈乐不可支，和野兔追逐起来。据导游说，兔子是买来放在这里的，借以增加野趣，就像城市公园草地上的鸽子松鼠一样供人观赏。随后我们就驱车过桥，进入加拿大境，观看美国瀑的正面，同时观看加拿大境的更壮观的马蹄瀑。观瀑一定要到加拿大才能看得一清二楚。这里有一座比较高的望塔，塔的正面悬一巨像，乃是加拿大著名的骑警队员的画像，在这观光胜地悬挂警察画像用意何在殊难索解。塔的形状颇似西雅图的太空针，而高度不及。我们买票登塔，遥望两个瀑布有如湍濑。看完瀑布区便乘车沿尼亚加拉河东行，参观了一所公园，还有一所规模相当大的园艺学院，都宽阔整洁。而隔河看美国的一边，则只见烟囱林立，黑烟漫空，凌乱的棚舍迤逦数十里，丑恶之态使这名胜之地蒙羞。从前英国工业化之后罗斯金（Ruskin）为保存风景曾呼吁开筑铁路要审慎处理，实在不无见地。工业区的建立与风景区的保存是可以并行不悖的。

　　我们匆匆走玩一天，兴尽而返，而导游仍然兴致勃勃，絮聒不休。士耀在车里抬头一看，见一告白："君如认此导游之服务为不能令人满意，则可不必惠给小费。"我们相顾而笑。下车时士耀付小费五元，导游雀跃而去。

　　回到旅舍，我们觉得瀑布还值得再看一次，决定明天搬到加境的一家旅馆再住一夜。这一天没有导游聒噪，反倒觉得自由了。最有趣的是坐缆车下峡谷，乘"雾中女郎"号汽船驶近马蹄瀑。每个游客都穿上长长厚厚的雨衣，罩上雨帽，等汽艇逼近瀑布的时候，但听得泷泷水响，继而滂濞沆瀣，大水自上崩注而下，有电鹜雷骇之势，俄而大风起处，雾雨咸集，每个人都兜头灌顶，浑身尽湿。入夜，瀑布下彩色电灯放出强光，照得五颜六色，有人认为绚烂壮丽，其实恶俗不堪。这也许是我们看惯了水墨山水画，一着色反觉不雅。

　　尼亚加拉瀑布实在不高，马蹄瀑只有一百五十八尺高，两千九百五十尺阔，美国瀑一百六十七尺高，约一千四百尺阔。阔得可观，高则不足道。但是每分钟有五十万吨水倾注而下，不能不算是一大奇观。飞瀑流泉，世界上何处无之，但以言声势之壮，则无出此右者。

——梁实秋

最美的画廊 长江三峡

长江三峡，是自然景观与人文景观最完美的结合。从神龙峰的传说到屈原、昭君的故事，在人们面前展开了一幅民间文学的瑰丽长卷；在这里，您可以欣赏到绝妙的天然之作，更可以探究历史人文在这里留下的深深印痕，以及惹人遐想的美丽故事……

长江，中国的第一大河，从世界屋脊——青藏高原的沱沱河起步，纳百川千流，自西向东，横贯中国腹地，全长六千三百多千米。它满载四季浪歌，永不停息地直奔东海，在流经四川盆地的东缘时冲开崇山峻岭，夺路奔流，形成了举世无双的大峡谷——长江三峡。壮丽雄奇的长江三峡被誉为山水画廊，是国家级风景名胜区。

瞿塘峡

瞿塘峡（亦称夔峡）气势磅礴，险峰对峙，是三峡中最短的峡谷，但却"西控巴渝收万壑，东连荆楚压群山"。瞿塘峡号称"天下雄关"，峡中江流澎湃，涛声雷鸣。瞿塘峡特点是山势雄峻。两岸之山，如斧削而成，有的峰高 1500 米。夹江峭壁，甚为逼仄，致使江宽不过百米，最窄处仅有几十米。其中，夔门山势尤为雄奇，因而有"夔门天下雄"五字镌于崖壁。山势之外，瞿塘水势亦"雄"，它"锁全川之水，扼巴蜀咽喉"，有诗称之"众水会涪万，瞿塘争一门"。江水至此，水急涛吼，蔚为大观。对瞿塘峡的山水之"雄"，清代诗人何明礼有一首诗写得尤为贴切："夔门通一线，怪石插流横。峰与天关接，舟从地窟行。"顺江而下，水流湍急，云天一线，船过其间，游客会有"峰与天关接，舟从地窟行"之感。

在北岸的绝壁上，有一条人工开凿的古栈道遗迹，头顶是悬崖欲坠，脚下是汹涌江涛，这就是古时船夫拉纤、军事运输和客商行贾的唯一通道。崖壁栈道上有清人所刻"开辟奇功、天梯津隶"八个大字。栈道旁是七道门深洞，峭壁岩石之间，有一天窗面对大江。登天窗而望，双峰插云，蓝天一线。向下俯视，江水奔腾，飞舟似箭。入洞观景，钟乳林立，如飞禽走兽，栩栩如生。

▶ 瞿塘峡栈道是明清时在长江北岸壁立如削的悬崖上开凿出的一条官道，起于奉节白帝城脚下，直通峡东口的巫山大溪古镇。

7

旅游小贴士

乘船游三峡注意事项：

1. 大三峡（瞿塘峡、巫峡、西陵峡）及其中的景点（如神女峰）均可在船上观看，不需要门票。

2. 有的景点需要下船游览，包括张飞庙、石宝寨、小三峡、白帝城、屈原祠、神龙溪、三峡工程大坝、岳阳楼、荆州古城等（不同的游轮及上下水游览的景点不尽相同）。每到一个景点，您需要听船上广播和导游的忠告，记住游轮停靠的码头和游轮开航的时间，您必须在开航前返回游轮，切记。

3. 上岸游览的景点几乎都需要步行上坡、上台阶，您需要穿轻便一些的鞋子。三峡雨水较多，需带上必备的雨具。

4. 普通游轮上用餐很难令您满意，所以购买一些食品（如各种零食、酒类、矿泉水、方便食品等）上船是必要的，船上也有常用的食品和生活用品出售，但种类少而且价格较贵。

巫峡

巫峡有大峡之称，以幽深秀丽而奇于天下。峡江两岸，青山不断，群峰如屏，船行峡中，时而大山当前，石塞疑无路；忽又峰回路转，云开别有天，宛如一条迂回曲折的画廊。

巫峡两岸群峰，以十二峰为奇。它们各具特色，尤以神女峰最为纤丽奇俏。像一串翠绿的宝石，镶嵌江畔。激流劈出的巫峡，深沉肃穆。濛濛烟雨、潺潺细流、飞虹流彩，把峡谷装扮得妩媚多姿！宋代诗人陆游诗云"十二巫山见九峰，船头彩翠满秋空"；"秀峰岂止十二座，更有零星百万峰"。

十二峰之外，还有众多的险峰异壑，令人目不暇接。苍峡连彩霞，出峡复入峡。巫峡是三峡最连贯、最

整齐的峡谷，分为东、西两段，西段由金盔银甲峡、箭穿峡组成，东段由铁棺峡、门扇峡组成。巫峡谷深狭长，日照时短，峡中湿气蒸郁不散，容易成云致雾，千姿万态，有的似飞马走龙，有的擦地蠕动，有的像瀑布一样垂挂绝壁，有时又聚成滔滔云纱，在阳光的照耀下，形成巫峡佛光，因而古人留下了"曾经沧海难为水，除却巫山不是云"的千古绝唱。

西陵峡

　　西陵峡是三峡中最长的一个峡，其特点是滩多水急。其中的泄滩、青滩、崆岭滩，为三峡著名的三大险滩。过去船行其间，险象环生，舟毁人亡，时有所闻。建国后，航道经多年整治，大为改善；加之葛洲坝工程蓄水之后，回水百里，水位上升，险滩礁石沉入江底，不复为害。西陵峡中景观甚多。战国时期伟大的诗人屈原、西汉时和亲匈奴的美女王昭君，即诞生于西陵峡。因此唐代诗人杜甫过西陵峡时，曾有诗云："若道世无英俊才，此处何来屈原宅？若道巫山女粗丑，此处何有昭君村？"船出西陵峡南津关，300里峡江航程即告结束，长江自此进入中游，视野豁然开阔，江流东去千里，两岸平野万顷，"极目楚天舒"，别有一番情趣。清代肖际远曾发出"此地江山接蜀楚，天钟神秀在西陵"的感叹！

主要景点

　　大溪文化遗址、昭君故里、石宝寨、黄陵庙、三峡大坝、兵书宝剑峡、大禹授书台、神女庙遗址、孔明石碑等。

⭐ 长江三日

十一月十七日

......

雾笼罩着江面，气象森严。十二时，"江津"号启碇顺流而下了。在长江与嘉陵江汇合后，江面突然开阔，天穹顿觉低垂。浓浓的黄雾，渐渐把重庆隐去。一刻钟后，船又在两面碧森森的悬崖陡壁之间的狭窄的江面上行驶了。

你看那急速漂流的波涛一起一伏，真是"众水会万涪，瞿塘争一门"。而两三木船，却齐整地摇动着两排木桨，像鸟儿扇动着翅膀，正在逆流而上。我想到李白、杜甫在那遥远的年代，以一叶扁舟，搏浪急进，该是多少雄伟的搏斗，会激发诗人多少瑰丽的诗思啊……不久，江面更开朗辽阔了。两条大江，骤然相见，欢腾拥抱，激起云雾迷蒙，波涛沸荡，至此似乎稍为平定，水天极目之处，灰蒙蒙的远山展开一卷清淡的水墨画。

从长江上顺流而下，这一心愿真不知从何时就在心中扎下根子，年幼时读"大江东去……"，读"两岸猿声……"，辄心向往之。后来，听说长江发源于一片冰川，春天的冰川上布满奇异艳丽的雪莲，而长江在那儿不过是一泓清溪；可是当你看到它那奔腾叫啸，如万瀑悬空，砰然万里，就不免在神秘气氛的"童话世界"上又涂了一层英雄光彩。后来，我两次到重庆，两次登枇杷山看江上夜景，从万家灯火、灿烂星海之中，辨认航船上缓缓浮动而去的灯火，多想随那惊涛骇浪，直赴瞿塘，直下荆门呀。但亲身领略一下长江真风景，直到这次才实现。因此，这一回在"江津"号上，正如我在第二天写的一封信中所说：

"这两天，整天我都在休息室里，透过玻璃窗，观望着三峡。昨天整日都在朦胧的雾罩之中。今天却阳光一片。这庄严秀丽气象万千的长江真是美极了。"

下午三时，天转开朗。长江两岸，层层叠叠，无穷无尽的都是雄伟的山峰，苍松翠竹绿茸茸的遮了一层绣幕。近岸陡壁上，背纤的纤夫历历可见。你向前看，前面群山在江流浩荡之中，则依然为雾笼罩，不过雾不像早晨那样浓，那样黄，而呈乳白色了。现在是"枯水季节"，江中突然露出一块黑色礁石，一片黄色浅滩，船常常在很狭窄的两面航标之间迂回前进，顺流驶下。山愈聚愈多，渐渐暮霭低垂了，渐渐进入黄昏了，红绿标灯渐次闪光，而苍翠的山峦模糊为一片灰色。

当我正为夜色降临而惋惜的时候，黑夜里的长江却向我展开另外一种魅力。开始是，这里一星灯火，那儿一簇灯火，好像长江在对你眨着眼睛。而一会儿又是漆黑一片，你从船身微微的荡漾中感到波涛正在翻滚沸腾。一派特别雄伟的景象，出现在深宵。我一个人走到甲板上，这时江风猎猎，上下前后，一片黑森森的，而无数道强烈的探照灯光，从船顶上射向江面，天空江上一片云雾迷蒙，电光闪闪，风声水声，不但使人深深体会到"高江急峡雷霆斗"的赫赫声势，而且你觉得你自己和大自然是那样贴近，就像整个宇宙，都罗列在你的胸前。水天，风雾，浑然融为一体，好像不是一只船，而是你自己正在和江流搏斗而前。"曙光就在前面，我们应当努力。"这时一种庄严又美好的情感充溢我的心灵，我觉得这是我所经历的大时代突然一下集中地体现在这奔腾的长江之上。是的，我们的全部生活不就是这样战斗、航进、穿过黑夜走向黎明的吗？现在，船上的人都已酣睡，整个世界也都在安眠，而驾驶室上露出一片宁静的灯光。想一想，掌握住舵轮，透过闪闪电炬，从惊涛骇浪之中寻到一条破浪前进的途径，这是多么豪迈的生活啊！我们的哲学是革命的哲学，我们的诗歌是战斗的诗歌，正因为这样——我们的生活是最美的生活。列宁有一句话说得好极了："前进吧！——这是多么好啊！这才是生活啊！"……"江津"号昂奋而深沉的鸣响着汽笛向前方航进。

十一月十八日

在信中，我这样叙说："这一天，我像在一支雄伟而瑰丽的交响乐中飞翔。我在海洋上远航过，我在天空上飞行过，但在我们的母亲河流长江上，第一次，为这样一种大自然的威力所吸摄了。"

朦胧中听见广播到奉节。停泊时天已微明。起来看了一下，峰峦刚刚从黑夜中显露出一片灰蒙蒙的轮廓。启碇续行，我到休息室里来，只见前边两面悬崖绝壁，中间一条狭狭的江面，已进入瞿塘峡了。江随壁转，前面天空上露出一片金色阳光，像横着一条金带，其余天空各处还是云海茫茫。瞿塘峡口上，为三峡最险处，杜甫《夔州歌》云："白帝高为三峡镇，瞿塘险过百牢关。"古时歌谣说："滟大如马，瞿塘不可下；滟大如猴，瞿塘不可游；滟大如龟，瞿塘不可回；滟大如象，瞿塘不可上。"这滟堆指的是一堆黑色巨礁。它对准缺口，万水奔腾一冲进峡口，便直奔巨礁而来。你可想象得到那真是雷霆万钧，船如离弦之箭，稍差分厘，便撞得个粉碎。现在，这巨礁，早已炸掉。不过，瞿塘峡中，激流澎湃，涛如雷鸣，江面形成无数旋涡，船从旋涡中冲过，只听得一片哗啦啦的水声。过了八公里的瞿塘峡，乌沉沉的云雾，突然隐去，峡顶上一道蓝天，浮着几小片金色浮云，一注阳光像闪电样落在左边峭壁上。右面峰顶上一片白云像白银片样发亮了，但阳光还没有降临。这时，远远前方，无数层峦叠嶂之上，迷蒙云雾之中，忽然出现一团红雾，你看，绛紫色的山峰，衬托着这一团雾，真美极了。就像那深谷之中向上反射出红色宝石的闪光，令人仿佛进入了神话境界。这时，你朝江流上望去，也是色彩缤纷：两面巨岩，倒影如墨；中间曲曲折折，却像有一条闪光的道路，上面荡着细碎的波光；近处山峦，则碧绿如翡翠。时间一分钟一分钟过去，前面那团红雾更红更亮了。船越驶越近，渐渐看清一高峰亭亭笔立于红雾之中，渐渐看清那红雾原来是千万道强烈的阳光。八点二十分，我们来到这一片晴朗的金黄色朝阳之中。

抬头望处，已到巫山。上面阳光垂照下来，下面浓雾滚涌上去，云蒸霞蔚，颇为壮观。刚从远处看到那个笔直的山峰，就站在巫峡口上，山如斧削，隽秀婀娜，人们告诉我这就是巫山十二峰的第一峰，它仿佛在招呼上游来的客人说："你看，这就是巫山巫峡了。""江津"号紧贴山脚，进入峡口。红彤彤的阳光恰在此时射进玻璃厅中，照在我的脸上。峡中，强烈的阳光与乳白色云雾交织一处，数步之隔，这边是阳光，那边是云雾，真是神妙莫测。几只木船从下游上来，帆篷给阳光照得像透明的白色羽翼，山峡却越来越狭，前面两山对峙，看去连一扇大门那么宽也没有，而门外，完全是白雾。

八点五十分，满船人，都在仰头观望。我也跑到甲板上来，看到万仞高峰之巅，有一细石笋立如一人对江而望，那就是充满神奇缥缈传说的美女峰了。据说一个渔人在江中打鱼，突遇狂风暴雨，船覆灭顶，他的妻子抱了小孩从峰顶眺望，盼他回来，一天一天，一月一月，他终未回来，而她却依然不顾晨昏，不顾风雨，站在那儿等候着他——至今还在那儿等着他呢……

如果说瞿塘峡像一道闸门，那么巫峡简直像江上一条迂回曲折的画廊。船随山势左一弯，右一转，每一曲，每一折，都向你展开一幅绝好的风景画。两岸山势奇绝，连绵不断，巫山十二峰，各峰有各峰的姿态，人们给它们以很高的美的评价和命名，显然使我们的江山增加了诗意，而诗意又是变化无穷的。突然是深灰色石岩从高空直垂而下浸入江心，令人想到一个巨大的惊叹号；突然是绿茸茸草坂，像一支充满幽情的乐曲；特别好看的是悬岩上那一堆堆给秋霜染得红艳艳的野草，简直像是满山杜鹃了。峡急江陡，江面布满大大小小旋涡，船只能缓缓行进，像一个在丛山峻岭之间漫步前行的旅人。但这正好使远方来的人，有充裕的时间欣赏这莽莽苍苍、浩浩荡荡长江上大自然的壮美。苍鹰在高峡上盘旋，江涛追随着山峦激荡，山影云影，日光水光，交织成一片。

十点，江面渐趋广阔，急流稳渡，穿过了巫峡。十点十五分至巴东，已入湖北境。十点半到牛口，江浪汹涌，把船推在浪头上，摇摆着前进。江流刚奔出巫峡，还没来得及喘息，却又冲入第三峡——西陵峡了。

西陵峡比较宽阔，但是江流至此变得特别凶恶，处处是急流，处处是险滩。船一下像流星随着怒涛冲去，一下又绕着险滩迂回浮进。最著名的三个险滩是：泄滩、青滩和崆岭滩。初下泄滩，你看着那万马奔腾的江水会突然感到江水简直是在旋转不前，一千个、一万个旋涡，使得"江津"号剧烈震动起来。这一节江流虽险，却流传着无数优美的传说。十一点十五分到秭归。据袁崧《宜都山川记》载：秭归是屈原故乡，是楚子熊绎建国之地。后来屈原被流放到汨罗江，死在那里。民间流传着：屈大夫死日，有人在汨罗江畔，看见他峨冠博带，美髯白皙，骑一匹白马飘然而去。又传说：屈原死后，被一大鱼驮回秭归，终于从流放之地回归楚国。这一切初听起来过于神奇怪诞，却正反映了人民对屈原的无限怀念之情。

秭归正面有一大片铁青色礁石，森然耸立江面，经过很长一段急流绕过泄滩。在最急峻的地方，"江津"号用尽全副精力，战抖着，震颤着前进。急流刚刚滚过，看见前面有一奇峰突起，江身沿着这山峰右面驶去，山峰左面却又出现一道河流，原来这就是王昭君诞生地香溪。它一下就令人记起杜甫的诗："群山万壑赴荆门，生长明妃尚有村。"我们遥望了一下香溪，船便沿着山峰进入一道无比险峻的长峡——兵书宝剑峡。这儿完全是一条窄巷，我到船头上，仰头上望，只见黄石碧岩，高与天齐，再驶行一段就到了青滩。江面陡然下降，波涛汹涌，浪花四溅，当你还没来得及仔细观看，船已像箭一样迅速飞下，巨浪为船头劈开，旋卷着，合在一起，一下又激荡开去。江水像滚沸了一样，到处是泡沫，到处是浪花。船上的同志指着岩上一片乡镇告我："长江航船上很多领航人都出生在这儿……每只木船要想渡过青滩，都得请这儿的人引领过去。"这时我正注视着一只逆流而上的木船，看起来这青滩的声势十分吓人，但人从汹涌浪涛中掌握了一条前进途径，也就战胜了大自然了。

中午，我们来到了崆岭滩跟前，长江上的人都知道："泄滩青滩不算滩，崆岭才是鬼门关。"可见其凶险了。眼看一片灰色巨礁布满水面，"江津"号却抛锚停泊。原来崆岭滩一条狭窄航道只能过一只船，这时有一只江轮正在上行，我们只好等下来。谁知竟等了那么久，可见那上行的船只是如何小心翼翼了。当我们驶下崆岭滩时，果然是一片乱石林立，我们简直不像在浩荡的长江上，而是在苍莽的丛林中找寻小径跋涉前进了。

十一月十九日

　　早晨，一片通红的阳光，把平静的江水照得像玻璃一样发亮。长江三日，千姿万态，现在已不是前天那样大雾迷蒙，也不是昨天"巫山巫峡气萧森"，而是苏东坡所谓的"楚地阔无边，苍茫万顷连"了。长江在穿过长峡之后，现在变得如此宁静，就像刚刚诞生过婴儿的年轻母亲一样安详慈爱。天光水色真是柔和极了。江水像微微拂动的丝绸，有两只雪白的鸥鸟缓缓地和"江津"号平行飞进，水天极目之处，凝成一种透明的薄雾，一簇一簇船帆，就像一束一束雪白的花朵在蓝天下闪光。

　　在这样一天，江轮上非常宁静的一日，我把我全身心沉浸在"红色的罗莎"——卢森堡的《狱中书简》中。

　　这个在一九一八年德国无产阶级革命中最坚定的领袖，我从她的信中，感到一个伟大革命家思想的光芒和胸怀的温暖，突破铁窗镣铐，而闪耀在人间，你看，这一页：

　　雨点轻柔而均匀地洒落在树叶上，紫红的闪电一次又一次地在铅灰色中闪耀，遥远处，隆隆的雷声像汹涌澎湃的海涛余波似的不断滚滚传来。在这一切阴霾惨淡的情景中，突然间一只夜莺在我窗前的一株枫树上叫起来了！在雨中，闪电中，隆隆的雷声中，夜莺啼叫得像是一只清脆的银铃，它歌唱得如醉如痴，它要压倒雷声，唱亮昏暗……

　　昨晚九点钟左右，我还看到壮丽的一幕，我从我的沙发上发现映在窗玻璃上的玫瑰色的返照，这使我非常惊异，因为天空完全是灰色的。我跑到窗前，着了迷似的站在那里。在一色灰沉沉的天空上，东方涌现出一块巨大的、美丽得人间少有的玫瑰色的云彩，它与一切分隔开，孤零零地浮在那里，看起来像是一个微笑，像是来自陌生的远方的一个问候。我如释重负地长吁了一口气，不由自主地把双手伸向这幅富有魅力的图画。有了这样的颜色，这样的形象，然后生活才美妙，才有价值，不是吗？我用目光饱餐这幅光辉灿烂的图画，把这幅图画的每一线玫瑰色的霞光都吞咽下去，直到我突然禁不住笑起自己来。天哪，天空啊，云彩啊，以及整个生命的美并不只存在于佛龙克，用得着我来跟它们告别？不，它们会跟着我走的，不论我到哪儿，只要我活着，天空、云彩和生命的美会跟我同在。

　　"江津"号在平静的浪花中缓缓驶行。我读着书，一种非常珍贵的感情渗透我的全身。我必须立刻把它写下来，我愿意把它写在这奔腾叫啸、而又安静温柔的长江一起，因为它使我联想到我前天想到的"战斗——航进——穿过黑夜走向黎明"的想象，过去，多少人，从他们艰巨战斗中想望着一个美好的明天呀！而当我承受着像今天这样灿烂的阳光和清丽的景色时，我不能不意识到，今天我们整个大地，所吐露出来的那一种芬芳、宁馨的呼吸，这社会主义生活的呼吸，正是全世界上，不管亚洲还是在欧洲，在美洲还是在非洲，一切先驱者的血液，凝聚起来，而发射出来的最自由最强大的光辉。我读完了《狱中书简》，一轮落日——那样圆，那样大，像鲜红的珊瑚球一样，把整个江面笼罩在一脉淡淡的红光中，面前像有一种细细的丝幕柔和地、轻悄地撒落下来。

　　最后让我从我自己的一封信中抄下一段，来结束这一日吧：

　　夜间，九时许从前面漆黑的夜幕中，看见很小很小几点亮光。人们指给我那就是长江大桥，"江津"号稳稳地向武汉驶近。从这以后，我一直站在船上眺望，渐渐地渐渐地看出那整整齐齐的一排像横串起来的珍珠，在熠熠闪亮。我看着，我觉得在这辽阔无边的大江之上，这正是我们献给我们母亲河流的一顶珍珠冠呀……再前进，江上无数蓝的、白的、红的、绿的灯光，拖着长长倒影在浮动，那是无数船只在航行，而那由一颗颗珍珠画出的大桥的轮廓，完全像升在云端里一样，高耸空中，而桥那面，灯光稠密的简直像是灿烂的金河，那是什么？仔细分辨，原来是武汉两岸的亿万灯光。当我们的"江津"号，嘹亮地向武汉市发出致敬欢呼的声音时，我心中升起一种庄严的情感，看一看！我们创造的新世界有多么灿烂吧……

——刘白羽

天山的精魂 天山天池

到新疆来，如果没有去天池，那可以毫不夸张地说，是最大的遗憾。如果说天山是新疆赤裸着的脊梁，那么位于阜康县境内博格达峰下半山腰的天池，则是新疆跳动着的灵魂。因为有了它，在这片人迹罕至的天山深谷里，才呈现出剔透的灵气，好奇者疲惫的视线才能丈量出更多的边塞风光，心灵的深处才能感受到更加瑰丽的万千风情。

高山湖泊

天池是一个天然高山湖泊，海拔1980米，属冰碛湖。据地质工作者介绍：第四纪冰川以来，全球气候有多次剧烈冷暖运动。20万年前，地球第三次气候转冷，冰期来临，天池地区发育了颇为壮观的山谷冰川。冰川挟带着砾石，循山谷缓慢下移，强烈挫磨、刨蚀着冰床，对山谷进行挖掘、雕凿，形成了多种冰蚀地形，天池谷遂成为巨大的冰窖，其冰舌前端则因挤压、消融，融水下泄，所挟带的岩屑巨砾逐渐沉积下来，成为横拦谷地的冰碛巨垅。其后，气候转暖，冰川消退，这里便潴水成湖。它就是今日的天山天池。

从乌鲁木齐向东驱车90公里，就进入了山口，汽车沿着盘山路盘旋而上，路边时而悬崖峭壁，怪石嶙峋；时而幽林曲涧，花香鸟语。行至深山高谷，路右边突然闪现出一座方圆几十米、碧净玲珑的小圆池，池侧凌空飞挂着数丈高的一道瀑布，吐珠溅玉，这就是人们通称的"小天池"。再盘旋而上，穿过宽大的坎垅，天池赫然出现在眼前。

天池由三个湖面组成，东侧为东小天池，古名"黑龙潭"。潭下为百丈悬崖，瀑布飞流直下，恰似长虹依天而降，壮丽无比，真有"飞流直下三千尺，疑是银河落九天"的气势。传说这是西王母沐浴梳洗的地方，故又有"梳洗涧""浴仙盆"之称。西侧为西小天池，西小天池形似铜盘，池水清澄幽邃，塔松环抱四周。相传西小天池为西王母洗脚处，故又称"玉女潭"。

天池的湖水晶莹剔透，明丽如镜，宛如少女的肌肤，又如柔滑的美玉。整个湖面呈半月形，长

> 新疆赛里木湖

14

天池八景

龙潭碧月、顶天三石、定海神针、悬泉飞瀑、西山观松、海峰晨曦、石门一线、南山望雪。

> **天山天池**
> 天池位于新疆阜康的天山博格达峰北侧山腰，海拔1980米，古时称为瑶池。天池这个名字来自明亮于1783年（清乾隆四十八年）所题的《灵山天池统凿水渠碑记》碑文，含有"天镜"和"神池"的意思。天池狭长，曲折幽深。它的水主要来自博格达峰的融雪。湛蓝的湖水，雪白的群峰，密立的杉林，都显示着天池的深沉、高雅、端庄、幽静。

> **清华岩《天山积雪图》**
> 此图表现雪山寒驼之景，皑皑白雪覆盖着耸入云霄的天山，山下一红衣旅人手牵骆驼正缓缓行进于冰天雪地中。苍凉的天宇中，一只孤雁冲霄而过，脆鸣声声，引得旅人与骆驼同时驻足仰观。天空的清冷与天山的白雪令人望而生寒，而旅人披身大氅那火焰般的红艳与骆驼黄褐色的暖色调却给人以温暖之感，强烈的对比构成了深远的意境。

有3400米，最宽处约1500米，最深处约105米。湖的四周群山环抱，气势巍峨，挺拔的云杉、塔松满山遍岭。如遇皓月当空，天高云淡，清明无限，因而可以欣赏到"龙潭碧月"的美景。池侧飞挂的道道瀑布，如银河落地，使人产生"玉带银帘"的幻觉。池上有闻涛亭，登亭观瀑别有情趣。真可谓眼可见帘卷池涛，松翠水碧；耳可闻水击岩穿，声震裂谷。

天池风景区

天池风景区北起石门，南到雪线，西达马牙山，东至大东沟，总面积达160平方公里。立足高处，举目远望，整个景区融森林、草原、雪山和人文景观为一体。绿色海浪此起彼伏，一泓碧波半山高悬，宛如一只山岩巨手高高擎起的玉盏。沿岸苍松翠柏，怪石嶙峋，含烟蓄罩；环山绿草如茵，羊群游移；

更有千年冰峰，银装素裹，神峻异常，整个湖光山色，美不胜收。若是天稍微暖和些，这里的雪就会慢慢消融，树叶呈现出墨绿色油亮亮的光泽。这是一种沉静又厚重的颜色。放眼看去，整个世界都是一片浓郁，苍翠无垠。湖那边的山色则显得淡了许多，如玉中的层层翠色，轻灵、温润，闪动着青春生动的眸子，让人爱慕不已。来到天池，时而如登仙境，时而如临幽阁，真有"瑶池仙境世绝殊，天上人间遍寻无"的感觉。古往今来，许多文人墨客为之挥毫泼墨，吟诗赋文。传说 3000 余年前穆天子曾在天池之畔与西王母欢筵对歌，留下了千古佳话。20 世纪 70 年代初，郭沫若陪同西哈努克亲王至此一游，临湖吟出"一池浓墨沉砚底，万木长毫挺笔端"的佳章。

这里的物产也很丰富，雪线上生长着雪莲、雪鸡，松林里出没着狍子，遍地长着蘑菇，还有党参、黄芪、贝母等药材。山壑中有珍禽异兽，湖区中有鱼群水鸟，众峰之巅有现代冰川，群山之下埋藏着铜、铁、云母等多种矿物。环绕着天池的群山，还是资源丰富的"百宝山"。天池一带如此丰富的资源和奇特的自然景观，吸引着众多热衷于野外考察的生物、地质、地理工作者们。

来自心灵的感悟

在这里，人们可以纵情享受大自然的恩赐，可以结伴登高，穿密林，登山巅，俯视天池美景。也可以乘游艇，破波逐浪，品味塞外高原的"海上"风情。还可以到天池边的餐馆小憩，倚窗把酒，欣赏远山近水，亲身体会古往今来大诗人们的心有灵犀，倾吐你心中的醉意，激荡你心灵的浪花。每当皓月当空、夜色如水之际，呼吸着清新的山风和松针的醇香味道，耳闻松涛声声和原野的空寂，仿佛置身于蓬莱仙境。安宁、静谧，你的心情也会在这片温柔的床铺上静静地栖息，不再颠簸，不再动荡。再回眸那些蜗角虚名，发现竟已全然忘记自己的凡俗之身，这种感觉实在美妙极了。

天山与天池是相依相连的，中间并无距离。山和水澄碧互融，相映成趣，幻化成一片晶亮闪耀的琉璃世界。当地人都相信雪山和湖泊是有神灵的。倘若这片土地没有神灵，没有魂魄，又怎么能这样充满生命的气息，充满灵动的智慧以及鲜活的情感？即使闭上眼，仍能明确地感受到这是山、那是树，还有湖水和雪地，自然中的各种生灵有着不同的呼吸、不同的味道、不同的脉动和心跳。用心和情感去触摸万物，使你与世界息息相通，默契相连。其实这里的湖面并不很宽阔，也没有异常的洒脱大气，可它的躯体中仿佛跳动着无数精灵，闪烁着无数的鬼魅，让湖面上的空气中都弥漫着一种诱人的气息。这真是天地自然一幅完美又让人震撼的杰作。你能不惊叹天池是新疆跳动着的灵魂吗！

> 天山原始森林

★ 天山景物记

朋友，你到过天山吗？天山是我们祖国西北边疆的一条大山脉，连绵几千里，横亘准噶尔盆地和塔里木盆地之间，把广阔的新疆分为南北两半。远望天山，美丽多姿，那长年积雪高插云霄的群峰，像集体起舞时的维吾尔族少女的珠冠，银光闪闪；那富于色彩的连绵不断的山峦，像孔雀开屏，艳丽迷人。

天山不仅给人一种稀有美丽的感觉，而且更给人一种无限温柔的感情。它有丰饶的水草，有绿发似的森林。当它披着薄薄云纱的时候，它像少女似的含羞；当它被阳光照耀得非常明朗的时候，又像年轻母亲饱满的胸膛。人们会同时用两种甜蜜的感情交织着去爱它，既像婴儿喜爱母亲的怀抱，又像男子依偎自己的恋人。

如果你愿意，我陪你进天山去看一看。

雪峰·溪流·森林

七月间新疆的戈壁滩炎暑逼人，这时最理想的是骑马上天山。新疆北部的伊犁和南部的焉耆都出产良马：不论伊犁的哈萨克马或者焉耆的蒙古马，骑上它爬山就像走平川，又快又稳。

进入天山，戈壁滩上的炎暑就远远地被撇在后边。迎面送来的雪山寒气，立刻使你感到像秋天似的凉爽。蓝天衬着高矗的巨大的雪峰，在太阳下，几块白云在雪峰间投下云影，就像白缎上绣上了几朵银灰的暗花。那融化的雪水，从高悬的山涧，从峭壁断崖上飞泻下来，像千百条闪耀的银练。这飞泻下来的雪水，在山脚汇成冲激的溪流，浪花往上抛，形成千万朵盛开的白莲，可是每到水势缓慢的洄水涡，却有鱼儿在跳跃，当这个时候，饮马溪边，你坐在马鞍上，就可以俯视那阳光透射到的清澈的水底，在五彩斑斓的水石间，鱼群闪闪的鳞光映着雪水清流，给寂静的天山添上了无限生机。

再往里走，天山越来显得越优美。沿着那白皑皑群峰的雪线以下，是蜿蜒无尽的翠绿的原始森林，密密的塔松像撑天的巨伞，重重叠叠的枝丫，只漏下斑斑点点细碎的日影。骑马穿行林中，只听见马蹄溅起漫流在岩石上的水声，增添了密林的幽静，在这林海深处，连鸟雀也少飞来，只偶然能听到远处的几声鸟鸣。这时，如果你下马坐在一块岩石上吸烟休息，虽然林外是阳光灿烂，而遮去了天日的密林中却闪耀着你烟头的红火光。从偶然发现的一棵两棵烧焦的枯树看来，这里也许来过辛勤的猎人，在午夜中他们生火宿过营，烤过猎获的野味。这天山上有的是成群的野羊、草鹿、野牛和野骆驼。

如果说进到天山这里还像是秋天，那么再往里走就像是春天了，山色逐渐变得柔嫩，山形也逐渐变得柔和，很有一伸手就可以触摸到凝脂似的感觉。这里溪流缓慢，萦绕着每一个山脚，在轻轻荡漾着的溪流两岸，满是高过马头的野花，红、黄、蓝、白、紫，五彩缤纷，像织不完的织锦那么绵延，像天边的彩霞那么耀眼，像高空的长虹那么绚烂。这密密层层成丈高的野花，朵儿赛八寸的玛瑙盘，瓣儿赛巴掌大。马走在花海中，显得格外矫健，人浮在花海上，也显得格外精神，在马上你用不着离鞍，只要稍一伸手就可以满怀抱到你最心爱的大鲜花。

虽然天山这时并不是春天，但是有哪一个春天的花园能比得过这时天山的无边繁花呢？

迷人的夏季牧场

就在雪的群峰的围绕中，一片绮丽的千里牧场展现在你的眼前，墨绿的原始森林和鲜艳的野花，给这辽阔的千里牧场镶上了双重富丽的花边，千里牧场上长着一色青翠的酥油草，清清的溪水齐着两岸的草丛在漫流。草原是这样无边的平展，就像风平浪静的海洋。在太阳下，那点点水泡似的蒙古包在闪烁着白光。

当你尽情策马在这千里草原上驰骋的时候，处处都可以看见千百成群肥壮的羊群、马群和牛群，它们吃了含有乳汁的酥油草，毛色格外发亮，好像每一根毛尖都冒着油星，特别是那些被碧绿的草原衬托得十分清楚的黄牛、花牛、白羊、红羊，在太阳下就像绣在绿色缎面上的彩色图案一样美。

有的时候，风从牧群中间送过来银铃似的叮当声，那是哈萨克牧女们坠满衣角的银饰在风中击响，牧女们骑着骏马，优美的身姿映衬在蓝天、雪山和绿草之间，显得十分动人。她们欢笑着跟着嬉逐的马群驰骋，而每当停下来，就骑马轻轻地挥动着牧鞭歌唱她们的爱情。

这雪峰、绿林、繁花围绕着的天山千里牧场虽然给人一种低平的感觉，但位置在海拔两三千公尺以上，每当一片乌云飞来，云脚总是扫着草原，洒下阵雨，牧群在雨云中出没，加浓了云意，很难分辨得出哪是云头哪是牧群。而当阵雨过后，雨洗后的草原就变得更加清新碧绿，远看像块巨大的蓝宝石，近看缀满草尖上的水珠，却又像数不清的金刚钻。

特别诱人的是牧场的黄昏，周围的雪峰被落日映红，像云霞那么灿烂：雪峰的红光映射到这辽阔的牧场上，形成一个金碧辉煌的世界，蒙古包、牧群和牧女们，都镀上了一色的玫瑰红。当落日沉没，周围雪峰的红光逐渐消褪，银灰色的暮霭笼罩草原的时候，你就可以看见无数点点的红火光，那是牧民们在烧起铜壶准备晚餐。

你用不着客气，任何一个蒙古包都是你的温暖的家，只要你朝有火光的地方走去，不论走进哪一家蒙古包，好客的哈萨克牧民都会像对待亲兄弟似的热情地接待你，渴了你可以先喝一盆马奶，饿了有烤羊排，有酸奶疙瘩，有酥油饼，你可以一如哈萨克牧民那样豪情地狂饮大嚼。

当家蒙古包的吊壶三脚架下的野牛粪只剩下一堆红火烬的时候，夜风就会送来冬不拉的弦音和哈萨克牧女们婉转嘹亮的歌声，这是十家八家聚居在一处的牧民们齐集到一家比较大的蒙古包里，欢度一天最后的幸福时辰。

过后，整个草原沉浸在夜静中。如果这时你披上一件皮衣走出蒙古包，在月光下或者繁星下，你就可以朦胧地看见牧群在夜的草原上轻轻地游荡，夜的草原是这么宁静而安详，只有漫流的溪水声引起你对这大自然的遐思。

野马·蘑菇圈·旱獭·雪莲

夜幕中，草原在繁星的闪烁下或者在月光的披照中，该发生多少动人的情景，但人们却在安静的睡眠中疏忽过去了：只有当黎明来到这草原上，人们才会发现自己马群里的马匹在一夜间忽然变多了，而当人们怀着惊喜的心情走拢去，马匹立刻就分为两群，其中一群会奔腾离你远去，那长长的鬣鬃在黎明淡青的天光下，就像许多飘曳的缎幅。这个时候，你才知道那是一群野马。夜间，它们混入牧群，跟牧马一块嬉戏追逐。它们机警善跑，游走无定，几匹最骠壮的公野马领群，它们对许多牧马都熟悉，相见彼此用鼻子对闻，彼此用头亲热地磨擦，然后就合群在一起吃草、嬉逐。黎明，当牧民们走出蒙古包，就是它们分群的一刻，公野马总是掩护着母野马和野马驹远离人们。当野马群远离人们站定的时候，在日出的草原上，还可以看见屹立护群的公野马的长鬣鬃，那鬣鬃一直披垂到膝下，闪着美丽的光泽。

日出后的草原千里通明，这时最便于发现蘑菇。天山蘑菇又嫩又肥厚，又大又鲜甜。这个时候你只要立马向草原上望，便可以发现一些特别翠绿的圆点子，那就是蘑菇圈。你对着它直驰马前去，就很容易在这直径三四丈宽的一圈沁绿的酥油草丛里，发现像夏天夜空里的繁星似的蘑菇。眼看着这许许多多雪白的蘑菇隐藏在碧绿的草丛中，谁都会动心。一只手忙不过来，你自然会用双手去采，身上的口袋装不完，你自然会添上你的帽子、甚至马靴去装。第一次采到这么多新鲜蘑菇，对一个远来的客人是一桩最快乐的事。你把鲜蘑菇在溪水里洗净，不要油，不要盐，光是白煮来吃就有一种特别鲜甜的滋味，如果再加上一条野羊腿，那就又鲜甜又浓香。

天山上奇珍异品很多，我们知道水獭是生活在水滨和水里的，而天山上却生长着旱獭。在牧场边缘的山脚下，你随处可以看见一个个洞穴。这就是旱獭居住的地方。从九、十月大雪封山，到第二年四、五月冰消雪化，旱獭要整整在它们的洞穴里冬眠半年。只有到了夏至后，发青的酥油草才把它们养得胖墩墩，圆滚滚。这时它们的毛色麻黄发亮，肚子拖着地面，短短的四条腿行走迟缓，正可以大量捕捉。

另一种奇异珍品是雪莲。如果你从山脚往上爬，超越天山雪线以上，就可以看见青凛凛的寒光中挺立着一朵玉琢似的雪莲，这习惯于生长在奇寒环境中的雪莲，根部扎入岩隙间，汲取着雪水，承受着雪光，柔静多姿，洁白晶莹。这生长在人迹罕至的海拔几千公尺雪线以上的灵花异草，据说是稀世之宝——一种很难求得的妇女良药。

天然湖与果子沟

在天山峰峦的高处，常常出现巨大的天然湖，就像美女晨妆时开启的明净的镜面。湖面平静，水清见底。高空的白云和四周的雪峰清晰地倒影水上，把湖山天影融为晶莹的一体。在这幽静的湖中，惟一活动的东西就是天鹅。天鹅的洁白增添了湖水的明净，天鹅的叫声增添了湖面的幽静。人家说山色多变，而事实上湖色也是多变，如果你站立高处望湖面，眼前是一片赏心悦目的碧水茫茫，如果你再留意一看，接近你的视线的是闪闪鳞光，就像千万条银鱼在游动，而远处平展如镜，没有一点纤尘或者一根游丝的侵扰。湖水越远越深，由近到远，是银白、淡蓝、深青、墨绿，界线非常分明。传说中有这么一个湖是古代一个不幸的哈萨克少女滴下的眼泪，湖色的多变正是象征着那个古代少女的万种哀愁。

就在这个湖边，传说中的少女的后代子孙们现在已在放牧着羊群。湖水滋润着湖边的青草，青草喂胖了羊群，羊奶哺育着少女的后代子孙。当然，这象征着哈萨克族不幸的湖，今天已经变为实际的幸福湖。

山高爽朗，湖边清净，日里披满阳光，夜里缀满星辰，牧民们的蒙古包随着羊群环湖周游，他们的羊群一年年繁殖，他们恋爱、生育，他们弹琴歌唱自己幸福的生活。

高山的雪水汇入湖中，又从像被一刀劈开的峡谷岩石间，泻落到千丈以下的山涧里去，水从悬崖上像条飞练似的泻下，即使站在十几里外的山头上，也能看见那飞练的白光。如果你走到悬崖跟前，脚下就会受到一种惊心动魄的震撼。俯视水练冲泻到深谷的涧石上，溅起密密的飞沫，在日中的阳光下，形成蒙蒙的瑰丽的彩色水雾。就在急湍的涧流边，绿色的深谷里也散布着一顶顶牧民的蒙古包，像水洗的玉石那么洁白。

如果你顺着弯弯曲曲的涧流走，沿途汇入千百条泉流就逐渐形成溪流，然后沿途再汇入涧流和溪流，就形成河流奔腾出天山。

就在这种深山野谷的溪流边，往往有着果树夹岸的野果子沟。春天繁花开遍峡谷，秋天果实压满山腰。每当花红果熟，正是鸟雀野兽的乐园。这种野果子沟往往不为人们所发现。其中有这么一条野果子沟，沟里长满野苹果，连绵五百里。春天，五百里的苹果花开无人知，秋天，五百里成熟累累的苹果无人采。老苹果树凋枯了，更多的新苹果树苗长起来。多少年来，这条五百里长沟堆满了几丈厚的野苹果泥。

现在，已经有人发现了这条野苹果沟，开始在沟里开辟猪场，用野苹果来养育成群成群的乌克兰大白猪；而且有人已经开始计划在沟里建立酿酒厂，把野苹果酿造成大量芬芳的美酒，让这大自然的珍品化成人们的血液，增进人们的健康。

朋友，天山的丰美景物何止这些，天山绵延几千里，不论高山、深谷，不论草原、湖泊，不论森林、溪流，处处有丰饶的物品，处处都有绮丽的美景，你要我说可真说不完。如果哪一天你有豪情去游天山，临行前别忘了通知我一声，也许我能给你当一个不很出色的向导。当向导在我只是一个漂亮的借口，其实我私心里也很想找个机会去重游天山。

——碧野

必去理由 集奇山、秀水、佛光、神秘湖怪、岩画等奇景为一体
适宜季节 夏秋季节
适宜人群 喜欢自然探秘的人

跌落在阿尔泰山的天庭翡翠 **喀纳斯湖**

喀纳斯使人印象最深的就是她的湖。那是一汪碧水，澄澈无比。那是一种纯粹的绿，不掺任何杂质，如翡翠一般，让人迷醉。她如同一颗情人的眼泪，散落在苍松翠柏间，静静地，毫无声息。

美丽的喀纳斯湖

喀纳斯湖位于新疆阿勒泰地区布尔津县境北部，坐落在阿尔泰深山密林中，属于高山湖泊。"喀纳斯"是蒙古语，意为"峡谷中的湖"，湖水来源于海拔四千多米的阿尔泰山主峰友谊峰。峰上长达十余公里的喀纳斯冰川，其融水流过丫形的阿克库勒湖，成为喀纳斯湖的主要补给水源。

喀纳斯湖美丽、神奇，尽人皆知。湖面碧波万顷，群峰倒影，每至秋季，层林尽染，景色如画。湛蓝碧绿的喀纳斯湖翻卷着白色的浪花，哗哗流淌，宛如一条活泼跃动的玉带，盘绕于峡谷之间。水边草地，山麓白桦，金黄与葱翠、墨绿杂糅，为这里的一切染上了一层明媚的色调。湖的四周雪峰耸峙、艳花彩蝶，湖光山色，美不胜收。山间点缀着图瓦人的棕红色小木屋，或是哈萨克人白蒙

> 喀纳斯湖上的浅滩

> 林中的喀纳斯湖蜿蜒流长，这里的河道形如一弯新月。

古包似的毡房……这里的一切显得那么自然、和谐、静谧、神奇，到处都透着安宁、幽静，身临其境，仿佛什么烦恼都没有了。

还有一平如镜的卧龙湾、美丽静谧的月亮湾、河西浅水滩上的"脚印"……喀纳斯的美，让人惊异，让人流连忘返。

这样一方诗意而浪漫的天地，其实还是一个物种资源丰富且很独特的天然基因库，有许多神奇罕见的物种都在这里繁衍生长。这里是我国唯一的南西伯利亚区系动植物分布区，生长有西伯利亚区的落叶松、红松、云杉、冷杉等珍贵树种和众多的桦树林。许多种类的花木鸟兽，在新疆乃至全国都是绝无仅有的。

如果风光缺少人，那就称不上完美。喀纳斯没有让你失望，一路走过，你会看到蒙古族和哈萨克牧民骑着高头大马，"蹬蹬蹬"地跑过，骠悍威武，让人好生羡慕。你会看到一座座原木垒成的木屋组成的图瓦人村落。红脸膛的图瓦人，像喀纳斯湖一样充满神秘色彩，带给人一种古朴平和的气息。

湖怪、云海佛光、千米枯木长堤、图瓦人部落、羊背石……这方水土本来就格外地富有睿智和幽灵气息，区别于凡尘俗世之域，所以这些美妙奇特的生灵和景观才会在此驻足，在此安家繁衍。

喀纳斯"湖怪" 据当地人说，这是一种叫"哲罗鲑鱼"的大红鱼，最长的可达 10 米以上，非常珍贵。这种鱼之所以被称为"湖怪"，不只是因为它的大，还有它的凶猛——马匹、骆驼在湖畔饮水的时候，常会被它们拖入水中当了"点心"。

云海佛光 如果在大雨过后的清晨，登上喀拉开特山顶的观鱼亭观赏日出，就可见喀纳斯湖上空，云海翻腾，雾涛升空，有时还可看到峨眉山佛光那样的奇观出现。每当这时，观鱼亭和亭中之人，都会映照在光环之中。

千米枯木长堤 喀纳斯湖四周的枯树，经过风吹雨冲后就会漂入湖中，然后自动逆流而上，漂到湖的北端，并交错纵横地汇聚在那里，时间久了，就自然而然地垒起了一道千米枯木长堤。

图瓦人部落 在喀纳斯湖的南岸有一个蒙古民族乡，居住着一些信奉喇嘛教的蒙古族居民，说突厥语，以狩猎、放牧为生。他们是图瓦人的孑遗。

> 喀纳斯湖的白天鹅

羊背石 喀纳斯湖是第二次大冰川时期的产物，是由巨大复合山谷冰川刨蚀而成的。湖东岸高大的陡崖旁的羊背石就是冰川活动造成喀纳斯湖的见证。长几十米的羊背石上布满了丁字形冰川擦痕和古代游牧民族的岩画、石刻。

其实，还应该加上一怪，那就是喀纳斯湖变色的湖水。晴天，湖水呈深蓝绿色；阴雨天呈暗灰绿色；夏季炎热的天气里湖水会

> 清澈的喀纳斯湖全长 23 公里，深藏在阿尔泰山中。

变成微带蓝绿的乳白色。阳光暧昧，则湖水也多情，一片氤氲，一片凄迷，就像披纱曼舞的少女，你永远也不得见其真颜，反而引起众多的遐想，此时更能体会"犹抱琵琶半遮面"的妙处；天空放亮，湖面则一片金黄，高贵而神气；漫长的午后，湖水绛紫，娴静而优雅。喀纳斯湖就像一位风情万种的女郎，时而凄迷忧伤，时而天真无邪，时而又成熟优雅。此种风情，岂能不醉！

小小一个湖，竟有这么多的神奇景观，真是融天地之神奇于一身了！

一天的光阴，就这样在一次次的惊喜和赞叹中过去了。夕阳的余晖镀亮了岸边金黄的树梢和巍然屹立的雪山，微风轻漾，湖面波纹迭起，湖光山色一片悠远宁静。喀纳斯的夜来得非常迟，晚上11 点的时候夜幕才慢慢降临。美丽的喀纳斯湖就要坠入梦乡了。不知道这个温柔的美人在梦里会思恋着谁？

喀纳斯其他景观

布尔津县城：它是离喀纳斯最近的城镇，距离喀纳斯有120多公里。

白哈巴村：去往喀纳斯途中的一个山谷，谷中木屋错落有致，还有小溪叮咚流过。

卧龙湾：喀纳斯湖中一个长满了树和草的漂亮小岛，其形状酷似一条卧龙。

月亮湾：喀纳斯湖在这划了一道优美的弧线，犹如弯弯的月亮落入林木葱茏的峡谷中。

鸭泽湖：位于神仙湾旁一片小的芦苇浅滩，这里有很多的野鸭在水中嬉戏游玩。

必去理由 世界第一条"黄色瀑布"，中国第二大瀑布
适宜季节 四季皆宜
适宜人群 热爱中国传统风土人情的人士

壮丽与柔美的绝佳和声 黄河壶口瀑布

黄河壶口瀑布，我国第二大瀑布，位于山西省和陕西省的交界处，主瀑布宽40米，落差30多米，是镶嵌在九曲黄河之上的一颗璀璨的明珠，我国北方最富有特色的大型瀑布奇景。由于自然生态的原因，黄河水色黄浊，所以又被称为"世界第一条黄色瀑布"。但就是这种黄色，与周围的高原峡谷交相辉映，不但构成了一种再和谐自然不过的环境色彩，还为这奇绝壮观的壶口瀑布增添了几分诡谲迷离。

壶口瀑布

当汽车奔驰在盘旋的山路上的时候，遥看窗外一山连一山的翠绿，你可能会在心中暗想：除了颠簸，黄土高坡的风光倒似江南。然而，当下到河滩时，那种感觉就再也没有了，不但翠绿变成了黄沙，那如雷如鼓如海啸如万炮齐鸣般的响声，也一阵紧接一阵地从河滩中央传来，这声势在江南可是难得一见的。

急不可待地穿过人工曲廊，跑过设计精巧的弓桥，黄河壶口瀑布便赫然呈现在眼前。

壶口瀑布是黄河在流经壶口地区时演绎出来的一个小小的插曲，绵延了数千里，宽度在好几百米左右的黄河，一到壶口，河面骤然间收缩为一束宽度约40米的水柱，直直地冲进一道狭窄的深不可测的石壕。此景真如壶注水一般。

然后，河水又带着无穷的力量从壶嘴中喷出，有如神来之手掂起一壶黄水，倾天而倒，一束束巨大的水柱从瀑布中直冲过来，击打在水面上、沿岸的岩石上。被激起的冲天巨浪咆哮着，翻滚着，一团团的黄雾朝上空涌动。

> ■ 壶口瀑布

壶口瀑布是黄河上唯一的瀑布，黄河水在狭窄的峡谷中聚拢，收束为一股，奔腾呼啸，跃入深潭，溅起浪涛翻滚，形似巨壶内黄水沸腾。瀑布四时景色各异，皆具姿彩。其两大著名奇景"旱地行船"和"水里冒烟"，尤堪观赏。

此时的黄河水，犹如惊涛骇浪转眼间从天而降，又像是千军万马突然间驰骋杀来，更像一头暴怒的雄狮，抖动着发亮的鬃毛跃下这高耸的石壁，它嘶叫着，狂跳着，颠动着，何等壮观啊！"涌来万岛排空势，卷作千雷震地声"，这一直涌动在心中的用来形容壶口瀑布的诗句，已经不足以形容眼前的壮美了。

其实，壶口瀑布并不是在任何时候都是狂放不羁的。冬季观瀑布，别有一番情趣。每年的冬春之际，壶口瀑布就会呈现出娇媚、温柔的一面。它还会善解人意地呈给人们另一奇观——"冰雕"。壶口瀑布"冰雕"并不比江南水乡的亭台水榭、小桥流水逊色多少。

那从上游沿河流下来的雪白晶莹的冰块在瀑布的上游越积越多，慢慢地就会形成一座座娇小可人的冰桥，而这时候的黄河之水全没了"天上来"的气势，而是静静地几乎不带任何声响地穿过冰缝。如遇一夜封冻，壶口瀑布的冰雕就更加难得。那些长长地坠下来的冰柱，那些仿佛正在岩石间冬眠的冰块远远地看过去就像是一个美妙的童话世界：有雪雕的房子和城堡，有洁净的长街、大道，说不定还有美丽的天使和白雪公主穿行其间呢！

黄河壶口瀑布每年都会以两种姿态出现在人们的眼前，一种是气吞万里河山的壮美，一种是融化冰封雪月的柔美，仅仅从这两点看，黄河壶口就是一个天然的美学大师！世间万物有什么还能集两种截然相反的美于一身，并把它们诠释得如此透彻呢？

> **瀑布冰柱**

冬春之际的壶口瀑布，以其美妙可人的冰柱而呈现出其娇媚、温柔的一面。

壶口文化

"源出昆仑衍大流，玉关九转一壶收。双腾虬浅直冲斗，三鼓鲸鳞敢负舟。"这是明代的一位诗人在见到壶口瀑布时的由衷感叹。

黄河壶口瀑布古已闻名。《水经注》记载："禹治水，壶口始。"明代诗人陈维藩的《壶口秋风》："秋风卷起千层浪，晚日迎来万丈红。"清人崔光笏的《壶口》："禹功疏凿最先径，一线奔流若建瓴。石堑横分薄烟雾，天瓢倒海吼雷霆。"更有一幅流传了几千年的楹联这样称赞壶口瀑布："山吞残日暮，水夹断云流。"

近现代被壶口瀑布所感染的艺术家也不乏其人。我国现代著名诗人光未然当年带领抗日演出团途经黄河壶口瀑布时，一下子惊呆了。他由壮观的瀑布联想到千千万万正奋斗在抗日战场上的中华儿女，这勇猛无比的壶口瀑布不正是那抗日英豪的真实写照吗？他的感情喷薄而出，挥笔

> 壮美的壶口瀑布

写下了著名诗篇《黄河颂》。《黄河颂》后又被著名作曲家冼星海谱曲，写成了《黄河大合唱》，一直传唱至今。

如今，壶口瀑布更以其深广的哲理内涵吸引着炎黄子孙，被视为中华民族自强不息、昂扬奋发的精神象征，称之为"民族魂"。不少健儿还在此搏击洪流，创造了一个个奇迹：1987年，黄河漂流队探险队员王来安的"黄河第一漂"，揭开了人类在壶口体育探险的序幕；1996年8月，河南人冯九山横跨壶口的"华夏第一走"，创下了高空走钢缆最长的世界吉尼斯纪录；1997年6月1日，为迎接香港回归，柯受良的"世界第一飞"，创下了跨度最大的飞车世界纪录……

可见，围绕壶口瀑布为中心已经形成了一种浓浓的壶口文化。如果说黄河是中华民族的文化之根，那么壶口文化就是这根中之根，它沉淀得越久，就越具有震撼力和凝聚力。

主要景点

龙门： 位于黄河上游，之所以叫龙门是因为此处的黄河两岸悬崖峭壁据说只有神龙可以跨越，龙门在历史上相当有名，著名诗人李白曾经这样赞美龙门："黄河西来决昆仑，咆哮万里触龙门。""禹门三级浪，平地一声雷。河水出龙门，河道即变宽"描述的也是龙门的壮观景象，还有我们常说的"鲤鱼跳龙门""三十年河东，三十年河西"说的也是龙门附近的景象。此外，在龙门附近的悬崖上还有许多更值得一游的景观：千尺梯子崖、天险石门关、深渊石头城、玉女莲花洞、督工相工坪、云中艄公庙、抗日旗语台，等等。

孟门山： 虽然称为"山"，其实就是两块巨石。距壶口瀑布下游五公里处，"十里龙槽"下方，在黄河谷底的河床中矗立着两块巨石，不管黄河多么凶猛，两块巨石几千年来都巍然不动！就像是两座小山，人们把它叫作"孟门山"，在它身上还刻有"卧镇狂流"四个大字，是黄河上的一道亮丽的风景线，和龙门、壶口瀑布一起被称为"黄河三绝"。

雷霆万钧的亚洲第一瀑 黄果树瀑布

　　初到安顺，根本感觉不到一点点的瀑布气息。这个地处西南边陲的小市，第一感觉是到处洋溢着一种柔弱的气息。它就像一位闺中的秀女，尽管现代工业的发展已经惊扰了它的清梦，但它还是那么静，那么美。那柔弱的美，与你想象中的带着无穷力量的瀑布的壮美相差太多了。也许当你真正到了黄果树瀑布的面前，才能体会到：如果没有安顺的柔弱之美，黄果树瀑布的力量之美又怎能有如此强烈的感观刺激呢？

　　黄果树瀑布不仅仅是我国第一大瀑布，也是亚洲第一大瀑布，它坐落于我国贵州省安顺市境内的白水河和坝陵河附近，素有"天下奇景"之称。"一溪悬捣，万练飞空，溪上石如莲叶下覆，中剜三门，水由叶上漫顶而下，如鲛绡万幅，横罩门外，直下者不可以丈数计，捣珠崩玉，飞沫反涌，如烟雾腾空，势甚雄厉……"这是徐霞客对黄果树瀑布所作的描述，想来确切，但要想真正体会出黄果树瀑布作为"天下奇景"的风采，恐怕只有身临其境了。

> **黄果树瀑布**

河水从断崖顶端凌空飞流而下，势如翻江倒海。水石相激，腾起一片烟雾，在阳光照射下，水雾化作道道彩虹，奇妙无穷。黄果树瀑布的形态会因季节而有变化，冬天水小时，它轻轻下泻，妩媚秀丽；到了夏秋，水量大增，磅礴的气势，撼天动地。

黄果树大瀑布

　　要看黄果树瀑布,首先得穿过盆景园。这个"障碍",给黄果树瀑布增添了一层"犹抱琵琶半遮面"的含蓄,因为沿途的山林、建筑等让人们在很长一段栈道上,对于瀑布都是只闻其声而不见其形。

　　瀑布一步步地近了,看到的不是被巨石分为若干条缕,如绸缎飘舞,如仙袂飘扬,如淑女浣纱的景象,而是浑然一体地漫天铺下。到了丰水期,水格外多,水色会变成浊黄,瀑布就有了撼天动地的气势。落差达74米、宽81米的水流,从断崖顶端凌空而下,直击犀牛潭,如巨龙搅海一般,发出震天巨响,激起数百米高的水沫烟雾。

　　"白水如棉不用弓弹花自散,虹霞似锦何须梭织天生成。"这是刻写在瀑布对岸观瀑亭上的一副对联,亲身感受过瀑布之后,才能真切地体会出这字里行间的贴切。

　　瀑布脚下的犀牛潭,潭水神秘幽深,再加上潜藏水底的神犀传说,让人浮想联翩,为大自然的造化之功而慨叹不已。

大瀑布群

造物主好像读懂了人的心思，在黄果树大瀑布的周围又创造了一系列形态各异的瀑布。以黄果树瀑布为中心形成了一个巨大的瀑布群。黄果树瀑布周围 18 千米内，有各式地上瀑布 10 余个，地下瀑布 4 个。

沿着黄果树瀑布上行 1000 米，就是著名的陡坡塘瀑布。如果说黄果树大瀑布是一个浑身都充满了生机和活力的年轻男子，那么陡坡塘瀑布就是一个饱经世事且年富力强的中年男人。它虽没有黄果树大瀑布那样的由天而下的气势，但却别有一种滋味，它那缓缓而下的流水像是正在向人述说着沉淀在它胸中很久很久的故事。

此外，还有号称"连天瀑布"的龙岩山多级瀑布、

▷ 黄果树瀑布远景

螺蛳滩瀑布、银链坠瀑布，这里简直就是一个瀑布的世界！

水帘洞

黄果树瀑布是因周边的黄桷树而得名的，是因它自身的秀美和气势磅礴而名声远扬的，也是因水帘洞才身价倍增的。

"水帘洞"全长 134 米，由 6 个洞窗、5 个洞厅、3 股洞泉和 6 个通道所组成。第一个洞窗位置最低，离犀牛潭水面仅 40 米，但洞窗却最为宽大，有十几米宽，位于第一、二个瀑布中间。丰水期两个瀑布自然连成水帘，将洞窗全部封住，枯水期水帘则次第拉开，从几米到十几米不等，俨然就是一副可以随意开合的"窗帘"。第二洞窗是水帘洞的心脏部分，长 11 米，高 9 米，宽 3 米，离第一洞窗有 4 米远。这是一个号称水晶宫的静谧世界，洞顶悬挂着麦秆状的钟乳石，钟乳石上是名贵的卷曲石，洞壁上悬着数不清的石幔、石帘。第三洞窗 1 米高，3 米长，向外突出，外面围有护栏。游人伸手就可以摸到瀑布，这里又被称为"摸瀑台"。

在水帘洞里感受瀑布，是一种只可意会不可言传的感觉，因为站在水幕后面的人，已经不知道是应该惊叹大自然的鬼斧神工，还是该庆幸自己的多福了。

┌─ 当地少数民族文化风俗关键词 ─┐

跳花节、拜树节、布依族服饰、苗族刺绣织锦、安顺蜡染、苗族糍粑、布依族油团粑和灰粽粑、屯堡服饰、屯堡民居、屯堡地戏。

必去理由 欧洲的屋脊，中南欧最美丽的地方
适宜季节 四季皆宜
适宜人群 喜爱接近大自然的背包客

永恒的奇山 阿尔卑斯山

珠穆朗玛峰号称"世界屋脊"，而欧洲的屋脊当仁不让就是阿尔卑斯山了。它由法国地中海沿岸拔地而起，向东北方延伸，穿越意大利、奥地利和瑞士，直插德国南部。欧洲中南的几个大国都有它的身影。

提起阿尔卑斯，总让人想起那朵小而白、洁而亮的"雪绒花"，《音乐之声》中的那位女教师，带领孩子们放歌游乐的阿尔卑斯，就是一个繁花盛开、绿茵如云的人间仙境，那影像长久地根植于脑海中，挥之不去。

登山胜地

阿尔卑斯山是欧洲最高大、最雄伟的山脉，它的雄峻险拔许多年来一直吸引着各国勇士，是世界登山运动的发源地。每年都有许多背包的探险者成群结队地来到山下，向这座大山发起进攻。

瑞士境内的少女峰，秀丽挺拔，就像它的名字一样，是最受欢迎的山峰之一。少女峰又名处女

> **阿尔卑斯山**
阿尔卑斯山是世界上最年轻的山脉之一，也是欧洲最高大、最雄伟的山脉。

峰，据说山下的原住民以观测山顶的变化推断四季，当山顶迎来第一场雪时，山顶洁净无瑕，纯洁美丽有若处子，故而得名。不仅山势秀美，少女峰的引人之处还在于它独特的视角。少女峰的峰顶是欣赏欧洲冰河之最——Aletsch Glacier（阿莱奇冰河）的最佳地点。攀爬少女峰，不仅可以享受登山的乐趣，还可以领略冰河之壮美。怪不得一年四季登山者云集而至。如果不喜欢登山，也可以坐缆车一路观光。但如果不是徒步上山，那岂不辱没此等圣地了？

坐着缆车一路而上，举目皆是深深浅浅的绿色，绵延不绝的山峦间满眼扑来的都是目不暇接的五颜六色，漫山遍野童话般的花团锦簇，生动得让人呼吸停滞。远处的高山，山尖漫着白雪，在阳光下云蒸霞蔚，一片灿烂。绿荫中夹着一个不知名的小湖泊，平滑如镜，在阳光的照耀下跳跃地闪着光芒。一时间便迷醉，真有种什么都抛开、远离俗世喧嚣、静静在这个人间天堂中归去、简单生活的欲望。

痴情印痕

在巍峨壮观的阿尔卑斯山上，耸立着一座巨大的建筑，它依山傍水，远离尘嚣。壮观而萧索，美丽而落寞。它就是新石天鹅宫。

新石天鹅宫与著名的茜茜公主大有渊源，有着一段闻者心动的往事。它为巴伐利亚皇帝路德维希二世所建。据说，当路德维希二世还是王子的时候，就深深地爱上他的表妹茜茜公主。谁知世事难料，茜茜公主芳心他属，最后嫁给了奥地利皇帝弗朗兹·约瑟夫。路德维希于是郁郁终身，最后竟然耗费大量的人力、物力，在岩洞中建起了这样一个巨大的建筑，将他的苦闷和感伤凝固成永恒。这个巨大的建筑物就象征着他对茜茜公主的思念与爱慕。世界各国的人们来到这里，徜徉于山谷与溪流之余，也流连于这一段风流韵事，不免为这位如此痴情的皇帝扼腕叹息。

> 秀丽而圣洁的阿尔卑斯风光

建筑物最高的一层是举行宫廷舞会的场所，空旷异常。但据说情场失意的路德维希一次也没有使用过，也许茜茜公主的离去真的就带走了他全部的乐趣。想象当年皇帝伫立在这个空旷的大厅里，所做的只能是回想当年第一次牵着心爱的人的手与她共舞的情景，那又是怎样一种心情？

山脚小镇

每次归来，都是夕阳落下的时候，零落的小屋开始冒出缕缕炊烟。虽是异乡人，但也有了一

> 蓝天、绿树、白墙、红瓦，安逸的小镇，成为都市人为之神往的世外桃源。

种回家的感觉。阿尔卑斯山脚的小镇，很少有游人提起，但是，也很少有人能够忘记。

夜色初上，小镇就笼罩在一片温暖的昏黄当中，让人回想起幼年时住过的小山村，想起木桌上那盏古旧的小灯，想起小灯前外婆那张饱经风霜的慈祥的脸。因为太过温暖了，每次回程，看到小镇的灯火时，总有一种遏制不住的流泪的冲动。

阿尔卑斯的小镇当然不是用油灯来照明的，不过鲜有破坏气氛的日光灯，总是温温润润的橘黄色灯光。镇上的建筑多是石头木料的，精致的小旅舍大堂犹如自家的客厅，没有一样奢华的东西，木料和格子棉布的大量使用让整个空间格外温馨。记得她就在少女峰下，名字就叫作霞慕尼。

阿尔卑斯玫瑰

阿尔卑斯玫瑰是一种生长在阿尔卑斯山上的多年生草本植物，它高一般为5~6英寸，遍体绒毛，花、茎、叶都呈黄绿色，这种野花只有在阿尔卑斯山脉海拔2000米以上的向阳坡面和岩石缝里才能找到。当地的青年人为了向心爱的姑娘表示爱的忠诚，往往冒着生命的危险攀爬高山去采摘。渐渐地，就形成了阿尔卑斯山区一带居民登山的传统。此后，登山逐渐发展成为一项为大家所爱好的运动。

✪ 从阿尔卑斯山归来

在普鲁文斯省，当天气温暖起来时，把家畜送到阿尔卑斯山里去已经是习惯了。畜牲和人在那里要过 5 个月或者 6 个月，夜间便睡在露天底下高齐腰际的草里；随后，当秋天最初战栗的时候，他们又下山回到农庄上来，重在被迷迭香的花熏香了的灰色的小山上过着单调的牧羊的生活……

因此，昨天晚上羊群回来了。从早上起，大门便敞开等待着，羊圈里铺了新鲜的干草。

不时地，人们重复着说："现在，他们已经到艾杰尔了，现在，已经到巴拉都了。"

接着，近黄昏的时候，突然间，一声大叫："他们到那儿啦！"而在那边，在远处，我们看见羊群在尘土腾起的光辉里前进着。

整个的路好像在跟羊群一起蠕动……老公羊走在最前边，角往前伸着，现出凶野的神气。在它们后边，是羊群的主要部分，有点疲倦了的母亲们，偎挤在腿间的乳儿——篮子里驮着新生的小羊羔，一边走一边摇晃着的、头上戴着红绒球的骡子。再后边，是全身浸在汗里、舌头伸到地上的狗和两个高大的裹在褐色毛布外套里的牧羊的家伙，他们的外套像袈裟一样，一直拖到脚后跟。

所有这一切，在我们面前快乐地排成行列，带着一阵急雨般的践踏声拥进了大门。

那时院子里是怎样的骚乱啊。金绿两色相间的大孔雀，戴着绢绒般的冠，从它们的栖木上认出了来者，并用一种惊人的号筒般的鸣叫迎接着它们。

沉睡着的鸡窝突然被惊醒了。所有的留守者都站了起来：鸽子、鸭子、火鸡、竹鸡。整个的家禽场像是疯狂了一般，母鸡们谈着要玩一整夜……

好像是每只羊在它的沾染着阿尔卑斯草的芬芳的毛里，带回一种使人沉醉、使人舞蹈的田野的活跃气氛似的。

在这样的骚扰中间，羊群各自找到了自己的住所。没有比这样的安置看来更可爱的了，老公羊看到了它们的石槽，感动得流出了眼泪，那些在旅途中生出来而还从未看见过农庄的羊羔和极小的羔儿，惊奇地看着它们的周围。

但是最动人的是那些狗，是那些忠于职守的牧羊人的狗，它们跟在羊群后面十分忙碌，在农庄上就只看到它们。

守夜的狗在它的窝里唤它们回来是徒劳的，井边盛满了新鲜的水的水桶向它们做手势也全无用处。在羊群进来以前，在粗大的门闩把小栅栏门关了以前，在牧羊人到低矮的小屋里坐在桌子周围以前，它们是什么也不要看，什么也不要听的。

——而到这时候，它们才仅仅同意进到群狗的窝里去。在那儿，它们一边舔着它们的菜汤桶，一边同它们农庄上的同伴们谈论着它们在山里所做的事情：在那可怕的地方，有狼，有洋溢着露珠的大朵的紫色的毛地黄。

——都德

集自然之精华于一身 加拿大落基山

　　世界上很多的名胜古迹都是以千年历史故事或充满人类智慧的建筑物取胜，难得有几个地方是纯粹以景色诱人的。而加拿大的落基山脉就恰恰属于这样的特例，它几乎集合了大自然的一切精华。群树和山巅的大气自不必说，难得的是，它的细节处也让人惊喜。

　　据记载，人类在落基山活动的历史可追溯至1.1万年前，当时的印第安人为了寻找衣食来源进驻落基山。18世纪中叶，皮毛交易将商业行为带进落基山地区，而随着加拿大横贯大陆铁路的修筑，这块在冰河覆盖下、处处都是绝美风景的山川大地才逐渐揭开了它神秘的面纱。

　　从温哥华到落基山需要8个小时的路程，沿途风光已经迷倒了第一次踏上加拿大的客人。

哥伦比亚冰原

　　哥伦比亚冰原是一个冰川的连锁系统，是落基山脉中最大的冰原，面积约500平方公里，最高段冰层厚度高达300多米，这些都是第二次冰河时期的产物。

> 落基山国家公园里的湖泊

33

> 落基山国家公园里的羚羊

乘坐特制的巨型雪橇滑下冰原，速度不是太快，迎面扑来的风夹杂着丝丝的雪沫让人清凉无比，把夏日带给人的焦躁驱赶得无影无踪。滑到冰原底部，回头望去，只见晶莹闪烁，白茫茫的一片，望不着边际。

在冰原上漫游，你会发现一条条冰缝，据当地人说：这些冰缝有 30 多米深，而且在哥伦比亚冰原上有无数条这样的冰缝。走在这样的冰原上，会不会充满恐惧呢？当然不会，有的只是激动、刺激的心情。如果你赶得巧，还会听到雷鸣般的声响，那是来自冰川上方的雪崩，游客应注意自身安全。一般小规模的雪崩不会影响游人的观赏。

鲍河瀑布和路易斯湖

一直以为只有庐山瀑布才会有"飞流直下三千尺"的壮观，没想到班夫镇的鲍河瀑布也能给人这种感觉。鲍河瀑布是从幽长曲折的峡谷里流出来的，周围是郁郁葱葱的原始森林。整个瀑布虽不算陡，但水量很大，所以看起来也颇为壮观。但是，鲍河瀑布流入鲍河之后就变成了另一种模样。河水清澈见底，静幽迷人，这一动一静给人一种奇异的美感。

踩着岸边形态不一的圆石，这就来到了被称为落基山宝石的路易斯湖。路易斯湖是维多利亚冰川的产物，在遥远的过去，冰川覆盖着整个湖区，冰川消退时，这块陆地起到水坝的作用，将冰川的水贮存起来，就成了今天看到的这一湖泊。

> 落基山国家公园的河流

漫步在湖边的草地上，感受着湖面飘来的清风，看着粉绿的湖泊洁净如洗，真是心旷神怡。路易斯湖畔有三座高山，其中两座对称呈"V"字形，立于湖的南侧，另一座是终年覆盖着积雪的著名的维多利亚山。三山夹拥着粉绿色的路易斯湖，何其美也！驻足于这样的美景之中，哪还会记得都市生活的喧哗？

落基山的国家公园

在落基山，有 4 座紧临的国家公园，它们是班夫（Banff）、杰士伯（Jasper）、库提尼（Kootnay）和悠鹤（Yoho）。因为这 4 个国家公园除了具有壮丽景致外，还有全世界最丰富、最著名的化石床，所以，1985 年这 4 座国家公园被联合国教科文组织列为世界性的人类宝贵遗迹。每年的 5 月至 9 月，世界各地的游客便会蜂拥而至。

班夫国家公园在落基山的东麓，是加拿大第一个国家公园，著名的避暑胜地。公园内有冰峰、冰河、冰原、冰川湖和高山草原、温泉等景观，它们犹如一串串珍珠，把静静的群山点缀得生机勃勃。公园内的喀斯喀特山苍劲雄浑，棉絮般的白云飘荡于山间，如火山冒烟，缭绕冲天，给人一种从未有过的体验。站在峰顶的观望台上，凭栏远眺，周围景色尽收眼底，不自觉间好像达到了一种超凡脱俗的境界。

公园内还建有现代化旅馆、汽车旅馆、林中野营地和悬空索道等。每年入夏，附近的印第安人就会在班夫镇的艺术中心和博物馆搭起帐篷和舞台，穿上民族服装，向游客表演富有特色的民族歌舞。

目前，班夫国家公园已成为落基山最受欢迎的旅游胜地之一。

旅游小贴士

住宿：落基山脉的住宿，原则上在任何时间都必须要预先订位。如此可保证有地方住宿，亦可有较佳的选择。如果在九、十月淡季前往落基山脉旅游，可以玩到哪住到哪，不必事先预订住宿，只是在价格及方便性上较无选择。休闲农场、牧场在加拿大相当普遍，农场主通常都有几百亩至几千亩的草原，除了经营农场、牧场外，亦开放其房间给游客居住。

交通：加拿大的火车不像国内主要功能是通勤，其客运业务是以观光为主，因此票价比巴士、飞机都贵许多。若您希望搭乘火车观赏风景，请购买在日间行驶的车票，以避免在夜间既无法休息，又无法观赏。在机场租车的价格，要看城市而定。

餐饮：夏季时间在落基山脉旅游，部分汽车旅馆附有厨房，可以使用。另可模仿西方习惯，在野外搞烤肉等野炊活动。

> 落基山国家公园的秀丽风光

主要景点

哈利法克斯城堡：位于新斯科舍省哈利法克斯的城堡山上，历来是兵家必争之地。现存的城堡建于1825年，是北美最大的石头要塞之一。城堡内有新斯科舍博物馆和兵器军械博物馆。城堡东的古钟楼建筑奇特、雄伟。

卡博特之路：位于新斯科舍省，是加拿大著名旅游路线，全长294公里。卡博特之路的中心点是布雷顿角高地国家公园。

日本人的精神"圣岳"富士山

　　海拔3776米的富士山，在世界各大名山之中并不算高。但是，独特的地理位置和风貌，使得人们在周围几万米以内，都可以看见那终年被白雪覆盖的锥形山体，犹如一个白发苍苍的老人静静地盘膝而坐。富士山对日本人来说有着极为重要的意义，是大和民族的心之故乡，被日本人称为"圣山"。

休眠火山

　　这座被日本人奉为"圣岳"的山峰，在日语中的意思是"火山"。自公元781年有文字记载以来，一共喷发了18次，最后一次喷发是在1707年，此后休眠至今。山顶上有两个大火山口，形成了两个美丽的火山湖，据说，在山顶的火山湖中沐浴一下，就能消灾免祸。所以每到七、八月份富士山开山的时节，都会有许多日本人来此登山。年轻力壮的，就不妨在火山湖中畅游一番。每到天气晴朗的日子，在山顶看日出、观云海也是世界各国游客必不可少的游览项目。

　　山麓处还有许多火山喷发后留下的山洞，千姿百态，有些仍在不断地喷气，提醒着人们它仍有活力。富岳风穴内的洞壁上则结满了钟乳石似的冰柱，晶莹剔透，光线照射下耀人眼目，被称为"万年雪"。

> 富士山上幽静的小村庄

在山腰的五合目往山下看，举目都是苍翠的原始森林，密密层层地不透风，山中的几个湖泊，湛蓝清澈，阳光下波光粼粼，赏心悦目。除了南边的一个小山坡，富士山就是那一个独立的山峰，像突然从地里钻出来似的。"独树一帜"的富士山，完完全全地展现在游人们的眼前，即使在几万米外东京湾的海面，在阳光很好的日子，一样可以看到富士山洁白无垢、白雪覆顶的雄姿。

和中国的那句俗话"不到长城非好汉"一样，在日本，人们会说"登上富士山顶是英雄"，多少年来富士山的神奇魅力不减，每年都吸引着成千上万人前来攀登。现在每年的 7 月 ~ 8 月为登山节，很多人以登上富士山为荣。登临富士山，路并不宽敞，路旁随处可见火山灰的痕迹和原始生态林。爬山开始的时候周围还有点植物，再往上爬植物就渐渐消失了。2000 米以上的地方就没有植被了，地上是煤渣一样的红红黑黑的火山灰石。乍一看很不以为然，因为和想象中的大不一样。但是，不用过多久，从火山口到这里，就又会全部堆满积雪，富士山重又白头，就如平时在图片上看到的一样。

由于海拔高，山上的气温比山下低许多。但是高海拔没有污染，这里的空气非常纯净，甚至是过于干燥和纯净了。用力呼吸几口，心肺反而感觉到有些不适应。天气晴朗，阳光无遮无盖地直直地射下来，那种力度似乎要穿透你的身心一般。

富士五湖

富士五湖指的是山中湖、河口湖、西湖、精进湖和本栖湖，这 5 个湖泊也是由于火山喷发而形成的。其中，山中湖最大，湖畔还有许多运动设施，可以滑水、垂钓、划船和露营等，十分

▶ 日本的国花——樱花

有趣。湖东南的忍野村，有 8 个池塘，总称"忍野八海"，风光也很好，且与山中湖相通。富士五湖除了湖光动人，山色也别具魅力。富士山脚下的原野之中，原始森林和溪流飞瀑相映成趣，景色妩媚之至。

富士离箱根很近，温泉也很有名。日本人喜欢泡温泉是出了名的，记得很久以前看过的一个动画片，山中的猕猴大冬天的也泡在池子里，头上顶着厚厚一层雪，极像顶着块白色的浴巾。不过游览了一整天，回到宾馆，换上浴衣立即奔向温泉，那享受真是堪称完美。仰着身体半躺在池中，头上搭着块毛巾，烫热的池水泡得人脸色红润，身心全部放松。泡温泉真是个解乏的好法子，怪不得节奏紧张、压力巨大的日本人独爱这种休闲方式。约上三五知交，同攀富士山，尝日本料理，喝日本清酒，泡日本"汤"，真是一种非常惬意的享受。

富士山不仅仅是自然奇观，同时也是教徒崇敬的圣地，另一个世界的门户，奉她为"圣岳""不二山"。从平安时代或是更久远以来，富士山一直是日本文学家和艺术家们讴歌的主题，这座灵峰不仅代表了日本绝美的自然景致，更孕育了日本人敬慕的历史文化。登临富士山，得到的绝非仅仅是视觉上美的享受，还能使人感到一股净化和升华的精神力量。

旅游小贴士

购物： 日本的免税店里的电器、名牌化妆品非常好，价格也便宜。如有心要买，请一定记清所需要的电器型号和价格。

交通： 如果想离团自己逛街，最好坐地铁，因为它最便宜，但一定要事先打听清楚走哪条线、末班车是几点，因为那里的地铁密如蛛网，容易迷路。尽量不要坐出租，很贵。

富士山的由来

传说在远古，有位伐竹的老人，有一天他在山林深处的竹林里发现了一个大约三寸的小女孩。老人将小女孩带回家，三个月后，小女孩出落成了美丽非凡的姑娘。许多青年男子慕名而来向她求婚，甚至连皇帝也加入了求婚的行列。姑娘提出了要将天竺佛的石钵、唐土的火鼠裘、燕子的子安贝和龙头上发五色光芒的玉等宝物作为聘礼，婉拒了求婚者。

原来，姑娘是月中仙女，因犯戒被贬下凡赎罪。第三年的月圆之夜，她赎罪期满，重返天宫。行前，她留给皇帝一包长生不老药，而伤心过度的皇帝命人把药放在离天最近的山上烧掉。可这包药总也烧不尽，总是冒着烟。

这座被选中烧药的山名为"不死"或"独一无二"之山。日语中"不死"和"不二"与"富士"的发音相同，富士山便由此得名。

必去理由 世界地质大博物馆
适宜季节 7月~8月
适宜人群 热爱大自然奇景的旅行者

奇伟瑰丽的自然景观 科罗拉多大峡谷

美国科罗拉多大峡谷，一片苍凉荒蛮、遗世孤立、未被现代文明侵染的土地，它位于美国亚利桑那州西北部的科罗拉多河中游、科罗拉多高原的西南部，是地球上风景最美的地区之一。

奇异的河——大峡谷

"科罗拉多"在西班牙语中意为"红河"，这是由于河中夹带大量泥沙，河水常显红色的缘故。科罗拉多河长期冲刷两岸的泥土，不分昼夜地向前奔流，在主流与支流的上游就已刻凿出黑峡谷、峡谷地、格伦峡谷、布鲁斯峡谷等19个峡谷，而最后流经亚利桑那州多岩的凯巴布高原时，更出现惊人之笔，形成了这个大峡谷奇观，而成为这条水系所有峡谷中的"峡谷之王"。

科罗拉多大峡谷的形状极不规则，大致呈东西走向，总长446千米，蜿蜒曲折，像一条桀骜不驯的巨蟒，匍匐于凯巴布高原之上。它的宽度在6~25千米之间，峡谷两岸北高南低，平均谷深1600米，谷底宽度762米。从谷底至顶部岩壁露出从前寒武纪到新生代各期的系列岩系，水平层次清晰，岩层色调各异，并含有各地质时期代表性的生物化石，故有"活的地质史教科书"之称。1903年，当时的美国总统西奥多·罗斯福来此游览时，曾感叹地说："大峡谷使我充满了敬畏，它无可比拟，无法形容，在这辽阔的世界上，绝无仅有。"

> 科罗拉多大峡谷的奇特地貌

科罗拉多大峡谷的形状极不规则，大约为东西走向，其蜿蜒曲折的地貌仿佛一条巨蟒。

更为奇异的是，这里的土壤虽然大都是褐色，但峡谷的颜色，却因两壁岩石的种类、风化的程度、时间的演变，以及所含矿物质的各异，而各有不同。铁矿石在阳光照射下，呈现五彩，其他氧化物则产生各种暗淡的色调，石英岩又会显出白色。因此，显得一块块鲜红，一方方深褐，一团团黝黑，一片片铁灰，不同色块相互交错，大地像一块巨大的五彩斑斓的调色板。晨曦初上，或夕阳满山时，峡谷中零星散布的绿色植物，夹杂着袅袅升起的薄雾，更显得如梦如幻，美不胜收。

地球的边缘

峡谷深处静寂无声，很少听见河水的咆哮声或高原上三角叶杨树发出鼓掌般的噼啪声。因为这一切声音都在这深渊的空间被吞没了。它让人禁不住地低声细语，这种寂静不是死一般的沉寂，相反，它是万物存在的宁静。它就像一曲伟大的乐章。人类创作的乐章总有终止的时候，而大峡谷则是永远回荡不止的和音。

也许，大峡谷最引人注目的风貌特色是"红墙"石灰石悬崖，它耸立在裂口正当中，几乎是垂直的。它的平均高度为550英尺——几乎和华盛顿纪念碑一样高。虽然它实际上是灰蓝色的石灰石，但是从岩石里渗出的铁盐却把悬崖表面染上了晚霞般的色彩。在"红墙"的上方，是红色的沙岩和1000英尺厚的页岩交替层，然后是浅蓝色的沙岩层，最上层是淡黄色的石灰石。现在，每天来大峡谷南缘观光的游客大概有1.8万名，其中有的会乘坐小型电动机车沿着"光明天使小道"来到谷底，穿过波涛汹涌的河道上方的吊桥，然后到达北缘。尽管南北两缘面对面相隔只有12英里，可是坐车从一边到另一边的距离却是

> 科罗拉多大峡谷里骑马前行的游客

41

214 英里。北缘只能在夏天参观，它比南缘高出 1200 英尺左右，除了 7、8 月外，其他大部分时间都为冰雪覆盖。

这个山谷里有很多巨岩，每一块岩石都有一个名字，最早画这个地区地图的人，是一位东方学的爱好者，所以他把这儿每块巨岩，都用一个东方神的名字来命名。从观景台上望去，一个很高的小山像一个小神庙，那是献给佛陀的，叫佛陀岩；在中间的，是献给埃及神的伊西斯岩；还有献给印度教的湿婆岩；而它旁边那个白色的小而尖的岩石是给孔夫子的。现在大峡谷每年差不多接待 500 万游客，其中 40％都是国外游客，差不多每个外国游客都可以在这儿找到本国文化的痕迹，大峡谷是属于全世界的。

大峡谷是一道超凡脱俗的风景。难怪一位美国作家说："我来这里时还是个无神论者，离开时已是个虔诚的信徒了！"

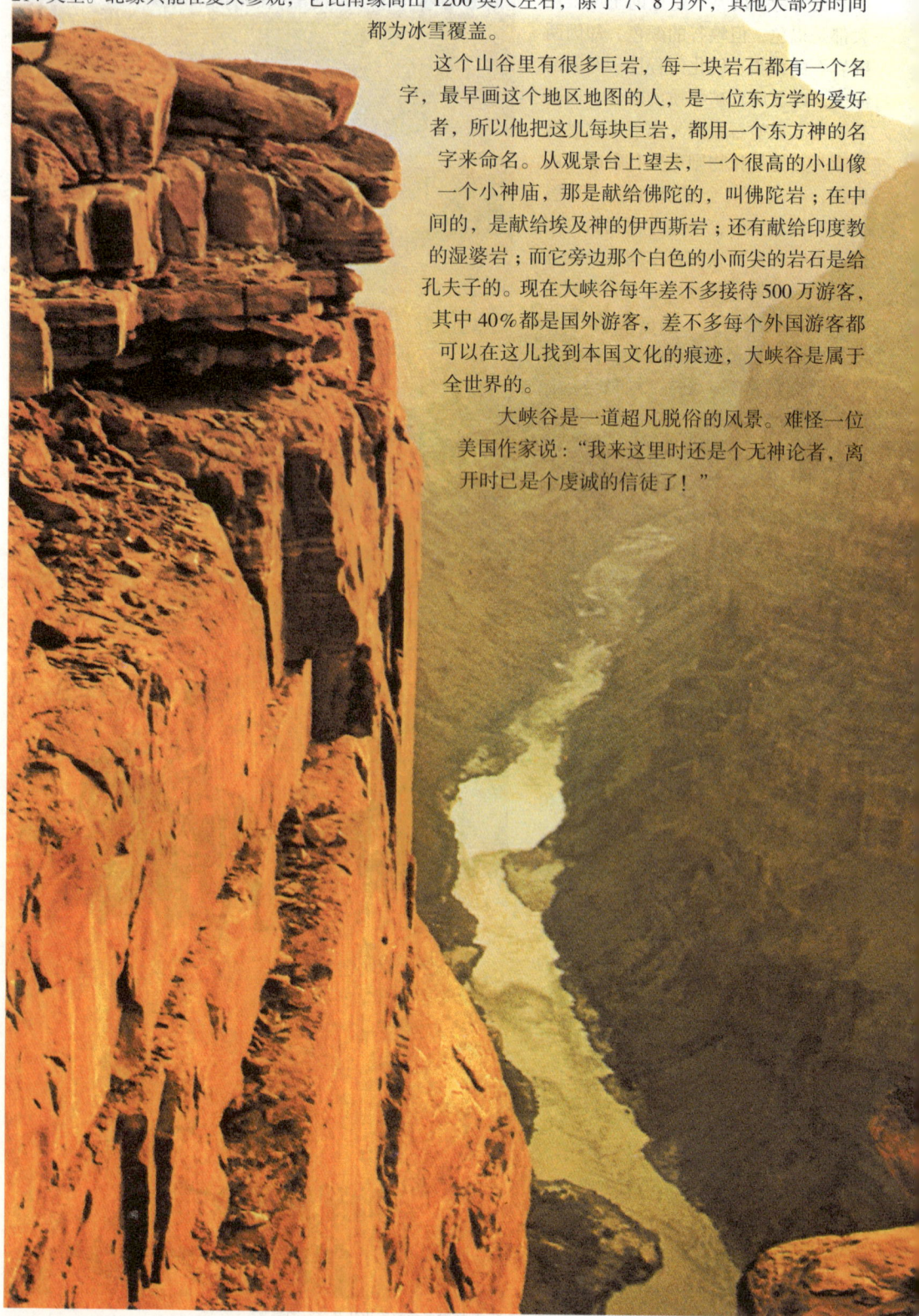

必去理由 造化神奇的东北第一山，有着一望无际的原始森林，群峰环抱的高山湖泊，气势磅礴的瀑布群，独特奇异的火山地貌

适宜季节 秋季

适宜人群 热爱大自然的登山人士

宝山雪峰，造化独钟长白山

一想到长白山，你可能就会联想到那满山的积雪、遍野的松柏、雄伟壮阔的群峰。长白山以"东北第一山"朴质的自然美吸引着人们，以其绮丽雄浑的风光为人们所神往。

长白山因常年积存着皑皑白雪而得名。它坐落于中朝两国的接壤处，是中朝两国的界山，也是松花江、图们江、鸭绿江的发源地，有"山高水长"之誉。不过，长白山并不是自古就叫这个名字，在周秦以前它被称为"不咸山"，汉代称"单单大岭"，北魏称"徒太山""太皇山"，唐称"太白山"，到金代时才开始称"长白山"，并沿用至今。当地人又称"长白山"为"老白山""白山"。由此可见，长白山是历代人们关注的对象。

长白山为中国八大名山之一，中国东北地区最高山系，欧亚大陆北半山地生态系统的典型代表，国家级自然保护区，已被列为联合国生物保护圈。长白山本是一座休眠火山，据记载，自1597年以来它曾喷发过3次。如果你站在长白山顶，一定会幻想出火山喷发时那雄壮瑰丽的场面：红红的火山岩浆向外翻涌，甚至喷出数丈之高，热气飘出数里，那场面只能在电影或文献中领略了。

长白山景观多样，物种丰富，从熔岩台地到火山锥体，自然景观垂直分布。主峰白云峰海拔2691米，是东北地区第一高峰，站在上面虽不能"一览众山小"，但也能把四处风景尽收眼底。"林

> **长白山图卷（局部）**
长白山图卷（局部）
王时敏的长卷山水画较为少见，此图系作者中年所绘山水长卷，画面重山复水，此起彼伏，连绵不断，山洞茂林烟树，飞瀑流泉。山脚平溪小桥，全无人迹，数座房舍，隐现于树林之中，意境疏简幽静。

主要景点

长白山自然保护区：是中国最大的自然保护区，建于1961年，外围部分叫"一般保护区"，中心部分叫"绝对保护区"。在长白山的原始森林中，栖息着各种野生动物，被称为"万兽之国"。在原始森林中，有野生植物2300余种，其中"东北三宝"——人参、貂皮、鹿茸是长白山宝中之冠。

小天池：又名"银环湖"，位于天池北面二道白河西岸，是两个圆形的小湖。登山俯视，这两个湖一个碧蓝，一个赤黄，在绿海丛中宛如一对浑圆宝石，互相辉映。

圆池：又称"布尔瑚里"，白头山东侧，是火山口湖，又名"天女浴躬池"。圆池是满族的发祥地，被满族视为"圣山"。

43

海、天池、瀑布、温泉"为长白山著名的四大景观，如果到了长白山，不过过林海，看看天池，望望瀑布，泡泡温泉，那就等于虚枉此行。

长白林海

长白山根据海拔的不同，有针阔混交林带、针叶林带、岳桦林带、高山苔原带以及 2400 米以上的高山寒漠景观。这一片林海，远远望去，就像蜿蜒起伏、绿浪翻滚的海洋，苍茫无际。连绵起伏的群山，被浩瀚林海覆盖，就像披着战甲的战士英姿勃发。雄伟高大的红松、树冠似塔的落叶松、枝丫繁茂的紫松在长白山随处可见；质地坚硬的水曲柳、秀丽的白桦更是举目皆是。长白山上还有被誉为"美人松"的赤松，亭亭玉立，针叶苍翠，婀娜多姿的树冠在微风中摇曳起舞，分外妖媚。站在笔直挺拔的云杉底下，手抚树干，抬头仰望，只见巨树直插云天，似要把天捅破，不禁让人有一种眩晕的感觉。

海拔 2000 米以上的高山苔原带，如一张天然的大地毯铺于长白山上。高山苔原带是由小灌木、多年生草本、地衣苔藓构成，五彩缤纷的野花、黄色的高山罂粟、紫色的长白棘豆、粉红色的瑞多杜鹃、白色的仙女木等，像是在这张地毯上舞蹈的精灵，装点着长白山。

夏季是长白山的黄金季节，走进"长白林海"，倚在古树脚下，夏日的酷热很快就会离你远去。如果再美美地睡上一觉，那感觉甭提有多美了。

长白天池

登上山顶，就会看到长白山天池了，它是我国最大最深的火山湖，松花江、鸭绿江和图们江的水就是从这里流出的。

天池是长白山的象征，它如一颗流光溢彩的大明珠镶嵌在长白山顶。天池被巍峨陡峻的长白十六峰环抱着，从峰顶俯瞰天池，湖面平静晶莹，如在群峰之中镶嵌了一块硕大的蓝宝石。蓝天、白云、群峰倒映水中，把周围景物衬托得更加壮观。天池以石为底，内壁是白色的浮石和粗面岩组成的悬岩峭壁，就像是一樽水晶巨碗，而碗里盛的却是满满的琼浆玉液，在太阳底下闪闪发光。

▶ 长白山天池
天池是长白山著名的四大景观之一，也是长白山的象征。

与天山天池一样，前人对长白山天池的赞美之词也颇多。"一泓天池水，层峦叠嶂峰。苍穹云袅娜，飞来万道虹"，"周回八十里，峭壁立池边。水满疑无地，云低别有天。江山宜漫画，鹿逐结前缘。预卜携书隐，遨游慰晚年"，这些都是对天池湖光山色的生动写照。

口里念着这些诗句，行走在天池之畔，看着深幽、宁静的湖水，呼吸着纯净、湿润的空气，感觉着沁人心脾的凉意，就如同身处人间仙境一般。

旅游小贴士

气候：秋季多雾，所以这时来长白山要特别注意天气预报，以免看不到天池的风采。冬季气候寒冷，遍地是冰，是滑雪运动的最佳季节。

山内交通：登长白山有两条路，一般从延吉方向需从北坡登山，从沈阳、长春等地到北河需从南坡登山。

长白瀑布

天池周围峭壁百丈，只有北侧龙门峰与天豁峰之间有一断裂缺口，人们叫这一缺口为"闼门"。天池的水从这里源源外流，流出一条清澈湍急的小河——乘槎河。"乘槎"在神话传说中常有出现，取乘木排上天之意。乘槎河在流经约 1200 米后在断壁处以雷霆万钧之势飞流直下，这就是著名的长白瀑布。

长白瀑布由三道主瀑流组成，形似一个"川"字。这三道瀑布有的如银河倒倾，波涛滚滚；有的如白练悬天，凌空而下。未见飞瀑则会先闻其声。待到走近瀑布时，你会备感清凉，因为这里时而细雨霏霏，水雾缭绕，时而珠飞玉溅，湿透你的衣襟，更甚者会让你淋个瀑布浴，好不惬意。仰望瀑布，气势更加磅礴。弥漫的水雾在阳光下化作了条条彩虹，与高处飞下的白练交相辉映，好一处天然胜景啊。

在冬季，长白瀑布会静寂得像个虔诚的教徒，在寂静的山谷中飘然落下，下面凝结了像水晶一样的冰山，虽不及湍急的瀑布壮观，但却更能给人一种独特的北国风光的美丽。

走累了，就去天池北侧的温泉泡个澡。这里的温泉中含有多种矿物质和微量元素，对治疗胃病、关节炎、皮肤病等很有效。泡着温泉，一天的疲劳也会随着升腾的热气蒸发得无影无踪。温泉旁还有五彩斑斓、绚丽多彩的石子，这些石子把温泉点缀得犹如仙境，别有一番景致，这时的你才会真正体会到流连忘返的感觉。

必去理由 自然与人文的梦幻结合，秀外慧中的南国佳丽
适宜季节 秋季
适宜人群 老幼皆宜

秀外慧中的南国佳丽 武夷山

　　武夷山坐落于我国福建省的武夷山市境内，方圆60多平方千米，自古就有"奇秀甲东南"的称号。武夷山是一座集自然景观和人文景观于一体的文化名山，不仅风光秀美，还有着悠久的人文传统。相传，宋淳熙十年，当时的理学大师朱熹游走武夷山时，一下子就被武夷山的迷人风光吸引住了，于是朱熹在武夷山建立了精舍并于此开始了长达数年的讲学生涯。从此，武夷山与程朱理学结下了不解之缘。再往前一点，武夷山的历史还可以追溯到以架壑船棺为象征的古越族文化时期和以城村古汉城为标志的西汉文化时期，在这些时期，武夷山都有过不同程度的繁荣。

> **武夷山隐屏峰**

山水风光

九曲溪集聚了武夷山所有的精华，是武夷山最具代表性的风景。自古武夷山的自然风光就有"三三九九"一说，其中的"九九"另有所指，说的是夹崖森列的99岩；而剩下的"三三"却是对九曲溪绝佳的概括。九曲溪一年四季溪水碧清，干净得如仙泉圣水。它沿着武夷山的山涧、河道，迂回曲折，缠缠绕绕，如一条碧绿的玉带在武夷山的脚下优雅地荡漾开去，形成了"曲曲山回转，峰峰水怀抱"的武夷奇景。

在空谷深幽之间徘徊着的九曲溪，由西向东缓缓流去，从来不带一点声响，从来也没有想过要在游人面前炫耀自己。水边的那些直插云霄的悬崖峭壁，峭壁之间的千年悬棺，更使它幽中带奇，让人于它的"幽"、它的"奇"、它的"静"、它的"妙"之间惊诧不已。

沿着九曲溪，还有大王峰、上下水龟、仙掌峰、大红袍、玉女峰、白云岩、仙钓台、并莲峰、玉柱峰、天游峰……陡壁如削的大王峰屹立在九曲溪口，有如擎天巨柱，屹然高耸，极为壮观。古人因其颇有王者威仪，故而授命为"大王峰"。大王峰顶是观赏九曲山水全景最好的地方，但要上此峰，必先沿一条直上直下的岩石裂缝爬上，然后才有盘山路可直通峰顶。

环来绕去看到的一处处都足以让人感动。这种源于自然的感动毫无瑕疵，就像那干净的溪水一眼见底，这就是武夷山风景区。

可以与武夷山风景区相媲美的还有武夷山自然保护区。它是我国的A级国家自然保护区，现已经被联合国教科文组织列入国际"人与生物圈"保护网，是联合国"人和自然"保护网极负盛名的保护区域之一。

在这里感受到的自然是不同于武夷山风景区的。这里有我国东南地区第一高峰——黄岗山。站在山顶看云海间的朝阳、落日，犹如在仙境一般，只觉得自己已经与天地融为一体，"我即天地，天地即我"的豪情，在那万丈霞光之中油然而生。但这还不是它最吸引人的地方，在它的境内分布着的保存完好的大面积的原始森林和原始次生林才是它真正的价值所在。据说，这里有着我国东南部保存的面积最大、最为完整的亚热带森林生态系统。

光这几个"最"字就够吸引人的吧！其实当你真正面对那一株株已经有上百年、上千年历史的亚热带常绿阔叶林的时候，你感受到的才是真正的自然。当你畅游其中，欢歌笑语，大自然就好像是被尘封了几千年的名画，正在一点点地抖落身上的灰尘，一点点地现出本来的魅力。

武夷山访古

武夷山还有丰富的文物古迹。其中"武夷船棺"不仅让考古学家们兴趣盎然，就是游人也多要乘竹筏来到三曲，登上浅滩，翘首观望一番。

要说武夷山九曲溪边的架壑船棺，还要从几千年前说起。大约在3000多年以前，这里生活过许多古越人的部落，悬棺葬是他们的一种丧葬形式，但并不是所有的人都能得到这样的"待遇"，只有那些受人尊敬的死者才能采取"悬棺葬"的形式。把死者高高地葬在悬崖之上，代表着当时人们美好的理想：最高的地方才最接近"天神"，最接近"天神"的地方才最容易"升天"，当然这里面也充斥着一种对于高山的"力量"崇拜。

除了悬棺，2000多年前的西汉闽越国王城遗址，也是极具历史价值和文化价值的。汉城遗址占地48万平方米，现已发掘出土4000多件珍贵文物，有花纹空心砖、铁矛头、铁王齿耙、铁三股鱼叉、回形管道、宫内浴池等，遗址内还发现了一口水井，因保存完好而被称为"江南第一井"。此外，从创建选址、建筑手法和风格上，汉城遗址都独具一格，是中国古代南方城市的一个典型代表。

武夷山还与朱子理学有着不可分割的联系。相传，宋淳熙十年，当时的理学大师朱熹游走武夷

主要景点

　　著名景点：九曲溪、一线天、桃源洞、天心岩、水帘洞、大藏峰、并莲峰、玉女峰、幔亭峰、莲花峰、三仰峰、三层峰、天游峰。

　　著名古迹：武夷宫、宋街、三清殿、刘公神道碑、徐霞客塑像、妙云寺、茶洞、武夷精舍、刘官寨、遇林亭、三姑石。

山一下子就被武夷山的迷人风光吸引住了，于是朱熹在武夷山创办了紫阳书院、考亭书院，并开始了长达数年的讲学生涯。从此，武夷山与程朱理学结下了不解之缘，武夷山也就当之无愧地成了理学名山。

　　文化遗存与自然景观的结合，不但体现了武夷山秀外慧中的气质，也为游人提供了一处极佳的情感表达的场所。因为武夷山能包容一切，不管你是尽情地哭、尽情地笑、尽情地欢乐，还是尽情地痛苦。

> 武夷山玉女峰

⭐ 武夷山的雨

在武夷山大自然保护区的山坳里，洁白的云丝终日像柳絮飘浮在林梢之上，偶与山野人家屋顶升起的袅袅炊烟遇合，便发生了奇妙的溶解，青色的炊烟被净化了，依然是白云当家，轻盈起舞，每个舞步仿佛都踏出和谐的音律：这里是不容污染的世界！

但也有不尽如人意之处：未来过武夷山的外地人，行前往往被提醒说：那里天可凉哩，六月天早晚也要穿毛衣。可是，如果真听了这话，便要大上其当，在这形似盆底的山坳里，同样也有恼人的暑热，尤其是在正午时分，酷似一个不冒气的蒸笼。

不过，别忙，一到傍晚，轻盈的白云骤然变色、加重，风从毛竹林中扇起，直上山坡，云在万籁的啸声中逐渐聚合，有如胡笳中千军万马在统一的将令中即将出击。

果然，雨丝从云层中直线摇下，开始是缓慢的、柔和的，不大一会儿，节奏随之加快，势头越来越猛，变成斜射的雨箭，再以后，母箭中又分生出许多子箭，雨星儿演化成腾腾水雾，漫天一片泛白，竟难以分出丝缕来了。这时，我总觉得空中似有多少只巧手，在迅疾利落地赶织一架硕大无比的水的幔帐……

天黑时，清风像利箭似的切断了雨丝，只在屋檐上还滴落着已近尾声的雨珠。山水下来了，窗外的溪涧中响起渐高渐激的浪声，撞击着步步设障的石头，弹奏出自然悦耳的琴韵。山坳中的溽热减退了，被溪水漂送到山外的干流，挤压在涧底的沙砾中。肺活量很大、欢快无忧的武夷湍蛙趁这大好时刻，振起嘹亮的歌喉，又像是告慰奔忙了一天的山外来客：可以安心入眠了。

雨，带来了清凉，却也带来另一种效果：著名的武夷山自然保护区的昆虫世界一时间被扰乱了，雨后的蝴蝶和飞蛾之类格外喜欢挤进房间里，在灯光下凑热闹。窗上明明嵌有纱窗，但这些无孔不入的"飞仙"仍不知从什么地方钻进来，惹你心烦，冲淡了因雨洗燥热而产生的舒畅。但，也有别样意外的奇迹出现：它们一光顾，蚊子便让位了，也许已成了它们捕食的猎获物。这样，没有蚊帐也可安睡。可见，任何事物往往都有着正反两个方面，相互依存，又相互制约，保证了人的正常生活环境，也保持了生态平衡。

第二天，老居民们和初进山的来客又各自忙碌起来。天还是那么澄蓝，云还是那么轻柔，太阳却常常是看不见的，被峰头隔在了山那边。时光在山幽鸟啭中悄悄地溜了过去，开发山区的计划和工作效率却在加速推进。到傍晚，几乎和前一天的时间不差一刻，又是例行的兴云布雨，只不过这次雨来时，人们谁也没有躲。客人们都站在廊檐下，观赏着雨中山景。当地的村姑们大方地、善意地指点谈论着远来的陌生人，不时发出清亮悦耳的笑声。她们的眼窝看来比北方的姑娘们深些，眼神却更加明净；那没有烫过的自然蓬松的头发，使人联想到山坡上披拂的茂密的毛竹；而她们喜爱穿的不带花色的特丽灵衣褂，又使人感到如长流不息的山泉那般洁净。在她们身上，找不到半丝通常所说的那种"洋味儿"，但也没有一点俚俗的"土气"。这种难得的协调与得体，有时不禁使外来者感到惊奇，但它确就是远离大城市的山坳小村里的真实画面。

雨丝渐细，天色未深，一些外来的客人们，包括年过半百的文人和学者，也仿佛一候间年轻了许多，雀跃地离开廊檐，沿着溪边小径，越过杉木杂陈，微微颤悠的板桥，来造访独居山脚的一户山民。这家的老公公正在编竹篓，儿子正在屋后喂猪娃，儿媳妇刚刚打山草回来，浑身被雨水弄得湿漉漉的。她的个头很小，臂力却很大，斜偏着身子，挎着一个跟她的身子不相称的特大草篮，脚下却敦敦实实地迈着步子。客人中有年轻些的要帮她抬草篮子。她爽朗地笑着谢绝："不用，不用的，很轻的呢。"

这又是一个令人惊异的发现！在这远离北京的深山里，居民们能使人听懂的"官话"竟操得这么好（虽然带点当地口音），竟比来客中的某些见过大世面的城里人说得流利！

眼前是一个空间很大的木屋，分上下两层，下层分成三个等分，其中的一间堆满了编好的竹椅、竹篓和竹凳，俨然是一个挺像样的竹制品作坊。老公公的眼力看来有些不济，指法却极灵活，竹篾在他手里好像都长了眼睛，注入了血脉，手到处都活灵活现了。他一面操作，一面慢悠悠地说着话儿，就像檐间那滴滴答答不断头的水珠儿。

"我们这里毛竹多的不得了！"此地人的语尾拖得很长，音也很重，可能是表示强调的意思。"谁也数不清，有好多棵！"

精壮敦实的汉子喂完猪走进屋来，把沾湿的上衣往尼龙绳上一扔，接着老爹的话茬儿："不过也忒便宜了，才一元钱一棵！"

他媳妇马上纠正说："你那还是旧账！同志，如今好了，把毛竹稍稍加工一下，收购价格一棵就是八元。甘霖溪流进咱们心窝窝里，山里人腰杆也撑得直了。"

年轻的汉子不言语了，老公公咧着缺牙的嘴自豪地说："靠山吃山靠水吃水嘛！"

这时，儿媳妇沏好了茶，给客人们每人倒了一碗。这碗小得很，说是盅儿也许更恰当些。

"同志吃茶，这是真正的武夷红茶。"她热情地让着大伙。

那汉子倒也实事求是："这红茶是拿松烟熏过的，还不知同志吃着习惯不？尝尝，尝尝吧。"

有的客人喝了，小声说"有点怪味"，但大都说"很香"，倒也不是出于礼貌上的恭维，这从眼神上是看得出来的。

"是用甘霖溪的水沏的吧？"有人问。

"是的！是的！"一家三口人几乎是同时出声。

"甘霖溪流进了心窝窝"——这是武夷山深坳里的一位普通妇女的体味。客人们在这里目睹的是，甘霖溪是从山间岩缝里渗出来汇合而成的，所以才如此清冽爽心。那么，它的源头何在呢？——

雨，武夷山的雨，夏日傍晚那守信用的雨，自然是用之不竭的水源。外地客人一直在这里住了七天，天天都不例外。那四面高峰就像凛然不阿的值勤战士，有礼貌地拦住过路的雨云。"你要从此过吗？请出示消暑通行证！"雨云便只能照章办理。

于是，充足的甘霖，给武夷山送来一个个清爽的夜，也送来一个个溪流不息的白昼！

——石英

必去理由 千峰陡峭、万壑幽深，被誉为"华中屋脊"，中国著名的"绿色宝库"
适宜季节 夏秋两季
适宜人群 钟情于探险、沐浴"氧吧"的人士

只有传说没有历史的世界 神农架

神农架地处我国湖北省西北部，平均海拔在1700米以上，境内光3000多米以上的高峰就有6座，所以它又有"华中屋脊"的称号。神农架不仅空气清新、气候宜人，而且还是一个到处都带着神秘的地方，是一个只有传说没有历史的世界。单从名字就能感受到神农架那来自上古的强烈的浪漫气息。据说上古时期，"三皇"之一的神农氏在这里生活的时候，当地的百姓得了一种怪病，神农氏为了给百姓看病，冒着生命危险尝遍了百种野草，才如其所愿地为百姓治好了怪病。当地百姓为了纪念这位英雄，就把神农氏尝百草的地方叫作"神农架"。

从神农顶到神农祭坛

神农顶位于神农架之巅，方圆约2平方公里，被人称为"华中第一峰"。凭空望去，雾霭茫茫之中整个神农架的所有山峰尽收眼底，十分壮观。所有到神农架的游客没有不到神农顶的。更难得的是，神农顶地表面还分布着各色各样的苔藓和蕨类植物，这些小生物就像是一个个小小的生灵，永远都散发着无穷的生机和活力。

从神农顶往下走，沿着神农架的山腰几乎常年都能看到鲜绿色的箭竹林带、漂亮的冷杉林带和可爱的高山杜鹃林带。那庞大的箭竹竹海就像是翻滚在你面前的一个一个巨大的绿色波浪，煞是壮观。一株株可爱的冷杉摇曳在崖间、山地、岩石中，尽情地展现着它的高贵和顽强的生命力。这里的冷杉是我国著名的二级保护植物。至于那些极具耐寒能力的高山杜鹃，让你只能用一个"可爱"

> "碧云天，黄叶地，秋色连波，波上寒烟翠。"范仲淹的《苏幕遮》词句在神农架得以生动体现。

> 山高谷深的神农架原始森林区

来形容它们了。它们实在是太可爱了，在海拔那么高的地方能看到开得这么欢快的花，那简直是一种超感官的享受。一株株聚集在一起成了一簇、一片、一块、一个山腰，一个花的海洋，一个杜鹃的世界。看着娇小却有着无穷生命力的高山杜鹃，你感受到的不仅仅是它们的美丽，往往还会有一种源于生命的感动。

当地还流传着一个关于杜鹃、冷杉和箭竹的美丽传说呢。在遥远的古代，神农顶附近生活着一对深深相爱着的青年男女，但是他们的美好生活却被后来到这里的一个"山霸王"马皇打破了。"山霸王"想要让漂亮的女青年做自己的压寨夫人。这对青年男女得到这个消息后连夜出逃，但不幸的是，他们被"山霸王"堵在了神农顶上，并被他射死在了山顶。神农氏正好从山顶经过，他立刻撒下了一把箭竹的种子把马皇困在了箭竹林里，然后又把死掉的男青年变成了冷杉树，女青年变成了杜鹃花。后来，马皇再也没有从密密麻麻的箭竹海中逃脱，最终变成了一种叫作蚂蟥的虫子，现在还是当地常见的一种虫子。而变成冷杉和杜鹃花的男女青年则在美丽的神农顶上相依为命，再也没有分开过。美丽的传说让神农顶多了几分神秘。每每漫步于神农之巅，每每想起这动人的爱情故事，神农架之行就会平添许多乐趣。

到神农架，还有一个必须到的地方就是神农祭坛，因为它是最能代表神农架的人文传统的一处景观。

神农祭坛是为纪念神农氏而建的，其实就是一个以巨型的牛首人身的神农氏雕像为主体的建筑群。神农氏雕像以大地为身躯，横卧在崇山峻岭之间，远远地看过去，只见他微闭着双眼，就像是一位正在沉思的哲学大师。雕像的两边是高达 10 米的图腾雕柱和两幅宏伟的大型浮雕。浮雕以神农氏的传说为主要内容，基本上展示了传说中的神农氏的丰功伟绩。

不屈的生命

170 万年前的地球进入了第四纪冰川时期，大地一片冰封雪冻。可是，惟有神农架地区是幸运的，未被冰层埋藏。于是，这里就成了生物避难所，使得在世界许多地方早已灭绝的生物独在此得以幸存，比如，银杏、巴山冷杉、秦岭冷杉、铁坚杉、鹅秋掌、珙桐（鸽子树）、香果树等。它们是不屈的生命，它们演绎着说不完的故事，它们是名副其实的"活化石"，它们都是我国古老、珍稀、濒危的树种。

在松柏镇外 5000 米处有一棵 500 岁的梭罗树，树身已经出现空洞，并被蛇占为巢。每年春天，都会有上百条蛇从树洞中蛰醒爬出。附近的村民曾趁蛇群冬眠之时，放火烧树。一连烧了几日，树身下半截都被烧焦了，可是这棵树仍然枝繁叶茂，昂首向天。

鸽子树是我国特有的古老孑遗树种，在神农架自然保护区内好几个地方都有，其中尤以上天梯处的一株最具代表性。这株鸽子树高达 20 米、胸径 0.7 米。每年 5 月，鸽子树便满树繁花，那树

主要景点

板壁岩、燕子洞、神农架旅游滑雪场、神农祭坛、神农架动植物标本馆、武山湖、龙门河国家森林公园、松香坪、燕子垭、天门垭、金猴岭、神农顶、小当阳、小龙潭野考站、香溪源、老君山、六道峡、大九湖、宋洛风光、古梭罗树、杉树坪、古犀牛洞、风景垭、神农架自然博物馆。

上的千花万朵摇曳生姿，似千万只白色鸽子咕咕着栖落枝头，又像要展翅欲飞天涯，招来游客留连忘返。

保护区内还有一株近1200岁的铁坚杉，树高36米，树径2.7米，遮天蔽日的。据说在一百多年前，这棵古杉的下面不远处，也长着一棵同样高大的古杉，山里一户有钱人家命三名樵夫砍伐这棵古杉做寿器，可就在树倒下的一瞬间，三个樵夫全被砸死。此后，这户有钱人家也日渐衰落。

除了植物，神农架自然保护区里的奇异珍稀的野生动物也很多，兽类、鸟类、鱼类、蝴蝶等，其中70多种受国家重点保护。另外，在神农架保护区还发现了许多神秘的白化动物，如白蛇、白龟、白獐、白熊、白猫头鹰、白蛤蟆等。白化动物的出现，不但为神农架增添了神秘色彩，还引起了科学界的极大关注，轰动了民间，因为，在民间常被视为"精""仙"的白色动物，不过是传说中的故事而已，比如，白蛇、白龟等，现在却真真切切地出现在了神农架。

在神农架，还有更神奇的生物，那就是"野人"。1970年，野考队员们曾两次在箭竹林里发现了奇妙的"窝"，那"窝"用箭竹扭结而成，每根箭竹间的距离约为50厘米。据分析，这绝非人类所为，那又是谁的杰作呢？据说，神农顶下的风景垭就是"野人"经常出没的地方，迄今为止，已有300多人在那里发现了"野人"的踪迹、毛发、粪便等，这大约是因为神农顶的箭竹是"野人"食物的缘故吧。

到目前为止还没有捕捉到一个真正的"野人"身影，"野人"对于我们来说还是个谜，但它却为神农架平添了不少的神秘。

也许任何生物都逃脱不掉"进化"的宿命，但神农架却给我们呈现了一个又一个古老而又现实的神话。它的所有传说都似乎不再是谣言，而是你眼前的真实存在。这也许正是神农架的真正魅力，这是一个只有传说没有历史的世界。

> 神农架燕子垭

必去理由 "中国山水画"的原本，"世外桃源"的现实
适宜季节 四季皆宜
适宜人群 老幼皆宜

世外桃源，人间仙境 张家界

张家界是我国第一个国家森林公园，19世纪70年代才被发现。相传，汉高祖时留侯张良为了不让"飞鸟尽，良弓藏；野兔死，走狗烹"的悲剧在自己身上上演，就效法范蠡功成身退、隐居江湖的做法，来到大庸，并在此地留下张氏子孙，故取名"张家界"。然而张家界之名扬天下，并不是因为留侯的典故，而是因为它的美丽。有人说：如果说有一个人间仙境，可以因为它的美丽而让世界震惊，让人不忍回忆，那必然就是张家界。

的确如此，张家界是中国山水画的原本；张家界是"世外桃源"的现实版本；张家界是"五步一个景，十步一重天"；张家界是"扩大的盆景，缩小的仙境"；张家界是真正的蓝天碧水……

在你亲临张家界之前，你或许会说这些不过是溢美之词，但当你真正走进张家界后，你就会真真切切地感受到张家界确实很美，那是一种苍凉的美，原始的美，野性的美，雄奇的美，大气的美。否则，香港著名摄影家陈复礼也不会大言："张家界纳黄山桂林之美，溶庐山南岳之秀，就奇山异峰的集中和清新来说，比世界上一切名山大川都好，都美！"否则，著名山水画家张文俊就不发出"张家界有泰山之雄，华山之险，桂林之秀，黄山之变化，诸山之美兼而有之，为我平生之罕见"的感慨了。

> 山依水，水偎木，舟荡情漾，流连于水天一色中。

宝潭飞瀑

峯湖

黄狮寨

　　早闻"不登黄狮寨，枉到张家界"，所以到张家界后的第一站自然就是黄狮寨了。黄狮寨是张家界诸景之冠，海拔 1080 米，四周峭壁削立，只有前卡门与后卡门两条独路可通寨顶。

　　说实话，站在山脚下，一点也感觉不到张家界的神奇与美丽，因为它很普通，几乎和以前所见过的任何一座山、任何一潭水没什么两样。但是当人沿着曲曲折折的山路前行，尤其是站在黄狮寨的寨顶的时候，就有了前所未有的感觉。

　　在攀登前卡门的路上，但见千峰插地、怪石如林，海螺峰、一线天、天书宝匣、南天一柱等景点，不重样地伴随着游客一路登上黄狮寨的寨顶。黄狮寨的寨顶是一个宽阔的平台，足有 200 多亩。任何一个未到过那里的人，都绝对想象不到在这么巍峨的高山之巅居然还有如此宽阔的台地，就好像是凭空升起来的一样。站在上面的感觉除了惊险、刺激外，还有的就是对大自然鬼斧神工的惊讶。

　　黄狮寨寨顶简直就是一个天然的观景台。如果赶上个大晴天，站在那里遥望群山，会看见密林深处有缕缕白烟窜起，先是聚为柱状，然后慢慢弥散。白烟消失后，云团、云带又从山腰涌起，扑向山头，蔚为壮观。雾气中、阳光下，姿态各异的红砂岩，有的如仰天长啸的雄狮，有的如俯首低吟的苍龙，有的如即将展翅高飞的雄鹰，有的又如正在修炼的千年古佛……

主要景点

黄狮寨、金鞭溪、腰子寨、琵琶溪、砂刀沟、后花园、朝天观、接风庙、清风亭、西天门等。

如果是雨后站在那里，则会看见白雾自峡谷升起，愈来愈大，愈来愈浓，最后将整个黄狮寨淹没其中，只留下点点孤峰，飘浮于云海之上。

天子山风景区

天子山海拔 1262 米，也是张家界风景区最著名的风景区之一。天子山主要以千姿百态的奇峰怪石著称，境内的西海是它的标志性风景游览区。西海简直就是一个山的海洋，只要你选择一个具有一定高度的地方停下来，举目眺望，就会有头晕目眩的感觉，成千上万座山峰——你甚至可以说它们是峰柱、石柱或者就是一块巨大的石头——巍然而立，好像正在等着你发号施令的千军万马。

远远地看过去，奇峰林立，万石峥嵘。一座座凭空而起的奇形怪状的巨大岩石林立，或如雄狮，或如饿虎，或如巨鸟。当然其中也不乏像仙女献花、芙蓉出水、孔雀开屏这样的妩媚优雅者。

再看西海谷底，幽深静穆，似有一老者徘徊于其间。那老者虽然已经在那里幽游了上千年，但他的身躯依然健壮，依然能够灵巧地逡巡在峰柱和峰柱之间。它的确是有生命的，不信的话，你朝它喊一声，它热情的回应会让你身心颤动。

除了石海，天子山风景区还有白雾缭绕的点将台、雾雨绵绵的神堂湾、神幻莫测的御笔峰等奇景，而集奇、险、秀、幽、野于一体的石林、云海、霞日、冬雪又堪称"奇中之奇"。此外，还有数不胜数的天桥、天池、古庙、天门、飞泉、洞府……

畅游于张家界风景区的任何一个地方，它都会以纯真的风采迎接你。而你，好像只是一个稍微的转身，眼前就会别有洞天。

> 张家界风景区最著名的风景区之一——天子山

☆ 妩媚得风流

张家界

……

张家界绝对有资格问鼎诺贝尔文学奖,假如有人把她的大美翻译成人类通用的语言。

鬼斧神工,天机独运。别处的山,都是亲亲热热地手拉着手,臂挽着臂,惟有张家界,是彼此保持头角峥嵘的独立,谁也不待见谁。别处的峰,是再陡再险也能踩在脚下,惟有张家界,以她的危崖崩壁,拒绝从猿到人的一切趾印。每柱岩峰,都青筋裸露、血性十足地直插霄汉。而峰巅的每处缝隙,每尺瘠土,又必定有苍松,或翠柏,亭亭如盖地笑傲尘寰。银崖翠冠,站远了看,犹如放大的苏州盆景。曲壑蟠涧,更增添无限空蒙幽翠。风吹过,一啸百吟;云漫开,万千气韵。

刚见面,张家界就责问我为何姗姗来迟。说来惭愧,二十六年前,我本来有机会一睹她的芳颜,只要往前再迈出半步。那是为了一项农村调查,我辗转来到了她附近的地面。虽说只是外围,已尽显其超尘拔俗的风姿。一眼望去,峰与峰,似乎都长有眉眼,云与云,仿佛都识得人情,就连坡地的一丛绿竹,罅缝的一蓬虎耳草,都别有其一种爽肌涤骨的清新和似曾照面的熟络。是晚,我歇宿于山脚的苗寨。客栈贴近寨口,推窗即为古道,道边婆娑着白杨,杨树的背后喧哗着一条小溪,溪的对岸为骈立的峰峦。山高雾大,满世界一片漆黑。我不习惯这黑,翻来覆去睡不着,于是披衣出门,徘徊在小溪边,听上流的轰轰飞瀑。听得兴发,索性循水声寻去。拐过山嘴,飞瀑仍不见踪迹,却见若干男女围着篝火歌舞。火堆初燃之际,一半是火焰,一半是树枝。燃到中途,树枝通体赤红,状若火之骨。再后来,又变作熔化的珊瑚,令人想到火之精,炎之灵。自始至终,场地上方火苗四蹿,火星噼噼啪啪地飞舞,好一派火树银花。猛抬头,瞥见夜空山影如魅,森森然似欲探手攫人,"啊——",一声长惊,恍悟我们常说的"魅力"之"魅",原来还有如此令人魂悸魄悚的背景。

从此,我心里就有了一处灵性的山野。且摘一片枫叶为书签,拣一粒卵石作镇纸,留得这脉红尘之外的秋波,伴我闯荡茫茫前程。犹记前年拜会画家吴冠中,听他老先生叙述七十年代末去湖南大庸写生,如何无意中撞进张家界林场,又如何发现了漫山诡锦秘绣,欣美之余,也聊存一丝自慰,因为,我毕竟早他四五年就遥感过张家界,窃得她漏泄的只光片羽。

是日,当我乘缆车登上黄狮寨的峰顶,沐着细雨,凝望位于远方山脊的一处村落,云拂翠涌,忽隐忽现,疑幻疑真,恍若蜃楼,想象它实为张家界内涵的一个短篇。不过,仅这一个短篇表现力就足够惊人,倘要勉强译成文学语言,怕不是浅薄如我者所能企及。天机贵在心照,审美总讲究保持一定的距离,你能拿酒瓶盛装月白,拿油彩捕捉风清?客观一经把握,势必失去部分本真。当然不是说就束手无为,今日既然有缘,咦,为什么不鼓勇试它一试。好,且再随我锁定右侧那一柱倒金字塔状的岩峰,它一反常规地拔地而起,旁若无人地翘首天外,乍读,犹如一篇激扬青云的散文,再读,又仿佛一集浩气淋漓的史诗,反复吟味,更不啻一部沧海桑田的造化史,为这片历经情劫的奇山幻水立碑。

——卡毓方

必去理由 佳景荟萃，神奇莫测的"旷世胜地";不见纤尘，自然纯净的"童话世界"
适宜季节 秋季
适宜人群 喜爱贴近大自然的都市人，体力强健者尤宜

神奇的人间天堂九寨沟

　　位于巍峨的岷山山脉深处的九寨沟，在四川阿坝藏族羌族自治州境内，距成都400多千米，由于交通不便，长久以来九寨沟几乎成了一个与世隔绝的地方，仅有9个藏族村寨坐落在这片崇山峻岭之中。正因为人烟寥落，这里至今保存着原始的自然风貌，有着自己的独特景观。

水之精灵

　　水是九寨沟的灵魂，九寨沟的美离不了那一泓碧波，九寨沟的山林也因有了水而生动。九寨沟里山水相依，水树交融。山、林、云、天倒映水中，更丰富了水中景色，显得水色变幻无穷。梯湖水顺着山势从树丛中层层跌落，形成林中飞瀑，宁静翠蓝的湖泊和洁白飞泻的瀑布又构成了动静结合、刚柔相济的奇景。树在水边长，水在林中流，整个九寨沟就在这水流的环绕奔流下生生不息，充满了活力。

　　按藏族同胞的习俗，湖泊被称为"海子"。在藏族习俗里，每一个海子都有一个美丽的传说。比如藏匿于则查洼沟底部的五彩池，它的由来就是：远古神女沃诺色姆的情人达戈送给她一面宝镜，沃诺或许是太高兴了，竟不慎失手把宝镜摔成了108块，而这108块碎片便成了108个被称为"翠海"的彩色湖泊。

海子的水终年明丽见底，而且随着光照变化、季节推移，呈现不同的色调与水韵。风平浪静时，蓝天、白云、远山、近树，倒映在湖中，水上水下，一时虚实难辨，如幻如真；微风初起，微波细浪，仿佛一幅锦缎被铺开的一刹那，阳光照射之处璀璨成花。

"彩池"是九寨沟的独门密宝，它是阳光、水藻和湖底沉积物的"合作成果"。非目睹怎能想象，一湖之中竟有鹅黄、翠绿、绛红、碧蓝、赤褐等诸般色彩，色彩与色彩之间相互浸染，绚烂夺目。随着视角移动，色彩也随之改变，可谓一步一态，变幻无穷。

> 五彩池

被誉为"九寨沟第一海"的长海，是在第四纪冰川时期形成的冰斗湖，九寨沟海子之源。长海海拔 3060 米，面积 30 万平方米，是九寨沟风景区内最大的海子。长海常年以雪山为伴，多少年来一直鲜为人知，直到 20 世纪 70 年代，才被进山的伐木工人发现。夏日里在长海荡舟十分惬意，而春秋两季，奇花异草倒映水中，恍若仙境，隆冬时，长海便成了一个硕大的冰湖，甚为壮观。加之传闻有怪兽在此处出没，更增加了长海的神秘色彩。

诺日朗瀑布

诺日朗瀑布位于日则沟与则查洼沟的分岔处，高 24.5 米，宽 270 米，是中国最宽的瀑布。发源于诺日朗群海，经过台阶状的坡地，层层下泻，形成梯状瀑布；水出海子区，顺着 20 多米高的悬崖跌落，雾气蒸腾，水花飞溅，景象十分壮观。是九寨沟的象征和标志。

九寨栈道

　　栈道原本是森林管理处为了保护自然景观、防止游人过多踩踏而修建的。但是栈道与九寨沟的风景浑然一体，不见雕琢，却更添风致。蜿蜒在九寨沟森林中的栈道，仿佛是一条丝线，把沿线的道道美景串成了一根光彩夺目的项链。整个栈道，或石块铺地，或栈桥凌空，充满着山林野趣，别有一番风味。在似断似续的幽径中穿行，路旁是盘根错节的古藤，苔藓散发着原始气息，山回路转，静池飞瀑宛如一个个惊喜，令人目不暇接，真如来到了一个天上人间的世外桃源。

藏区风情

　　九寨沟，因沟内有9个寨子而得名。这9个寨子又称为"何药九寨"。由于这里处于从汉区到藏族聚居区、由农区到牧区的过渡地带，因而有着浓厚的边缘文化色彩，这里的藏族同胞的语言、服饰和习俗，与四邻的藏族同胞有着明显的差异。

　　藏族同胞的居所多是土木建筑，依山势而建，墙基是大块的石头，墙体垒土，以木结构为主。房子有大有小，由柱头的多少决定。藏族同胞的房顶很有特色，一般人叫它"榻子"，由于规格的不同，榻子还分为"汉式榻"和"藏式榻"。藏家的寨子很好辨认，建筑不多，寨墙屋顶却在山林中稍稍露出一角，有古朴的风味。

　　九寨沟的藏族同胞饮食非常简单，以青稞、玉米和小麦为主食。将炒熟的青稞磨成面做成糌粑，或是将它酿成青稞酒，就是藏族同胞最喜欢的食品和饮料。九寨藏族同胞的早餐一般是酥油茶和糌粑，中午吃烧馍，晚餐是酸菜面块，饭后再来一点青稞酒。肉食很少，以猪肉为主。清淡俭朴是九寨沟主人的饮食特色。

　　飘动的经幡，古老的水磨房，迟缓的牦牛……融化在这奇山异水、蓝天白云之间，使人有羽化登仙之感。

> **九寨沟的诺日朗瀑布**
位于树正沟，高24.5米，宽270米，是中国大型钙华瀑布之一。"诺日朗"藏语意为雄伟壮观。

★ 灵洁九寨沟

一

青翠的、连绵无尽头的山脉，一辫两爿，分裂成了屏风式的两排，互相对望，相守相伴，情意缠绵。夹在两排山屏当中的，是一条高高低低、弯弯曲曲、蜿蜒千里的深峡谷。千柔百曲的岷江，在这条深谷的底部活泼奔舞。由松潘高原，层层梯次跳跃而下，过都江堰，越川西平原，直到溶入长江。

岷江是绿白两色相和相间的陡河。碧绿的江水，涛头上镶饰一朵朵亮白的江花，从四千米的高原，亢奋地奔向低低的川西盆地。

去九寨沟的这条车路，是天帝设计的。步步依伴着岷江，成就了一条飘带似的、和岷江一样柔曲的公路。我乘坐面包车，伴着岷江湖流而上，直达江源的星宿海。

许多藏民牵着藏马等在路边，欢迎人们骑着如猫般温驯的马，轻松地跋涉于岷江源的沼泽中。

越过此分水岭，另一条河，朝着与岷江相反的方向急速流下，这便是白水江。幽绝灵绝的九寨沟圣水，也汇入这白水江中。

悠悠天路远，骑鹤飞九沟。

青翠幽静的岷江峡谷，是天帝安置所有生物共有共居的和平乐园。人若独占，难免会遭天帝谴责。1933 年 8 月，天公震怒，地动山摇。无辜的叠溪镇，被整体撤进深谷的岷江江底，注成了又一个高山湖泊。六十年后的此时此地，我立在岸边俯瞰。湖面平静，湖水无言。碧青的湖水，外表温柔，但在水面下四十公尺的深底，潜藏着一个小镇的悲惨故事。

二

九寨沟，阴晴晦暝，四时景色不同。山美，树美，云美，雪峰美，瀑布美。最美的是大大小小串珠般的、一百一十四个梯级湖泊。这些有灵性的神秘小湖，来自天上，流注到距我们头顶三千公尺的高空，凝汇成令人看了心跳的明洁圣湖。

湖水，清澈见底，洁净无染，透彻明亮，但又不是单纯的亮白。它透明的色调，竟会是五颜六色，落彩缤纷。

水晶无影。九寨沟的湖水，和水晶同质，无论多么深，都可窥透湖底。水草有生命，水底岩石也有生命。就连原始林中枯死后沉入湖中的树木，也起死回生，在湖水里重新获得了生命。

天下湖泊多矣，但一湖之水难分两色。惟九寨沟的这些小湖极为奇妙，一湖晶亮的水，竟分成为好几片互不混同的色块。蓝，绿，黄，红。每一色，又化开来，洇染成了若干深深浅浅、透明无影的色阶。藏青，宝蓝，淡蓝，墨绿，翠绿，浅绿，鹅黄，金黄，紫红，桃红。

这湖水色泽的五彩，自何而来？这些绮丽美色，并非山岭、流云、花树的倒影。色阶丰富的恬静神秘水色，你，来自何方？

九寨沟的高山梯级湖泊，湖水是由高处倾泻式的往下流淌。但无一丝一毫躁动感，看不到它在忙忙碌碌地奔流。水表静静无波。

世间万千湖泊，往往在月光下才显示出很美。九寨沟的小湖，阳光照耀下的湖水，也和月光下的湖水一样，温柔，平和，宁静。

湖水澄澈，明亮，多色。像是多民族幼儿园中，各种肤色儿童，睁大稚气纯真透明的眼睛。湛蓝眼珠，釉黑眼珠，亮褐眼珠。

这里是俗尘世界，并非天神的仙游苑。如此美的俗世山光，如此美的俗世凡水，除此川康高原外，人间还会有几处？

我的笔钝词拙，只能叙述，形容，无法传达她的灵妙仙韵。

文字力弱。也许音乐或绘画，可传其一二神妙。

古琴曲有《高山流水》，弹奏的是七十二澎湃激流。不知今乐中，有曼吟九寨沟秀山柔水的圣曲否？

古今西洋油画中，有没有描绘过类似九寨沟的绝色湖泊？

古今中国画中，无论泼墨山水或青绿山水，有没有显示出如同九寨沟般的明澈，和它丰富的色调？

九寨沟的湖水，美绝，妙绝，灵绝。若非身临此境，如何领会世间竟有此洗涤灵魂的纯水。我平生在许多美湖上居住过，航行过，但从未有过像面对此湖时，这般令人感动得心醉，心悸。我痴望着澄澈宁静的湖水。这无言的情意脉脉的纯净水，渗透进心的深处。感动得人无法自持，泪，默默地溢眶缓流。如是一个人独游，我将匍匐于岸边，面对天和湖，伏地虔诚膜拜。世世代代礼的拘囿，我辈已丧失了想哭就哭想笑就笑的真人性。我这浊世庸人，无计脱俗，灵魂无翅飞升，只好从俗。

圣洁的湖水，原是天帝滋养熊猫的琼浆。人进熊猫退，在此居住了亿万年的憨熊猫，让出了如此美的栖息之地，如古代隐逸之士般远避人类无端的侵扰。善良的熊猫，你这高山隐士，此刻结庐于何所？

人们极爱九寨沟。但近十数年间，三十万人的侵扰，又无情地搅乱了此山此林此湖亿万年绝美的宁静。

人人都说九寨沟美。美，这象形字该当如何构成？古人造字有误，以火烤羊肉为美。那只是口腹物欲之美。到了九寨沟，忽有所悟。山水人，三者叠加，方可视为象形文的美字。这是人与自然的融溶之美。

——艾煊

必去理由 万山之尊、世界之巅、藏族人民心中的"圣洁女神"
适宜季节 夏季
适宜人群 颇具活力的探险人士

神秘圣洁的地球第三极 珠穆朗玛峰

　　珠穆朗玛峰是喜马拉雅山脉的主峰，位于东经86.9度，北纬27.9度，地处中国和尼泊尔边界的东段，北坡在西藏定日县境内。1721年，清政府编绘《皇舆全览图》精确地标出了它的位置，并根据藏语名之为"朱姆朗马阿林"，"阿林"就是藏语山峰的意思，而1771年的《乾隆内府舆图》则开始用"珠穆朗玛"一名替代了"朱姆朗马"。

古老而美丽的传说

　　谈起珠峰的命名，则有一个古老而优美的传说。

　　传说，在远古时这里本是一片汪洋大海，漫长的海岸线遍布松柏、铁杉和棕榈，海浪搏击，哗哗作响，重峦叠翠，云雾缭绕。森林里长满奇花异草，百灵鸟在树梢跳跃欢唱；野兔无忧无虑地在嫩绿茂盛的草地上跳跃；成群的斑鹿、羚羊在奔跑，三五成群的犀牛迈着蹒跚的步伐，悠闲地到湖边饮水。

　　但是，这一天海里来了一条巨大的五头毒龙，它搅起万丈海浪，森林倾倒，草地淹没，狂涛恶浪，飞沙走石。飞禽走兽都预感到灾难临头了，于是东躲西藏，居无定所，正在它们走投无路的时候，大海的上空飘来了5朵彩云，变成5位仙女，她们施展无边法力，降服了5头毒龙，大海也随之风平浪静。于是，众生对五仙女顶礼膜拜，感谢她们的救命之恩，而当众仙女想辞归天庭时，众生苦苦哀求她们留在此间。于是五仙女发慈悲之心，同意留下共享太平。五仙女喝令大海退去，于

> 珠穆朗玛峰北坡攀
> 登线示意图

是，东边变成茂密的森林，西边变成万顷良田，南边是花草茂盛的花园，北边是无边无际的牧场。5 位仙女变成了喜马拉雅山脉的 5 个主峰，即祥寿仙女峰、翠颜仙女峰、贞慧仙女峰、冠咏仙女峰、施仁仙女峰，屹立在西南部边缘，守卫着这片乐园。为首的翠颜仙女峰便是珠穆朗玛，在壁画中的翠颜仙女总是着白衣，骑白狮，右持金刚杵，左捧长宝瓶，而当地人都亲热地称珠穆朗玛峰为"神女峰"。

▶ 珠穆朗玛峰

地球第三极

这则神话表明了珠穆朗玛被奉为神山的理由，神话云云，姑妄信之，而珠峰的海拔和风景则是吸引许多虔诚游客的最直接原因。珠穆朗玛峰地区拥有 4 座 8000 米以上、38 座 7000 米以上的山峰，故被称为地球第三极，尤其是世界第一高峰——珠穆朗玛，成为世界登山运动瞩目和向往的去处。同时，珠峰终年为积雪覆盖，冰川规模巨大，上有瑰丽罕见的冰塔林、冰茸、冰桥、冰塔等地貌，千奇百怪，险象环生，加上这里人迹罕至，令游人仿佛置身于仙境。

如果你是在飞机上远眺珠穆朗玛，那匆匆一瞥不会给你留下什么印象。而当你闲坐在山脚下的一块大石上，向南远眺，但见连绵起伏的中喜马拉雅山和山间的谷地，像一具硕大无朋的巨型彩色地形沙盘，摆在面前。沙盘的正前方，那最远处的终点，便是特别雄伟庄严、群山簇拥的地球之巅——

珠峰攀登路线

早在19世纪初叶，珠峰就成为世界登山家和科学家所向往的地方。然而直到1953年，才由英国人埃德蒙·希拉里和藏族同胞丹增创下首登成功的纪录。到1998年底，全世界有1054人享有登临世界巅峰的殊誉。他们通过自己的努力，发现和开创了11条登山路线，这些路线是：

东南山脊路线：1952年由瑞士登山队发现，可惜功亏一篑，第二年才由英国队沿此线登顶成功。

东北山脊路线：1960年由中国队开创并成功地登顶。

西北脊转北壁路线：1963年由美国队开创并取得了成功。

西南壁路线：1975年由英国博宁队首创并登上顶峰。

西北脊路线：1979年由前南斯拉夫队发现并由此登上顶极。

北壁直上路线：1980年由日本队首创并登上顶峰。

南面柱状山脊路线：1980年波兰队开辟并登上顶峰。

东北山脊转北壁路线：1980年意大利人梅斯纳尔独身一人首创并取得成功。

西南壁转西北脊路线：1982年由苏联队开创，并沿此线登上顶峰。

东壁转东南山脊路线：1983年由美国旧金山湾区队首创并取得成功。

东壁路线：1988年由美国——新西兰国际探险队开创并由此登顶。

珠穆朗玛。在纤尘不染、水汽不飞的高原特有能见度下，巍巍珠峰与游人如在咫尺。在众山竞高，如万笋朝天的喜马拉雅群峰中，她独领风骚，高耸于众山之上。珠峰的峰体是由一层层不同色调的岩石叠合在一起，而形成的多峰体，绝似一块巨大的千层糕。她恢宏、绮丽、超然、独尊，却又默然不语，任随风卷云涌，日晒冰冻，雨打雪飞，依旧日日增高，岁岁隆升，静静地在超越自己。

在可以望见珠峰的那几天，随时可翘首眺望绚丽多彩、雄奇壮观的旗云景色。千姿万态、变幻莫测的旗云，像每天早晨东方的朝霞，常看常新。时而像波涛汹涌的海潮巨浪，忽而又如袅袅上升的轻盈炊烟；刚才还似万里奔腾的疾驰骏马，这会儿又像轻轻飘动的薄薄面纱，朦胧中充满神秘之感。

最高最美的追求

无限风光在险峰，自有登山运动以来，珠峰就是各国向往的高峰。1953 年，英国人埃德蒙·希拉里和尼泊尔向导丹增成为最早的征服者，其后各国登山队伍和个人陆续攀上绝顶。"高山仰止，景行行止。虽不能至，心向往之！"如今登山不再是信徒的朝圣之旅，而是为了向自然展示人类的力量和意志，故百年来的登山者，虽九死一生而痴心未改。

在珠峰脚下，世界最高的寺庙——绒布寺旁，有近百年来众多登山者留下的墓碑。乱石堆积成简单的坟，坟前一片简陋的石板便算是碑，刻上死者姓名和遇难年月，不见墓志铭之类。无论是富翁或流浪汉，生前地位悬绝，死后却都占有同样大的石堆，完全平等了。然而死者遗体不在这石堆中，更不在这石堆下的土地中，大多在山间悬崖、乱石、冰雪中。在登山途中，他们或因雪崩、或因滚石、或因滑坠、或因高山病突发猝死，旁人无法救助，甚至连遗体也无法背下山。每当新登山者来征服珠峰时，往往于青崖白雪间，望见露出的一具半具尸体，封冻得完好无损。

死去何所道，托体同山阿。绒布寺屋脊上的风铃声，高大雪峰雄伟的身影，永远地向我们诉说着人类向往走向最高最美境界的无上追求，和为这种追求而产生的不屈不挠的崇高精神。

> 喜马拉雅山主峰珠穆朗玛峰，海拔 8844 米。

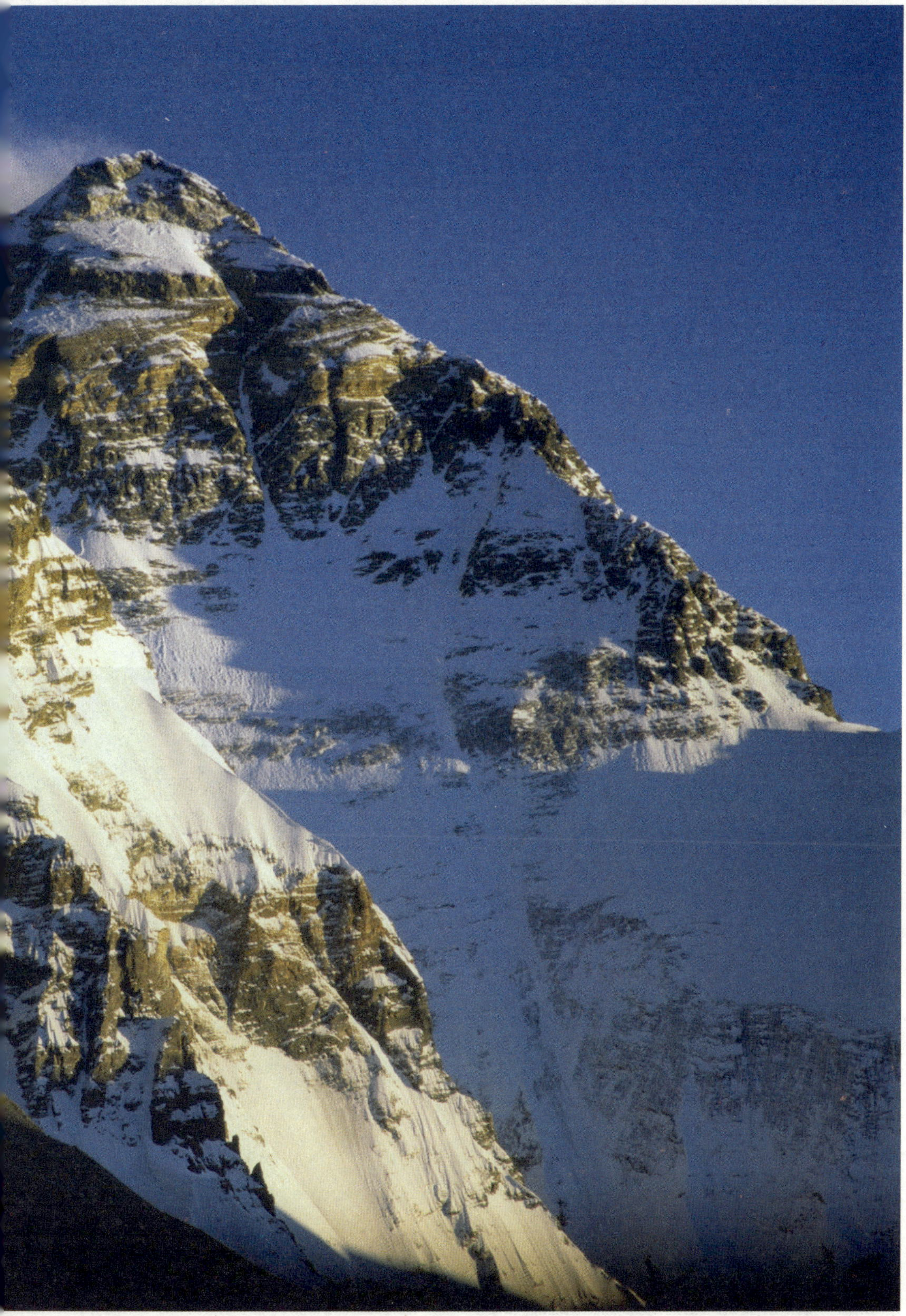

必去理由 世界上最深的峡谷，世界山地植被类型的"天然博物馆"
适宜季节 四季皆宜
适宜人群 所有爱好探险的人

险峻神秘的世外桃源雅鲁藏布江大峡谷

　　雅鲁藏布江大峡谷（简称大峡谷），位于中国西藏雅鲁藏布江下游，是一个围绕着喜马拉雅山东端的最高峰——南迦巴瓦峰（海拔7782米）做了一个马蹄形大拐弯的奇特峡谷。大峡谷位于雅鲁藏布江大拐弯处的南迦巴瓦峰附近。峡谷长达504.6千米，最深处为6009米，峡谷底部河床宽度仅为35米。

　　世界上再没有哪个峡谷比雅鲁藏布江大峡谷更长、更深，也没有哪个地方比它更丰富多彩、气象万千。雅鲁藏布江大峡谷独特的地理环境和气候，使这里成了中国具有最完整山地垂直植被带谱的唯一山区。它把雪峰、冰川、草原、森林收于一圈，既有亚马孙河的湿润和神秘，又不失喜马拉雅的险峻和寒冷。在这独特的亚热带山地生态系统中，生存繁衍着复杂而丰富的植被类型和动植物区系。雅鲁藏布江大峡谷的种种地理特征都远远超过原认为世界之最的美国科罗拉多大峡谷、秘鲁的科尔卡峡谷和尼泊尔的喀利根得格峡谷。

世外桃源——香格里拉

由于雅鲁藏布江大峡谷地区位置险峻，充满了人们很难跨越的屏障和鸿沟，从而成为了远离现代社会的"世外桃源"，至今少有人涉足。这里的门巴人、珞巴人、夏尔巴人都是住在"上山到云间，下山到河边，说话听得见，走路得一天"的高山峡谷之中。由于与外界隔绝，他们仍维持独特的生产方式和风俗，他们的宗教信仰与藏族同胞相似，使用藏文，有专门的膜拜场地，村子四周常有经幡。他们一般都没有记年月日的习惯，甚至都没有人能说出自己确切的岁数。

20世纪30年代，英国人詹姆斯·希尔顿写了一部小说《失去的地平线》，里面提到一个与世隔绝的世外桃源，那里雪山环抱，民风淳朴，他把这个地方称为"香格里拉"，但"香格里拉"的原型到底在什么地方，他并没有详述。近年，印度、尼泊尔等国都宣称在自己的国家找到了"香格里拉"。而大峡谷中的丙中洛人也提供了足够的证据证明这里才是传说中的香格里拉。不管丙中洛到底是不是传说中的香格里拉，它都是个美丽迷人的地方。

水汽通道

雅鲁藏布大峡谷是青藏高原最大的水汽通道，也是世界上因地形而产生气流运移的最大通道。水汽通道的存在不仅造就了雅鲁藏布江流域的特殊降水分布，而且造就了藏东南的特殊的海洋性气候环境。大峡谷的水汽通道逆江西行，滋润了中游的山南地区。藏民族的起源、雅砻文化的建立和发展等，从根本上都与水汽通道的影响作用有关。

> **雅鲁藏布大峡谷**

雅鲁藏布江江水绕行南迦巴瓦峰，沿东喜马拉雅山脉南斜面夺路而下，注入印度洋，形成世界上最为奇特的马蹄形的大拐弯。整个大峡谷地区异常湿润，布满了郁密的森林，是世界上生物种类最丰富的峡谷。

必去理由 在这里，人和动物的关系令人着迷，人与人的关系令人着迷，人与自然的关系令人惊奇，你能体会到最真实的世界和自己
适宜季节 8月～9月
适宜人群 喜欢贴近最真实大自然的旅行者

美丽的世界画廊 东非大草原

在几个世纪以前，遥远的东方对于欧洲人来说是一个充满神秘的奇异王国。对于文明世界来说，越是古老未曾开化的地方，就越有着莫名的吸引力。非洲，这个人类的起源地，经过长久的岁月，它的文明发展仍然停留在原始阶段。在这片古老的大陆上，鲜有现代工业的痕迹，仅仅是原始先民和动物的世界。

肯尼亚的玛沙玛拉野生动物保护区，是东非最大的动物保护区，面积达1510平方千米。保护区的边缘就有当地人的旅行社，可以提供住宿和安排行程。如果运气好的话，一下就可以凑到两个以上的游客，旅行社方就可以用一辆吉普车载着人出行了。对于习惯了现代生活的都市人来说，坐上老式的吉普车一路颠簸着观光，的确是一种全新的体验。在离你那么近的地方，三三两两地停着些斑马，很闲适地咀嚼着干草或是别的什么。一群长颈鹿慢慢地靠过来，静默着，似乎瞥了这边一眼，同样也是淡淡的。不多久又看见了犀牛、狒狒和其他一些动物。有意思的是它们都很安静。开车的司机也小心翼翼地保持着与它们的距离，既让游人感觉到亲密接触，又不让动物们受到惊扰。

远远的天上飘过来一个热气球，在这里也可以乘坐这种特殊的交通工具俯瞰大草原和草原上的动物。看个人喜好吧，虽然视野比较开阔，但是在这样一个与众不同的世界中出现一个花花绿绿的大家伙，虽然很有冒险家的气氛，但怎么也是一件很好笑的事情。而且，不亲身踏上这块土地，非洲之行还有什么意义呢？

▷ 东非大草原上充满异域情调的风景

> 肯尼亚的玛沙玛拉野生动物保护区，是东非最大的动物保护区。

这里可以一睹非洲真正主人的真实生活。马赛人住在用红土和牛粪建成的小屋子里，屋子很低，一般没有窗子。当地的旅游发展起来以后，马赛人就不再以狩猎为生，改为饲养牛羊，有时牛羊和人就住在同一间屋子里。这种相处对人和动物来说也许是最自然的。与其他旅游地不同的是，玛沙玛拉的马赛人还不会用一些显而易见的小伎俩招徕顾客，他们就是那样自顾自地生活着，无视那些好奇的目光，就如同千百年来生活的一样。那里的生活节奏十分缓慢，衣食无着的人们并没有太多可以努力的对象。矮矮的屋棚外倚着的老妇人，岁月的侵袭使得她的黑皮肤看着都有些发灰了，只是那双眼依然是清明的，她并不理睬周围来来往往的人群，就那么定定地看着一个方向，凝固了，或者多年来就没有移动过。看着那目光，一时便不知心里的哪一个地方有了什么触动。

旅游小贴士

气候：东非大草原所在的肯尼亚具有典型的海洋和内陆气候条件，常年气候比较温和，舒适度甚至高于中国的昆明，四季如春，有"鲜花国度"的美称。肯尼亚没有冬夏春秋之分，一般分为雨季和旱季；雨季又分为长雨季和短雨季，长雨季从4月开始到6月，短雨季从10月到12月。

携带物品：最好配备防晒用品、晕浪丸、驱蚊剂、手电筒、伞等物品。那边太阳比较猛烈，可带一些滋润的饮料，如蜜糖水。

服饰：建议穿简便、舒适的衣服，因早上和夜晚比较清凉，最好预备长袖外套，亦需准备帽子，以预防赤道太阳的照射。

必去理由 美丽的"牧草王国","天苍苍,野茫茫,风吹草低见牛羊"的真实写照
适宜季节 5月~9月
适宜人群 老幼皆宜

风吹草低见牛羊 呼伦贝尔草原

　　呼伦贝尔草原是我国目前保存最完好的草原,水草丰美,生长着碱草、针茅、苜蓿、冰草等120多种营养丰富的牧草,有"牧草王国"之称。这里还是没有任何污染的绿色净土,据说这里生产的肉、奶、皮、毛等畜产品备受国内外消费者青睐,连牧草也大量出口。今天的呼伦贝尔草原,早已从昔日"幽静的历史后院"一跃成为"改革开放的前沿",以往蒙古族的"逐水草而居"也已成为往事。

草原传说

　　呼伦贝尔草原距呼和浩特2000多千米,车刚驶进大草原的边缘,就感受到了这里的"蓝天绿地"的独特魅力。这里除了绿色的草原,还是绿色的草原,呈现在眼前的简直就是一幅巨大的绿色画卷。这无边的绿色让人感动。

　　但最让人感动的还是草原传说。呼伦贝尔得名于呼伦和贝尔两大湖泊。在蒙语中,呼伦意为"水獭",贝尔意为"雄水獭"。关于"呼伦贝尔"名称来历的传说非常动人:很久很久以前,在辽阔的大草原上有一个勇敢的蒙古族部落,部落里有一对年轻男女,男的叫贝尔,力大无比,能骑善射,

> 呼伦贝尔草原牧场

> 呼伦湖

女的叫呼伦，能歌善舞，才貌双全。当时草原上妖魔作乱，为了拯救草原，呼伦、贝尔与妖魔奋勇搏杀，最后，呼伦为淹死众妖化作了湖水，贝尔为了寻找呼伦而投湖殉情。为了纪念他们，蒙古人把这两个湖取名为"呼伦""贝尔"。

多么动人的传说，光是这传说就足以让人神往。想象着微风轻拂着面颊，湖水泛着波光，静静地站在湖畔，聆听着两汪湖水互诉衷肠，将会是怎样的一番心情呀！

呼伦湖

经不住梦想中的诱惑，一路上左顾右盼。"天苍苍，野茫茫，风吹草低见牛羊"，民谣中的风光尽情地呈现在了眼前：草原上处处是成群的牛羊，空中飘荡着牧民浑厚的歌声，偶尔还闪过星星点点的蒙古包。路边牧民憨厚地伫立在草原上，做着蒙古族欢迎客人的手势，他们身上的蒙古族服装还让我想起电视剧中驰骋大漠、引弓射雕的草原英雄。

下车后，踏着青青的绿草，走近了呼伦湖畔。呼伦湖水域宽阔，碧波万顷，像一颗晶莹、硕大的明珠镶嵌在呼伦贝尔草原上。呼伦湖不仅以它的美丽、富饶以及多姿多彩的蒙古族风情吸引着各地游人，而且还吸引着南来北往的候鸟在这里驻足停留，使这里成为生物的王国、鸟类的天堂。这些鸟类当中有很多都是国家级保护动物。此外，呼伦湖周边710多平方千米的湿地已被列入亚洲重要湿地，在中国乃至世界生态系统中具有典型的代表性。

站在呼伦湖边，阳光照射在湖面上，湖水泛起一棱棱的红光，时而有袅袅的白雾从湖面升起，好一幅壮观的景象。呼伦湖是质朴、纯真的，同呼伦贝尔草原一样，有种未经雕琢的自然美。立于岸边，水天一色，更把呼伦草原映衬得宽阔无垠。当你站在这天水之间，遥望鸟儿展翅飞翔的时候，你才真正地体验到大自然的美，这是来自天地生命间的和谐共处，它向人们展示了一幅呼伦湖碧水、蓝天、白云、草原交织在一起的美丽画卷。

据当地居民介绍，冬季的呼伦湖是一个冰天雪地的世界。进入 11 月份，湖水就开始封冻。几千平方千米的湖面被冻得严严实实，太阳照下来，冰面晶莹剔透，更能体现出大自然造物的神奇。

民族风情

站在广阔无垠的大草原上，真有点不知所归的感觉，眼前绿茫茫一片，而渺小的人们就像沧海一粟，似乎只有时而扬起的牛马的鸣叫声和牧民苍凉而充满激情的歌声，才能唤回那几欲迷失在这空旷中的灵魂。

再也不敢让自己的思绪随意飞扬，生怕丢了魂魄似的钻进了"金帐汗蒙古部落"。"金帐汗蒙古部落"是呼伦贝尔唯一以游牧部落为景观的旅游景点。12 世纪末至 13 世纪初，"一代天骄"成吉思汗曾在这里厉兵秣马，最终成就了霸业。金帐汗部落的布局，就是当年成吉思汗行帐的缩影和再现。

在金帐汗蒙古部落，蒙古族兄弟精彩的赛马、套马、驯马表演，蒙古式博克、角力擂台赛、祭敖包，宗教文化表演及手扒肉、烤羊腿、涮羊肉……都让人有了一种返璞归真的感觉。

此行，最令人感到兴奋的是，赶上了"那达慕"大会。在蒙语中，"那达慕"意为"娱乐"或"游戏"，是蒙古族传统的节日，每年夏季 7 月或秋季举行。那达慕大会有着悠久的历史。过去那达慕大会期间要进行大规模祭祀活动，祈求神灵保佑、消灾消难。如今的"那达慕"已成为集娱乐、体育、经济、文化于一体的综合性草原盛会，有摔跤、赛马、射箭、赛布鲁、套马、下蒙古棋等民族传统项目，有的地方还有田径、拔河、排球、篮球等体育竞赛项目。此外，那达慕大会上还有武术、马球、骑马射箭、乘马斩劈、马竞走、乘马技巧运动、摩托车等精彩表演。参加竞走的马，必须受过特殊训练，四脚不能同时离地，只能走得快，不能跑得快。

夜幕来临，人们燃起熊熊篝火，牧民们表演了精彩的文艺节目，他们围着篝火翩翩起舞，放声歌唱，尽情欢乐。他们以最大的热情欢迎着远方来的客人，一路的疲劳也随着畅饮和欢歌而无影无踪。

⭐ 内蒙访古

游牧民族的摇篮

我们在内蒙西部没有看到的塞外风光，在内蒙东部看到了。当我们的火车越过大兴安岭进入呼伦贝尔草原时，自然环境就散发出蒙古的气氛。一幅天苍苍野茫茫的画面出现在我们的面前了。

正像大青山把内蒙的西部分成南北两块，大兴安岭这一条从东北伸向西南的广阔的山脉也把呼伦贝尔草原分割为东西两部。山脉的两麓被无数起伏不大的山谷割开，从山谷中流出来的溪水，分别灌注着大兴安岭东西的草原，并在东部汇成了嫩江，在西部汇成了海拉尔河。海拉尔，蒙古语，它的意思就是流下来的水。

海拉尔市虽然是一个草原中的城市，但住在这个城市里，并不能使我们感到草原的风味，只有当我们从海拉尔乘汽车经过南屯前往锡尼河的这条路上，才看到真正的草原风光。在这条路上，我第一次看到这样平坦、广阔、空旷的草原，从古以来没有人耕种过的、甚至从来也没有属于任何个人私有过的草原。没有山，没有树木，没有村落，只有碧绿的草和覆盖这个草原的蓝色的天，一直到锡尼河我们才看到一些用毡子围起来的灰白色的帐幕，这是布列亚特蒙古族牧人的家。我们访问了这些牧人的家，在草原上度过了最快乐的一天。

当然不是所有的草原都像锡尼河一样的平坦。当我们从海拉尔前往满洲里的路上，我们就看到一些起伏不大的沙丘；而当我们从满洲里到达赉湖，从达赉湖到扎赉诺尔的路上，也看到了一些坡度不大的丘陵在地平线上画出了各种各样的柔和的曲线。

呼伦贝尔不仅在现在是内蒙的一个最好的牧区，自古以来就是一个最好的草原。这个草原一直是游牧民族的历史摇篮。出现在中国历史上的大多数游牧民族：鲜卑人、契丹人、女真人、蒙古人都是在这个摇篮里长大的，又都在这里度过了他们历史上的青春时代。

根据《后汉书·鲜卑传》所载，鲜卑人最早的游牧之地是鲜卑山。他们每年"以季春月大会于饶乐水上"。鲜卑山、饶乐水究竟在哪里，历来的历史学家都没有搞清楚。现在我们在扎赉诺尔附近木图拉雅河的东岸发现了一个古墓群。据考古学家判断，可能是鲜卑人的墓群。如果是鲜卑人的墓群，那就可以证实早在两汉时期鲜卑人就游牧于呼伦贝尔西部达赉湖附近一带的草原。

对于早期鲜卑人的生活，历史文献上给我们的知识很少，仅说鲜卑人的习俗与乌桓同。而当时的乌桓是一个以"弋猎禽兽为事，随水草放牧"，但已"能作弓矢鞍勒，锻金铁为兵器"的游牧民族。我们这次在呼和浩特和海拉尔两处的博物馆，看到扎赉诺尔古墓中发现的鲜卑人的文物，其中有双耳青铜罐和雕有马鹿等动物形象的铜饰片。又有桦木制的弓、桦树皮制的弓囊和骨镞等等，只是没有发现角端弓。又《鲜卑传》谓鲜卑于建武二十五年始与东汉王朝通驿（当作译）使，这件事也从墓葬中发现的织有"如意"字样的丝织物和汉代的规矩镜得到了证实。

史载契丹人最初居在鲜卑人的故地，地名枭罗固没里，没里者，河也（《五代史》卷七十二，四夷附录）。这条河究竟在哪里，不得而知。最近在扎赉诺尔古墓群附近发现了契丹人的古城遗址，证明契丹人也在呼伦贝尔草原东部游牧过。

女真人在呼伦贝尔草原也留下了他们的遗址。其中最有名的是两条边墙。一条边墙在草原的西北部，沿着额尔古纳河而西，中间经过满洲里直到达赉湖的西边，长约数百里。这条边墙显然是为了防御蒙古人侵入呼伦贝尔草原而建筑的。但据史籍所载，在蒙古人占领这个草原以前，游牧于这个草原的是塔塔尔人。蒙古人不是从女真人手中，而是从塔塔尔人手中接收这个草原的。根据这样的情况，这条边墙，似乎不是女真人修筑的。只有在这样的情况之下，即为了抵抗蒙古人的侵入，当时的塔塔尔人和女真人是站在一边的，女真人才有可能修筑这条边墙。另一条边墙在呼伦贝尔的东南，这条边墙是沿着大兴安岭南麓自东北而西南，东起于莫力达瓦达斡尔族自治旗的尼尔基镇，西至科尔沁右翼前旗的索伦，长亦数百里。王国维曾在其所著《金界壕考》一文中对这条墙作了详细的考证。有人认为这是成吉思汗的边墙，并且把扎兰屯南边的一个小镇取名为成吉思汗，以纪念这条边墙，这是错误的。毫无疑问，这条边墙是女真人建筑的，其目的是为了保卫呼伦贝尔南部的草原，免于蒙古人的侵入。但是成吉思汗终于突破了这两道边墙，进入了呼伦贝尔草原。

呼伦贝尔草原不仅是古代游牧民族的历史摇篮，而且是他们的武库、粮仓和练兵场。他们利用这里的优越的自然条件，繁殖自己的民族，武装自己的军队，然后以此为出发点由东而西，征服内蒙中部和西部诸部落或最广大的世界，展开他们的历史性的活动。鲜卑人如此，契丹人、女真人、蒙古人也是如此。

鲜卑人占领了这个草原就代替匈奴人成为蒙古地区的支配民族，以后进入黄河流域建立了北魏王朝。鲜卑人在前进的路上留下了很多遗址，现在在内蒙和林格尔县境内发现的土城子古城，可能就是北魏盛乐城的遗址。大同云冈石窟和洛阳龙门石窟也是鲜卑人留下来的艺术宝库。我们在访问大同时曾经游览云冈石窟，把这里的艺术创造和扎赉诺尔的文化遗物比较一下，那就明显地表示出莫居在大同一带的鲜卑人比起游牧于扎赉诺尔的鲜卑人来，已经是一个具有高得多的文化的民族。如果把龙门石窟和云冈石窟的艺术，作一比较研究，我想一定能看出鲜卑人在文化艺术方面更大一步的前进。

在呼伦贝尔草原游牧过的契丹人，后来也向内蒙的中部和西部发展，最后定居在黄河流域建立了辽王朝。契丹人也在前进的路上留下了他们历史的里程碑。他们在锦州市内留下了一个大广济寺古塔，在呼和浩特东四十里的地方留下了一个万卷华严经塔，还在大同城内留下了上下华严寺。我们这次游览了锦州的古塔，欣赏了大同上下华严寺的佛像雕塑艺术。从这些建筑艺术和雕塑艺术看来，莫居在锦州和大同一带的契丹人也是一个具有相当高度文化艺术的民族。

为了保卫呼伦贝尔草原建筑过两条边墙的女真人，后来也进入黄河流域建立了金王朝。和鲜卑人、契丹人略有不同，女真人在进入中原以前已经具有比较高度的文化，现在黑龙江省阿城县南的白城就是金上京。在这次访问中，有些同志曾经去游览过金上京遗址，从遗址看来已经是一个规模相当大的城市。这个城市表明了当时女真人已经进入了定居的农业生活，并且有了繁盛的商业活动。

成吉思汗在进入呼伦贝尔草原以前，始终局促于斡难河与额尔古纳河之间的狭小地区。但当他一旦征服了塔塔尔人占领了这个草原，不到几年他就统一了蒙古诸部落，正如他在写给长春真人丘处机的诏书中所说的："七载之中成大业，六合之内为一统。"

蒙古人当然知道这个草原的重要性，元顺帝在失掉了大都以后，带着他的残余军队逃亡，不是逃往别处而是逃到呼伦贝尔草原。

朱元璋似乎也知道这个草原的重要性，他派蓝玉追击元顺帝，一直追到捕鱼儿海（即今贝尔湖）东北八十里的地方，在这个草原中彻底地歼灭了元顺帝的军队以后，蒙古王朝的统治才从中国历史上结束。

历史的后院

假如呼伦贝尔草原在中国历史上是一个闹市，那么大兴安岭则是中国历史上的一个幽静的后院。重重叠叠的山岭和覆蔽着这些山岭的万古长青的丛密的原始森林，构成了天然的障壁，把这里和呼伦贝尔草原分开，使居住在这里的人民与世隔绝，在悠久的历史时期中，保持他们传统的古老的生活方式。一直到解放以前，居住在这个森林里的鄂伦春人和鄂温克人还停留在原始社会末期的历史阶段。但是解放以后，这里的情况已经大大的改变了。现在，一条铁路已经沿着大兴安岭的溪谷远远地伸入了这个原始森林的深处，过去遮断文明的障壁在铁道面前被粉碎了。社会主义的光辉，已经照亮了整个大兴安岭。

我们这次就是沿着这条铁道进入大兴安岭的。火车首先把我们带到牙克石。牙克石是喜桂图旗的首府，也是进入大兴安岭森林地带的大门。喜桂图，蒙古语，意思是有森林的地方。这个蒙古语的地名，记录了这里的历史情况，其实在牙克石附近现在已经没有森林了。

在牙克石前往甘河的路上，我们的目光便从广阔的草原转向淹没在原始森林中的无数山峰。在铁道两旁，几乎看不到一个没有森林覆蔽的山坡，到处都丛生着各种各样的树木，其中最多的是落叶松和白桦，也有樟松、青杨和其他不知名的树木。

我们在甘河换了小火车，继续向森林地带前进。经过了几小时的行程，火车把我们带到了一个叫做第二十四的地方。应该说明一下，在这个森林中，有很多地方过去没有名字。解放以后，森林工作者替这些地方也取了一些名字，如第一站、第二站之类。但有些地方原来是有鄂伦春语的名字的，而这些鄂伦春语的地名，又往往能透露一些历史的消息。例如锡尼奇是一个鄂伦春语的地名，意思是有柳树的地方；又如乍格达奇，也是一个鄂伦春语的地名，意思是有樟松的地方。这样的地名比起数目字的地名来，当然要好得多，因此我以为最好能找到这些地方的鄂伦春语的名字。

我们在第二十四地点下了火车，走进原始森林。依照我们的想法，在原始森林里，一定可以看到万年不死的古树；实际上并没有这样长寿的树木，落叶松的寿命最多也不过一百多年。所谓原始森林，是说这个森林从太古以来，世世代代，自我更新，一直到现在，依然保持它们原始的状态。当然在我们脚下践踏的，整整有一尺多厚的像海绵一样的泥土，其中必然有一万年甚至几万年前的腐朽的树木和树叶。

我们在这里第一次看到了太阳都射不进去的丛密的森林，也第一次看到了遍山遍岭的杜鹃花和一种驯鹿爱吃的特殊的苔藓。秋天的太阳无私地普照着连绵不断的山冈，畅茂的森林在阳光中显出像翡翠一样的深绿。在山下，河流蜿蜒地流过狭窄的河谷，河谷两岸是一片翠绿的草地和丛生的柳树。世界上哪里能找到这样美丽的花园呢？

我们的旅程，并没有停止在甘河。就在当天夜晚，火车把我们带到了这条森林铁路的终点阿里河。阿里河是鄂伦春自治旗的首府。鄂伦春，满洲语，意思是驱使驯鹿的部落。但是现在的鄂伦春族人民已经不是一个驱使驯鹿的部落，他们在河里河边建筑了新式的住房，在这里定居下来，逐渐从狩猎生活转向驯养鹿群和农业的生活。现在在大兴安岭内驱使驯鹿的惟一的民族，也是以狩猎为生的惟一民族是鄂温克族。

从狩猎转向畜牧生活并不是一件轻而易举的事，这要求一个民族从森林地带走到草原，因为游牧的民族必须依靠草原。森林是一个比草原更为古老的人类的摇篮。恩格斯曾经说过，一直到野蛮低级阶段上的人们还是生活在森林里；但是当人们习惯于游牧生活以后，人们就再也不会想到从河谷的草原自愿地回到他们祖先所住过的森林区域里面去了（《家庭、私有制和国家的起源》）。恩格斯的话说明了人类在走出森林以后再回到森林是不容易的；在我看来，人类从森林走到草原也同样是不容易的。因为这需要改变全部的生活方式。要改变一种陈旧的生活方式，那就要触犯许多传统的风俗习惯，而这种传统的风俗习惯对于一个古老的民族来说是神圣不可侵犯的。不仅改变全部生活方式会要遇到困难，据一位鄂伦春的老猎人说，甚至把狩猎用的弓矢换为猎枪这样简单的事情，也曾经引起反对。反对的理由是火器有响声，打倒一只野兽，惊走了一群，可弓箭就没有这种副作用。但是新的总是要战胜旧的，现在不仅鄂伦春族的猎人，甚至鄂温克族的猎人也用新式的猎枪装备自己。

札兰屯是我们最后访问的一个内蒙城市。

到了札兰屯，原始森林的气氛就消失了。出现在我们面前的是一座美丽的山城，这座山城建筑在大兴安岭的南麓，在它的北边是一些绿色的丘陵。有一条小河从这个城市中流过，河水清浅，可以清楚地看见生长在河里的水草。郊外风景幽美，在前往秀水亭的路上，可以看到一些长满了柞树的山丘，也可以看到从峡谷中流出来的一条溪河，丛生的柳树散布在河谷的底部。到处都是果树、菜园和种植庄稼的田野，这一切告诉了我们这里已经是呼伦贝尔的农业区了。
我们就在这里结束了内蒙的访问。

揭穿了一个历史的秘密

　　这次访问对于我来说，是上了一课很好的蒙古史，也可以说揭
穿了一个历史的秘密，即为什么大多数的游牧民族都是由东而西走上
历史舞台。现在问题很明白了，那就是因为内蒙东部有一个呼伦贝尔草
原。假如整个内蒙是游牧民族的历史舞台，那么这个草原就是这个历
史舞台的后台。很多的游牧民族都是在呼伦贝尔草原打扮好了，或者
说在这个草原里装备好了，然后才走出马门。当他们走出马门的时候，他们
已经不仅是一群牧人，而是有组织的全副武装了的骑手、战士。这些牧人、
骑手或战士总是想把万里长城打破一个缺口，走进黄河流域。他们或者以
辽河流域的平原为据点，或者以锡林郭勒草原为据点，但最主要的是以乌兰察
布平原为据点，来敲打长城的大门，因而阴山一带往往出现民族矛盾的高潮。两汉与匈奴，北魏与
柔然，隋唐与突厥，明与鞑靼，都在这一带展开了剧烈的斗争。一直到清初，这里还是和准噶尔进
行战争的一个重要的军事据点。如果这些游牧民族，在阴山也站不住脚，他们就只有继续往西走，
试图从居延打开一条通路进入洮河流域或青海草原；如果这种企图又失败了，他们就只有跑到准噶
尔草原，从天山东麓打进新疆南部；如果在这里也遇到抵抗，那就只有远走中亚，把希望寄托在妫
水流域了。所有这些民族矛盾斗争在今天看来，都是一系列的民族不幸事件，因为不论谁胜谁负，
对于双方的人民来说都是一种灾难，一种悲剧。

　　马克思说："世界历史形式的最后一个阶段，就是它的喜剧。"现在悲剧的时代已一去不复返了，
出现在内蒙地区的是历史喜剧。但是悲剧时代总是一个历史时代，一个不可避免的历史时代，一个
紧紧和喜剧时代衔接的时代。为了让我们更愉快地和过去的悲剧时代诀别以及更好地创造我们的幸
福的未来，回顾一下这个过去了的时代，不是没有益处的。

——翦伯赞

必去理由 在这里的每一天都是惊喜，在这里的每一天都是考验
适宜季节 四季皆宜
适宜人群 热爱自然的人、探险家、环保主义者

地球的绿色心脏 亚马孙丛林

在巴西广袤的土地上，覆盖着世界上最大的热带雨林，这就是有着"地球之肺"美誉的亚马孙热带雨林。在这里，静卧着世界上流量最大的河流——亚马孙河，散布着世界上最大的湿地——潘塔纳尔沼泽地，生存着世界上最大的动植物群落。

最大的热带雨林

亚马孙曾经有过很多名字。第一批葡萄牙探险家称它为"马腊尼翁"，马腊尼翁是迷宫的意思。因为最早的探险家们抱怨说："那是惟有上帝才能解开的马腊尼翁。"

亚马孙流域的热带雨林大部分位于巴西，面积约为印度的两倍，海拔不超过 200 米。这里雨量充沛，加上安第斯山脉冰雪消融带来大量流水，每年有大部分时间为洪水淹没。有一片名叫瓦西亚的森林，每年有数月水深 9 米。还有一些称为伊伽普斯的地区，大部分时间淹没在水里，几乎全年闷热潮湿。

亚马孙热带雨林是个绚丽多姿、丰富多彩的植物王国。亚马孙流域植物种类之多居全球之冠。许多大树高达 60 多米，遮天蔽日，故旱地森林的地面光秃秃，只有一层腐烂的枝叶。涝地森林则情况迥异，灌木和乔木有板状基根，帮助维生。树冠由高至低分层。这个王国中的每一分子，无论

> 蜿蜒曲折的亚马孙河穿过茂盛的丛林

它是一棵参天的大树还是一片嫩嫩的幼芽，都充满了勃勃的生机。如果把热带雨林比喻成一篇美丽的文章，那么生长在雨林里的花、草、树木便是那文章中绚丽的诗句。

亚马孙热带雨林是个波澜壮阔、博大精深的动物乐园。那密不透风的雨林中栖息着猴子、树懒、蜂鸟、金刚鹦鹉、巨大的蝴蝶和无数蝙蝠；河流和沼泽中生活着凯门鳄、淡水龟，以及水栖哺乳类动物如海牛、淡水海豚；陆地则生活着美洲虎、细腰猫、貘、水豚、狨猻等特有的兽类。这个动物世界里既有母爱的温馨、弱肉强食的残暴，又有适者生存的冷酷与现实。

> 亚马孙丛林中修长而挺拔的树木

亚马孙热带雨林是个绚丽多姿、丰富多彩的植物王国，这一流域的植物种类之多，可居全球之冠。

地球的守护神

亚马孙森林对调节大气起着重要作用，每公顷森林可吸收 160 吨二氧化碳。雨林里茂密的树木在进行光合作用时，能吸收二氧化碳并释放出大量的氧气，就像在地球上的一个大型空气清新机，所以有"地球之肺"的美名。

不仅如此，热带雨林水汽丰沛，蒸发后凝结成云，再降雨，成为地球水循环的重要部分；不仅有助于土壤肥沃与生物生长，也有调节气候的功能。亚马孙热带雨林是靠阳光、雨水和森林系统本身的作用形成的，因为亚马孙森林在吸收二氧化碳方面有重要作用。如果地球失去亚马孙森林，温室效应将会加速，地球会进一步变暖。巴西拥有世界上品种最多的植物和动物，亚马孙森林一旦消失，这些品种繁多的生物也将随之失去。亚马孙森林与地球的未来息息相关。

走进亚马孙

没有什么比一片热带雨林更能够使人类放弃傲慢，而代之以敬畏之情。它们是大自然最后的阵

地，繁衍着外人从未或很少见过的动植物种群，栖息着极少数素来不与外界交往的原始部落。亚马孙之旅，需要热情，更需要勇气。

多雨的气候又造成了许多地方常年积水，毒蛇飞虫更是防不胜防，步行穿越丛林是既困难又危险的。而利用亚马孙丰富的水资源来一次漂流旅行却是一个好办法。所以，能否打造出一艘像样的木筏是生存之旅成功与否的关键。

沿着望不到头的亚马孙河一路深入，二三百米宽的水面，两岸是密不透风的热带丛林。河水在飞机上看是黛青色的，走近后却发现是浑浊的，有点像黄河，也许是上游刚下过雨的缘故。天空像水洗过一样洁净，阳光明媚，云彩千变万幻。河上静悄悄的，只有划水时木桨的吱吱声和水波荡漾的声音。前方不断有大段的浮木顺流而下，不小心能把船撞沉，这一段本该静默的水路也充满了惊险。坐着木筏，撑着木篙，沿河观赏两岸的奇物妙景，时而天空中掠过美颜的鹦鹉，时而船边游过成群的食人鱼……一切是那么奇妙与美好。

继续亚马孙之旅，补充体力是当务之急。亚马孙河流中丰富的鱼类就是取之不尽的食物源。烘烤着用自制的木叉捕捉到的鱼，细细品尝着那特有的鲜味，的确别有情调。而其中最为刺激的活动，当然就是钓食人鱼了。对付这种凶猛的动物，要打起精神，十分地小心谨慎才行。

随着时间的推移，西下的夕阳为亚马孙丛林披上了一层神秘的面纱。然而，冒着夜色继续航行是十分危险的，休整夜宿的地点必须选择在干燥的高地上，建"屋"的材料则俯首皆是：树枝、藤蔓、树叶等都是很好的建材。小屋的保暖性并不十分重要，在闷热多雨的雨林中，防雨是关键。印第安式的帐篷就是解决问题的好方法。圆锥型的屋顶使得排水变得十分便利，建造起来也非常快捷。

亚马孙生存之旅的每一天都是对您的考验，让您用最自然的方式去探索大自然，不是去征服和破坏她，而是去敬畏和热爱她，使您真正地和自然母亲融为一体。

野外生存小贴士

野外生存就是在吃、住、行都无保证的条件下求得生存。但野外生存是探险，并不是以生命为赌注的冒险，救生刀、火种、水壶是野外生存必不可少的三大要素。此外您若能随身携带一些小的工具和用品，可能会在危急的情况下帮上您的大忙：罗盘，不会让您迷失在茫茫的亚马孙热带雨林中；放大镜，可以利用太阳光聚集取火；防虫水、解毒药、野外急救包都是亚马孙生存之旅的必备之物。

必去理由 奇特的冰原风貌、独一无二的海岸风景
适宜季节 5月~7月
适宜人群 热爱冰雪海岸风光的人

冰川、海水和火焰**挪威海岸**

一提到挪威这个国家，你一定会首先想到易卜生的《玩偶之家》，或是村上春树的《挪威的森林》。而且在人们的印象当中，挪威好像与森林有一定的关系。其实不然，挪威的魅力主要展现在它的海岸线上。在一些资料或影片中你也许早已经对挪威有所了解，但这些是否勾起了你对挪威风光的向往呢？

> 冰川的巨大力量使得艾于兰峡湾深深切入陡峭的群山

挪威的万里海岸

在英文中，挪威的国名"Norway"的意思是"通往北方的路"。这个美丽的国家三面环海，自北沿西向南依次为巴伦支海、挪威海和北海，所以挪威海岸线很长，曲曲折折地绵延2万多公里。要饱览挪威的海岸景色，最好的办法是坐船沿着海岸线航行，这样你就可以从容悠闲地欣赏挪威那独有的峡湾风光了。

挪威的海岸线大致以卑尔根为中心，卑尔根曾是中古时期汉萨同盟的北方贸易枢纽，现在则成了最具备挪威精神的国际海洋城。卑尔根南半段以幽静的哈丹哥峡湾为主要景点，北半段则有松恩峡湾。如果你乘邮轮或游艇在峡湾里巡航，会有"柳暗花明又一村"的感觉。

挪威的许多山直达海边，因此才会有许多峡湾形成。峡湾与山势垂直，岸壁陡峭，像巨大的高墙保护着湾内的建筑与船只。被海水淹没的山则成为岛屿，形成奇特的峡湾群和岛群。站在岸边，看海风不时掀起的阵阵巨浪拍打着海岸，听着震天的响声，气势颇为壮观。

挪威冰河

挪威境内冰河覆盖面积很大，是除冰岛外欧洲最大的冰原。在这里，你处处都能看到亿万年前冰川时期地形变动留下的痕迹。踏着这些远古的痕迹，想象着亿万年前这里可能生活过的生物，你不由得心潮澎湃，似乎远古的声音正悄然接近你。

奇特的冰河风貌也给挪威带来了独一无二的海岸风光。深蓝色的清冽海水，倒映着巍然矗立的冰山。你是否为大自然所形成的这种奇特的地形而感到激动呢？眼前的山也好，雪也罢，在你的面前都会变得更富有诗意。亿万年来，一辈一辈的挪威人繁衍着，这些冰川见证了每代人所发生的故事。至今它们有的还在覆盖着峡湾，它们究竟在等待着什么呢？人类又在等待着什么呢？这些问题不知道从这里能不能得到答案。

> ▷ 挪威的斯瓦巴特群岛北极村

巡游峡湾

谈到挪威的魅力时必定提及峡湾。挪威的这些峡湾是世界上最壮观的奇景之一。如此大规模的峡湾在世界上是绝无仅有的，在挪威的这些峡湾中，又以盖兰格尔峡湾、哈丹格尔峡湾、索格内峡湾、里塞峡湾的景色最为迷人。

盖兰格尔峡湾两岸耸立着海拔 1500 米以上的群山，这里是世界上屈指可数的观光胜地。如果你是乘坐游艇观赏，肯定会有"轻舟已过万重山"之感。盖兰格尔峡湾向人们展示着大自然的雄劲与浑厚。在盖尔格尔峡湾游览，你还会看到位于索格诺吉德恩的布里克斯达尔冰川、位于海拔 1500 米处的达尔斯尼巴展望台以及宏大的瀑布等，你一定会为这里的每一处景观而心动。

哈丹格尔峡湾在四大峡湾中最为平缓，有着如画般的风景，如果你能赶上这里果树花开的时节，那更是别有一番风味了。距今已有 800 年历史的苹果和杏树到了 5 月便一起盛开，在很远的地方就能闻到花香的味道，那沁人心脾的香味会令你全身酥软，回味无穷。乘坐巴士和快艇可到达峡湾深处的乌勒恩斯旺地区，那里有挪威的著名疗养胜地乌特奈和洛夫特弗斯。哈丹格尔峡湾还有许多壮观的瀑布及哈丹格尔维达国立公园、挪威第三大冰川等。

从奥斯陆或柏根乘坐火车便能很快到达索格内峡湾，这里是世界上最长、最深的峡湾，全长 205 千米。在索格内峡湾内有许多值得一看的地方，你可以乘坐世界铁路杰作之一的弗洛姆铁路或是乘古德旺根的轮渡来这里观光。如果走运的话，在这里你将能看到附近野生的海豹。

里塞峡湾位于挪威南部，这里怪岩兀立，断崖普莱克斯托伦是这里最值得观赏的地方。望着眼前峥嵘怪异的岩石，你便能强烈地感受到大自然雄劲的活力。在这里，自然景观与人文景观和谐地交织在一起，没有一丝做作之感，似乎是到了与世隔绝的人间仙境。

> 从缆车上俯看斯堪的纳维亚山脉挪威海岸壮丽景色

主要景点

　　奥尔内斯木制教堂：许多人把木制狭板教堂看成是斯堪的纳维亚国家的特色，而挪威现存30余座木制教堂，奥尔内斯木制教堂就是其中之一，并于1979年被列为世界文化遗产。奥尔内斯木制教堂位于西海岸的松恩—菲尤拉讷郡，建于12世纪，是一个四方形的三层建筑，外形与东方的神庙相似。教堂的山墙上刻有各种图案。教堂内的陈设至今仍保持着中世纪时的风格。

　　霍尔门考伦山：是挪威的滑雪圣地，位于奥斯陆东北约13千米处。从1892年起，每年3月，世界闻名的滑雪大赛在此举行。霍尔门考伦山下还有一个滑雪博物馆。

闲情异趣

　　这些曲折的海岸是你不容错过的观赏点，美丽的峡湾是你休憩的好地方，但要是你时间充裕的话，一定要到欧洲最北的北角去看看，这儿可是有名的午夜太阳区。每年5月15日到8月1日，太阳整晚都照耀着大地，那种壮观的景象是在其他任何地方都无法领略到的。挪威还有悠静的城市、未受污染的渔村和丰富的历史古迹，其中包括维京海盗船及中古木构教堂等，这些地方都非常具有地方特色，相信你走完这些地方之后一定有一种流连忘返的感觉。

　　挪威人一如他们的天气，冷静内敛。这一点，只要你听过北欧的摇滚乐就会体会出来，就会猜测到北欧人内心暗藏有一种冰火交融的激情。挪威国土有三分之一在北极圈内，全年中有段时间是极夜，天气寒冷，长夜无边。因此当夏天到来时，挪威人会出去度假、休闲，以放松心情，庆祝漫漫冬夜的过去。尤其是夏至这天，挪威人会集体在海边燃起盛大的篝火，庆祝不眠的太阳重新回来。这个风俗起源于古老的传说，挪威人相信，盛大的篝火可以帮助太阳走过漫长、黑暗而寒冷的冬季。因此，挪威人用火去迎接午夜的太阳。

　　看似不可能并存的冰川、海水和火焰构成了一幅奇妙的画面，这就是挪威海岸的魅力。

必去理由 大海之美的完美诠释者
适宜季节 四季皆宜
适宜人群 热爱蓝天碧海和喜欢观赏鱼类的人士

全世界最大的珊瑚礁群大堡礁

　　大堡礁风光旖旎，是最著名的天然奇景之一。1981年被联合国教科文组织列入《世界文化遗产名录》，为世界七大奇观之一，也是澳大利亚最引以为豪的天然景观。

　　大堡礁位于太平洋珊瑚海西部，北面从托雷斯海峡起，向南直到弗雷泽岛附近，沿澳大利亚东北海岸线绵延2000余千米，分布面积共达20.7万平方千米。北部排列呈链状，宽16～20千米，南部散布面宽达240千米。共有大小岛屿600多个，其中以绿岛、丹客岛、磁石岛、海伦岛、哈米顿岛、琳德曼岛、蜥蜴岛、芬瑟岛等较为有名。

> 大堡礁位于澳大利亚昆士兰州以东，是世界上景色最美、规模最大的珊瑚礁群，每年都会吸引无数的游客前来观光。

> 大堡礁

　　这个世界上最大的礁岩体，是距今 1.5 万年前的珊瑚一点点长成的。珊瑚海的水温适中，海水含盐度和透明度均很高，非常适宜珊瑚礁的生长发育。在这种情况下成长起来的大堡礁的厚度达220 米（一般最大厚度为 80 米），堪称世界上最厚的珊瑚体。这里的珊瑚五颜六色，形态各异，婀娜多姿，分外妖娆。红的、黄的、蓝的、橙的、紫的、绿的珊瑚在清澈的水下世界里争奇斗艳，美不胜收。堡礁大部分没入水中，低潮时略露礁顶。从上空俯瞰，礁岛宛如一颗颗碧绿的翡翠，熠熠生辉，而若隐若现的礁顶如艳丽花朵，在碧波万顷的大海上怒放。

潜水圣地

　　最好的大堡礁之旅当然是直接潜入水中，与美丽的珊瑚和各种海洋生物做一次亲密接触。沿大堡礁散布着大量的潜水胜地。大堡礁沿岸小镇、各岛屿别墅上，几乎都开设了"潜水"项目或"用通气管或呼吸器潜航"的短期训练班。学成之后，游客们便可凭借导游所提供的面具、水下呼吸器等设备，体会在海下与鱼蟹共舞的滋味。潜水和服务机构提供日间和全天候的潜水旅游路线以及全套设备、所需食宿和针对初、中、高级潜水者的专门服务。租一套潜水服，潜入水中，与色彩斑斓的珊瑚鱼群共泳，真是如诗如画，快乐无比。那是人生的一次美妙经历：如同假山、石林一

> 水下世界

样的珊瑚礁上，美丽的珊瑚如百花盛开；那各色彩鱼从你身边、指缝飘过，还有海星、海蟹、海葵、海蚌点缀其间。身披红绿彩带的鹦鹉鱼在吞咬珊瑚；水晶般透明的喇叭鱼在水面忽东忽西；轻盈细小的雀鳃鱼竟敢咬你的手；神色傲慢的大海龟在陌生人面前也毫不恐慌。水下的珊瑚世界，在阳光照射下，红、黄、蓝各色绚丽多彩，或树枝状、或人脑形、或如柳条、或如花朵，千姿百态，令人神往。

热带鱼缸

在这水下世界的珊瑚百花丛中，栖息着 1200 多种鱼类。有海蛰、管虫、海绵、海胆、海葵、海龟，以及蝴蝶鱼、天使鱼、鹦鹉鱼等各种热带观赏鱼。各种多彩多姿的热带鱼类在珊瑚礁的罅隙之间穿来插去，嬉戏觅食，宛如恋花的彩蝶，翩翩起舞，五光十色的各种贝类，把这斑驳陆离的海洋世界点缀得更加迷人。

在海中观景，是最近距离接触珊瑚礁的一种欣赏方式。游客一般有三个选择去欣赏海底世界里千姿百态的珊瑚、五彩缤纷的热带鱼、海螺、海参等。一是乘坐双层双底的玻璃底船游弋于珊瑚礁上，船的底部镶着透明的有机玻璃，透过船底，领略不尽海洋世界的神奇；二是乘坐潜艇，在珊瑚礁中穿行，到达珊瑚礁的深处一饱眼福；最后就是亲自潜水，穿梭于珊瑚中，与鱼儿共泳。大堡礁的海底世界是一部无声但热情洋溢的交响曲，虽不能听亦不能唱，但人生奇妙的感受尽在不言中。乘坐直升飞机盘旋于空中俯瞰大堡礁奇观及礁岛美景，又是一种更精彩的欣赏方式。大堡礁海域的特点可用一个"清"字概括，海水清澈，天空清湛，海风清爽。坐在飞机上纵观层次清晰的大堡礁，这种美妙的感觉尤为明显。从空中俯瞰，犹如欣赏一个巨大美丽的热带鱼缸。绿岛纯白的沙滩、郁郁葱葱的树木，宛如一颗颗碧绿的翡翠。清澈的海水使能见度很高，可达水下 15 米。湛蓝透明的大海仿佛一块巨大的蓝宝石，让人流连忘返。

种类繁多、数量巨大的海洋生物与陆地上的各种鸟类组成了独特的生物群落，使得大堡礁成了一座名副其实的海上花园，绚丽异常，千姿百态，蔚为壮观。1979 年，澳大利亚建立了大堡礁海洋动物园管理处，划定一些保护区，积极发展旅游业，旅游者可在礁岛上居住或搭帐篷，在此钓鱼、采贝、潜水等。甚至可乘坐玻璃底快艇潜入深海领略珊瑚礁的天然奇景。这里有 365 天醉人的阳光，有沁心润肺的新鲜空气，有湛蓝发光的大海，还有各种美丽神奇的热带鱼类，吸引着世界各国的游客来此猎奇观赏。

> 大堡礁海域生活着 1200 多种鱼，有泳姿优雅的蝴蝶鱼，有色彩华美的雀鲷，还有鹦嘴鱼等。

必去理由 50～60℃的高温和一望无际的不毛之地，使到过这个地方的人都无愧于"征服者"的称号

适宜季节 除了短暂的雨季，其他时间均可

适宜人群 不怕面对最严酷自然的探险者

探险者的乐园 撒哈拉大沙漠

无际的黄沙上有寂寞的大风呜咽地吹过，

天，是高的，地是沉厚雄壮而安静的。

正是黄昏，落日将沙漠染成鲜红的血色，凄艳恐怖。

——三毛

这一代人中，对撒哈拉最深刻的印象大都是来自于三毛和她《撒哈拉的故事》。这个看似柔弱的东方女子，在她朴实清丽的文笔描绘下，烈日和黄沙之地都有着一种诗意的苍凉。在那漫天的黄沙中，三毛将千千万万个女人可望而不可即的浪漫，发挥到了极致。

这个世界上最大的沙漠位于非洲的北部，西起大西洋，东至尼罗河，向南延伸到苏丹境内，面积超过900万平方千米，约占整个非洲大陆的32%。在当地人的语言中，撒哈拉的意思就是大沙漠。这除去地球南北两极，撒哈拉可称为是世界上生存条件最严酷的地方。这个上帝遗弃之地，全年平均气温超过30℃，最热的几个月气温经常在50℃以上。在戈壁黄沙之中时有飓风掀起，卷起阵阵沙暴。但是，虽然它那强烈的沙暴、令人窒息的高温和种种恶劣的自然环境令人却步，但是，浩瀚的撒哈拉，它的名字就意味着一种魔力，那独特的沙漠风光和不同的生活方式，一直吸引着有勇气、有梦想的人们前往。撒哈拉之旅，寻梦之旅。

在这片广袤的大地上，漫漫黄沙无边。从高处看，无数的沙丘连绵起伏，弯弯如新月，不断地绵延开去。一色的单调景色，没有边际，没有变化。这里的景色和地球其他任何地方都不相同，造物的神奇似乎全在此处了。戈壁之上有牵着骆驼的商人或是旅人，在烈日下低着头，一步一步坚忍地走着，这一幕定格在撒哈拉的大背景上，就像无数次在梦中见到过的一样。

▷ 撒哈拉沙漠上的驼鸟

　　沙漠的边缘散落着小小的镇子，很小，中心有些平顶的白房子，边缘那一圈就像是窝棚。这么荒凉的地方还是一样有着贫富的差别。路上的人不多，没有谁出门专为了散步的。朔风吹起，漫卷着黄沙，打在人家的门上，就像是《新龙门客栈》的北非版。

　　撒哈拉却是一个真正无关风月的地方。一切的浮华和喧嚣在恶劣的自然环境中都会烟消云散，在这里，只有一个概念，那就是生存。在这里，当一切都成为可望而不可求的时候，你会发现，其实，人的要求是多么简单，只要有一口清泉可以润喉，一块面饼可以果腹，一片布料可以蔽体。其他的，既然不可企望，便是多余。难怪有人说，如果能在茫茫沙海中发现一片绿洲，那一定是上天给予人最大的赠与。在这里，你的所有不是自动放弃了，而是被撒哈拉剥夺，当一切想念都是虚妄时，在你心里只留下了最真粹的东西，活下去，这就是撒哈拉的规则。

　　在撒哈拉生活的每一刻，都会有这样的感觉。在物质如此匮乏的地方，平常那些唾手可得的东西，都会显得如此的珍贵。记得在沙漠中"悬壶济世"的三毛，她的指甲油，也成了邻居们修补牙齿的上好材料。撒哈拉地区的居民都十分贫困，尤其是住在沙漠边缘的黑人居民，住在破毡片的窝棚里，饲养着不多的几只牛羊，挣扎在那一条看不见的线上，与现代文明无关的。而我们这一些衣食无忧的"闲人"，却要耗费精力千里迢迢地奔过去体验最原初的生活。一时间就明白，不用再去怨天尤人，生活给我们的，已经太多太多。

▷ 撒哈拉沙漠中的驼队

对于流浪的人来说，撒哈拉也许是一个最好的终点，追寻了许久的答案，或许就正在这里发现了。撒哈拉自顾自安然而真实地存在着，并不为人类有所改变，千百年以来，千百年以后。这种真实而残酷的超脱，仿佛便是造物本人，冷眼看着世间的悲欢离合，喜怒哀乐。人类原本就不必把自己看得太过伟大的，茫茫的戈壁如海，人类渺小得犹如一颗沙粒。

撒哈拉的奇迹

古代的撒哈拉并非黄沙一片，而是一片草原，植物非常茂盛，飞禽走兽出没其间，当地居民从事放牧业。人类的文明留下了痕迹。他们的绘画和雕刻至今仍能在洞穴中看到。

1850年，德国探险家因里希·巴思在撒哈拉的塔西亚高原发现，当地沙岩的表面满是野牛、驼鸟和人的画像。后来人们又陆续发现了更多的岩画，成画时间约在公元前6000年到公元前1000年。这些画面表现了人们当时的生活情景，还有大象、犀牛、长颈鹿、驼鸟等现在只能在撒哈拉以南的草原上才能找到的动物。

1956年，法国探险队在这里发现了大约1万件壁画，并于1957年将总面积合10780平方米的壁画复制品及照片带回巴黎，这一发现轰动了世界。

> 撒哈拉沙漠中的绿洲

必去理由 神秘传奇的地方，亚洲大陆的"魔鬼三角区"，古丝绸之路的必经之地
适宜季节 10月～次年3月
适宜人群 追求极限、热爱自然探秘的人

镌刻在生命里的神秘 **罗布泊**

　　新疆值得探险和挑战的地方有很多，深邃空寂的大峡谷，广袤萧瑟的大陆边缘区，苍莽昆仑的戈壁腹地，每一处都有自己独特的魅力和风姿。然而综合自然风光、地理地貌以及历史文化种种要素，最令人神往和亢奋的还当属罗布泊无人区。走进这个寂寞得如同隔世荒涯的地域，于残阳暮色中、寂寥黄沙中，你会真切地感觉到这个荒芜之域有种说不出的神秘魔力。

逝去的罗布泊

　　初听罗布泊的名字，就觉得很有意思，很有异域的风情。以前在书上读到新疆罗布泊之谜，总觉得很不可思议——一个大大的真实无比的湖泊，一个原本有着丰富的湖水和各式鱼种的湖泊，怎么可能突然之间就消失了，再也找不到它的踪影了呢？说没就没，那么彻底，那么干净，甚至找不到一丝线索和预兆。这简直太天方夜谭了吧！因为觉得这是不可置信的，所以把它当个《一千零一夜》的故事听听便罢，感觉实在离自己很遥远，就像许多稀奇古怪的书上那些杜撰出来的稀奇古怪的故事，不能真当一回事。然而真的到了新疆，亲身站在这片古老而神秘的土地上，呼吸着周围苍凉的充满诡秘气息的空气，感受着千万年前的异域文明烙在这里的种种印记，并且听过了太多这片土地上的今日往昔，忽然之间，就会觉得所有的传奇故事都是可能的了。恍惚中，一切虚幻都化为真实，而真实也似乎虚幻起来。虚虚实实，难以言述，不知道这是不是新疆的另一独特魅力？其实

> 当年丝绸之路枢纽的楼兰古城仅存的断壁残桓、峰火燧、佛塔在晨曦中印记着岁月的沧桑和凄凉、凝重和悲壮。

▷ 干涸的罗布泊

回首想想，人类自直立行走进化至今，曾经有过多少次的抗争和屈服，多少次的无奈与挣扎，多少曾经矫健无比、英勇善战的部落和人种，打败了无数的敌手、征服了辽阔无垠的疆土，不也是没有征服神威的大自然，终究是消失于永恒的历史长河之中了吗？何况一个小小的水泊呢？谁知道当年的大自然又是遇到了什么事情，怎样喜怒无常地将这个小小的湖泊玩弄于股掌之间，终是将它彻底毁灭了呢？

资料上记载：20 世纪 50 年代的时候，还有人在罗布泊中见到过身长 5 米的大鱼乘风破浪；再上溯到瑞典人斯文赫定中亚探险时代，他竟然可以率领他的船队从沙漠边缘的库尔勒出发，沿孔雀河一路到达罗布泊的水中央。不过，放眼今天的罗布泊，早已不复有往昔的波光流转、激情荡漾，甚至都找不到曾经辉煌灿烂过的一丝踪影，不过是一片风暴肆虐过的荒凉和悲凄，一片核爆后的惨白而暗淡的天空，在西部这个边陲一隅低低地悲泣，只剩下岸沙上那一艘艘底儿朝上的船，那是记载着曾经那份辉煌的墓碑。

罗布泊的后代

在这里，尚在的罗布老人，据说曾经在那个湖泊里捕过无数银色的鲜活蹦跳的鱼，只是今日早已物是人非，曾经的乐土已是荒芜一片，而老人也已皱纹堆垒，连咀嚼鱼肉的力气都没有了。

这里的村民对湖有种很实在的叫法，叫作"水汪子"。水汪子里还产一种个头很大的鱼，只有在清明祭祀的时候才被端上祭台，供奉祖先，平时人们很少会去伤害它。村子里有那种在外面跑生活的人，如果带了女人回来，不可缺少的一件事就是到湖边去洗个澡，感受一下草木幽深，河风飒飒，感受一下这个算得上是村里图腾的湖泊，似乎这样洗礼才能预示着她被真正接纳到了这块乡土上。

村里人从来没有想到有一天它会莫名其妙地失踪了。可是就是这样的，这个日日相伴的湖真就悄悄地消失了，无影无踪、无痕无迹，像是一个梦。

有一个早已经习惯了每天捕鱼的老爷爷，满怀自豪、惆怅和伤感地描述了往昔捕鱼的种种快乐。老人说，捕鱼最简单的是粘网，把网架在湖的角落处，人在树下悠闲地抽烟，只等鱼自己撞网就行。另外还有旋网，人站在岸上，两臂一轮，鱼网铺天扑地打着水，一网打尽，但是这样子很耗费体力，比较适合年轻人做。上了年纪的人一般都是抄网。拿一根棍子，扎着一块纱布，然后就可以搬个马扎儿坐在石头坝上，不紧不慢地抄水，一天下来，大鱼小鱼虾米，可以有一笔不小的收获。

无论如何，正如没人能否认罗布人是罗布泊的后代一样，也没有人能够否认，这里这些淳朴又善良的人们都是地道的水汪子的后代。那个已经消失的水汪子，已经镌刻在人们的生命里了。

欢愉忘忧的
人间天堂

日内瓦/拉斯维加斯/悉尼/苏
州/杭州/厦门/昆明/大理/三亚/夏
威夷/迪斯尼乐园/昆士兰海滩/北
戴河/桂林/周庄/黄山/庐山/西双
版纳/香格里拉/泸沽湖/日月潭

必去理由 几乎每一个地方都美轮美奂
适宜季节 四季皆宜
适宜人群 崇尚和平、热爱大自然和体育的人士

和平之都 日内瓦

日内瓦之美，已无须赘言。她的幽雅、闲情、自然、运动和文化交织在一起，让您不由得放慢脚步，舒展着全身的细胞，去感受与夏威夷那海岛风情全然不同的美丽。

世界的日内瓦

日内瓦可能是我们这个星球上知名度最高的城市之一。它位于西欧最大的湖泊——美丽的日内瓦湖之畔，法拉山和阿尔卑斯山近在眼前。市内公园星罗棋布，湖畔鲜花遍地，美不胜收。日内瓦是一个历史悠久的国际都市，以其深厚的人道主义传统、多彩

多姿的文化活动、重大的会议和展览会、令人垂涎的美食、清新的市郊风景以及众多的游览项目和体育设施而著称于世。日内瓦人注重与大自然的和谐，城里的各种建筑、景观与环境大多完美地融为一体。在大自然中开展体育活动的方式是多种多样的：在罗纳河和莱蒙湖上游泳嬉戏；在郊外骑马、骑自行车或散步；在邻近的阿尔卑斯山区或法拉山区滑雪，等等。无论是攀登峭壁，还是在空中翱翔，或在湖中游泳，对热爱大自然和体育的人来说，日内瓦实在是最理想的地方。

　　日内瓦以其作为世界著名的重要会议举办地而闻名于世，可以说日内瓦是全世界的交汇点。每年，数以百计的会议、展览和庆祝活动在这里举行，吸引了各国来客。同时，有大约200多个国际组织及许多人道主义机构设在日内瓦，其中包括联合国驻欧洲总部、国际劳工组织、万国红十字会、童子军总部、妇女和平自由联盟，等等，可谓是一个国际政治、经济及文化中心。国际上一些热点地区的和平谈判的举行、和约的缔结、多边国际合作的开展大都与日内瓦有关。在人们印象中，日内瓦是一个飘满和平橄榄枝的地方，因此，日内瓦已被世人誉为"和平之都"。作为瑞士境内的重要城市，日内瓦也是世界钟表之都，钟表业与银行业成为日内瓦的两大经济支柱。

> **群山环抱中的日内瓦湖**
日内瓦湖是西欧的名湖，面积580平方千米，以著名的风景区与疗养胜地而驰名。

花园城市——上帝宠爱的地方

日内瓦除了有重要的国际地位外，也是一座用山光、水色、彩花、绿树织成的美丽都市。坐落在美丽的欧洲乡间，四周青山环绕，和平静辽阔的日内瓦湖相拥，而雄伟的阿尔卑斯山绵延在地平线上。日内瓦以群山和花园为巢，隆河（Rhone）有如一条碧罗带穿城而过，仿佛仙女身上的碧绿绸，俏丽飘逸。勃朗峰雄峙于东南，侏罗山仁立于西北，皑皑雪峰为已是秀美的风景更添风采，加上湖滨公园的绿树繁花，令这个依山面湖、绿川环流、烟岚交映的都市美得像一首诗。

静静的罗纳河穿城而过，湖与河的汇合处，由数座桥梁连接着南北两岸的老城和新城。山丘上的老城区古朴典雅的建筑群与新城区现代化的楼房形成了鲜明的对照，清晰地反映出这个中世纪古老的小城发展成为一座现代化国际都市的辉煌历程。圆卵石铺成的街道，窄窄弯弯地向前延伸着，仿佛是一只默默伸出的手臂，要把你带向上一个世纪的童话中。无论是身置老城或新城中，无论是在郊区还是旅游景点，呈现在你面前的都是一个鲜花盛开、风景如画的美丽城市。

> 夜幕衬托下的日内瓦更显得宁静与温馨。

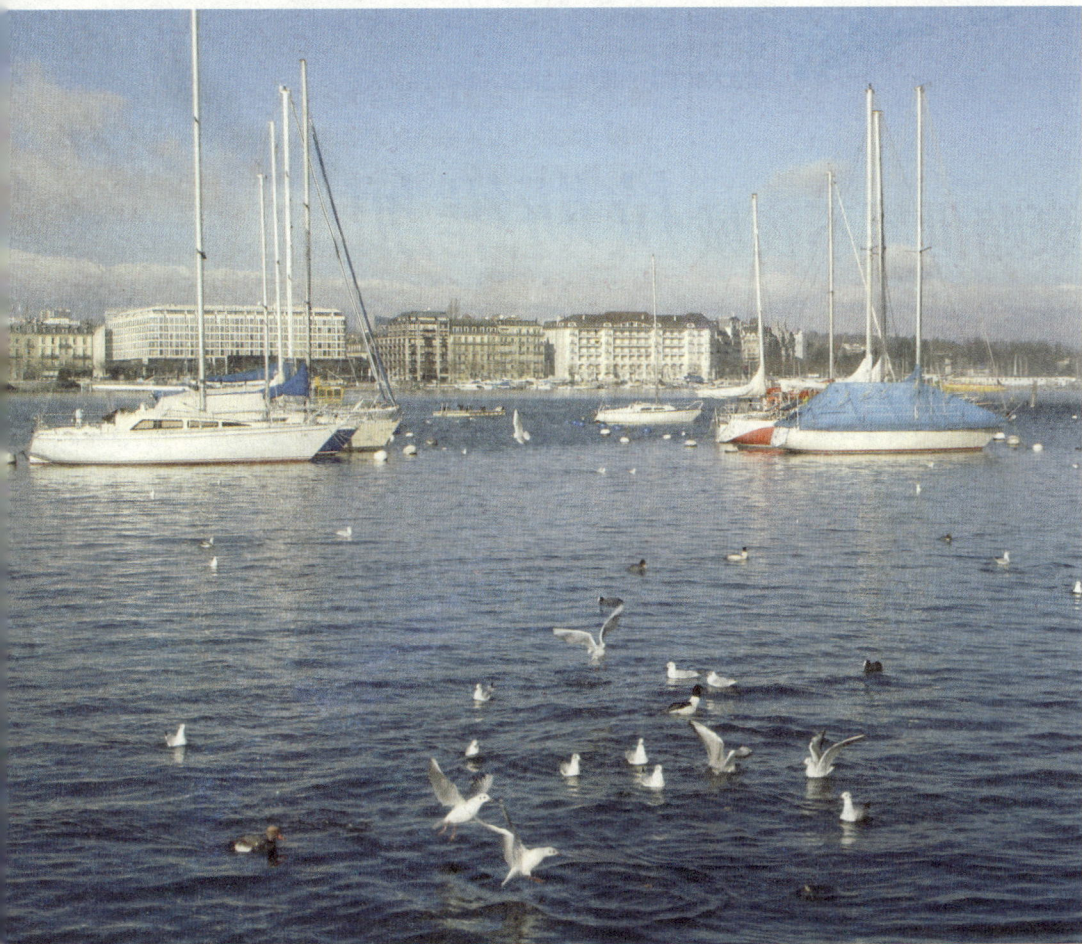

> 日内瓦湖风光

如梦莱蒙湖

从莱蒙湖畔远望，可以看见环抱这座城市的阿尔卑斯山和汝拉山脉白雪皑皑的群峰——勃朗峰的雪顶，烟波浩淼的莱蒙湖，终年蓄满了高山雪水，清澈如镜。湖中，一把闪光的长剑直冲云天，喷出 145 米高的银色水柱，然后化为扇形细雨倾泻湖中，这便是具代表性的日内瓦人工喷泉。丽日晴天，宽阔的湖面上碧波荡漾，扬着彩帆的帆船、游船、游艇川流不息，天鹅、海鸥、野鸭成群，游荡嬉戏，生机盎然。莱蒙湖两岸有活水公园、玫瑰公园、英国公园、珍珠公园和植物园，园内古树参天，各种花卉争奇斗艳，游人可以免费到公园散步。湖滨小道两旁绿树浓荫。湖两岸的宾馆和山丘上鳞次栉比的各式豪华别墅倒映在水中。莱蒙湖的人工美与自然美相映生辉，无与伦比。穿过汝拉山曲折的小路，便到了山顶。越过古老的城墙，威严的圣彼得大教堂便呈现在你的眼前了。

每年 4 月到 10 月间，坐落于市内各处的露天咖啡座，是日内瓦最富有人文气息的地方。只见一座座露天咖啡馆高朋满座、人声沸腾，不要说是观光客的蜂拥而至，就连当地人也不会错过这个与阳光亲密接触的好机会。入夜，各大餐厅中衣香鬓影、杯觥交错的情景，则是日内瓦最具法国风韵的时刻，饮着瑞士自酿的葡萄酒，享受着颇有法国风味的瑞士美食，此情此景，又岂是"浪漫"二字可以形容的呢？

豪赌世界不夜城 拉斯维加斯

世界上最豪华的不夜城，在这里你可以享受一掷千金的快意，也可以合法地在一瞬间成为巨富，并可以欣赏到世界最顶级的明星表演。

很少有人没有在电影、电视上见过赌场和赌徒：沸反盈天的气氛，一群满脸油汗的汉子盯住一双急速晃动的手，眼珠子瞪得溜圆，嘴里不清不楚近乎歇斯底里地叫着。突然，"啪"一声响，所有的声音瞬间静止，死寂！接着，天地间的一切声响又全部爆发。有人捂脸，有人狂笑，有人呆若木鸡，有人火急着去扒拉桌上已经属于自己的银子……

时光流转到今日，赌博因其危害性已经在国内被明令取缔。然而，在国外某些特别的地方，赌博还具备合法性；不但具备合法性，而且还成为一个城市甚至一个地方的经济增长点。

美国的赌城拉斯维加斯就是这样一个特别的地方。拉斯维加斯位于内华达州南端，是克拉克县首府，不过更大的名头是驰名世界的大赌城。

拉斯维加斯之名源于西班牙语"丰美的草场"。相传19世纪末，从美国犹他州迁来的移民在这里的山谷中掘出了甘美的泉水。不少人闻名而至，这里很快发展为牧场。可是，人们很快又发现，这里的土地并不肥沃，根本不可能形成"天苍苍，野茫茫，风吹草低见牛羊"的千里牧场。经济萧条的状况持续多年后，人们为了摆脱困境，决心通过赌博业来碰运气。因为当时人们的心态正和赌徒一样，怀着的也正是赤贫赌徒那种"空手套白狼"的侥幸心理。确切说，当地人民正是赌城最早的一批赌徒。

1931年，拉斯维加斯的赌博业正式获取法律保护，拥有了合法地位。从此，世界各地的赌徒便像当地人当年听说有甘泉一样蜂拥而至，赌博业开始成为拉城的一大经济支柱。举例为证：第二次世界大战时，城中人口尚仅1万，到1980年时便已剧增至16.5万人，而且成了年平均接待游客2000万人的畸形繁华城市。

既然是赌城，就少不了赌场和赌具，就得有赌城的气派。250家赌场和6万多台"老虎机"昼夜不停，几乎比上帝还要繁忙，这使拉斯维加斯成为世界上最豪华的不夜城，其气派风头丝毫不逊于摩纳哥的"世界赌城"蒙特卡洛。大批赌

> 性感明星玛丽莲·梦露在赌城拉斯维加斯演出。

徒的涌入使此地永不缺乏经济发展的潜力和后劲；当然，也有不少人纯粹是来赌城看热闹的。1980年，赌城从赌博业中赚取了高达 14.4 亿美元的利润。

为了"回报顾客"，拉斯维加斯也大费了一番周章，创建了很多夜总会和大饭店，无比豪华，其夜总会节目可以说是世界一流的。夜总会老板为了赚钱——赌徒在输光以前往往是很有钱的，赚饱之后当然更有钱——不惜挖空心思花重金聘请超级明星出场，不少明星的出场费高得让人目眩。

当然，赌博业及其他设施的配置也拉动了旅游业的发展，赌城现已成为内华达州旅游业最兴旺的三个地方之一，和里诺、塔霍湖并列，每年慕名来此观光的游客现已多达 2800 万。

赌博并无任何好处，但观察一下赌徒的表现却未尝不可，而且还可以作为反面教材，防患于未然。另外，赌城的其他娱乐场所也确实不错，想体验一下的话不妨试试。不过，千万要记住，只需带必要的花销就够了。

必去理由 著名的度假、疗养胜地
适宜季节 11月~次年3月
适宜人群 老幼皆宜

澳大利亚第一名城 悉尼

在18世纪中期，远处澳大利亚的悉尼还是一个不为人知的地方。1780年，当殖民者开普敦·库克宣布占领澳大利亚的时候，悉尼的命运也随之改变。在强烈的外来殖民文化的侵蚀下，当地文化一步步地失去原有的阵地，而悉尼也逐渐变为殖民者的流放地，从而成为欧洲大陆在大洋洲延伸的新天地。1788年，来自英国的第一批移民在此登陆并定居下来，悉尼从此成为澳大利亚的发源地。

澳大利亚最早和最大的城市，新南威尔士州首府，以优良港湾及所处澳大利亚东南沿海的战略地位著称，也是南太平洋最重要的港口之一。城市建在一个有无数港汊的大海湾周围的众多丘陵上，占有突出位置的是悉尼海湾大桥和歌剧院的整体建筑——此桥是世界上最大单孔桥梁之一。悉尼以其作为大港口的历史及其作为澳大利亚主要国际航线终点所处的地位，是澳大利亚唯一具有真正国际气氛的城市。

> 悉尼歌剧院内景

20世纪60年代开始的迅速发展已经改变了市中心的面貌，如今的悉尼已经成为一个功能完备、设施齐全、经济发达、风景迷人的著名城市。悉尼的最大资产是它的气候及自然环境。它安详地偎依在澳大利亚的东海岸，豪克斯贝利河从它的北部流过，南部则环绕在植物港及其他海口之间，而

> 悉尼歌剧院外景

悉尼歌剧院已经成为悉尼市的标志性建筑。

103

悉尼歌剧院不仅是悉尼艺术文化的殿堂，更是悉尼的灵魂，来自世界各地的观光客每天络绎不绝前往参观拍照。不论清晨黄昏，不论徒步缓行或出海遨游，悉尼歌剧院随时为游客展现不同的多样的迷人风采。悉尼歌剧院里大约有 1000 个房间，包括 4 个主要听众席。歌剧院由 1 个接待厅，5 个排练室，4 个餐厅，6 个酒吧，60 个化妆室和套房，1 个图书馆，1 个供艺术家们休息的地方和存放各种道具的房间组成。音乐大厅可容纳观众 2679 人。悉尼歌剧院在 1973 年 10 月 23 日由英国女王伊利莎白二世剪彩落成，它的第一场演出是澳洲歌剧公司表演的由普罗科菲耶夫改编的《战争与和平》

贝壳的弧形
贝壳的弧形高 60 公尺，是由厚度 5 公分的薄壳墙面以及混凝土肋的梁柱构成。

贝壳结构
贝壳结构由预铸和现场施作的混凝土结合而成；将预铸的混凝土拱肋分段接合，从中央的混凝土台座向外逐步合成一体，并以预先强化的钢管焊紧，从侧面连接 Y 型的拱肋。

动线
基座分为三层，入场的观众可以拾级进入大厅的主入口。

玻璃
贝壳结构的开口两端，都有悬吊式玻璃板覆在上面。

连锁式贝壳
连锁式贝壳的建筑组群有相同的曲度，可以简化复杂的接头以及外墙零件的处理方式。

演奏厅
贝壳结构最高的部分是主要的演奏厅，有2900个席位。

歌剧院
歌剧院为独立设置，有1547个观众席位。

基座
基座内含括了所有的设备系统，而主要的公共通道空间位于地面层。

外装
基座铺设了一层花岗石板，为高耸、轻巧、铺着白色瓷砖的薄壳屋顶。

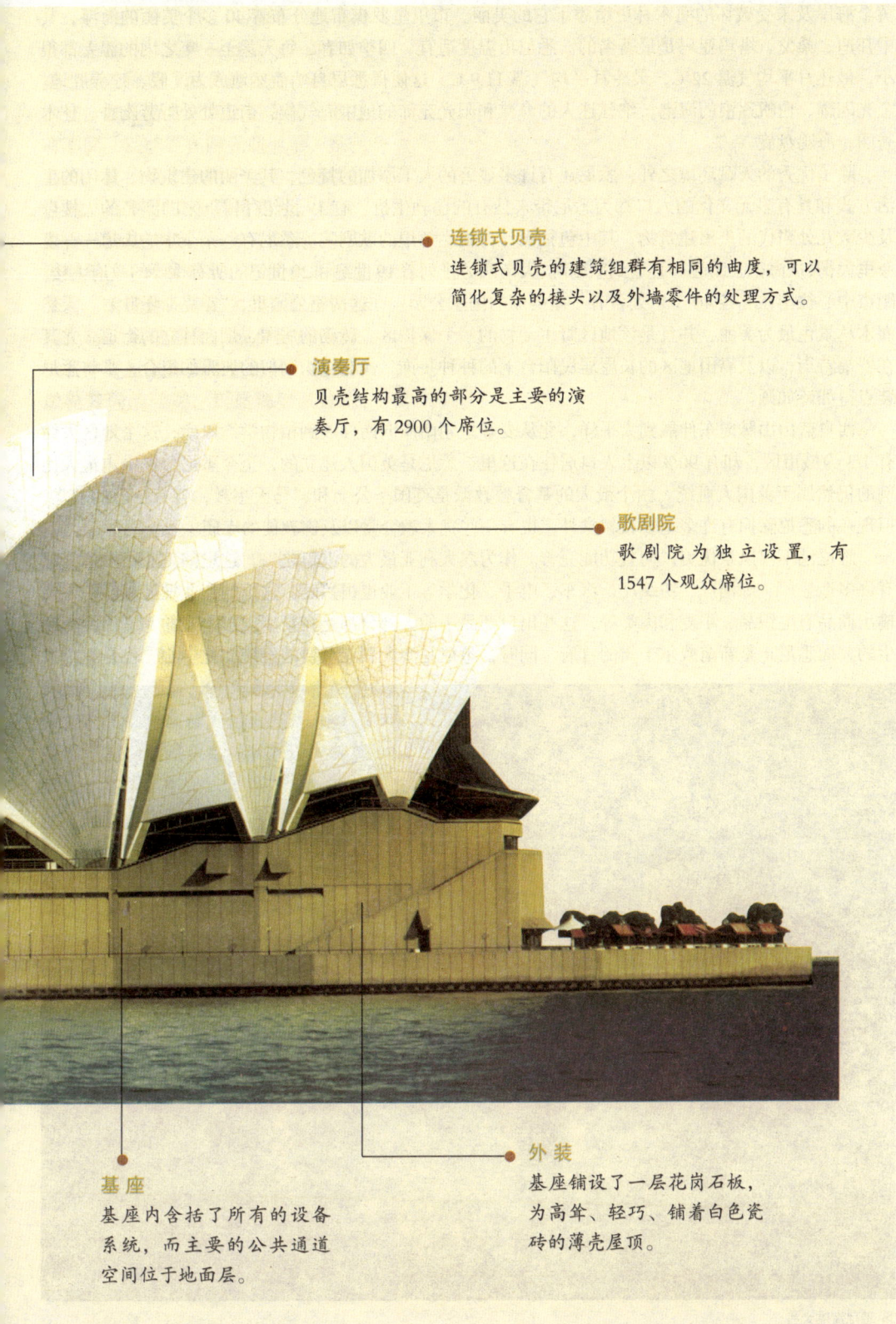

黄金海岸及未受破坏的灌木林更增添了它的美丽。市里星罗棋布地分布着 40 多个美丽的海滩，其中邦迪、桑戈、塔玛亚玛是最著名的。悉尼市温度适宜、四季如春，每天甚至一年之内的温差都很小，最热月平均气温 22℃，最冷月平均气温 11.9℃。这使得悉尼自然而然地成为度假、疗养胜地。金光闪耀、白帆逐浪的海港，细腻迷人的海滩和阳光充沛的地中海气候，街道处处野芳幽香，佳木秀丽，海鸥盘旋。

除了优秀的天赋环境之外，悉尼还有许多显著的人工添加的特色，其美丽的建筑物、休闲的生活方式和具有多元文化的人口都为悉尼带来独有的蓬勃生机。有 19 世纪存留下来的漂亮的大楼以及少数几处当代的杰出建筑物，其中包括设计得灿烂辉煌的歌剧院。悉尼有一条豪华的街道——麦夸里大街，从海德公园起一直通到歌剧院，大街两旁排列着 19 世纪和 20 世纪的所有重要的政府大楼。距市中心往南往北各 40 千米处各有一座美丽的国家公园。在这两座公园里，"霍克斯堡砂岩"天然灌木丛景色最为美丽，并且是该地区野生动物的一个保护区。砖砌的房屋、烟囱林立的街道，尤其在罗福特街，以及靠山地区的长屋居民阳台上的种种装饰，像花边织网似的典雅的组合，都将悉尼装点得如诗如画。

西自蓝山山脉向东伸展到太平洋，北从麦夸里湖南岸向南伸展到植物学湾以南，这个地区大约有 1/3 为城市区，却有 90% 以上人口居住在这里。悉尼是英国人建立的，至今悉尼公民中占最大比例的仍然属于英国人血统。两个最大的基督教教派是英国圣公会和罗马天主教，各有自己的教堂，但现在的悉尼除拥有许多基督教教堂外，也有一些犹太教会堂以及佛教徒的寺庙。

悉尼港不仅风景优美，而且功能完善。作为澳大利亚最大的港口之一，这里的工业很发达，建有许多造船厂、炼油厂、纺织厂，汽车、电子、化学等工业也很兴旺。这里的商业发展兴盛，主要输出商品有毛织品、小麦和肉类等，这些出口商品中的大部分都是在新南威尔士州的乡下田园中产生的，而悉尼正是新南威尔士州的首府。同时，悉尼是澳大利亚重要的经济文化中心，也是整个大

> 悉尼海港大桥

> 悉尼圣玛丽大教堂

洋洲最重要的金融中心。悉尼的地理位置使其成为全球主要外汇市场中每天最早开始交易的市场。从近年来的情况看，在东京和香港市场开市之前，悉尼市场大都比较平静，交易量不大。但如果前一个周末发生了重大事件，那么悉尼市场往往会在周一开市后做出迅速的反应，汇率发生大幅变化。悉尼市场上的主要交易品种为澳大利亚元兑美元、新西兰元兑美元以及澳大利亚元兑新西兰元的交叉盘交易。

悉尼已有一些铁路从市中心通往某些郊区。在两次世界大战之间，这个辐射状的郊区铁路系统实现了电气化。1932年，海港大桥完工之后，北岸便可经过铁道与市内直接相通。1971年在市中心的马丁广场创立了一处步行市场。供国际和国内共用的主要机场设在市区以南的植物学湾海岸上的马斯科特。1979年，地上和地下铁道的支线工程全部完成，从而通到了东部各近郊区。

悉尼首先是一座供体育娱乐的城市。世界上没有几座大城市能像悉尼一样，为游泳、冲浪、赛帆船以及其他各项室外运动提供如此无与伦比的机会。大都市区内有三所大学：悉尼大学、新南威尔士大学和麦夸里大学。该市有一所优秀的公共图书馆，几处博物馆（包括藏有国家最多的自然收集品的澳大利亚博物馆），还有新南威尔士美术馆以及许多收藏当代澳大利亚美术品的私人美术馆。歌剧院建在海湾上的一个优美处所，三面环水，院内设有一个供悉尼交响乐团用的音乐厅，一个供歌剧和芭蕾舞演出的大剧场，一个较小的演戏的剧场。在歌剧和芭蕾舞方面，舞蹈团也已赢得了国际声誉。悉尼拥有几家小电影制片厂。1984年建立了一座有5000个座位的大型娱乐中心，用于举办通俗音乐会和戏剧演出。悉尼已是一座能提供可与任何大城市相比的各项服务和各种娱乐的大城市。

主要景点

　　海港大桥、悉尼歌剧院、澳大利亚博物馆、悉尼铸币博物馆、新南威尔士美术馆、悉尼塔、皇家植物园、达令港、国家海事博物馆、悉尼水族馆、IMAX（Image Maximum，最大影像）电影院、动力博物馆、游乐场、世嘉世界、购物中心和喷泉花园等。

必去理由 江南园林甲天下，苏州园林冠江南
适宜季节 4月~10月
适宜人群 喜爱游山玩水、品题字画的怀旧者

中国古典园林的典范 苏州

苏州素有"东方威尼斯"的美誉，但与威尼斯比较起来，更多一份玲珑雅致。小雨初歇，云霏不开。处处水逸草青、浓翠欲滴，青石板路无风亦无尘。这个江南小城犹如古装仕女般文静娉婷，其园林艺术，更是世界园林建筑的典范。

苏州园林

上有天堂，下有苏杭。苏州乃"园林之城"，素以众多精雅的园林名闻天下。苏州古典园林以私家园林为主，起始于春秋，历史绵延2000余年。以中国画写意山水的高超艺术手法，展示了东方文明的造园艺术典范。

苏州园林位于江苏省东南部的苏州市。其历史可上溯到春秋战国时的吴王园囿。西汉、三国时的统治者也都曾在这里兴建园林。而最早见于记载的是东晋的辟疆园，当时号称"吴中第一"。南宋时期，江南的私家园林十分兴盛，集中出现在苏州、杭州、扬州、湖州一带，而以苏州的园林最多。

苏州园林极尽人智，举世闻名。园林占地面积小，多不过三四亩地，但是在这方寸之间，却采用不拘一格的艺术手法，以中国山水花鸟的情趣意境，在有限的空间内点缀假山、树木，安排亭台楼阁、池塘小桥，以景取胜，景因园异，小中可以见大，被称为"无声的诗，立体的画"。徜徉其中，如品诗，如赏画，可得到视觉与心灵的双重享受。

▷ 苏州拙政园水廊

> 苏州拙政园的小飞虹

　　根据记载，苏州城内有大小园林将近 200 处。其中沧浪亭、狮子林、拙政园和留园分别代表着宋、元、明、清四个朝代的艺术风格，被称为苏州"四大名园"。其中，拙政园独享"江南名园精华"的盛誉。它位于娄门内东北街 178 号，是苏州园林中最大的，也是最著名的一座。拙政园始建于明代，该园第一位主人是王献臣。此人在嘉靖、正德年间官居监察御史，晚年罢官而归，闲暇了便买地造园。因借《闲居赋》"拙者之为政"的句意，取名为拙政园。园内主要景点有：兰雪堂、芙蓉榭、秋香馆、放眼亭、远香堂、小沧浪、留听阁、浮翠阁等。苏州的其他园林宅邸，也多是告老还乡的官员们所造，亭台楼阁间多有诗画结合，匾额题字也不少，书香气扑鼻，观众少不得费一番琢磨。

　　沧浪亭　位于苏州市城南，是江南现存最古老的园林，占地面积 10,800 平方米。园内还有一泓清水贯穿，波光倒影，景象万千。著名的建筑有观鱼处、明道堂、五百名贤祠等。有石刻 34 处，计 700 多方。

　　狮子林　位于苏州市区园林路。苏州四大古名园之一，具有鲜明的元代园林建筑风格。园内假山遍布，长廊环绕，楼台隐现，曲径通幽，有迷阵一般的感觉。长廊的墙壁中嵌有宋代四大名家苏轼、米芾、黄庭坚、蔡襄的书法碑及南宋文天祥《梅花诗》的碑刻作品。

　　留园　位于苏州市区的留园路。苏州四大古名园之一。是清代园林建筑的代表作。分中、东、西三部分。中部景区以山水为胜，东部景区以建筑为主，西部以假山为奇，土石相间，堆砌自然。

　　拙政园　位于苏州市娄门内东北街。苏州四大名园之一。是江南古典园林的代表作。园中山水并列，水面占总面积的 3/5，总体布局以水为中

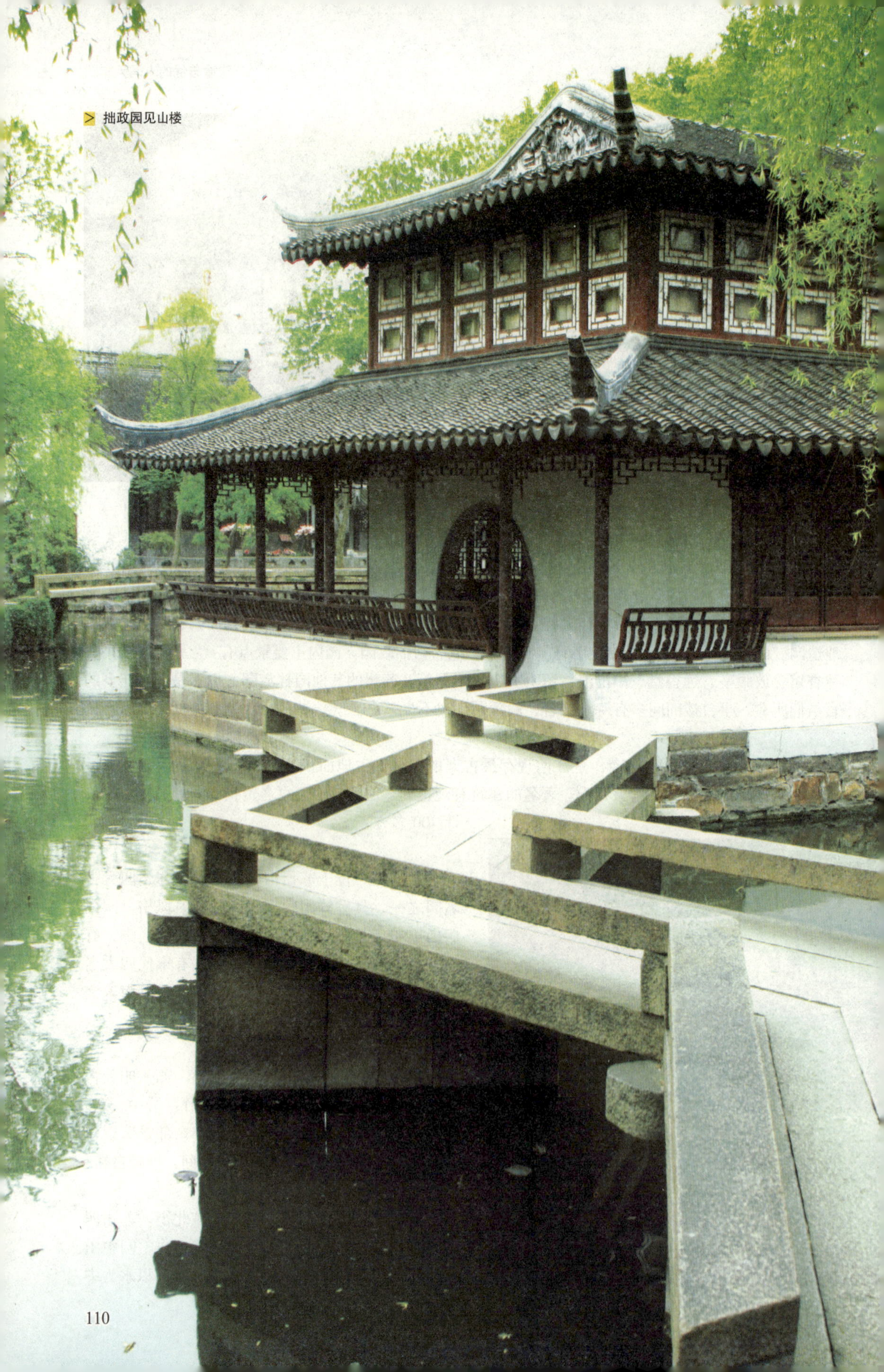

> 拙政园见山楼

心，亭台楼榭等临水而建，构成"小桥流水人家"的江南景色。

环秀山庄 位于苏州市区的景德路。始建于唐代末年。宋代为景德寺。明时是宰相申时行的住宅。清代时在这里修建园林，堆砌假山，取名为"环秀山庄"。园内最突出的特色是以湖石堆叠的假山，构造奇特，被誉为"独步江南"。

桃花坞里桃花庵

　　江南四大才子之一的唐伯虎，在许多影视剧的演绎之下，早已失却了本来面目。他那擎着酒杯醉卧花丛间的形象，原本是怀才不羁的文人写照，却成了插科打诨的段子。在苏州曲曲折折的陋巷中去寻找一个 500 年前的诗魂，也只是想一窥他的本来面目。

　　桃花坞里桃花庵，桃花庵下桃花仙。自号"六如居士"的唐寅，精研佛学，不事功名，连故居也还是隐藏在高屋华厦背后的破屋陋巷之中。苏州的小巷狭窄，两边的房屋也低矮。这儿一拐，那边一折，要找到目的地，着实费了一番工夫。终于找到了一个现在是版画社的"准提庵"，墙壁斑驳，瓦片残破，看得出的确有些年代了，又在一个荷花池塘边看到一块石碑，上有"唐寅故居遗址"几个字，唐伯虎的故居，就只剩了这一块石碑了。路旁热心的老人，还会指点着人们看荷花池边的石壁上磨得看不清的文字，以示为证。但是，见到没见到，已经没有什么关系了，唐伯虎本就入了禅，不计身后物事。后人要抚古凭吊，怎奈逝者如斯，烟消云散去。

> 苏州拙政园里"与谁同坐轩"

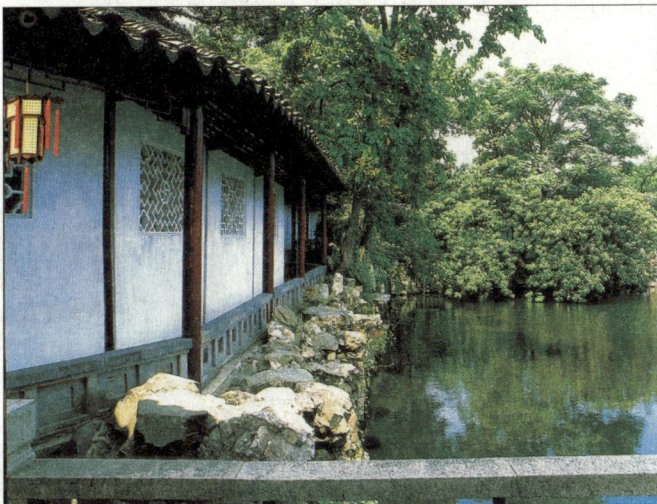

> 苏州园林美景如画

方寸之间别有洞天，中国人的审美在这里发挥得淋漓尽致。

主要景点

主要园林：沧浪亭、狮子林、拙政园、留园、追思园、藕园、网师园、环秀山庄、怡园、艺园。

吴中第一名胜——虎丘："平生游览遍天下，游之不厌惟虎丘。"虎丘山位于苏州西北角，"虎丘"一名来历已近2500年，据传吴王阖闾死后葬于此山，入穴三日后有白虎蹲踞墓上，故名。

　　虎丘依山伴水，风景秀丽，有着悠久的历史文化景观。历代著名文人来此题诗作画，使此地集中了吴中文化的精华；"试剑石""真娘墓""千人石""剑池""二仙亭""点头石"等传说也使虎丘披上了神秘的色彩。虎丘塔是苏州的象征。虎丘作为"吴中第一名胜"，成为外地人必游之地。

古巷深处

很喜欢看《红粉》，喜欢秋仪、小萼与老浦之间的叽叽歪歪与不清不楚。看得肤浅，只是偏爱了那一种怀旧的作派和老照片的颜色，就是觉得真实，就像是多年以前的记忆。那片子就是在苏州拍的，有一个拍摄基地就在陆巷，据说现在还能看见的。

陆巷是明清时期的建筑，因为太小，说它是个镇很勉强。巷子很窄，路用青砖铺成的，两边的墙头长满野草，还有没有结果的橘子树。路旁有井，不是辘轳的，是江南的那种很普通的井，井绳像是经过了多年的人工，井口也被井绳磨出深深的痕迹。人家的屋墙也多是青砖的，有人家的墙上还能看见"毛主席万岁"几个字。镇子很安静，就像是一个没有演员的布景。

顺着巷子一路走下去，越过一处破败的墙头，《红粉》的拍摄基地仿佛是旧时代地主的后花园，假山小径、亭台回廊，都有着一种年久失修的破败。院子里有不知名的花草，兀自开得烂漫欢快。像是旧小说里有狐仙出没的荒宅，这院子破败得透着落寞，像极了《红粉》留给人的印象。静寂的陆巷里，这是一个更加静寂的花园。

曾经的布景和真实的古镇都在慢慢被岁月侵蚀，眼前的陆巷穿梭在真与假之间，总是在和《红粉》的故事比较着，反而让人失去了一些看风景的单纯。

> 苏州园林手绘图

★ 白发苏州

一

前些年，美国刚刚庆祝过建国二百周年。洛杉矶奥运会的开幕式把他们两个世纪的历史表演得辉煌壮丽。前些天，澳大利亚又在庆祝他们的二百周年，海湾里千帆竞发，确实也激动人心。

与此同时，我们的苏州城，却悄悄地过了自己二千五百周年的生日。时间之长，简直有点让人发晕。

入夜，苏州人穿过二千五百年的街道，回到家里，观看美国和澳大利亚国庆的电视转播。窗外，古城门藤葛垂垂，虎丘塔隐入夜空。

在清理河道，说要变成东方的威尼斯。这些河道船楫如梭的时候，威尼斯还是荒原一片。

二

苏州是我常去之地。海内美景多得是，唯苏州，能给我一种真正的休憩。柔婉的言语，姣好的面容，精雅的园林，幽深的街道，处处给人以感官上的宁静和慰藉。现实生活常常搅得人心志烦乱，那么，苏州无数的古迹会让你熨帖着历史走一定情怀。有古迹必有题咏，大多是古代文人超迈的感叹，读一读，那种鸟瞰历史的达观又能把你心头的皱褶慰抚得平平展展。看得多了，也便知道，这些文人大多也是到这里休憩来的。他们不想在这儿创建伟业，但在事成事败之后，却愿意到这里来走走。苏州，是中国文化宁谧的后院。

做了那么长时间的后院，我有时不禁感叹，苏州在中国文化史上的地位是不公平的。历来很有一些人，在这里吃饱了，玩足了，风雅够了，回去就写鄙薄苏州的文字。京城史官的眼光，更是很少在苏州停驻。直到近代，吴侬软语与玩物丧志同义。

理由是简明的：苏州缺少金陵王气。这里没有森然殿阙，只有园林。这里摆不开战场，徒造了几座城门。这里的曲巷通不过堂皇的官轿，这里的民风不崇拜肃杀的禁令。这里的流水太清，这里的桃花太艳，这里的弹唱有点撩人。这里的小食太甜，这里的女人太俏，这里的茶馆太多，这里的书肆太密，这里的书法过于流丽，这里的绘画不够苍凉遒劲，这里的诗歌缺少易水壮士低哑的喉音。

于是，苏州，背负着种种罪名，默默地端坐着，迎来送往，安分度日。却也不愿重整衣冠，去领受那份王气。反正已经老了，去吃那种追随之苦作甚？

> **历史悠久的姑苏水城门**
> 苏州水陆城门源于周敬王六年（公元前514年）伍子胥奉吴王阖闾之命构筑大城于江南原野，周围47里，辟有水陆城门8座，分别是阊、胥、盘、蛇、娄、匠、平和齐门，当时都是土城。盘门城楼为吴国"阖闾大城"八门之一，至今已有2500余年。古老的水城门和盘门城楼见证了苏州悠久的历史和兴衰沉浮。

三

说来话长，苏州的委屈，二千多年前已经受了。

当时正是春秋晚期，苏州一带的吴国和浙江的越国打得难分难解。其实吴、越本是一家，两国的首领都是外来的冒险家。先是越王勾践把吴王阖闾打死，然后又是继任的吴王夫差击败勾践。勾践利用计谋卑怯称臣，实际上发愤图强，终于在廿年后卷土重来，成了春秋时代最后一个霸主。这事在中国差不多人所共知，原是一场分不清是非的混乱，可惜后人只欣赏勾践的计谋和忍耐，嘲笑夫差的该死。千百年来，勾践的首府会稽，一直被称颂为"报仇雪耻之乡"，那末苏州呢，当然是亡国亡君之地。

细想吴越混战，最苦的是苏州百姓。吴越间打的几次大仗，有两次是野外战斗，一次在嘉兴南部，一次在太湖洞庭山，而第三次，则是勾践攻陷苏州，所遭惨状一想便知。早在勾践用计期间，苏州人也连续遭殃。勾践用煮过的稻子上贡吴国，吴国用以撒种，颗粒无收，灾荒由苏州人民领受；勾践怂恿夫差享乐，亭台楼阁建造无数，劳役由苏州人民承担。最后，亡国奴的滋味，又让苏州人民品尝。

传说勾践计谋中还有重要一项，就是把越国的美女西施进献给夫差，诱使夫差荒淫无度，慵理国事。计成，西施却被家乡来的官员投沉江中，因为她已与"亡国"二字相连，霸主最为忌讳。

苏州人心肠软，他们不计较这位姑娘给自己带来过多大的灾害，只觉得她可怜，真真假假地留着她的大量遗迹来纪念。据说今日苏州西郊灵岩山顶的灵岩寺，便是当初西施居住的所在，吴王曾名之"馆娃宫"。灵岩山是苏州一大胜景，游山时若能遇到几位热心的苏州老者，他们还会细细告诉你，何处是西施洞，何处是西施迹，何处是玩月池，何处是吴王井，处处与西施相关。正当会稽人不断为报仇雪耻的传统而自豪的时候，他们派出的西施姑娘却长期地躲避在对方的山巅。你做王他做王，管它亡不亡，苏州人不大理睬。这也就注定了历代帝王对苏州很少垂盼。

苏州人甚至还不甘心于西施姑娘被人利用后又被沉死的悲剧。明代梁辰鱼（苏州东邻昆山人）作《浣纱记》，让西施完成任务后与原先的情人范蠡泛舟太湖而隐遁。这确实是善良的，但这么一来，又产生了新的麻烦。这对情人既然原先已经爱深情笃，那么西施后来在吴国的奉献就太与人性相背。

前不久一位苏州作家给我看他的一部新作，写勾践灭吴后，越国正等着女英雄西施凯旋，但西施已经真正爱上了自己的夫君吴王夫差，甘愿陪着他一同流放边荒。

又有一位江苏作家更是奇想妙设，写越国隆重欢迎西施还乡的典礼上，人们看见，这位女主角竟是怀孕而来。于是，如何处置这个未出生的吴国尊种，构成了一场政治、人性的大博战。许多怪诞的境遇，接踵而来。

可怜的西施姑娘，到今天，终于被当作一个人，一个女性，一个妻子和母亲，让后人细细体谅。

我也算一个越人吧，家乡曾属会稽郡管辖。无论如何，我钦佩苏州的见识和度量。

四

吴越战争以降，苏州一直没有发出太大的音响。千年易过，直到明代，苏州突然变得坚挺起来。

对于遥远京城的腐败统治，竟然是苏州人反抗得最为厉害。先是苏州织工大暴动，再是东林党人反对魏忠贤，朝廷特务在苏州逮捕东林党人时，遭到苏州全城的反对。柔婉的苏州人这次是提着脑袋、踏着血泊冲击，冲击的对象，是皇帝最信任的"九千岁"。"九千岁"的事情，最后由朝廷主子的自然更替解决，正当朝野上下齐向京城欢呼谢恩的时候，苏州人只把五位抗争时被杀的普通市民，立了墓碑，葬在虎丘山脚下，让他们安享山色和夕阳。

这次浩荡突发，使整整一部中国史都对苏州人另眼相看。这座古城怎么啦？脾性一发让人再也认不出来，说他们含而不露，阳说他们忠奸分明，说他们报效朝廷，苏州人只笑一笑，又去过原先的日子。园林依然这样纤巧，桃花依然这样灿烂。

明代的苏州人，可享受的东西多得很。他们有一大批才华横溢的戏曲家，他们有盛况空前的虎丘山曲会，他们还有了唐伯虎和仇英的绘画。到后来，他们又有了一个金圣叹。

如此种种，又让京城的文化官员皱眉。轻柔悠扬，潇洒倜傥，放浪不羁、艳情漫漫，这似乎又不是圣朝气象。就拿那个名声最坏的唐伯虎来说吧，自称江南第一才子，也不干什么正事，也看不起大小官员，风流落拓，高高傲傲，只知写诗作画，不时拿几幅画到街上出卖。

> 不炼金丹不坐禅，
> 不为商贾不耕田。
> 闲来写幅青山卖，
> 不使人间造孽钱。

这样过日子，怎么不贫病而死呢！然而苏州人似乎挺喜欢他，亲亲热热叫他唐解元，在他死后把桃花庵修葺保存，还传播一个"三笑"故事让他多一桩艳遇。

唐伯虎是好是坏我们且不去论他。无论如何，他为中国增添了几页非官方文化。人品、艺品的平衡木实在让人走得太累，他有权利躲在桃花丛中做一个真正的艺术家。中国这么大，历史这么长，有几个才子型、浪子型的艺术家怕什么？深紫的色彩层层涂抹，够沉重了，涂几笔浅红淡绿，加几分俏皮洒泼，才有活气，才有活活泼泼的中国文化。

真正能够导致亡国的远不是这些才子艺术家。你看大明亡后，唯有苏州才子金圣叹哭声震天，他因痛哭而被杀。

近年苏州又重修了唐伯虎墓，这是应该的，不能让他们老这么委屈着。

五

一切都已过去了，不提也罢。现在我只困惑，人类最早的城邑之一，会不会、应不应淹没在后生晚辈的竞争之中？

山水还在，古迹还在，似乎精魂也有些许留存。最近一次去苏州，重游寒山寺，撞了几下钟，因俞樾题写的诗碑而想到曲园。曲园为新开，因有平伯先生等后人捐赠，原物原貌，适人心怀。曲园在一条狭窄的小巷里，由于这个普通门庭的存在，苏州一度成为晚清国学重镇。当时的苏州十分沉静，但无数的小巷中，无数的门庭里，藏匿着无数厚实的灵魂。正是这些灵魂，千百年来，以积聚久远的固执，使苏州保存了风韵的核心。

漫步在苏州的小巷中是一种奇特的经验。一排排鹅卵石，一级级台阶，一座座门庭，门都关闭着，让你去猜想它的蕴藏，猜想它以前、很早以前的主人。想得再奇也不要紧。二千五百年的时间，什么事情都可能发生。

> 水巷寻梦——古老的苏州

如今的曲园，辟有一间茶室。巷子太深，门庭太小，茶客不多。但一听他们的谈论，却有些怪异。阵阵茶香中飘出一些名字，竟有戴东原、王念孙、焦理堂、章太炎、胡适之，茶客上了年纪，皆操吴侬软语，似有所争执，又继以笑声。几个年轻的茶客听着吃力，呷一口茶，清清嗓子，开始高声谈论陆文夫的作品。

未几，老人们起身了，他们在门口拱手作揖，转过身去，消失在狭狭的小巷里。

我也沿着小巷回去。依然是光光的鹅卵石，依然是座座关闭的门庭。

我突然有点害怕，怕哪个门庭突然打开，涌出来几个人：再是长髯老者，我会既满意又悲凉；若是时髦青年，我会既高兴又不无遗憾。

该是什么样的人？我一时找不到答案。

——**余秋雨**

> 苏州古盘门

必去理由 温润细腻的吴越古都，有着淡妆浓抹总相宜的万种风情
适宜季节 3月~4月春暖花开，最为宜人
适宜人群 天堂的大门为所有人敞开

美妙的天堂**杭州**

江南忆，最忆是杭州。

山寺月中寻桂子，郡亭枕上看潮头，何日更重游？

这座有着2200多年历史的吴越古都，今日仍然是阅尽繁华之地，街上店铺林立，路中游人如织。这个城市古朴而又时尚，正如江南操着一口吴侬软语的女儿家，有着丝一般的温润质感，让人感觉雅致而又适意。

西湖

到杭州旅游，一看西湖，二看灵隐。漫步西子湖畔，无论断桥、苏堤、孤山还是岳庙，每一处景致都有一段故事。"欲把西湖比西子，淡妆浓抹总相宜"，信步前行，无论见到什么景致，都一样地动人。天色将暮的时候，湖面水气如烟，泛起小小涟漪，岸上杨柳依依，柔枝轻拂水面，如少女腰肢款摆，流露出万千风情。湖中的小舟轻轻地飘来飘去，趁着渐渐暗下的天色，在一抱烟水中，如梦幻般迷离诗意。

西湖是杭州的灵魂，是古来文人墨客的必到之所，所以也就留下了不少描写西湖美景的文字传世。西湖之美古今如一，沿着西湖慢慢地行走，一路细细地看去，每一处都会是惊喜。

相传镇压了白娘子的雷峰塔是西湖众多古塔中最为风光也最为风流的一座，它位于净慈寺前的

> 杭州六和塔

夕照山上。因塔在西关外，也叫西关砖塔。后人又因塔在雷峰的小山上，改称"雷峰塔"。夕阳西照时，塔影横空，金碧辉煌，"雷峰夕照"由此得名，是有名的西湖十景之一。雷峰塔敦厚稳重，保俶塔纤细俊俏，所以民间有"雷峰如老衲，保俶如美人"的说法。

从前人们迷信雷峰塔的砖头可以避邪，所以民间盛行将雷峰塔砖藏于家中。久而久之，雷峰塔成了空心塔，并于 1924 年轰然倒下，"西湖十景"成了残缺。现在杭州市又重建了雷峰塔，使十景得以补全。

> 杭州西湖的白堤

灵隐寺

灵隐寺始建于东晋，相传印度僧人慧理至此，认为飞来峰是"仙灵所隐"之地，遂面山建寺，取名"灵隐"。后来清朝康熙帝南巡时，来到灵隐寺，题额赐名"云林禅寺"。所以灵隐寺又称为"云林寺"。

灵隐寺周围树木葱郁，整个寺庙就像藏身在深山之中。四周泉水淙淙，山间林木自在写意，别有一番情趣。阳光透过林间的枝叶，斑斑驳驳地洒下来，寺庙的方向传来阵阵诵经和敲打法器的声音，人不由自主地就变得严肃静穆起来。

幽深静谧的灵隐寺，虽是历史悠久，曾几度受损又几经修复，但是丝毫不觉破败。山门处有一横匾——"最胜绝场"，笔法苍劲，传说为晋人葛洪所书。参道壁上有"东南第一山"五字。寺庙巍峨，紫烟袅袅，雄伟而又大度，想来是显示我佛法力无边，又大慈大悲，让人不由得心生崇敬之意。

天王殿重檐下悬挂着"灵鹫飞来"和"云林禅寺"两块金匾，天王殿内供奉着一尊袒胸露腹的

> 盛夏时桥上亭附近的美丽风光

西湖的来历

据说:古时候，东海有一条玉龙与天目山的凤凰相识。一龙一凤一起在宝石山找到了一块晶光灿烂的白玉。于是，凤凰用嘴，玉龙用爪，千辛万苦，终于把这块白玉琢磨成绝无仅有的一颗璀璨夺目的明珠。消息传到王母娘娘那里，她起了贪心，就派天兵天将把这颗明珠抢走了。后来有一天，凤凰和玉龙看到天上有一道金光，原来是王母娘娘手托着那颗明珠把玩。凤凰和玉龙见了，就飞去争夺，王母娘娘一惊，手一松，明珠就从天上直掉了下来，变成了西湖，而玉龙和凤凰则变成了湖边的玉龙山和凤凰山，日夜守护着这颗明珠。

弥勒像，称为"皆大欢喜弥勒佛像"。弥勒像佛龛壁上挂着"说法现身容大度，救人出世尽欢颜"的对联。两侧是高近 8 米的四大天王塑像，光彩夺目，生动传神。弥勒像背后是寺庙的保护神韦驮菩萨像，韦驮佛身由香樟木雕成，可以一块块卸下来，整个佛像不用一钉，镶嵌连在一起。

三生石

经过寺前那块写着"咫尺西天"的照壁，沿着小溪向前走去，行不多远，便见路边有一座小石桥，过了桥，再由小路上山。只五六分钟，就到了三生石。三生石附近人迹不旺，意料之外的静寂。只有些形状各异的大石头，散落在林荫绿地。这块在传说里代表了"前世、今世、后世"的三生石，看起来并不起眼，只是上面镌了字，便成了传奇。《石头记》的宝玉和黛玉，前生的盟约也在这里就开始。三生石静静立着，对着路的一侧石壁已经变得光滑，不知有多少有情人曾经在这里海誓山盟过。其实，如果有情，一生足矣，三生厮守会不会太过贪心了呢？

> 杭州西湖十景之一——花港观鱼

海外游子的梦中故乡厦门

　　每一个漂泊在外的游子，都对生养自己的故乡有种浓浓的眷恋之情。"露从今夜白，月是故乡明。"两句诗道尽了这种感情的绵长与执著，连普照九州的月亮都是故乡的明亮啊，更不用说故乡的山山水水、故乡的人了。尤其是那些去国离乡、久居异邦的海外游子，更是无时无刻不惦念着自己的故土家国，魂牵梦萦，挥之不去。厦门便是海外游子梦中故乡的一个象征，也是他们竭诚报效桑梓的拳拳之心的一个表现。

　　厦门位于福建省东南部，中国经济特区之一，为福建省第二大城市，亦是著名的侨乡和美丽的港口旅游城市。著名爱国华侨领袖陈嘉庚先生的故乡即在本市的集美镇，陈先生 1961 年去世后便长眠于集美镇东南隅的鳌园，其墓现为国家重点文物保护单位。

　　厦门能荣膺侨乡之美誉固然和其地近大海、利于远赴重洋有关，但也和厦门人与生俱来敢于开拓进取、不屈不挠的天性和品质有关。当然，历史上的兵灾战乱也是促使厦门人毅然扬帆出海、另打天下的一个客观诱因。最不容忽视的一个因素恐怕还在于厦门华侨群体为祖国奉献的一片赤忱和做出的突出贡献。

　　陈嘉庚先生无疑是厦门华侨的骄傲，更是全世界华侨的骄傲。陈先生久居新加坡，从事橡胶业，事业有成后即开始着手报效祖国。1913 年至 1920 年先后在集美镇创办中小学和师范、水产、航海等专科学校，并着力美化周边环境，使集美成为著名的"学村"。如今的集美风光如画，高校林立，宛如花园，正如陈先生当年所预想的一般。

　　1912 年，陈先生又创办了厦门大学。"九一八"事变后，陈先生号召华侨进行抗日救国活动，从此为国事殚精竭虑，呕心沥血。新中国成立后陈先生历任政协全国委员会副主席、全国归国华侨联合会主席等职。在陈先生墓园周围的石刻中，陈毅的一副对联对陈先生做了高度评价：天马行空标鳌柱，长见丰碑镇海疆。

　　位于厦门市蜂巢山西麓的华侨博物院是我国唯一侨办的以华侨历史为主题的综合性博物院，亦是由陈嘉庚先生倡议，由侨胞捐资兴建。占地 5 万平方米，主楼用花岗岩石建筑，通体洁白无瑕。设有三个陈列馆，分别为华侨史馆、祖国历史文物馆和自然博物馆。展品丰富多样，系全世界华侨精心珍藏或费力搜求所得。华侨史馆介绍华侨与侨居国人民深厚的友谊、华侨政策回顾等内容，共计有图片和文物千余件，为祖国人民了解华侨社会的方方面面提供了弥足珍贵的资料。

厦门风光

　　厦门属亚热带季风气候，暖热湿润，草木终岁长青，鲜花四时怒放，自然风光极其秀丽，属名副其实的花园城市。其市区西南和东部的鼓浪屿——万石山风景区更是景色宜人，一年四季游客如织。

鼓浪屿是一个四面环海的椭圆形小岛，面积仅有 1.84 平方公里，东隔鹭江（即厦鼓海峡）与厦门相望，犹如厦门遗在瀚海中的一颗珍珠。岛西南端一块巨岩上有竖洞，海涛冲激，涵澹澎湃，如擂巨鼓，鼓浪屿因而得名。

鼓浪屿得天时、地利之便，绿化面积近 40%，多浓荫匝地如盖的榕树和寄予相思的相思树。花木葱茏，争奇斗艳，万紫千红错落掩映于绿树之间。更兼幽静整洁，无车马之喧闹，有桃源之韵味，让人涤净尘嚣，复归自然，素有"海上花园"之称。因岛上居民常闻海涛、天籁、鸟语，多喜爱音乐，久以为习，培育出不少杰出的音乐人才，故亦以"音乐岛"闻名在外。又因清光绪年间曾沦为各国的"公共租界"，1949 年中华人民共和国成立后方才回到祖国怀抱，岛上保存着富有多国风格的建筑物，亭台楼榭，各具特色，衬以绿树红花，愈加美不胜收，使鼓浪屿又享"万国建筑博览会"之美誉。试想，徜徉于花香鸟语之中，眼观人间美景，耳边再倏地送入一缕优雅的音乐，缥缥缈缈，若断若续，不让人感慨"此曲只应天上有"才怪呢！如果再到岛南部滩平沙软的海滨浴场潇洒一番，享受享受日光浴，那感觉简直没得说了。万石山位于厦门东郊狮山，山如其名，漫山尽皆奇石怪岩，

> 厦门天王殿

或突兀而起，或横空出世，或如擎天玉柱，或如翠屏断云，或如龙钟老翁，或如长鼻巨象。拟人摹物，绝妙纷呈，无不惟妙惟肖。

郑成功与厦门

明末清初，郑成功竖旗抗清复明，后来又驱逐荷兰殖民者收复台湾，均以厦门作为重要根据地之一，为此还一度把厦门改称"思明州"。在厦门留下了不少古迹轶事。

延平故垒位于今集美镇。因集美为自同安县进入厦门的咽喉要冲，为抵御清军入厦，郑成功于清顺治年间在此地的临海峭崖上修筑营垒，用以屯兵戍守。此垒隔海与厦门岛上的高崎寨互相呼应，呈掎角之势扼守厦门。因郑成功曾被南明政权封为延平郡王，且赐国姓朱，故此垒称"延平故垒"或"国姓寨"。现故垒尚存石砌寨门，高达23米，门旁遗有一门据传郑部所用的古炮。

郑成功读书处位于狮山主峰的"太平石笑"胜景前面，据清人笔记所载，为郑成功常带其子郑经、郑聪读书处。能于戎马倥偬之余手不释卷，郑氏之好学与胸怀大志可知；读书而不忘携幼子同往，其舐犊情深与望子成龙之心亦可知。

> **关于厦门**

主要景点： 虎溪岩、白鹿洞、厦门海堤、南普陀寺、集美鳌园、延平故垒、华侨博物院、胡里山炮台、厦门大学鲁迅纪念馆、鼓浪屿、万石山、日光岩、郑成功纪念馆、菽庄花园、太平岩、天界寺。

特产名吃： 贡糖（花生酥）、鲎（兜蟹）、牡蛎仔煎、同安文昌鱼、土笋冻、素斋"半月沉江"、面线糊、春饼、青津果、菩提丸、香菇肉酱、黄金香肉松、鱼皮花生、龙眼。

必去理由 四季如春，气候宜人，美丽动人的传说与"天下第一"的奇观相映生辉
适宜季节 四季皆宜
适宜人群 所有向往春城惬意生活的人

春城无处不飞花 昆明

昆明地处云贵高原中部，四面环山，南傍五百里滇池。属低纬高原山地季风气候，受印度洋西南暖湿气流影响，日照长，霜期短，四季如春，气候宜人，向来有"春城"之称。

"春城无处不飞花"。花是春天的招牌，既为春城，昆明自然就是花的世界、花的海洋，兰花、山茶花、玉兰花、杜鹃花、报春花、百合花、龙胆花、绿绒蒿为春城"八大名花"，其中山茶花名声最著，号称"甲天下"，已被定为昆明市市花。

千百年来，爱美的昆明人对花一直情有独钟。今天，走在这个城市里，即便是在严冬，也会有娇艳欲滴的玫瑰怒放着，给春城带来浓浓的暖意，也让你眼前陡然一亮。在昆明，不但一年四季都可以用鲜花装扮自己，还能一年四季喝上不同的时令花茶：春天的桂花，夏天的茉莉，秋天的菊花，冬天的腊梅。那淡淡却又沁人心脾的茶香，赋予春城一股悠然隽永的独特味道。人说昆明多美女，大约是和鲜花与茶香的滋润分不开的。

> 昆明金马碧鸡坊远景

不过，昆明女人的美是极不容易捉摸的，她们不如江南小女子那般明眸皓齿、柔弱可人，亦不如北方女人那样健美丰腴、热情似火。而是像煞了当地的一种绿茶，散发着淡淡的清香，让人在蓦然回首中，方才回味无穷。

昆明女子给外人的最初印象是神秘的，大约是拜云南少数民族"女儿国"所赐，这种神秘有意无意间还被涂抹上一层邪恶的色彩。其实，"女儿国"那点神秘早已被走出去的人抖落得一干二净了，很多感兴趣者对于"女儿国"的熟悉程度绝对不亚于自己身边的种种。不过，这一切都和昆明女人无关，她们是宠辱不惊的，永远是平淡的，抱一颗淡淡的平常心，走自己的路，过平淡的日子和生活。她们也是快乐的，在每一个风和日丽的好天气，穿上自己最喜爱的花裙子——也许老旧，也许不是流行款式，但她们不在乎——蝴蝶般穿梭飞舞在昆明这座大花园中，用心灵感受煦暖的阳光、撩人的春风。

花和女人都是春城亮丽都市风景线上的亮点。说花成就了女人也罢，说女人使花更增妩媚娇艳也罢，说两者相得益彰又各擅胜场也好。总之，花和女人，对于春城来说，都是不可或缺的，都是有共同内在精神的标志。

> 昆明世博会吉祥物

春城名花

春城多花，非但品种多样，更不乏名花、古花，这也是昆明作为春城当之无愧之一端。

金殿茶花　太和宫金殿系古代道教宫观，全国重点文物保护单位。殿宇全系青铜铸造，仿木结构建筑形式，共耗铜约 200 吨，为国内现存最大铜殿，故美其名曰"金殿"。金殿茶花植于殿后方位，品种是大大有名的"蝶翅"，亦名"照殿红"，树龄已有五六百年，为明朝古物。春节前后开放，开时繁花似锦，耀人眼目，远观如红云一片，亦似熊熊烈火，前人曾有诗诵之，曰："登楼看花花及半，尚有半花出檐牙。"

黑龙潭唐梅、明山茶　黑龙潭又名龙泉观，传说有黑龙潜于潭底，故名。潭水上跨一石桥，石桥两侧潭水一深一浅，一清一浊，且桥下"两水相交，鱼不往来"，蔚为奇观。黑龙潭唐梅指龙泉观上观三清殿前的数株柏树，传为唐时所植，与宋柏、明山茶被郭沫若誉为"黑水祠中三异木"。而唐梅、宋梅又与汉祠、明墓并称黑水潭的"古迹四绝"。

汉祠即黑水祠，建于汉，久已湮没。明墓系明末诸生薛尔望为明尽节捐躯处。

125

古城轶事——大观楼古今第一长联

大观楼位于昆明市西的滇池之滨，与太华华山隔水相望。楼初为观音寺，建于清康熙年间，后增筑为楼，渐成胜景。文人墨客多会于此，俯仰天地，吟风啸月。清嘉庆年间进士宋湘有一题联，曰："千秋怀抱三杯酒，万里云山一水楼。"其襟怀之洒脱可知。咸丰帝尝赐"拨浪千层"金匾悬于楼头。后此楼屡遭水火之厄，数度颠沛，今楼系光绪年间重修。

古今第一长联共180字，由清乾隆年间诗人孙髯翁撰写，清书法家赵藩书。全联曰：

五百里滇池，奔来眼底。披襟岸帻，喜茫茫空阔无边。看，东骧神骏，西翥灵仪，北走蜿蜒，南翔缟素。高人韵士，何妨选胜登临。趁蟹屿螺州，梳裹就风鬟雾鬓。更蘋天苇地，点缀些翠羽丹霞。莫孤负：四围香稻，万顷晴沙，九夏芙蓉，三春杨柳。

数千年往事，注到心头。把酒凌虚，叹滚滚英雄谁在？想，汉习楼船，唐标铁柱，宋挥玉斧，元跨革囊。伟业丰功，费尽移山心力。尽珠帘画栋，卷不及暮雨朝云。便断碣残碑，都付与苍烟落照。只赢得：几杵疏钟，半江渔火，两行秋雁，一枕清霜。

关于昆明

主要景点： 官渡古镇、"一二·一"运动四烈士墓、黑龙潭、曹溪寺、翠湖公园、滇池风景区、金马碧鸡坊、太和官金殿、五华山、云南陆军讲武堂旧址、大德寺双塔、地藏寺经幢、东寺塔、西寺塔、陈圆圆墓、大观楼、筇竹寺、太华寺、三清阁、龙门、安宁温泉等。

特产名吃： 过桥米线、四喜汤圆、荞包子、太师饼、都督烧卖、荠菜饺、火腿豆焖饭、小锅米线、饵块、什锦凉米线。

著名工艺品： 斑铜金属工艺品、蜡染制品、扎染布、傣家竹编、木雕工艺品、建水紫陶、傣锦、昆明牙雕、撒尼挂包、锡工艺品。

民族节日： 彝族"火把节"、白族"三月街"、渔潭会、"绕三灵"、傣族"泼水节"、苗族"踩花山"等。

> 昆明石林远景

必去理由 五朵金花的故乡，以"下关风，上关花，苍山雪，洱海月"而盛名四海
适宜季节 四季皆宜
适宜人群 热爱民俗风情与探寻古迹的人

亚洲文化十字路口的古都大理

　　儿时看过露天电影《五朵金花》，依稀记得故事是发生在一个叫大理的地方，那地方很远很远，但很美很美。后来又知道很美很美的是苍山洱海，至于在电影中怎么表现却统统忘却了，只有健康美丽的金花姑娘，还影影绰绰有几分印象。

　　熟稔"大理"这个名称得益于金庸先生的《天龙八部》。大理段氏虽僻处南疆，总也算面南称孤的九五之尊，且还有独步武林的六脉神剑，一旦学成，天王老子都不怵，只可惜太难学了。这是

> 大理古城苍山门

128

对大理最开始的认识：大理段氏和六脉神剑。书中当然也有对大理风物的描写，只茶花就讲了一大堆，不过那都是衬托人物的，没谁会傻着当成游记来读。

现在想想，这些看法实在肤浅得可笑，但只"唐突山水"一项罪名就非同小可。如此，还是让笔者怀着一份将功赎罪之心，带你逛一逛大理这个亚洲文化十字路口的古都吧！好歹是给大理一个交代。

大理地处滇西北，其景区以苍山洱海为中心向四围延伸。苍

> 大理古城洋人街的酒吧

山位于大理古城以西，夹在洱海与漾濞江之间，因山色苍翠而得名。山势峭拔挺秀，高耸入云，山顶积雪终年不化，景色壮观绮丽，"苍山雪"为大理风花雪月四景之一。洱海位于大理古城东，以狭长似人耳，风浪大如海而得名。洱海水面开阔，一碧万顷，与蓝天白云相映成趣。到了夜间，一轮明月涌出天际，清辉素波，海天一色，明河共影，使人如同置身瑶台玉宇，冰壶世界，不免生飘然出尘之想。"洱海月"亦为大理四景之一，与"苍山雪"共同构成"银苍玉洱"奇观。

雪、月有了，风、花也该出场了，风是"下关风"。下关是大理的曾用名。因当地属低纬高原型亚热带气候，冬季日温差较大，常会陡起西南大风。风起之前，苍山玉局峰顶往往奇云幻生，俗称"望夫云"。狂风大作之时，天地为之变色，草木为之披靡，洱海之中波翻浪涌，狂涛怒吼，惊心动魄。民间传说是阿风公主要吹干洱海，和被压在海底的心上人相见。爱情的力量无疑是伟大的，

> **大理蝴蝶泉**
蝴蝶泉为一圆形泉池，泉水清澈，泉底铺着鹅卵石，水从白沙中涌出，不时冒着气泡。泉池周围有大理石栏板，西部泉壁上方的3块大理石上，有郭沫若手书"蝴蝶泉"三个大字。

所以风势才这么凶猛。

"上关花"的"花"主要指茶花。大理和丽江一样，是鲜花的世界，杜鹃花、报春花、茶花无不择地而生，拥拥塞塞，点缀在苍山洱海间，其中尤以茶花为最，多达 40 余个品种，居全国之冠。所谓"云南茶花甲天下"，很大意义上系指大理而言。茶花在大理并不归富贵人家专享，寻常百姓亦喜种植，自古即有"家家流水，户户茶花"的佳话。

苍山脚下，洱海之滨，大理最吸引人眼球的外在性标志要数崇圣寺三塔了。初进大理，远远望去，三塔色作纯白，在雄伟峭拔的苍山映衬下，显得纤细玲珑。只有走至近前，你才能真切感受到它集伟岸与隽秀于一体的神奇魅力。尤其是那座据说是仿西安小雁塔的主塔，外形秀丽，无论从哪个角度看，都符合黄金分割的比例，挑不出半分瑕疵；而 60 多米的高塔让你除对她的美丽赞不绝口外，又不禁为其宏伟气魄所倾倒。侧边的两座小塔从外形上略输一筹，但古朴而稍稍倾斜的塔身无时不向你传递着浓浓的历史沧桑感，似乎在低诉着什么早已湮没在时光隧道中的往事。

蝴蝶泉在大理也是素负盛名的，可惜早已见不到让徐霞客目驰神摇的缤纷蝶舞，只有清莹莹的一个小池子泉水，和一块写有"蝴蝶泉"字样的石碑。还是让我们重温一下徐霞客的游记吧："泉上大树，当四月初即发花如蛱蝶，须翅栩然。"如果你是真的想到蝴蝶泉一睹群蝶飞舞，那注定是要败兴而归的；如果只是想寻找一种久已遗忘或被尘封的浪漫情怀，那你绝对不会失望。蝴蝶泉就是任你的浪漫像蝴蝶一样自由飞翔的精神天堂，她的美，是要你用一颗敏感的心慢慢去咂摸品味的。

离三塔不足 4 华里便是大理古城。古城不大，仅仅两千米见方，显得纤弱单薄了点，但是懒洋洋地在其中散步的感觉相当好。你可以什么都不用管，什么都不用想，只慢悠悠地信步行去。头顶的太阳同样也是懒洋洋的，一切都那么安详静谧，仿佛亘古以来就是这个样子，相信很快你就会悟

> 西双版纳的春天，充满了诗情画意。

主要景点

大理古城、崇圣寺三塔、大理云景、狮子关石窟、南诏德化碑、南诏太和城遗址、三塔倒影公园、石钟山石窟、杜文秀帅府、漾濞石门关、永平霁虹桥、天生桥、蛇骨塔、蝴蝶泉、感通寺、龙口城遗址、鸡足山、南诏铁柱、洱源茈碧湖、洱源鸟吊山。

出老城之所以为老城的味道了。

夜晚，大理最吸引人的地方当数"洋人街"。大理人是很有兼客并蓄情怀的，一方面固守着自己的家园特色，一方面也不排斥异国情调。"洋人街"上的酒吧、茶吧、Disco（迪斯科），甚至商店等地方乍一看和古城风貌格格不入，甚至让你怀疑是一股怪风从其他大都市整个儿刮来的，然而却是中外人士全都喜爱的夜生活中心。到了这里，你会陡然发现什么叫和谐的统一。大理居住的外国人不少，且多不精通汉语；而当地人不懂外语姑且不论，连汉语也带着浓重的地方口音；便是老外学过汉语恐怕也是干瞪眼，因为他们学的是普通话。可是，他们互相交流起来却是蛮得心应手的，叽哩咕噜说上一串，然后双方会意地一笑，显然是莫逆于心了。倒是闹得你作为外人满头雾水，双方的话一个字也听不懂。

只有夜晚在大理古城洋人街走一遭，才算真正到过大理，才能体会亚洲文化十字路口处，中国古老文化和外国文化是怎样碰撞出璀璨火花并结出累累硕果的。

> 大理三塔

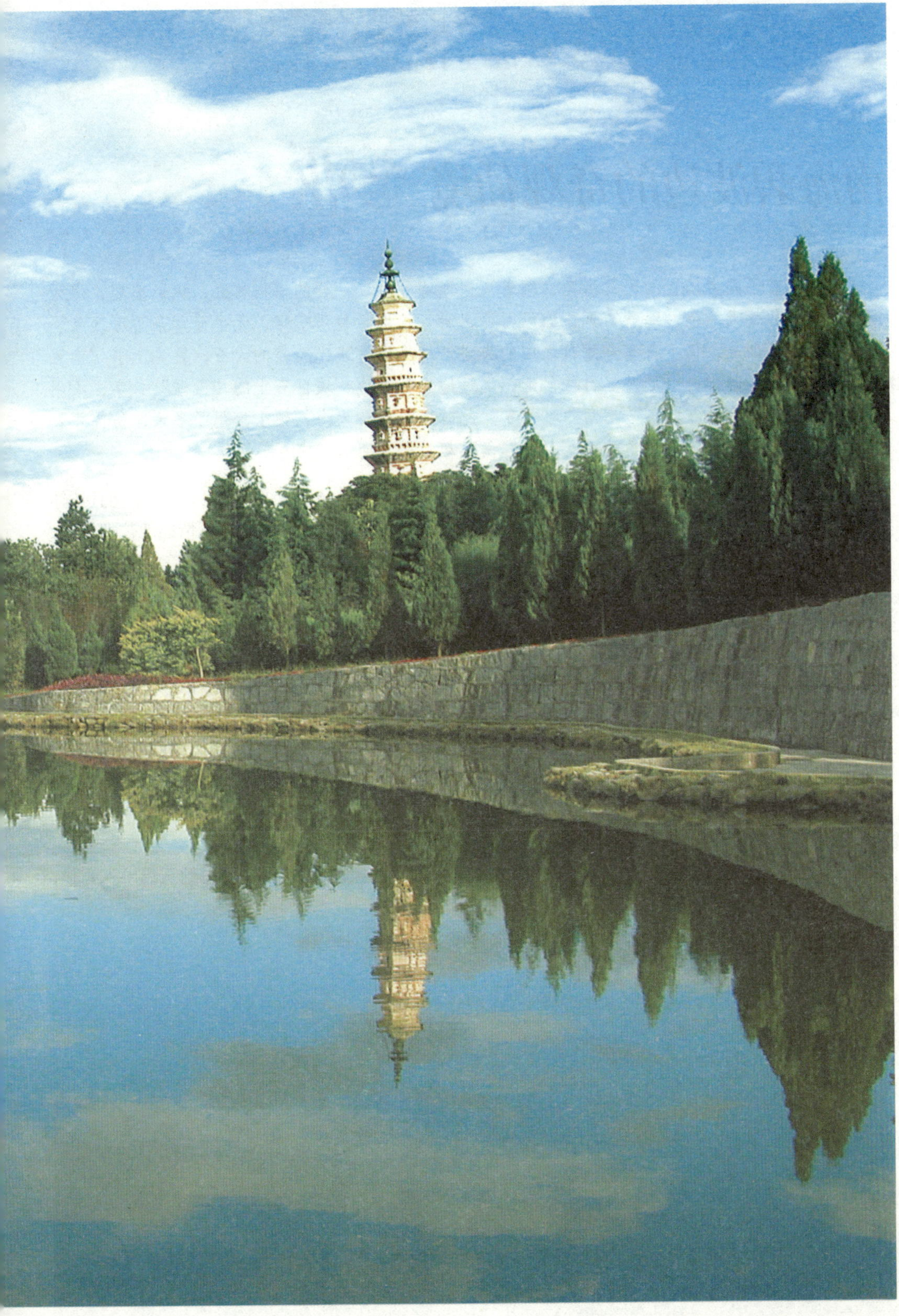

必去理由 中国南海椰岛上的翡翠，天涯海角之奇观仙境
适宜季节 四季皆宜
适宜人群 钟情于热带海滨旅游的人士

南海碧波边的奇观仙境三亚

总算见着了闻名已久的天涯海角，顺着海边逶迤行去，一样的椰树林立，树影婆娑，海天澄碧，秋水共长天一色，海涛声声，凉风习习，游人蚁聚，笑语喧哗，无半分萧条荒凉气象。虽然已知定必如是，仍不免有些意料之中的失望。待见到一块光秃秃的大石，瞥见上书"南天一柱"四个大字时，失望更甚。再往前走，远远地看见海边一块巨石上的"天涯"二字；不用问，邻近大石上的必然就是"海角"字样了。此时遥望茫茫大海，硬生生想了半天，仿佛才真有了那么一点天之涯、海之角的感觉，迁客谪臣却早抛至南海之中了。

在印象中尚未有南国椰岛风光之前，最早知道三亚是因了鼎鼎大名的"天涯海角"。而且还知道那地界原先是人迹罕至的蛮荒之地，只有那些忤怒朝廷的迁客谪臣才会老大不情愿地往那儿去，待他们走到天涯海角一看，前面是浩渺无际的大海，水天相接，回头无路，举目无亲，必是痛哭一场，泪水涟涟地走了，心中从此也永远记住了"天涯海角"这个名称。迁客谪臣满腹心酸凄凉地走了，笔者却不由地想起天涯海角便备感凄凉，还不由地想起唐人杨炎的两句诗："一去一万里，千去千不回。"后来骤然在一首歌里听到，"天涯海角"和"地老天荒"连在一起，这四个字才多了几分脉脉柔情，不过基调还是凄凉的，爱情要跑到天涯海角再等个地老天荒算不上什么完美结局，细思来只怕比凄凉还凄凉十分。

终于有机会去了椰岛，天涯海角的凄凉刚被拂面而来的凉爽海风冲淡，心里顷刻间便被铺天盖地的椰树林塞满了。

椰树和椰子

一株株翠绿的椰子树，一片片繁茂的橡胶林，还有蓝蓝的天，灿烂的阳光，海的气息沁入心脾，使你浑然忘却所从来处究竟是何季节。

> 三亚的"天涯海角"石

> 美丽迷人的海岸风光

　　通往三亚的高速路上，车窗外，天蓝地绿，蓝得轻灵，绿得厚实。大片大片的椰子林、槟榔林、橡胶林夹杂着郁郁葱葱的灌木杂树，挤了满眼，那是多么生机勃勃的绿呀，每一片绿叶中都跳动闪耀着青春活力的光泽。不时闪过的一两幢白色小屋，又引起你无限遐思，让你恍然置身安徒生笔下的童话世界。

　　在海南的植物王国中，椰子是随处可见的，较之北方最普通的杨树和梧桐毫不逊色。山边、水涯、田野、路旁，到处是它挺拔秀丽的身姿。或一株两株，卓尔不群却非形影相吊；或成片成林，蔽日遮天又毫不显得拥塞。因为每一株都是那么的高大潇洒，像一个自信的男人。

　　这时正赶着椰子大批成熟的季节。大大小小的椰子挤满树梢，青中透黄，像顽皮的孩子躲在母亲背后探询地望着穿梭往来的车辆和行人，让人直欲冲天而起，抢那么一两个下来，踞地大嚼一番，管他雅观不雅观呢？

　　可惜没有那般飞檐走壁之能，因此只好买着吃了。久闻海南的老太太上树比猴快，这回真让人大开了眼界。五六十岁的老太太三两下爬上一棵高高的椰子树，面不改色心不跳，让我等叹为观止，随即又汗颜无地。海南的椰树一年四季果实不断，据说当地人出门都不带水，走到哪儿渴了，就噌噌噌爬上树砍一个椰子喝，所以老幼妇孺均有爬高之能，非只老太太如此。也正因椰树遍地，价钱也不贵，多买还能便宜。真正的椰汁并没多大甜味，只有红椰子略略有点甜，但都是解渴消暑降温的佳品。最好喝的椰子应在中午十二点钟之前砍下树，汁又满又凉，还带一股淡淡的清香味；十二点钟以后的就有些次，汁液少，还略有些酸。如此说来，在其他地方喝不到新鲜椰汁也就不难理解，因为椰树只在海南一地结果，到其他地方便成为只能长叶的观赏植物了。

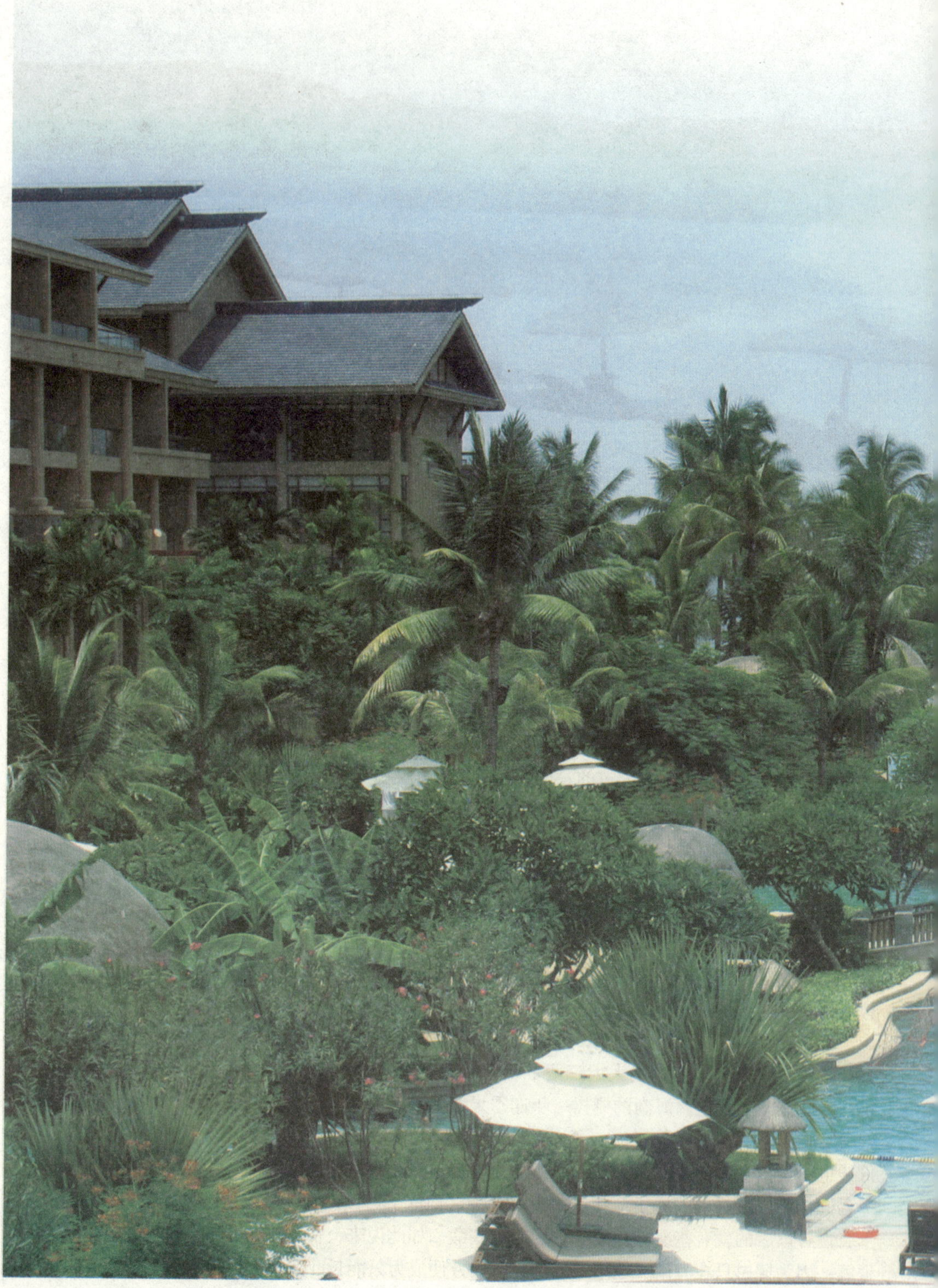

天然泳场亚龙湾

　　亚龙湾位于三亚市东20千米处，湾口酷似一钩弯月，海湾远处有五岛环列。其中野猪岛上林木苍翠，上有奇岩"五指山""蛙石"，均形态逼真，栩栩如生。东、西排岛虽为弹丸小岛，亦有几分玲珑可喜，且水下有天然石堤相连。只是童山濯濯，毫无遮掩，若无足够防晒物品护身，还是选个阴雨天涉足为上。亚龙湾内海水清澈湛蓝，海风徐来，水波不兴。沙滩细软如绵，莹白如玉，为理想的天然游泳场。一年四季均可尽情嬉水，有"东方夏威夷"之称。如果想享受蓝天白云，碧海白沙，亚龙湾绝对让你不虚一行。

必去理由 大洋中最美的岛屿，绿树成荫、遍地花香的伊甸园
适宜季节 6月~9月
适宜人群 活力四射的年轻人

太平洋上的人间乐土 夏威夷

夏威夷群岛位于海天一色、浩瀚无际的中太平洋北部。它紧靠北回归线，构成了波利尼西亚群岛的北方前锋。同时，它又处于美国的最南部，与墨西哥城、海南、加尔各答在同一纬度。由夏威夷、毛伊、瓦胡、考爱、莫洛凯等8个较大岛屿和100多个小岛组成，逶迤3200千米，呈弧状横贯北太平洋，就像一串光彩夺目的项链，在海水深碧的茫茫大洋上熠熠生辉。美国著名作家马克·吐温曾盛赞夏威夷群岛为"大洋中最美的岛屿"，是"停泊在海洋中最可爱的岛屿舰队"。

夏威夷于1959年成为美国的第50州。首府火奴鲁鲁（檀香山）位于瓦胡岛，东距旧金山3857千米，西距菲律宾首都马尼拉8516千米。波利尼西亚人于1000年之后乘独木舟到达此处定居。它是太平洋水域的一个运输和文化中心。夏威夷人在海洋学、地球物理学、天文学、卫星通信和生物医学诸方面开展的研究和开发在国内和国际上都具有重要地位。

夏威夷是多种文化汇集交融的大熔炉，历经200多年的变迁，已经变成当今美国种族最为多样、人口最为复杂的社会。岛上最原始的语言是夏威夷语，和其他波利尼西亚语关系密切。现在，英语是夏威夷群岛的通用语言，几乎所有的人都说英语。一些夏威夷语的词汇也悄然进入了日常用语。

> 夏威夷风景优美，气候宜人，是旅游疗养的好地方。

优美风光

世界上很难找到像夏威夷这样一个令人身心完全放松的热带环境。蜿蜒的海岸在菠萝树、棕榈树的点缀下依偎着崎岖翠绿的山路。傍晚，温暖的海面映射着绚烂的夕阳，夏威夷是大多数人向往的天堂。

夏威夷的一切都是美好的，一年四季，各种奇花异卉漫山遍野地绽放着，令人有赏心悦目的感觉。美丽的风光、友善的邻居，到处飘扬着和谐悦耳的歌声，是赋予观光者生活充实

> 秀丽的夏威夷海滩风光

的地方。戴上当地人赠予的沉香扑鼻的花环，会使你疲劳顿消。

夏威夷有着独特的旖旎风光，富有阳光、水、风以及由于活跃的火山运动而产生的地热资源，其洁净的空气和高耸的火山使夏威夷成为世界上最重要的天体观测站和天文研究中心。

海上活动也十分丰富。风帆、滑水等项目，既富有刺激性，又无太大危险。在海滩浴场一头设有潜艇旅行，花上几十美元，乘客便可在150米深的水下观赏鱼类及其他海洋动物及海底废墟。夏威夷已成为著名的世界水上体育运动中心，许多世界级的大型水上运动比赛都在这里举行。此外，还有其他一些体育比赛也在这里举行，如火奴鲁鲁马拉松比赛、职业高尔夫球锦标赛、建伍杯赛，等等。

朴实民风

夏威夷人淳朴好客，让世界各地的游客都有宾至如归的美好感受。当观光轮船接近夏威夷外海时，便有一大群热情如火的夏威夷女郎，驾着小舟靠近轮船，把一串串五颜六色的花环送给游客，喊着欢迎口号"阿罗哈"，充分表达她们最真挚的欢迎。"阿罗哈"是土语，一般解释为"欢迎""你好"等，表示友好和祝福。每个来到夏威夷的人都会学这句话。花环叫"蕾伊"，夏威夷人总是手拿花环，熟人相见，欢迎或欢送客人，都要送花环，就好像我们见面握手一样。所以在夏威夷，你常常看见有人戴着一二十个花环。

与欧美人士穿衣讲究场合相反，夏威夷人不论场合、时间，一套以夏威夷布裁制的夏威夷衫通行各处。男人穿的叫"阿罗哈衫"，女性的花衫有长短之分，白天穿的略短，叫"慕"，晚上穿的长衫叫"慕慕"，以衣服长短命名名字以示区别，是当地人发明的科学。游客到此，都不忘带回几件"慕"或"慕慕"。

当地舞蹈

谈起夏威夷，草裙舞是最让观光者念念不忘的。草裙舞又名"呼拉舞"，本来是一种宗教性的舞蹈，最初，人们跳起草裙舞以表达对诸神的敬意；现在，它已经变成用尤克里里琴伴奏的娱乐性舞蹈，观赏草裙舞成了游客游览夏威夷的保留节目。

草裙舞是一种全身运动的舞蹈，注重手脚和腰部动作，尤其是手部动作含义深刻。通过不同的手势，人们表现出对各种美好事物的期冀，如祈求丰收、渴望和平等。月光如水之夜，凉风习习的椰林中，穿夏威夷衫的青年，抱着吉他，弹着优美的乐曲，用低沉的歌声倾诉心中的恋情。跳舞的

女郎，挂着花环，穿着金色的草裙，配合音乐旋律和节奏，表现出优美的姿态。纯洁的感情，如诗的气氛，如画的情调，令人陶醉，叫人流连忘返。

　　赞颂"火山女神"的舞蹈，也是游客所喜欢的。火山爆发给当地居民带来震惊。他们认为，冥冥之中，乃是火山女神所掌管。于是他们编了一个舞蹈，来赞颂"火山女神"的伟大，以求神明的庇佑。在外人看来，所谓的神舞，就是在疯狂的不辨语句的呼号中，一群脸上涂着色彩的人们，围着熊熊的篝火狂舞，专注痴迷得近乎癫狂。在这过于兴奋的狂欢之下，有着人类最原始也是最真实的信仰。

　　夏威夷地处热带，但受海洋环抱，气候并不炎热，四季如春，雨量丰沛，阳光充足，林木茂盛，各种热带植物争奇斗艳。优美的海湾，起伏的青山，组成一幅幅层次分明、景色秀丽的画卷，成为世界上罕见的休憩的风景胜地。夏威夷风光明媚，海滩迷人，日月星云变幻出五彩风光：晴空下，美丽的威尔基海滩，阳伞如花；晚霞中，岸边蕉林椰树为情侣们轻吟低唱；月光下，波利尼西亚人在草席上载歌载舞。夏威夷的花之音、海之韵，为游客们奏出一支优美的浪漫曲。这些优美的景观使这个处于太平洋上的岛屿群变成人间乐土，具有无穷的魅力。

▷ 夏威夷是良好的海滩度假胜地。

发达航运

夏威夷在经济上生机勃勃，有多种农业和制造业。出口商品主要有蔗糖、菠萝罐头、服装、花卉和鱼肉罐头。主要进口商品有燃料、车辆、食品和衣服。海洋运输是夏威夷群岛的生命线，拥有众多码头、仓库与露天货场的火奴鲁鲁港是夏威夷的航运中心。

大多数游客乘飞机往来于夏威夷之间，在该州各岛之间旅行的游客几乎全部都是坐飞机。瓦胡岛上的火奴鲁鲁国际机场、夏威夷岛上的李曼将军机场（位于希洛）和毛伊岛上的卡胡卢伊机场是可起降巨型喷气式客机的主要民用机场。各岛还有若干较小的机场和一些私人飞机场。

该州的多数公路都是循着低地等高线修建的，沿着或靠近海岸线绕岛环行。在瓦胡岛上有两条隧道将火奴鲁鲁背后的两块谷地经由科奥劳岭与该岛东北部的东北部地区接通。

从童话到神话 迪斯尼乐园

　　迪斯尼乐园位于加利福尼亚州洛杉矶郊区，是世界上最大的综合游乐场。迪斯尼世界的诞生，首先要归功于富于想象力和创造精神的美国动画片大师沃尔特·迪斯尼。乐园始建于1955年，几十年来成就了世界各地成千上万的人们的梦想。

　　去洛杉矶，只要有可能，一定要为迪斯尼留下整整一天。

　　一进入迪斯尼，迎面就是一条大街，游人立刻被街道两边林立的小屋吸引了。那全是在童话故事和电影里才有的建筑：尖尖的屋顶，木质的拱窗，鲜明跳跃的色彩，连房顶和板壁连接处俏皮的转折都十足梦幻。这些小屋前密密地聚着游客，原来不过是出售小纪念品的小商店。店里的小东西真是十分可爱，忍下心头痒，回程时再买吧。

> W. 迪斯尼与米老鼠

　　迪斯尼乐园是一座主题游乐公园，就是园中的一切，从环境布置到娱乐设施都集中表现一个或几个特定的主题。在迪斯尼里，主要的划分有冒险家乐园、拓荒者世界、自由广场、梦幻世界和明日世界等几个部分。不管游客走到哪个主题区，都有一种身临其境之感。

　　冒险家乐园是游人最钟爱的主题。据说，这个主题是根据迪斯尼电影"阿拉丁"改编的。万万想不到，在这个洛杉矶郊外的游乐园中，居然能找到这样一个像模像样的热带丛林。不过是坐一条小船，顺着弯弯曲曲的河道，且行且看。河岸两边有古木参天，藤蔓牵连，时不时有河马和鳄鱼点缀其间，十分逼真。即使秋凉时节，船行其间，还是会觉得燠热。远远只看见一段枯木漂浮过来，到你跟前突然一仰头，露出一张长长的大嘴，嘴中的利齿似乎都能数清楚，虽然明知道是电动的虚幻景象，但还是忍不住让人大吃了一惊。

　　冒险家乐园可不仅是植物和动物们的世界，经常还有亚马孙的土人客串嘉宾，特别搞笑。有这样一个场景，5个土人惊慌地攀在一棵树上，树下一头愤怒的犀牛

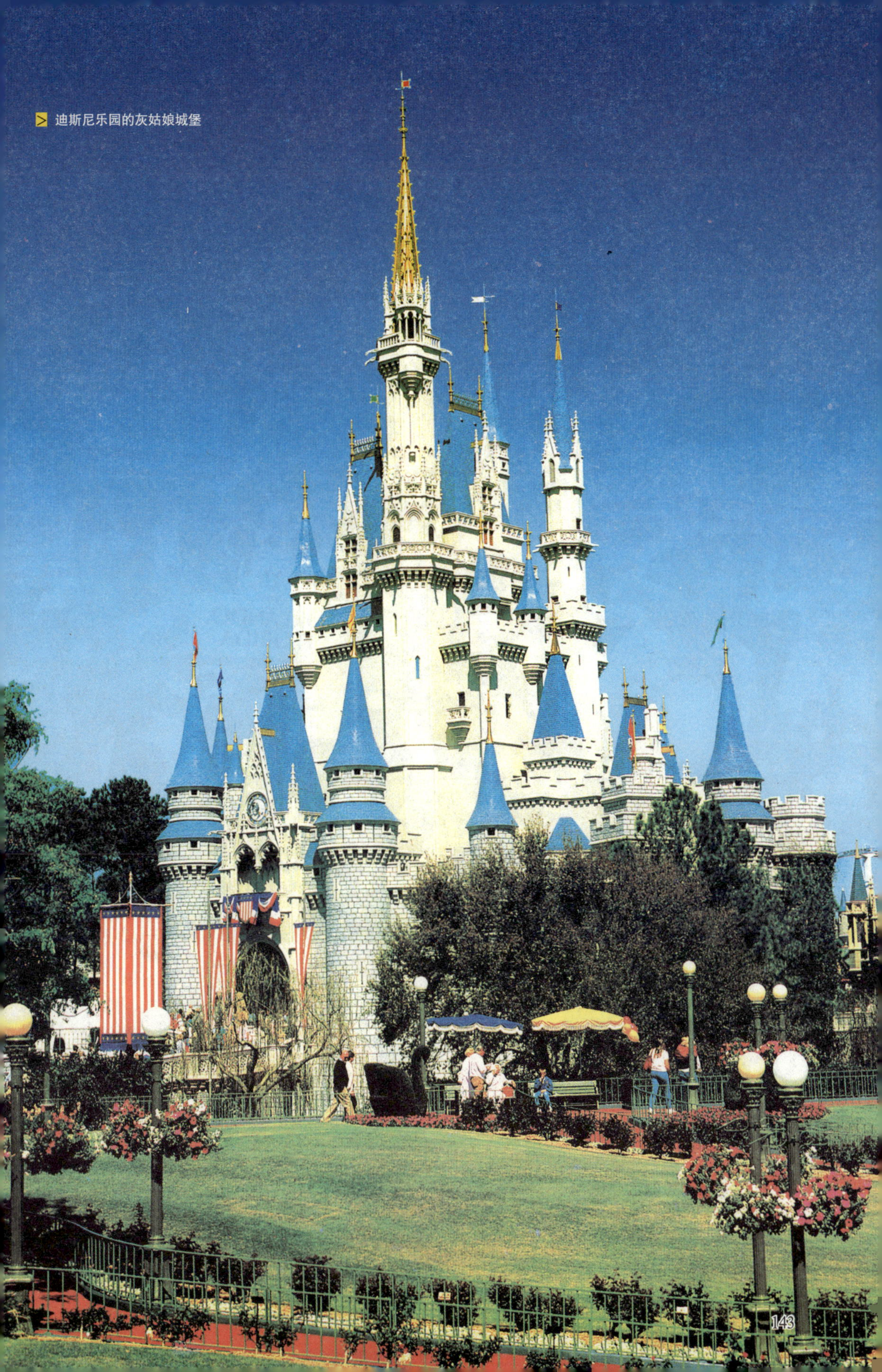
迪斯尼乐园的灰姑娘城堡

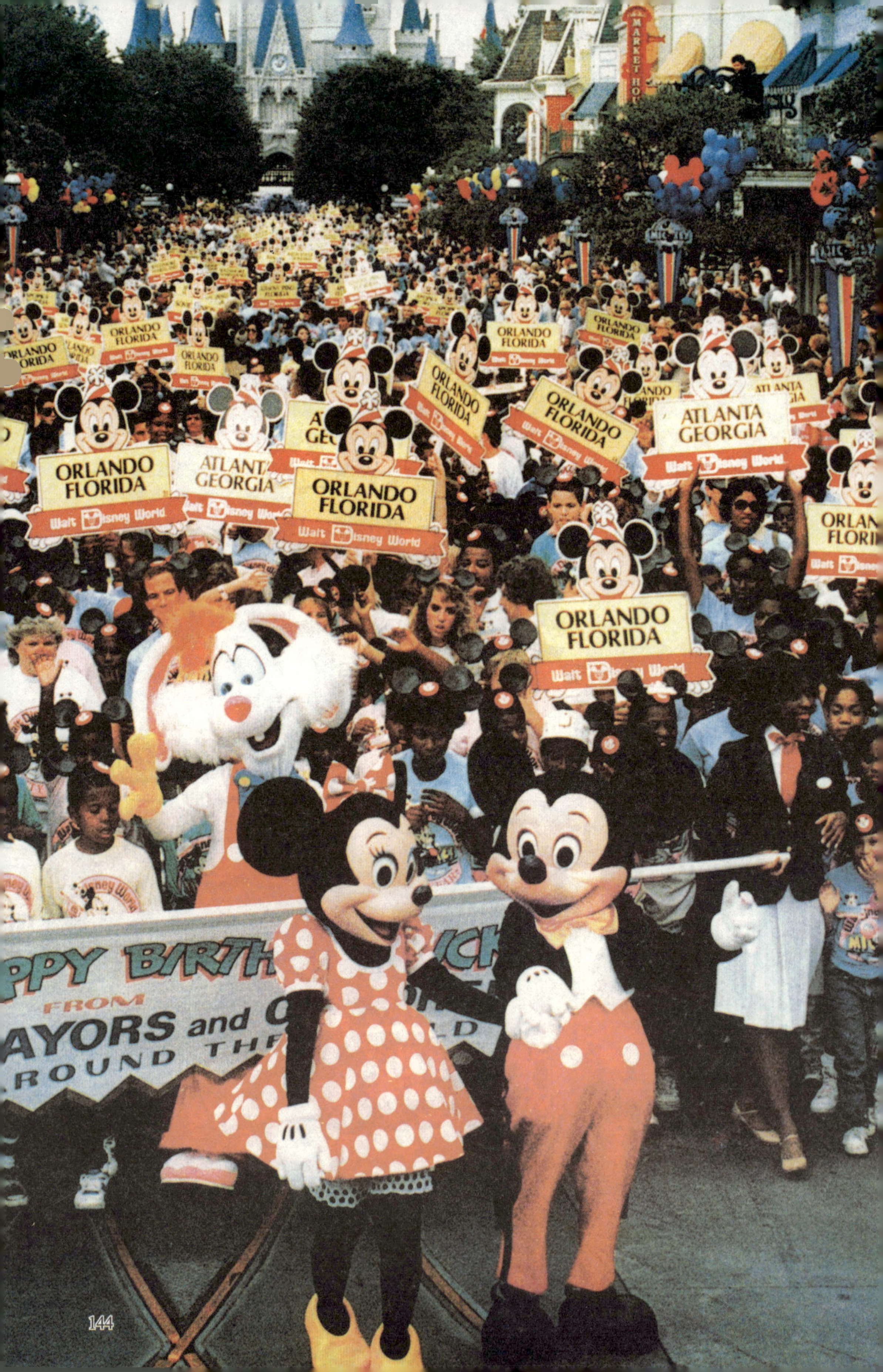
ORLANDO FLORIDA
ATLANTA GEORGIA
Walt Disney World
FROM

正在用角猛顶最后一人的屁股，不断重复的动作令人捧腹。

值得一提的还有"加勒比海盗"。南美风情的音乐声中，黑暗的海面上粼光闪耀。远远的"黑珍珠"号扯着破破烂烂的帆布，飘飘荡荡到了眼前，鬼气森森，不知道上面是不是真有遭了诅咒的船员。洞窟里海盗船长的房间摆满金银珠宝，金币和纯银的烛台就那么胡乱堆着。不知怎么就又卷入了一场海战中，海盗和殖民者相互炮击，狼烟遍地。炮击过后，海盗们顺利攻入了城内，紧接着城内就火光四起。看着兴高采烈的海盗们在烧杀劫掠，让人觉得能被这样劫掠一回也是一件难得的幸事呢。这哪里是一场灾难，简直就是海盗们的一场狂欢节。

迪斯尼的晚间游戏是很有名的，主要的节目有游行和放焰火。所谓游行，就是迪斯尼童话中的经典人物，或乘着小车，载歌载舞而过。白雪公主、七个小矮人、王子、小美人鱼，还有许许多多你耳熟能详的人物，招摇着，微笑着，挥着手走过。焰火燃起，在灰姑娘城堡的那一侧，有一刻钟的时间，迪斯尼的天空布满了梦幻般的线条和颜色，现实反而成了不真实的了。

旅游小贴士

迪斯尼乐园中很多热门的节目，门前都是排长龙的，很费时间，但还是有一个取巧的好办法。在每个节目前，都有一排机器，把你的门票放进去，就可以打出一张快票。在未来一个指定的时间区内，你可以凭快票从快速通道入场，不用排队。唯一的限制是，每张门票每两个小时中只可以拿一张快票。所以就要赶快啦。

> 1994 年，迪斯尼庆祝米老鼠 60 岁生日欢庆场面。

阳光、雨林、黄金海岸 昆士兰海滩

昆士兰位于澳大利亚的东北部，属于亚热带至热带气候，这里没有明显的季节转变。当澳大利亚的其他州已秋意渐浓时，昆士兰依旧是阳光灿烂，因此昆士兰州有了"阳光国度"的美誉。当然，去昆士兰不能不去黄金海岸，世界上最庞大的生物体——大堡礁就位于昆士兰州的黄金海岸上。

昆士兰海岸线长达7400千米，这里不仅有40多个海滩，还有很多主题公园：世界上最大、最受欢迎的热带雨林果园里有超过500种的热带水果，海洋世界里有种类丰富的海洋生物。此外，这里还有著名的华纳电影世界，当你走在路边，正为一天的劳累而无精打采的时候，《黑客帝国》或是《蝙蝠侠》里的人物说不定会突然出现在你的面前，你的疲惫也会被吓得顿时没了影踪。

黄金海岸

从昆士兰州首府布里斯班向南行驶1个小时便到了黄金海岸。黄金海岸濒临大西洋，温暖的海水和金色的沙滩每年都吸引着约400万游客接踵而至。

如果说大堡礁是昆士兰的徽标，那么黄金海岸则是昆士兰的一条蓝色领带。一望无垠的海岸绵亘曲折，蓝色的海水卷着波涛向岸边扑来，涛声阵阵，海浪奔腾喧嚣，好一番壮阔的场面，不禁使人想起苏轼《念奴娇·赤壁怀古》中的诗句"惊涛拍岸，卷起千堆雪"。仰望蓝天，几只银白色的海鸥盘旋长空，更加增添了激昂与慷慨之气。

浮云悠悠地飘，海浪轻轻地摇，波光粼粼，余晖脉脉，仰躺沙滩或是在海里遨游的你，远望蓝天碧海，怎么会不觉得心胸开阔呢？

主题公园是黄金海岸旅游业的另一个重要特色。进入海洋大世界，远远地就听到一阵阵沉闷而剧烈的轰鸣，冲天的火光

> 昆士兰海滩大堡礁奇景

> 大堡礁是昆士兰最伟大的地理奇观，被联合国际教科文组织列入《世界遗产名录》。根据探索发现，大堡礁底层陆块的岩层，早前并不存在于水底，原来是陆地，后因地壳变动才沉到海中。

映红了整个山峦，熊熊的岩浆顺着山坡缓缓流下。千万不要害怕，这并不是真正的火山爆发，你大可以"隔岸观火"，欣赏这种只能在电影电视里才能看到的景象。如果你有兴趣，也可以乘云霄船穿越正在喷发的火山，享受一下在充满硫磺气味的天空中"腾云驾雾"的感觉。

在海洋大世界，还有精彩的海狮、海豚表演，惊心动魄的冲浪表演，单人飞越障碍，或三五人的花式表演……在这样的休闲时刻，即使是温文尔雅的绅士，你的童趣和天真也会在欢乐中迸发出来。

热带雨林

走出海洋大世界，漫步在热带雨林，眼前将别有一番天地。昆兰士的湿热带雨林位于东北海岸，占地89.4万公顷。这里土壤肥沃，且由于海拔高度不同而形成垂直气候带。以亚热带雨林居多，而且树种有多。这里还广泛分布着众多的爬蔓植物，被称为"爬蔓植物森林"。浓密的热带雨林、深邃的峡谷、崎岖的山路、湍急的河流、白色的沙滩、绚丽的珊瑚礁，还有活火山和火山湖，构成了昆士兰湿热带奇特的美景。1988年，昆士兰的湿热带地带以其独特的自然价值被收入到《世界遗产名录》中。

千万年的历史了，其中一些树种是世界上最古老的树种。看着眼前这一片热带雨林，一亿三千万年前在这里曾经发生过什么呢？我们无法得知，只能靠史书或电影电视里所描绘的加以想象了。

主要景点

惠圣代群岛：坐落在大堡礁的中心，由74个岛屿构成，这些岛屿把大陆、航路、避风湾和国家雨林公园连成一片。在这里你可以观赏到各种各样的水上运动。每年7月至9月是鲸鱼迁徙的季节，这里则是看到座头鲸的最佳地点。

邦达伯格：这里是大堡礁的起点。有许多溪流和河口，是钓鱼的理想场所。在蒙瑞珀斯海滩，还有可能发现大洋洲大陆龟的巢穴。来到邦达伯格你一定要去腹地的农场和酒馆走一趟，体验一下大洋洲乡村生活的情趣。

热带雨林与大堡礁相连，这种雨林与礁石相连的地形在澳大利亚是独一无二的，在全世界也是屈指可数的。享受完大堡礁的激昂雄壮，再来享受一下热带雨林的浪漫，你一定会忘记热闹都市的喧哗。

野趣横生

长期生活在繁华都市的人们，对那种重复琐屑的工作已经厌烦，如果沿着蜿蜒曲折的黄金海岸散散步，在远古的植物园中休憩一下，那么你的神经一定会得到放松。这里生活着少见的琴鸟，青灰色的雄琴鸟长着像孔雀那样长长的羽毛。另外，这里还可以看到黄色斑点小鹦鹉，这种小鹦鹉身体呈黑色，头部长着鲜艳的黄色斑点。最为珍稀的是蓝亭鸟，因雄鸟在自己的领地用树枝编造小亭子，并在亭子周围装饰蓝色的物件来吸引雌鸟而得名。如果你有兴趣的话，也可以去捉一些小龙虾，既陶冶了情趣，又能满足自己的食欲，何乐而不为呢？不过，捉这些小龙虾并不是一件容易的事。

小龙虾生存在海底泥中，你需要把一个像打气筒一样的东西伸到泥土中，然后把泥土吸上来。因为水流很急，吸泥土这一动作需要重复做好多次才能成功，小龙虾就在这些吸上来的泥里。满身泥腥味的你看到这些辛苦劳动得来的成果一定会狂欢不已。

此外，昆士兰还有精美的食品、良好的购物环境、美术馆、电影院、剧院、博物馆、艺术品和工艺品市场、花园和 24 小时昼夜营业的赌场等，一定会令你流连忘返。

> 迷人的昆士兰热带雨林

必去理由 碧海、蓝天、金沙相映成趣，北国的绝佳疗养避暑胜地
适宜季节 夏季
适宜人群 所有的人

奇美海滨 北戴河

北戴河是一个名满中外的避暑胜地。属河北省秦皇岛市一部分，位于市区西南角，京哈铁路横穿海滨西北部，交通十分方便。海滨避暑区西起戴河口，东到鹰角亭，长约10千米、宽2千米。海岸沙滩平整，沙子细软；海潮平稳，海水含盐量高、浮力大，是理想的海水浴场。这里白天海风湿润，晚上陆风致爽。北戴河的自然景色也很美丽，这里古木参天，一片葱绿；到处是亭台楼阁，奇石峥嵘。游人在游泳和观海之余，还可漫步于林荫道中和沙滩之上，去寻觅那引人入胜的景点。

北戴河

北戴河是"中国四大别墅区"之一，但它拥有700余幢别有风韵、神秘迷人的老别墅却鲜为人知。北戴河的老别墅，融汇了东方、西欧、北美等世界各地的建筑艺术，别墅的选址、设计、用料和建筑都别具匠心。为保持"层楼近水倚群峰"的绮丽景致，别墅的结构和布局注意与周围环境融洽协调。在中国建筑界，把北戴河别墅的建筑风格归纳为"蓝天绿树、红顶素墙、大回廊"。蓝天绿树，讲的是环境幽雅；红顶，讲的是别墅的屋顶；素墙，讲的是别墅的墙体古朴，色调和材质较为单一；大回廊，是欧式居住建筑的主要特点。

"吴家楼、段家墙、霞飞馆的大草房"，说的就是北戴河当年的三大建筑。吴家楼以豪华著称，是时任北洋政府中国银行总裁、财政部次长，后任南京国民政府实业部长和蒋介石总统府秘书长吴鼎昌的别墅；段家墙以典雅大方见长，是曾任北洋政府东三省巡抚、北京京畿警备总司令段芝贵别墅的围墙；"霞飞馆"为咖啡馆的译音，是当时北洋政府交通总长、代国务总理朱启钤的长子朱海北所建。

> 美丽的北戴河

149

匆匆奔走于钢筋混凝土构筑的城市楼群之中，疲惫不堪的心灵最需要自然清凉的慰藉。走过了太多相似的路，看过了太多堆砌的风景，也许就是一片自然纯净的田园水色。而 1999 年开放的北戴河是集农业观光和休闲娱乐为一体的新型旅游景区。

徜徉在丝瓜藤蔓搭就的长廊，漫步在晶莹剔透的葡萄架下，伴着"瀑布摸鱼池"里欢快的笑声，让我们来游览"百花园"：荷兰郁金香、比利时杜鹃、哥伦比亚火鹤、非洲菊……1000多种名贵花卉让人目不暇接；走进"百菜园"，以色列的五彩椒，日本的樱桃、西红柿，吊在半空中的西瓜，以及肥美的木耳菜会给你一个惊奇，高科技的立体种植和无土栽培，让你对传统农业的认识大跌眼镜，100 多种从国外引进的蔬菜品种，让人耳目一新。带着孩子到特禽养殖区看看，美国的绿头野鸭、圣伯纳犬、波尔山羊……一副副可爱的小模样让人怜爱。参观完了，可别空手而归，到农家园体验一下亲手采摘的乐趣。这里不仅有供孩子们嬉戏玩耍的儿童乐园，而且还有竹排漂流、水上蹦极、攀岩等 35 个游客参与性极强的项目。疯狂地游玩过后，千万别忘了品尝这里地道的农家饭，菜肴飘香，令人大快朵颐。

> 北戴河海滨沙软潮平，海岸辽阔，是海水浴、日光浴、空气浴的优良场所。

⭐ 沧海日出——北戴河散记之一

乍从那持续多日干燥燠热的北京，来到这气温最高不过摄氏二十度左右的北戴河，就像从又热又闷的蒸笼里跳进了清澈凉爽的池水里似的，感到无比的爽快、惬意、心身舒畅。在这舒畅惬意之余，真有些相见恨晚了。

说起来也很惭愧，我这个生长于渤海之滨从小就热爱大海的人，虽然也曾游览过一些国内外著名的海滨胜地，然而这名闻遐迩向往已久的北戴河，却一直到现在，才第一次投入了它的怀抱。不过，说也奇怪，在这之前，我虽然没有到过北戴河，但是我对它却并不陌生，不止是响亮的名字，而且它那幽美的风貌，我也早就观赏过了。不是从图画和电影中，也不是借助于文学作品或者人们的口头描叙，而却是在一个梦中，不，确切一点说，是在一个像梦一般的幻境中。

那是在我童年的时候，有一次，我到刚退了潮的海滩上去赶海，那一天，海上有着一层白蒙蒙的雾气，它像薄纱似地在海面上轻飘飘地浮动着。就在这烟雾迷蒙的地方，我看见了一幅神奇的景象：在那本来是水天一碧清澈明净的海空之上，突然出现了一片不时幻变着的种种景色。这景色，开始时并不十分真切，影影绰绰的，一会儿仿佛是行云流水，一会儿仿佛是人马车辆。到后来，那迷离模糊的景物越来越清晰了，就像电影中渐渐淡出的镜头一样，我的面前，出现了一幅迷人的画面：一抹林木葱茏的山峦，横亘在大海的上空，一块块奇形怪状的岩石，耸立在山峰之上，一幢幢小巧玲珑的楼房，掩映在郁郁葱葱的树木之中。啊，这么多各种样式不同的楼房：圆顶的、尖顶的、方顶的，好看极了。我从来没有看见过这种好看的楼房，它是那么美，那么奇特。还有庙宇寺院，亭台楼阁，它们有的深藏在林木环绕的山崖里，有的耸立在峭壁岩的山巅上，特别是那耸立在最东边一处陡峰上面的四角凉亭，连同它旁边的一块高高地耸立在大海里的岩石，非常令人瞩目，那亭子里面，还影影绰绰地仿佛是有人影在活动哩。一缕缕乳白色的烟雾，在山树间，海边上飘荡着，使得这迷人的景色，时隐时现，似幻似真，更增加了幽美和神秘的色彩……

忽然间，一阵大风吹来，那山峦树木亭台楼阁，霎时间变成了一缕缕青烟，一片片白云，飘荡着、幻变着、像电影的淡入镜头一样，消失了，不见了。于是，那刚才出现这景象的地方，又恢复了它原来的样子：碧波万顷的大海和湛蓝无垠的天空。

这倏忽而来而又飘忽而没的神奇景色，简直使我惊呆了，也着迷了。我瞪大着眼睛，问我周围的人们：

"这是什么？"

"海市。"一位我称他为戚二大爷的老渔民回答。

"不，是仙境。"另一位姓李的老头说。

"玩哩，哪里是什么仙境？"戚二大爷反驳李老头说，"是北戴河。"

这就是我第一次听到北戴河这名字。为了证实他的话，戚二大爷还指出了一些地名，比如最东角上那特别令人瞩目的凉亭和岩，叫鸽子窝。西山顶上松柏环绕中的那座古刹叫观音寺等等。但，老实说，我对这并不感兴趣，也可以说不愿相信人间竟然真的会有这么一个美妙神奇的所在，而倒更多的相信李老头的话：那是仙境，是没有人间烟火世俗喧嚣的虚幻缥缈的仙境。所以当时我就以一种怀疑的口气问戚二大爷说：

"你说是北戴河，可是，你到过那儿吗？"

"当然到过。要不，我怎么知道它是北戴河呢？"这位在海上漂泊了一辈子的老渔民自豪地说，"它就在我们这大海的对面。"

"这么说，这个地方咱们是能到的了。"我高兴的说。

"别听他的，"李老头白了戚二大爷一眼说，"仙界福地，凡人怎么能到呢？"

"怎么不能？"戚二大爷说，"坐上船一直向北，如果遇上了顺风，一天一夜就到了。"

"啊，那太好了。"我倒宁愿相信戚二大爷的话了，"要是有一天，我也能到那儿去看看，那该有多好啊！"

李老头把大胡子一翘说："你这小子别胡思乱想了。别说走一天一夜，你就是走一辈子，也到不了那个地方。你没有那么大的命。那儿是仙境。"

这话虽然未免使我有点扫兴，但却总也信以为真。

长大了。增长了一些知识才知道：那大海的对面，确实是有一个叫北戴河的地方，而且是一个非常有名的地方。因此，这地方就常常在我的思慕和向往之中了。特别是当读到一些描叙这儿风物的文学作品时，比如曹操那脍炙人口的诗篇：

东临碣石，

以观沧海。

……

秋风萧瑟，

洪波涌起。

既醉心于这诗词的优美，更神往于那山海的雄伟，于是，对北戴河这地方的兴致也就越发浓厚了。

也曾向写过《雪浪花》和《秋风萧瑟》的杨朔打听过：

"北戴河真的像你文章中所写的那么美吗？"

"确实很美。"杨朔兴致勃勃地回答说。

"比咱们的蓬莱、烟台、青岛如何？"因为是胶东同乡，于是我就提出这些我们共同熟悉的地方。心想有个比较。

"不能比，"杨朔连连地摇着头说，"各有各自的美，各有各自不同的风貌。至于那不同在什么地方，那就看各人的感受了，而且也不是言语所能形容的。所以我劝你有机会时，还是自己去领略一番吧。"

说的也是，人们的社会生活和大自然中，有些事物，常常是只能意会不可言传的，更何况百闻不如一见，于是，我决心找个机会，去北戴河看看。这与其说是我对于海边风景的特殊爱好，毋宁说是想印证一下童年时代看到的那次海市的情景的好奇心。

机会是很多的，也许正因为如此，所以每次都想：这次就算了吧，以后再去，反正机会多的是。

哪知就这样一直拖延了下来，到"文化大革命"开始后，人身都失去了自由，连自己的亲人都看不到，更哪里还敢奢想去北戴河呢？不，想，倒也确实是想过。在那漫长而又寂寞的铁窗生活中，人生的乐趣，往日的梦想，什么没有反反复复地想过呢？北戴河和海市中的情景当然也不例外，而且，每当想到它的时候，总不免有些遗憾，后悔过去失去了太多的机会，又怅惘今后不复再有这样的机会了。于是不禁想起了当年在海滩上看海市时李老头说的话："你这小子，就是走一辈子，也到不了那个地方。你没有那么大的命。"

曾经萌发过一闪念的困惑：人生，真的由命吗？这命，又当作何解释？答案当然是否定的。更多的却还是自我讽嘲：当整个国家和人民都在遭受着深重的苦难，多少精神和物质上的宝贵财富被破坏殆尽的时候，没有到过北戴河，又算得了什么呢？当然自己也清楚：在那种大夜弥天的时刻，哪里还有什么闲情逸致去奢想北戴河？这只不过是表现了对于自由的强烈向往和渴望而已。

也许正是因为这个原因吧，现在，当我真的终于来到了北戴河的时候，那种感受，那种心情，真是无法用笔墨来形容。

好奇心终于得到了满足，印证的结果是确实无讹：那横亘在蓝天白云之间的一带山峦，那掩映在葱茏林木中的庙宇寺院亭台楼阁，那耸立在海边和山上的岩怪石，尤其是西山上的观音寺，东岭上的鸽子窝……这一切，恰和当年我在这渤海南岸千里之外的海滩上看到的海市蜃景一模一样，宛如两张同样的照片叠在一起似的。这实在不能不使我惊奇。然而，这还仅止是我最初的一点点印象，而却不是我最深刻的感受。

最深刻的感受是什么呢？是美，是一种特别的美，充满了诗情画意的美。

就拿山来说吧，这儿的山，比别处并没有什么特别之点，然而却使我感到它特别美，特别好看。海，也是如此。它仿佛特别的蓝，特别的壮丽雄伟。而且，这儿，一天之内，一夜之间，日出日落，潮涨潮退，风雨阴晴，都各有不同的姿态，各有不同的美。我常和三两好友，在不同的时刻，不同的气候中，漫步山林与海滨，去领略那姿态万千风貌各异的美。我尤其喜欢在那夕阳衔山的傍晚，坐在海边的岩石上面，眼看着西天边上的晚霞渐渐地隐去，黄昏在松涛和海潮声中悄悄地降落下来，广阔的天幕上出现了最初的几颗星星，树木间晃动着飒飒飞翔的蝙蝠的黑影，这时候，四周静极了，也美极了，什么喧嚣的声音都听不到，只听见海水在轻轻地舐着沙滩，发出温柔的细语，仿佛它也在吟哦那"黄昏到寺蝙蝠飞"的诗句，赞美这夜幕初降时刻的山与海的幽美。等到那第一轮清辉四射的明月，从东面黑苍苍的水天交界之处的大海里涌出来时，这山与海，又有一番不同的情景了。这时候，那广阔的大海，到处闪烁着一片耀眼的银光，海边的山川、树木，楼房、寺院、也洒上了柔和的月光，这月光下的北戴河，就活像一幅淡淡的水墨画儿似的，隐隐约约朦朦胧胧的，又是一种富有诗意的美。

甚至，夜深时分，当你躺到床上闭上了眼睛的时候，一切景物都看不见了，却仍然还能感受到那种诗意的美的存在。这就是那催你入眠的涛声，这涛声，在万籁俱寂的夜里，有节奏地哗——哗——响着，温柔极了，好听极了，简直就是一支优美的催眠曲，每天夜里，我都在这温柔悦耳的涛声中入睡，每天清晨，又在这温柔悦耳的涛声中醒来。

啊。美，伟大的美，令人陶醉的美。

然而，还有更美的呢：那就是日出。

人们告诉我，在北戴河那著名的二十四景当中，最美、最壮丽的景致要算是那在东山鹰角亭上看日出了。

看日出须得早起。四点钟还不到，我就爬起身来沿着海边的大路向着东山走去。这时候，天还很黑。夜间下了一场雨，现在还未晴透。但是云隙中却已经放射出残星晓月的光辉。我贪婪地呼吸着那雨后黎明的清新空气，一个人在空荡荡不见人迹的路上走着，还以为我是起身最早的一个呢。哪知爬上了山顶一看，有两个黑黝黝的人影，早已伫立在鹰角亭旁了。

嗬！还有比我更积极的人。

走到亭前仔细一看，却原来是一老一小，那老的年纪约在七旬开外，一头皓发，满腮银髯，一看那风度，就猜得出是位学者。小的是一个二十多岁的姑娘，很美，也很窈窕，却有着北方人的那种健壮的体魄。那两人看到我，都彬彬有礼地点了点头，又转回身去，继续倚着亭柱凝神观望东方的海空。我不愿干扰他们的清兴，颔首还礼之后，也倚在一根亭柱上面，默默地眺望起来。

这时候，残云已经散尽了，几颗寥寥的晨星，在那晴朗的天空中闪烁着越来越淡的光辉。东方的天空，泛起了粉红色的霞光，大海，也被这霞光染成了粉红的颜色。这广阔无垠的天空和这广阔无垠的大海，完全被粉红色的霞光，融合在一起了，分不清它们的界限，也看不见它们的轮廓。只感到一种柔和的明快的美。四周静极了，只听见山下的海水轻轻地冲刷着岩的哗哗声，微风吹着树叶的沙沙声。此外，什么声音都没有，连鸟儿的叫声也没有，仿佛，它们也被眼前这柔和美丽的霞光所陶醉了。

早霞渐渐变浓变深，粉红的颜色，渐渐变成为桔红以后又变成为鲜红了。而大海和天空，也像起了火似的，通红一片。就在这时，在那水天融为一体的苍茫远方，在那闪烁着一片火焰似的浪花的大海里，一轮红得耀眼光芒四射的太阳，冉冉地升腾起来，开始的时候，它升得很慢，只露出了一个弧形的金边儿，但是，这金边儿很快地在扩大着，扩大着，不住地扩大着涌了上来。到后来，就已经不是冉冉飞起了，而是猛地一跳，蹦出了海面。霎时间，那辽阔无垠的天空和大海，一下子就布满了耀眼的金光。在那太阳刚刚跃出的海面上，金光特别强烈，仿佛是无数个火红的太阳铺成了一条又宽又亮又红的海上大路，就从太阳底下，一直伸展到鹰角亭下的海边。这路，金晃晃红彤彤的，又直又长，看着它，情不自禁地使人想到：循着这条金晃晃红彤彤的大路，就可以一直走进那太阳里去。

啊，美极了，壮观极了。

我再回头向西边望去，只见西面的山峰、树木、庙宇、楼房，也全都罩上了一轮金晃晃的红光。还有那从渔村里飘起了的乳白色的炊烟和在山林中飘荡的薄纱似的晨雾，也都变成了金晃晃红彤彤的颜色，像一缕缕色彩鲜艳的缎子，在山林和楼房之间轻轻地飘拂着、飘拂着。于是，那山峰、树木、庙宇、楼房，就在这袅袅的炊烟和晨雾之中，时隐时现，似真似幻。看着眼前这迷人的景色，我恍惚觉得自己又回到了童年时代，置身于渤海南岸的渔村海滩上。一时间，我竟然忘记了我眼前的这幅带有神奇色彩的幽美画面，究竟是北戴河中的海市呢，还是海市中的北戴河？究竟是实实在在的人间呢？还是那虚幻缥缈的仙境？

"啊，美极了，太美了！"我的身旁，有人在大声赞叹了。

我回头望去，原来是陪同那个老学者的年轻姑娘。她双手抱在胸前，仰脸望着那从大海中升起的太阳，现出异常激动而又惊奇的神色。她那充满了青春活力的美丽的脸，在朝阳和霞光的映照下，红彤彤的显得更加鲜艳，更加美丽，真像一朵盛开怒放的三月桃花。

是的，美，实在是太美了。老实说，著名的中外海滨胜地，我看到的虽然不能算多，可也不算太少。青岛、烟台、普陀、南海自不消说，波罗的海海滨也曾到过。日出呢，也不止看过一次，在那一万公尺以上的高空中的飞机上看到过，在那黄山后海的狮子峰上看到过，也在那视野辽阔的崂山顶上看到过。可是，为什么这儿的山，这儿的海，这儿的日出，我觉得比起上面我所看到过的那一些都更使我感到美？为什么？

我正在思索之间，仿佛应和着我的这个思想似的，那姑娘又回头看着那位老学者，提出了我心里正在想着的这个问题。

"爷爷，这儿十年前，咱们也曾来过几次，可是为什么今天我觉得它比过去更美了？为什么，你说呀。"

那位老者没有回答孙女的问话，却兀自高高地仰着头，眼睛一动不动望着那金晃晃红彤彤的东方海空。用他那洪亮的声音，朗朗地吟哦出下面的诗句：

　　云开山益秀，

　　雨霁花弥香。

　　十年重游处，

　　不堪话沧桑。

　　"好，好诗！"我情不自禁地喊了起来，因为它正好道出了我们的共同感受，也回答了我正在思考的问题。

　　那姑娘嫣然一笑，连连地点着头，用她那银铃般的声音，重复和品味着这诗句：

　　"云开山益秀，雨霁花弥香。对，是这个道理。"接着，又把头摇了几摇，蹙着眉头说："不过，后面的那一句我不同意。它有点伤感的味道。你瞧，云开了，雨霁了，太阳又重新出来了。眼前的景物这么美，老是伤感能行吗？"

　　"对，好孩子，你说的对。一切都过去了，不应该伤感，也没有时间伤感，应该抓紧这大好时光，奋勇前进。我不老，我觉得我更年轻了，我还可以和你们那些年轻人比赛一阵子，怎么样？"那老学者说罢，哈哈大笑，伸开胳膊把孙女揽在怀里，爷孙两个，说着笑着，大踏步地向着前面走去。金晃晃红彤彤的朝阳和霞光，映照在他们的身上，使得他们的全身也都金晃晃红彤彤的然是好看，他们就在这初升的阳光下安详地坚定地走着、走着，一直走进了那桔红色的山林深处，不见了。仿佛，他们和那金晃晃红彤彤的朝阳和霞光溶化成为一体。……

　　这又是一幅多么美好的图画啊！

　　而这，却又是我童年时看到的那个海市蜃景中所没有的。

　　是的，那海市虽然也很美，但却绝对没有像今天的北戴河这样美。

　　然而，这样美的又岂止是北戴河呢？。

——峻青

必去理由 气候温和，三冬少雪，四季常花，山水甲天下
适宜季节 4月～10月
适宜人群 老少皆宜，向往山水奇秀者尤宜

奇山奇水甲天下桂林

　　桂林是一座以山水秀丽和古迹众多为主要特征的风景游览和历史文化名城，因"玉桂成林"而得名。每年农历八月秋风送爽的时节，正是桂花盛开、香飘四野的黄金旅游时节。而她的历史之悠久又可以追溯到公元前214年秦始皇统一岭南后设立的"桂林郡"。

　　桂林岩溶辖区内洞穴、石峰数以千计，大小湖塘数百个，其间河谷开阔平缓，山多平地拔起，峰林环布，漓江依山势流转，江中为洲，间有险滩、流泉、飞瀑，是桂林山水的精华之所在。这些特殊的地貌与景象万千的漓江及其周围美丽迷人的田园风光融为一体，形成了独具一格、驰名中外的"山青、水秀、洞奇、石美"的桂林山水，并有了"桂林山水甲天下"的美誉。

　　桂林旅游资源数量多、景区广、地域组合好，整个大桂林旅游区以桂林市为核心向四周辐射，呈圈层分布，方圆面积达 2 万多平方千米。根据景区特色，大致可划分为六大景区：即桂林—漓江—阳朔山水景区、兴安灵渠景区、猫儿山高山景区、龙胜花坪原始森林景区、海洋—高尚银杏林景区、青狮潭水库景区。

> **秀丽的漓江风光**
漓江是桂林山水的精华之所在。

> 桂林的芦笛岩

象鼻山

　　象鼻山又称象山,位于漓江与桃花江汇流处,山形酷似一头巨象伸长鼻临江汲水,因而得名。清代工部郎中舒书在《象山记》中说:"粤西之奇以山,粤西之山之奇以石,而省城相对之象山,则又其奇之甚焉者。"象山的神奇,首先是形神毕似,其次是在鼻腿之间造就一轮临水皓月,构成"象山水月"奇景。

　　在象鼻山的象鼻和象腿之间有一洞名曰"水月洞",又名朝阳洞。江水穿洞而过,山洞如明月浮水。与象山隔河相望的訾洲翠竹簇簇,果树葱笼,竹篱茅舍掩映其间。若是雨季,云蒸雾腾,村舍与绿树皆似披上一袭轻纱,古人称之为"訾洲烟雨",将其列为桂林八大胜景之一。此时的巨象仿佛被赋予了生命,在烟雨中惟妙惟肖。象山的水月与隔江的穿山月岩相对,一悬于天,一浮于水,形成"漓江双月"的奇特景观。

漓江

漓江山清水秀，是世界上规模最大、风景最美的岩溶山水游览区。桂林至阳朔段的漓江，沿途峰峦挺秀，碧水如镜，青山浮水，倒影翩翩，两岸景色迭出，如百里锦绣画廊。江中倒影连绵，水、山、岸相映成辉，融为一体，奇妙无比。

漓江之奇尤在山光水色之变。晨午不同，阴晴不同，仪态万千。"画山"峭壁面江而立，壁上似有千军万马奔腾。兴坪古镇碧水湾湾，青山逶迤，景色如画。镇前有深潭，清澈而不见底。镇后山上有古榕，枝干参天，浓荫如盖。区内山石突起，或孤峰亭亭，或峰丛连绵。漓江及其支流，穿梭于石山峰林，山环水抱，秀丽无比。

桂林又是一座历史悠久的文化古城，自秦代开凿灵渠，沟通湘、漓二水之后，桂林便成为"南连海城，北达中原"的重镇。从汉至清乃至近代，历代都在这里留下了灿烂的文化遗产。文物古迹相当丰富，历代文人墨客赞美桂林山水的诗赋和佛教造像，遍布山壁岩洞，其中"桂海碑林""西山摩崖石刻"等最为著名。自然景观与人文景观相协调，二者浑然一体，相互辉映。

桂林山水以它雄奇秀逸的风采，触动着每一个旅游者的心灵。古往今来，多少诗人用最美好的语言来赞颂它、讴歌它。唐代文学家韩愈描写桂林山水的名句"江作青罗带，山如碧玉簪"，既形象又生动。的确，桂林那千姿百态的山、清澈碧透的江水和幽深瑰丽的岩洞，都会在你的脑海里留下最美好的回忆。

> 漓江山清水秀，是世界上规模最大、风景最美的岩溶山水游览区。

✪ 桂林山水

　　到了桂林，每日面对着这胜甲天下的桂林山水，看着它在朝雾夕辉、阴晴风雨中的变化，实在是一种很大的享受。于是从心里羡慕起住在桂林的人们来了。虽然早在二十三年前，抗日战争时期，我在桂林的八路军办事处工作过半年多；但那时候，一来年轻，二来也没有看风景的心情，除了觉得这些山水果真奇异，七星岩里还可以躲躲空袭之外，于它的胜美之处，实在是很少领略的。一九五九年夏天——刚好过了二十年，李可染同志由桂林写生回到北京，寄了一幅画给我看，标题是《桂林画山侧影》。一下子，我就被画幅吸引了，画面把我带到了一种可以说是幸福的回忆中——不仅是桂林的山水，连同和这相关联的那一段生活，都在我记忆里复活起来。那些先前不曾领会的，如今领会了；先前不曾认识的，如今认识了。桂林山水，是这样逼真地又出现在我面前。这时，我惊叹于艺术的力量之大，感人之深。并且惊叹之余，还诌了这样四句不成样子的旧诗寄他：

　　皴法似此并世无，墨犹剥漆笔犹斧；

　　画山九峰兀然立，语意新出是功夫。

　　这次重到桂林，置身桂林山水之间，使我又想到了可染同志的这幅画。于是就记忆、印证了画与山的关系，艺术与真实的关系；明白了它们是怎样地从自然存在，经过画家的劳动，变为有生命的、可以打动人心灵的艺术作品。

　　桂林山水的宜于入画，古人早已注意到了。宋代诗人黄庭坚就写道："桂岭环城如雁荡，平地苍玉忽嵯峨。李成不生郭熙死，奈此千峰百嶂何。"诗人的意思，恐怕不止是说当时画家画桂林山水的少，还在说，即使李成、郭熙在，也还没有画出如桂林山水的这般秀丽来吧？后来元明人多画黄山，到清初的石涛，由于他的出生桂林，才把他幼年的印象，带入山水画中，形成了独特的风格。到了近代，山水画大师黄宾虹，便以能"遍写桂林山水"为生平得意，齐白石更说"自有心胸甲天下，老夫看惯桂林山"了。所以看起来，桂林山水的入画，对于丰富中国山水画的技法，该是不无关系的。

　　至于在文学上，为桂林山水塑造出一种形象，为人所公认，并能传之千古的，恐怕至今还要推韩愈的"江作青罗带，山如碧玉簪"两句。他把桂林山水拟人化，比喻为一个素朴而秀美的女子，确是有独到的观察。虽然这种形象，在我们时代的生活里已经看不见了，但透过对于古代生活的理解，人们还是可以想象出桂林山水的面貌和性格来的。这次到桂林，登叠彩山，攀明月峰，凌空一望，果然，漓江澄碧，自西北方向款款而来，直逼明月峰下，然后向东一转，穿桂林市，绕伏波山、象鼻山，向东南而去，正像一条青丝罗带，随风飘动，而周围的山峰，在阳光和雾霭的照映中，绿的碧绿，蓝的翠蓝，灰的银灰，各各浓淡有致，层次分明；正像是美人头上的装饰，清秀淡雅。

概括一带自然面貌，塑造出鲜明的形象来，在文字上是不容易的，往往不是过分刻画，就是失之抽象。难怪后来的诗人，包括那些知名的如黄庭坚、范成大、刘后村等等，虽都到了桂林，写了诗，但却没有一个形象如韩愈的这般概括而生动。范成大写《桂海虞衡志》，极力状写桂林山水的奇异，结果是人家不相信，只好画了图附去。可见用语言文字，表现一些人所不经见的东西，是需要一点艺术手段的。

古人于描写山水中创造意境，不独描写自然的面貌，是早有体会的。所以山水画、风景诗，才成为作者思想与人格的表现。柳宗元的遭贬柳州为"僇人"，终日"施施而行，漫漫而游"，结果是写出了那些意境清新、韵味隽永的散文来。试读从《桂州訾家洲亭记》以下，至《至小丘西小石潭记》的十来篇，在描写桂林一带的山水上，真是精美无匹。这些散文虽只记述一次出游，或描写一丘一壑，一水一石，长不逾千，短的不到二百字，但那观察之细微，体会之深入，描绘之精确，文字之简洁，在古代描写风景的散文里，可以说是少见的。柳宗元在这些文章里创造了一系列前人所无的境界，到最后，却自己写道："坐潭上，四面竹树环合，寂寥无人，凄神寒骨，悄怆幽邃。以其境过清，不可久居，乃记之而去。"（《至小丘西小石潭记》）他对这样的山水得出一个"清"字的境界来，这于他那个时代的桂林的自然面貌，并自身遭遇的感受，是非常确切的。但当他概括地写到桂林的山，便也只有"发地峭竖，林立四野"八个字了。

在散文里面，描写桂林山水的真实性、具体性上，倒要推徐宏祖的《徐霞客游记》。他的散文很少概括和比拟，但却忠实而详尽。读起来你不免要为他的游兴所动，为他的辛勤所感，为他的具体而生动的记游所心向往之。不过你要想从他的记述里去想象桂林山水到底是什么样子，却也不易。他自己就说："然予所欲睹者，正不在种种规拟也。"他是什么另一种游法，另一种写法的。他记述自然面貌，道路里程，水之所出，出之所向。他的游记，不独是好的文学作品，而且留下许多有用的科学资料。所以看起来，徐宏祖倒是古今第一个最会游历的人。他的不辞辛苦地游，倾家荡产地游，走遍天下，所到之处，如实记载，即兴发抒，不拘一格，不做规拟，倒成了他的散文的最能引人入胜的特色。

所以从古以来，山水怎么看，恐怕是各人各有心胸。但一切既反映了自然真实面貌，又创造了崇高意境的，则无论是绘画、诗、散文，都成为了我国人民的精神财富，为我们伟大祖国的富丽山河，赋予了种种美好的形象和性格，启示了和发展着人们的爱国主义思想情感。

桂林山水，毕竟是美的。早晨起来，打开窗子，便有一片灰得发蓝的山色扑进房子里来，照得房间里的墙壁、书桌，连同桌上的稿纸，都仿佛有一层透明的岚光在浮动。而窗前的树，案头的花，也因为这山岚的照耀，绿得更深，红得更艳了。

当然，这是太阳的作用。太阳这时还在山那面，云里边。由于重重山峰的曲折反映，层层云雾的回环照耀，阳光在远近的山峰、高低的云层上，涂上浓淡不等的光彩。这时，桂林的山最丰富多彩了：近处的蓝得透明；远一点的灰得发黑；再过去，便挨次由深灰、浅灰，而至于只剩下一抹淡淡的青色的影子。但是，还不止于此。有时候，在这层次分明、重叠掩映的峰峦里，忽然现出一座树木葱茏、岩石峻嶒的山峰来。在那涂着各种美丽色彩的山峰中间，它像是一个不礼貌的汉子，赤条条地站在你面前——那是因为太阳穿过云层，直接照在了它身上。

接着，便可以看到，漓江在远处慢慢的泛着微光，一闪一闪地亮起来了。太阳把漓江染成了一条透明的青丝罗带，轻轻地抛落在桂林周围的山峰中间。

　　这时，你可以出去了。无论走到什么地方，有时是转过一幢房子，忽然一座高倚天表的山峰，矗立在你面前。有时是坐在树下，透过茂密的枝叶，又看到它清秀的影子。或者在公园的亭子里，你刚探出身，一片翠幕般的青峰，就张挂在亭子的飞檐上。如果站在湖边，它那粼粼波动的倒影，常常能引起你好一阵的遐思。

　　这样，桂林山水，总是无时无处不在你的身边，不在你眼里。不在你心里，不在你的感受和思维中留下它的影响。

　　但是，如果住在阳朔，那感觉不知会是怎样的？就去过一次的印象说，只好用"仙境"二字来形容，那山比起桂林来，要密得多，青得多，幽得多，也静得多了。一座座的山峰，从地面上直拔了起来，陡升上去，却又互相接连，互相掩映，互相衬托着。由于阳光的照射，云彩的流动，雾霭的聚散和升降，不断变换着深浅浓淡的颜色。而且，阳朔的山，不像桂林的那样裸露着岩石，而是长满了茂密的丛林，把它遮盖得像穿上了绿色天鹅绒的裙子。这还不算，最妙的是在春天，清明前后，在那翠绿的丛林中，漫山遍野开满了血红的杜鹃。就像在绿色天鹅绒的裙子上，绣满了鲜艳的花朵。这使得人在一片幽静的气氛中，能生发出一种热烈的情感。

　　到阳朔去，最好是坐了木船在漓江上走。单是那江里的倒影，就别有一番境界。那水里的山，比岸上的山更为清晰；而且因为水的流动，山也仿佛流动起来。山的姿态，也随着船的位置，不断变化。漓江的水，是出奇的清的，恐怕没有一条河流的水能有这样清。清到不管多么深，都可以看到底；看到河底的卵石，石上的花纹，沙的闪光，沙上小虫爬过的爪痕。河底的水草，十分茂密。长长的、像蒲草一样的叶子，闪着碧绿的光，顺着水的方向向前流动。

　　从桂林到阳朔，有人比喻为一幅天然的画卷。但比起画卷来，那山光水色的变化，在清晨，在中午，在黄昏，却是各有面目，变化万千，要生动得多的。尤其是在春雨迷濛的早晨，江面上浮动着一层轻纱般的白濛濛的雨丝，远近的山峰完全被云和雨遮住了。这时只有细细的雨声，打着船篷，打着江面，打着岸边的草和树。于是，一种令人感觉不到的轻微的声响，把整个漓江衬托得静极了。这时，忽然一声欸乃，一只小小的渔舟，从岸边溪流里驶入江来。顺着溪流望去，在细雨之中，一片烟霞般的桃花，沿小溪两岸一直伸向峡谷深处，然后被一片看不清的或者是山，或者是云，或者是雾，遮断了。

　　这时，我想起了可染同志的《杏花春雨江南》……

　　但是，接着，"画山"在望了。陡峭的石壁，直立在岸边，由于千百万年风雨的剥蚀，岩石轮廓分明地现出许多层次，就像是无数山峰重叠起来压在一起。这些轮廓的线条，层次的明暗，色彩的变化，使人们把它想象成为九匹骏马，所以画山又称"画山九马图"。九匹骏马，矗立在漓江岸边的石壁上，或立或卧，或仰或俯，或奔腾跳跃，或临江漫饮，看上去确是极为生动的。但是，可染同志的那幅《桂林画山侧影》，同时在我记忆里复活起来，而且是更为生动地在我面前出现了。

　　画的篇幅不大，而且是全不着色的白描。整个画面，几乎全被兀立的山岩占满了，只在画面下部不到五分之一的位置，有一排树木葱茏的村舍，村前田塍上，有一个牵牛的人走来。但这些都不是画的主体，也不引起观者的特别注意。而一下子就吸引了观者的，正是那满纸兀立的山岩。山岩像挨次腾起的海上惊涛，一浪高过一浪，层层叠叠，前呼后拥，陡直地升高上去，升高上去，直到顶部接近天空的地方，才分出画山九峰的峰峦来。而山岩石壁，直如斧劈刀斩一样，峻嶒峻峭，粗涩的石灰岩质，仿佛伸手就能触到。于是整个画山，现出一种雄奇峻拔、咄咄逼人的气势。这时，在我面前，画山仿佛脱离开周围的山而凸现出来，活动起来，变成了一个有生命，有血肉，有思想和情感的物体。自然存在的山，和艺术创作的山，竟分不出界限，融为一体。

　　但是，这只是一刹那间的事。等到画山过去，印象消逝，在我记忆里，便只剩下一种雄奇的意境，奋发的情思了……

　　坐在船头，我木然地沉思着，并且像是有所领悟地想到：人的劳动，人的精神的创造，是这样神奇！

它像是在人和自然之间，搭起了一座神话中的桥梁；又像是一把神话中的金钥匙，打开了神仙洞府的门。人们通过这桥梁，走进这洞门，才看清了自然的底蕴，自然的灵魂。

桂林山水，从地质学的观点看来，不过是一种"喀斯特"现象：石灰岩的碳酸钙质，长期为水溶解，而形成的"溶洞"地区。除桂林外，云南的石林，也是地质学上所谓的"喀斯特最发育"的地区。作为一种自然现象，它们本身原无所谓美丑。这些山水的美，和有些山水的不美，或不够美，原是人在社会生活中，长期观察和比较的结果。而这美丑的观念，正是人对自然界施加劳动和意识作用的产物。人对自然的这种劳动和意识作用，已经是历史地形成了，自然美也就成为了一种独立的客观存在。并且在不同的时代和阶级，不断地改变着人对自然美的观点，而使得人对自然的认识，日益深刻和丰富起来。

山水画作为一种艺术，从古以来就成为了帮助人们认识自然，欣赏自然美，进而帮助人们"按照美的法则"，改造自然的一种手段。和所有的艺术一样，它的力量是建筑在对自然的深刻观察和具体描写上。可染同志的画，就具有这样的特点——不只观察深刻，而且描写具体；因而看起来真实而且有力。结果，就使你从对山水的具体感受中，不知不觉进入了画家所创造的精神境界。无论是雄伟，无论是壮丽，无论是种种可以使你对祖国山河油然而生的爱恋情绪。这时，你会感觉到，你的爱国主义是具体的，有力量的，是饱和着自己的经验和感受在内的激昂奋发的情绪。于是，画家的劳动，也就在这时得到了报偿。

可染同志近年来画了不少写生作品，他把自己这种创作方法叫做"对景创作"。在这些作品中，当然没有凭空虚构，但也没有临摹自然。他总是描写一个具体对象，并且把所描写的对象放在一个具体的环境中。然后，他的概括也是大胆的；他总是在一笔不苟的具体刻画中，去表现对象的精神世界。这样，就在这些叫做"写生"的作品中，产生了那种人人可以看得见，感觉到的祖国河山具体而又普遍的典型性格。

也许正是在这一点上吧，《桂林画山侧影》成功了。它透过对桂林山的石灰岩质的真实而大胆的刻画，表现了桂林山水的精神面貌。因而对观众，对我，产生了一种能以根据自身经验去进一步认识生活的艺术的力量。

——方纪

▷ 美丽如画的桂林山水风光

必去理由 中国第一水乡，一幅"盈盈碧水相环，楼阁隔河相望"的水彩墨画
适宜季节 四季皆宜
适宜人群 向往古镇水乡宁静秀美的人

小桥流水人家 周庄

　　江南水乡，小镇无数，一个个缭绕着水做的玉衣，轻柔柔的，亭亭玉立在现代大工业社会中。其中，周庄、同里、甪直、南浔、乌镇、西塘六个名字叫得最响亮，被人亲昵地称作六大"水乡古镇"。知名度最高的便是周庄。

　　当年旅美画家陈逸飞将双桥定格在油画《故乡的回忆》中，在美国展出，轰动一时。后来，名画被美国友人转赠邓小平，双桥成了一座中美友谊之桥。次年，画面荣登联合国的首日封，周庄也跟着横贯了五大洲四大洋。不知是画家的笔成全了周庄，还是周庄成就了画家的才华。就在这始料不及的轮回中，五湖四海的朋友蜂拥而来，挤满周庄的幽幽小巷，都想亲眼见见上得了联合国首日封的桥到底长什么样。

水墨周庄

　　周庄，原不过是一个小小的村落，名叫贞丰里，因北宋一周姓官人捐两百亩庄田为寺，就被当地人感恩地称作"周庄"，原名则渐渐被淡忘了。知道周庄有如此经历后，便对它怀有了一种朝圣般的虔敬；后又得知柳亚子、苏曼殊、陈去病等人曾在此诗歌酬答，更对它怀有了一份精神上的景

> 周庄古镇大门

仰。心目中，周庄应该有曲折回环的河道，整日唱着吱呀作响的摇橹歌，青石街道印记了岁月的磨痕，踩上去能发出清脆的声音，那里该是唱响水乡晨曲的最佳选地，该是撑一柄油纸伞漫步的静谧之土……可是，真正到了周庄后，古镇、小桥、流水；狭长的青石板街道、错落有致的明清民居；檐下的灯笼、临河的格窗、窗前的女子，却让自己发现周庄其实是一幅充满古色古香的水墨画卷。这一点，沈厅就可为证。沈厅原名敬业堂，是江南巨富沈万三后裔沈本仁于清乾隆七年（1742 年）建成的，清末时又改为松茂堂。沈厅是典型的前厅后堂格局，前为水墙门、河埠，中为墙门楼、茶厅、正厅，后为大、小堂楼与后厅屋，不但体现了明清建筑风格，也体现出了江南水乡的特点。沈厅最值得人回味的不是古雅的墙门楼、华丽的厅室，也不是梁柱上的精雕细刻与古色古香的家具摆设，而是设计颇巧的"走马楼"，走马楼环绕楼屋一周，由过街楼和过间阁组成一个方形的楼间通道，既可通过木格窗俯视厅室，也可在楼间阁小憩、游玩，加上天井中的茂林修竹，可供四季观赏。

比沈厅还老的是张厅，为明代建筑。张厅规模远不如沈厅，但是格局却很特别，进门两侧是厢房楼，楼下有蠡壳长窗，楼上有蠡壳短窗。大厅有罕见的木鼓墩，旁边有一条幽深长弄，弄底有一小河，俗称"箸泾"，可通小船，河岸设有一排"美人靠"。一派"轿从前门进，船自家中过"的情景，令人着迷。

周庄的桥是不能不说的。一座座的石桥横跨在水巷上，阳光照着石桥和石桥上的人，也照着水中的石桥和人淡墨似的倒影，这情景最能体现水乡神韵了。碧水悠悠，绿树掩映，小船在桥洞中穿梭，老人在桥上小憩，农妇在桥畔浣纱，其情融融，其景美妙。尤其是双桥，由世德桥和永安桥联袂而成，十分别致，在江南水乡更不多见。双桥桥面一横一竖，桥洞一方一圆，样子很像古时候使用的钥匙，故俗称"钥匙桥"。或许这钥匙正是用来打开锁住周庄那份恬淡的锁的，如果没有陈逸飞那幅画，不知今日的周庄又会是怎样的情形。

> 周庄著名的双桥景观
梧桐树下的小桥流水，梦中的江南水乡。

> 随处可见的船只构成古镇主要的交通工具，如此方能体现江南水乡的特色和韵味。

小桥流水人家

周庄还有更可贵的东西，那就是一分闲情，二分雅趣。信步走过渔家的门楼前，可见到秀美淳朴的渔家妇女坐在门楼下做着手中细活，能望到院内幼童伏案的身影。树荫下有位耄耋老者仰身躺在一张藤椅上，不紧不慢地晃动着手中蒲扇，面前是一张古旧的红木八仙桌，桌上紫砂的茶杯、茶壶，悠悠地散发着古老的香气。可能是一身学生装的她引起了老人的注意，伸手招呼她过去，这异乡的礼遇岂敢怠慢，赶忙走上前恭恭敬敬地问声好。没有寒暄，有的是如久别后长者的可亲，问她可是坐船来的，可是还在上学，随后就冲着旁边一所小院内唤了几声，便有跟她一般大的女孩一手提小凳，一手提一壶开水，笑盈盈地从院里走了出来，老人说她跟她这孙女年纪相仿，喝杯茶歇歇脚再玩。于是，原来壶中的剩茶用来犒劳了擎着荫凉的大树，女孩揭开茶壶盖，用三根细葱手指轻捏两三撮茶叶，放入壶中，倒水，冲泡，一道道工序做得极细心。伴着一缕茶香飘然而至的还有她银铃般的声音：“这是我们这里的阿婆茶，自家里冲的，味更地道。”端起茶杯呷上一口，果真是醇厚无比，香飘四溢。茶好，人更好。

喝着阿婆茶，忽感到此处的安静是那么地充实，感觉这才是真正的水乡所在。有时候，美就是这样，任凭你千百回在梦中描绘它，渴望它，如果不是真心实意“执著而求”，很可能就会“咫尺天涯”……

主要景点

澄湖、澄虚道院、福洪桥、富安桥、迷楼、全福讲寺、全福塔、沈厅、双桥、叶楚伧故居、张厅、贞丰桥、周庄八景之东北景观、周庄八景之西南景观。

天下名景第一山黄山

黄山原名叫"黟山",位于中国安徽省南部,因传说轩辕皇帝曾在此修身炼丹,唐天宝六载(747年)改名。黄山以奇伟俏丽、灵秀多姿著称于世。它还是一座资源丰富、生态完整,具有重要科学和生态环境价值的国家级风景名胜区,属世界文化与自然遗产,已被列入《世界遗产名录》。黄山现已成为中国名山之代表,素有"五岳归来不看山,黄山归来不看岳""天下第一奇山"之称,并与长江、长城、黄河并称为中华民族的象征之一。

黄山为群山构造,莲花峰、光明顶、天都峰为黄山三大主峰,海拔高度均在1800米以上,并以三大主峰为中心向四周铺展,跌落为深壑幽谷,隆起成峰峦峭壁,呈现出典型的峰林地貌。

"奇松、怪石、云海、温泉"被称为"黄山四绝",神奇的冬景和壮美的日出,更让游客流连忘返。山中有名可数的就有三十六大峰、三十六小峰,它们或崔巍雄浑,或俊俏秀丽,错落有致,巧然天成。

奇松

"峰奇石奇松更奇,云飞水飞山亦飞",遍布峰壑的黄山松,破石而生,盘结于危岩峭壁之上,挺立于风崖绝壑之中,或雄壮挺拔,或婀娜多姿,显示出顽强的生命力。黄山无处不松,奇特的古松,难以胜数。

> "黄山四绝"之一——怪石

黄山松与其他的松树不一样，大多盘根于危岩峭壁之中，挺立于峰崖绝壑之上，破石而生，苍劲挺拔，虬枝盘结。那姿态不仅美绝，而且奇绝。巨松高数丈，小松不盈尺，由于大自然的造化之功，黄山松苍劲多姿：或如流水行云，或如苍龙凌波，或如猛虎归山，或是擎天巨人。据《黄山旧志》记载的有九大名松或十六大名松，现在游人可以观赏的，约有 24 处。

黄山的名松有迎客松、送客松、黑虎松、双龙松、凤凰松、接引松、连理松等，各有各的妙处。尤其是连理松，奇松连地拔起，在离地 2 米处树分两干，并蒂齐肩，亭亭之上，直至顶端，且粗细、高低几乎一模一样，至今生机益然，神采不衰。相传其中一株为唐玄宗所化，一株为杨贵妃所化。二人生前约定死后同来黄山结为连理。杨贵妃死后，魂魄即遵守誓言，来到黄山，住在蓬莱三岛，玄宗去世后其魂魄也按约赴黄山，与杨玉环相会，在北海始信峰化作这株连理松。正如白居易《长恨歌》中"在天愿作比翼鸟，在地愿为连理枝"的诗句，此松象征忠贞不渝的爱情。

云海

　　每个大山总有云海的景观，但是黄山云海，特别奇绝。黄山秀峰叠嶂，危崖突兀，幽壑纵横。气流在山峦间穿行，上行下跌，环流活跃。漫天的云雾和层积云，随风漂移，时而上升，时而下坠，时而回旋，时而舒展，构成了一幅奇特的千变万化的云海大观。如至风平浪静之际，则白云茫茫，一铺万顷。无数的山峰，被白云淹没，只剩下几个峰尖，像是大海中的岛屿。但转瞬之间，又波起风涌，浪花飞溅，惊涛拍岸。尤其是在云雪之后，日出或日落时的"霞海"最为壮观。太阳在天，云海在下，霞光照射，云海中的白色云团、云层和云浪都染上绚丽的色彩，像锦缎、像花海、像流脂，美不胜言。

> 奇松迎客

温泉

　　黄山共有泉 15 处，古称汤泉，又或朱砂泉。温泉自然露于紫石峰下，常年温度 42℃左右，无色无毒，温度适宜，清澈透明，可饮可浴，每当人们疲惫之极，入泉沐浴，顿时神清气爽，疲劳全消。相传轩辕皇帝曾在此沐浴，后须发尽黑，称此泉有返老还童之效。

主要景点

　　文房四宝：徽墨、歙砚、澄心堂纸、汪伯立笔。黄山市原称为徽州地区，这里自唐代以来，就是全国文房四宝生产的重要基地。每逢岁贡，更是不可少的艺术珍品。

　　徽州漆器：徽州盛产漆树，早在宋代，徽州细嵌螺钿漆器就已誉满全国，有"宋欠"之称。北京人民大会堂的安徽厅的内部装饰设计，著名的《迎客松》《佛子岭水库》《屏风刻漆百子图》等均出自徽州著名漆器工艺美术师俞金海之手。

　　黄山毛峰：又名"黄山云雾"茶，早在三百多年前就可与西湖龙井相媲美。

⭐ 黄山记

一

　　大自然是崇高、卓越而美的。它煞费心机，创造世界。它创造了人间，还安排了一处胜境。它选中皖南山区。它是大手笔，用火山喷发的手法，迅速地，在周围120公里，面积千余平方公里的一个浑圆的区域里，分布了这么多花岗岩的山峰。它巧妙地搭配了其中三十六大峰和三十六小峰。高峰下临深谷；幽潭傍依天柱。这些朱砂的，丹红的，紫霭色的群峰，前拥后簇，高矮参差。三个主峰，高风峻骨，鼎足而立，撑起青天。

　　这样布置后，它打开了它的云库，拨给这区域的，有倏来倏去的云，扑朔迷离的雾，绮丽多彩的霞光，雪浪滚滚的云海。云海五座，如五大洋，汹涌澎湃。被雪浪拍击的山峰，或被吞没，或露顶巅，沉浮其中。然后，大自然又毫不悭吝地赐予几千种植物，它处处散下了天女花和高山杜鹃。它还特意委托风神带来名贵的松树树种，播在险要处。黄山松铁骨冰肌；异萝松天下罕见。这样，大自然把紫红的峰，雪浪云的海，虚无缥缈的雾，苍翠的松，拿过来组成了无穷尽的幻异的景。云海上下，有三十六源，二十四溪，十六泉，还有八潭，四瀑。一道温泉，能治百病。各种走兽之外，又有各种飞禽。神奇的音乐鸟能唱出八个乐音。希世的灵芝草，有珊瑚似的肉芝。作为最高的效果，它格外赏赐了只属于幸福的少数人的，极罕见的摄身光。这种光最神奇不过，它有彩色光晕如镜框，中间一明镜可显见人形。三个人并立峰上，各自从峰前摄身光中看见自己的面容身影。

　　这样，大自然布置完毕，显然满意了，因此它在自己的这件艺术品上，最后三下两下，将那些可以让人从人间通入胜境去的通道全部切断，处处悬崖绝壁，无可托足。它不肯随便把胜境给予人类。它封了山。

二

　　鸿蒙以后多少年，只有善于攀援的金丝猴来游。以后又多少年，才来到了人。第一个来者黄帝，一来到，黄山命了名。他和浮丘公、容成子上山采药。传说他在三大主峰之一，海拔1840公尺的光明顶之傍，炼丹峰上，飞升了。

　　又几千年，无人攀登这不可攀登的黄山。直到盛唐，开元天宝年间，才有个诗人来到。即使在猿猴愁攀登的地方，这位诗人也不愁。在他足下，险阻山道阻不住他。他是李白。他逸兴横飞，登上了海拔1860公尺的莲花峰，黄山最高峰的绝顶。有诗为证：丹崖夹石柱，菡萏金芙蓉，伊惜升绝顶，俯视天目松。李白在想象中看见，浮丘公引来了王子乔，"吹笙舞风松"。他还想"乘桥蹑彩虹"，又想"遗形入无穷"，可见他游兴之浓。

　　又数百年，宋代有一位吴龙翰，"上丹崖万仞之巅，夜宿莲花峰顶。霜月洗空，一碧万里"。看来那时候只能这样，白天登山，当天回不去。得在山顶露宿，也是一种享乐。

　　可是这以后，元明清数百年内，极大多数旅行家都没有能登上莲花峰顶。汪璸以"从者七人，二僧与俱"，组成一支浩浩荡荡的登山队，"一仆前持斧斤，剪伐丛莽，一仆鸣金继之，二三人肩糇执剑戟以随。"他们只到了半山寺，狼狈不堪，临峰翘望，败兴而归。只有少数人到达了光明顶。登莲花峰顶的更少了。而三大主峰之中的天都峰，海拔只有1810公尺，却最险峻，从来没有人上去过。那时有一批诗人，结盟于天都峰下，称天都社。诗倒是写了不少，可登了上去的，没有一个。

　　登天都，有记载的，仅后来的普门法师、云水僧、李匡台、方夜和徐霞客。

三

白露之晨，我们从温泉宾馆出发。经人字瀑，看到了从前的人登山之途，五百级罗汉级。这是在两大瀑布奔泻而下的光滑的峭壁上琢凿出来的石级，没有扶手，仅可托足，果然惊险。但我们现在并不需要从这儿登山。另外有比较平缓的，相当宽阔的石级从瀑布旁侧的山林间，一路往上铺砌。我们甚至还经过了一段公路，只是它还没有修成。一路总有石级。装在险峻地方的铁栏杆很结实；红漆了，更美观。林业学校在名贵树木上悬挂小牌子，写着树名和它们的拉丁学名，像公园里那样的。

过了立马亭，龙蟠坡，到半山寺，便见天都峰挺立在前，雄峻难以攀登。这时山路渐渐的陡削，我们快到达那人间与胜境的最后边界线了。

然而，现在这边界线的道路全是石级铺砌的了，相当宽阔，直到天都峰趾。仰头看吧！天都峰，果然像过去的旅行家所描写的"卓绝云际"。他们来到这里时，莫不"心甚欲住"。可是"客怨，仆泣"，他们都被劝阻了。"不可上，乃止"，他们没上去。方夜在他的《小游记》中写道："天都险莫能上。自普门师蹑其顶，继之者惟云水僧一十八人集月夜登之，归而几堕崖者已四。又次为李匡台，登而其仆亦堕险几毙。自后遂无至者。近踵其险而至者，惟余侣耳。"

那时上天都确实险。但现今我们面前，已有了上天的云梯。一条鸟道，像绳梯从上空落下来。它似乎是无穷尽的石级，等我们去攀登。它陡则陡矣，累亦累人，却并不可怕。石级是不为不宽阔的，两旁还有石栏，中间挂铁索，保护你。我们直上，直上，直上，不久后便已到了最险处的鲫鱼背。

那是一条石梁，两旁削壁千仞。石梁狭仄，中间断却。方夜到此，"稍栗"。我们却无可战栗，因为鲫鱼背上也有石栏和铁索在卫护我们。这也化险为夷了。

如是，古人不可能去的，以为最险的地方，鲫鱼背，阎王坡，小心壁等等，今天已不再是艰险的，不再是不可能去的地方了。我们一行人全到了天都峰顶。千里江山，俱收眼底；黄山奇景，尽踏足下。

我们这江山，这时代，正是这样，属于少数人的幸福已属于多数人。虽然这里历代有人开山筑道，却只有这时代才开成了山，筑成了道。感谢那些黄山石工，峭壁见他们就退让了，险处见他们就回避了。他们征服了黄山。断崖之间架上桥梁，正可以观泉赏瀑。险绝处的红漆栏杆，本身便是可美的风景。

胜境已成公园，绝处已经逢生。看呵，天都峰，莲花峰，玉屏峰，莲蕊峰，光明顶，狮子林，这许多许多佳丽处，都在公园中。看呵，这是何等的公园！

四

只见云气氤氲来，飞升于文殊院，清凉台，飘拂过东海门，西海门，弥漫于北海宾馆，白鹅岭。如此之飘泊无定；若许之变化多端。毫秒之间，景物不同；同一地点，瞬息万变。一忽儿阳光泛滥；一忽儿雨脚奔驰，却永有云雾，飘去浮来；整个的公园，藏在其中。几枝松，几个观松人，溶出溶入，一幅幅，有似古山水，笔意简洁。而大风呼啸，摇撼松树，如龙如凤。显出它们矫健多姿。它们的根盘入岩缝，和花岗石一般颜色，一般坚贞。它们有风修剪的波浪形的华盖；它们因风展开了似飞翔之翼翅。从峰顶俯视，它们如苔藓，披覆住岩石；从山腰仰视，它们如天女，亭亭而玉立。沿着岩壁折缝，一个个的走将出来，薄纱轻绸，露出的身段翩然起舞。而这舞松之风更把云雾吹得千姿万态，令人眼花缭乱。这云雾或散或聚；群峰则忽隐忽现。刚才还是顶盆雨，迷天雾，而千分之一秒还不到，它们全部散去了。庄严的天都峰上，收起了哈达；俏丽的莲蕊峰顶，揭下了蝉翼似的面纱。阳光一照，丹崖贴金。这时，云海滚滚，如海宁潮来，直拍文殊院宾馆前面的崖岸。朱砂峰被吞没；桃花峰到了波涛底。耕云峰成了一座小岛；鳌鱼峰游泳在雪浪花间。波涛平静了，月色耀银。这时文殊院正南前方，天蝎星座的全身，如飞龙一条，伏在面前，一动不动。等人骑乘，便可起飞。而当我在静静的群峰间，暗蓝的宾馆里，突然睡醒，轻轻起来，看到峰峦还只有明暗阴阳之分时，黎明的霞光却渐渐显出了紫蓝青绿诸色。初升的太阳透露出第一颗微粒。从未见过这鲜红如此之红；也从未见过这鲜红如此之鲜。一刹间火球腾空；凝眸处彩霞掩映。光影有了千变万化；空间射下百道光柱。万松林无比绚丽；云谷寺豪光四射。忽见琉璃宝灯一盏，高悬始信峰顶。奇光异彩，散花坞如大放焰火。焰火正飞舞，那暗鸣变色，叱咤的风云又汇聚起来。笙管齐鸣，山呼谷应。风急了。西海门前，雪浪滔滔。而排云亭前，好比一座繁忙的海港，码头上装卸着一包包柔软的货物。我多么想从这儿扬帆出海去。可是暗礁多，浪这样险恶，准可以撞碎我的帆樯，打翻我的船。我穿过密林小径，奔上左数峰，上有平台，可以观海。但见浩瀚一片，了无边际，海上蓬莱，尤为诡奇。我又穿过更密的林子，翻过更奇的山峰，蛇行经过更险的悬崖，踏进更深的波浪。一苇可航，我到了海心的飞来峰上。游兴更浓了，我又踏上云层，到那黄山图上没有标志，在任何一篇游记之中无人提及，根本没有石级，没有小径，没有航线，没有方向的云中。仅在岩缝间，松根中，雪浪褶皱里，载沉载浮，我到海外去了。浓云四集，八方茫茫。忽见一位药农，告诉我，这里名叫海外五峰。他给我看黄山的最高荣誉，一枝灵芝草，头尾花茎俱全，色泽鲜红如珊瑚。他给我指点了道路，自己缘着绳子下到数十丈深谷去了。他在飞腾，在荡秋千。黄山是属于他的，属于这样的药农的。我又不知穿过了几层云，盘过几重岭，发现我在炼丹峰上，光明顶前。大雨将至，我刚好躲进气象站里。黄山也属于他们，这几个年轻的科学工作者。他们邀我进入他们的研究室。倾盆大雨倒下来了。这时气象工作者祝贺我，因为将看到最好的景色了。那时我喘息甫定，他们却催促我上观察台去。果然，雨过天又晴。天都突兀而立，如古代将军。绯红的莲花峰迎着阳光，舒展了一瓣瓣的含水的花瓣。轻盈的云海隙处，看得见山下晶晶的水珠。休宁的白岳山，青阳的九华山，临安的天目山，九江的匡庐山。远处如白练一条浮着的，正是长江。这时彩虹一道，挂上了天空。七彩鲜艳，银海衬底。妙极！妙极了！彩虹并不远，它近在目前，就在观察台边。不过十步之外，虹脚升起，跨天都，直上晴空，至极远处。仿佛可以从这长虹之脚，拾级而登，临虹款步，俯览江山。而云海之间，忽生宝光。松影之荫，琉璃一片，闪闪在垂虹下，离我只二十步，探手可得。它光彩异常，它中间晶莹，它的比彩虹尤其富丽的镜圈内有面镜子。摄身光！摄身光！

这是何等的公园！这是何等的人间！

——徐迟

> 黄山

171

匡庐奇秀甲天下庐山

早在1200多年前，唐代著名诗人李白便这样赞美庐山："予行天下，所游山水甚富，俊伟诡特，鲜有能过之者，真天下之壮观也。"

庐山坐落于江西省九江市境内的鄱阳湖畔，集奇峰、怪石、河流、湖泊、坡地以及大瀑布于一体，自古就以"雄、奇、险、秀"闻名于世。庐山自古命名的山峰便有171座，其中的大汉阳峰最高，海拔1474米。庐山四季皆景：春天，云雾缭绕，变幻莫测；夏天，山峦苍翠，绿树成荫；秋天，层林尽染，色彩斑斓；冬天，玉树琼楼，一派琉璃世界。

庐山还是我国历史上最著名的宗教中心和文化胜地。甚至有人认为：庐山的文化内涵是南方唯一一个可与北方的泰山相比肩的。

庐山自然风光

"横看成岭侧成峰，远近高低各不同。不识庐山真面目，只缘身在此山中。"这是宋代大文豪苏轼畅游庐山后，在山麓西林寺中的白壁上题下的咏赞庐山的著名诗篇。因为这首诗，人们也附庸风雅地把认识庐山真面目当作了赏心之乐事。

一口气从山脚登上了汉阳峰顶，一方面是因为潜意识中认同毛泽东的"无限风光在险峰"之说；另一方面，能自上而下地观赏美景，就不会让攀登打折扣。站在峰顶，庐山美景尽收眼底，尤其是汉阳峰下的康王谷、谷帘泉。康王谷是庐山最大的峡谷，一眼看下去，深不见底，甚是可怕。康王谷原来名叫"庐山垅"，相传春秋时期的楚康王曾经隐居于此，故后改名为"康王谷"。

在汉阳峰上隐隐约约还能看到源出于康王谷，被"茶圣"陆羽称为"天下第一水"的谷帘泉。谷帘泉在康王谷的筲箕洼上破空而下，洋洋洒洒就像是谷上的一道天然的帘子，故名"谷帘泉"。

看完"庐山全图"就开始一个接一个地品味那些让人心仪已久的美景。游山路线虽然总体上是自上而下的，但全无计划地想到哪就去哪，也着实让人走了不少冤枉路。仙人洞是最让人神往的，所以就先去了仙人洞。

> **庐山三叠泉**

三叠泉长期隐藏于荒山深壑，直到南宋时期才被人发现。遇上暮春初夏多雨季节，飞瀑凌空而下，雷声轰鸣，令人叹为观止。

仙人洞在庐山锦绣谷的南端，早些时候，人们称这里为"佛手岩"，因为这里有很多参差如佛手的岩石。后来，有了吕洞宾在此修炼成仙的传说，一下子吸引了来自全国各地的道教徒来此修炼，又因为这里常年雾气缭绕，仙气十足，所以改称"仙人洞"，如今留在洞里的"纯阳殿"就是为了纪念吕洞宾在此修炼而建造的。

仙人洞里的"一滴泉"、洞外张牙舞爪的"蟾蜍石"、奇妙的"石松"、美丽的"观妙亭"、洞右侧的"游仙石"，让毛泽东的那首"暮色苍茫看劲松，乱云飞渡仍从容。天生一个仙人洞，无限风光在险峰"不自觉地跳出了脑海，跳到了眼前。

站在游仙石上，锦绣谷的无限风光真的尽收眼底了。但见谷中劲松覆壁、怪石林立，层层叠叠，连绵不绝。险峻的天桥，巨石突兀而出，与对面山峰对峙。传说朱元璋兵败至此，忽天降祥云，将天桥连接，朱元璋拍马而过。追兵以为自己也能过，而刹时云散，追兵坠入山谷，粉身碎骨。

离开了仙人洞，来到了三叠泉瀑布脚下。三叠泉瀑布果真不负"庐山第一奇观"的美誉，那从五老峰、大月山峰汇集而来的泉水，从高高的山头凌空而下，宛如一道水帘悬挂空中。水雾蒸腾，竟把日光映衬成了道道彩虹。

此瀑布之所以得名"三叠"，是因为泉水经过山川石阶，折成三叠，"上级如飘云拖练，中级如

▷ 庐山含鄱口

173

碎玉摧水，下级如飞龙走潭"。三级总落差 155 米，第三级最长，约 80 米，其上端被巨石分开，双流齐下。

掬起一抔清水，将全身的困乏涤荡干净后，开始向山下游走。信手打开《庐山导游》，突然发现，李白所写的庐山瀑布原来竟是远在秀峰的另一瀑布，而三叠泉却是南宋时，被一砍柴人偶然发现的。这不仅让人产生了遗憾之感，如果当年李白看到的是三叠泉瀑布，那他又会写出怎样的诗篇呢？

在不经意的游走中，竟然到了苏东坡观看庐山云海厅景的地方。在这里可以真正体会到他的"不识庐山真面目，只缘身在此山中"的意境。看着这让人难以琢磨的庐山云雾，又有几人能真正识得庐山真面呢？

> **庐山天桥**

天桥实无桥，乃是直伸奇险断层谷中的一块巨石，从某一视角看去形如高悬于绝壁之上的断桥，故得名。

千古文化名山

庐山自古就有"奇秀甲天下"之称。其实除此之外，庐山更有着悠久的人文传统和深厚的文化内涵，传为大禹时所作的《禹贡》及稍后的《山海经》，均有庐山古称的记载。

说到庐山的文化，关于它名字的传说是不能不说的。早在周初，有一位匡俗先生，来到庐山学道求仙。他的事迹被朝廷获悉后，周天子派人请他出山相助，却遭到了匡俗的回绝。几次相邀之后，匡俗为求清静，潜入深山之中，从此无影无踪。周天子求才不得，就把匡俗求仙的地方称为"神仙之庐"，"庐山"之称因此而生。因为"成仙"的人姓匡，所以庐山又称匡山或匡庐。到了宋朝，为了避宋太祖赵匡胤之匡字的讳，而改称康山。

庐山自古就是文化聚集地。公元前 126 年，司马迁"南登庐山"，使得"庐山"载入《史记》。东晋陶渊明、谢灵运、宗炳，五代十国的荆浩，明代的沈周，都曾就庐山进行了创作，使庐山成为了中国田园诗的诞生地、中国山水诗的策源地、中国山水画的发祥地。

著名的白鹿洞书院就建于庐山的五老峰下。相传唐贞元年间的洛阳人李渤和兄李涉在此读书时曾养过一只白鹿，人们称他们为"白鹿先生"。李氏兄弟做官后就建台榭于此，以"白鹿"命名。台榭相当于现在的学校，南唐时正式更名为"白鹿洞国庠"。南宋时经朱熹重建扩充，白鹿洞书院空前繁盛，成为中国四大书院之首，很多名人都曾讲学于此。

除了白鹿洞书院，濂溪书院、白居易草堂、陶渊明墓、陶靖节祠、岳母墓、浔阳楼、"庐山高"石坊都是人文气息非常浓厚的景观。

庐山还是著名的宗教中心，一山藏五教是庐山独特的奇观。公元 4 世纪，高僧慧远在庐山建东林寺，首开中国化佛教；禅师竺道生在庐山精舍，开创"顿悟说"；天师张道陵，在庐山修炼求仙；道教禅师之一的陆修静，在庐山建简寂观，创立了道教灵宝派……至今，庐山仍有佛教、道教、伊斯兰教、基督教、天主教等宗教及教派的寺庙、道观、教堂多座。

在近现代，庐山也承载了不轻的历史重任。19 世纪末 20 世纪初，庐山出现了近千幢具有英、俄、美、法等 18 个国家风格的别墅；20 世纪 30 年代，庐山成为南京国民政府的"夏都"，蒋介石和宋美龄还留下了豪宅"美庐"；1937 年，周恩来代表中国共产党再次上庐山与蒋介石会谈；建国后，毛泽东三次登上庐山，主持召开了世人瞩目的三次中共中央会议。

源远流长的传统文化，垂范天下的教育文化，空灵玄异的宗教文化，中西合璧的建筑文化，给秀美的庐山注入了灵魂，使庐山成了一座充满历史厚度的文化名山。

⭐ 庐山面目

"咫尺愁风雨,匡庐不可登。只疑云雾里,犹有六朝僧。"(钱起)这位唐朝诗人教我们"不可登",我们没有听他的话,竟在两小时内乘汽车登上了匡庐。这两小时内气候由盛夏迅速进入了深秋。上汽车的时候九十五度,在汽车中先藏扇子,后添衣服,下汽车的时候不过七十几度了。赶第三招待所的汽车驶过正街闹市的时候,庐山给我的最初印象竟是桃源仙境:土地平旷,屋舍俨然;有茶馆酒楼,百货之属;黄发垂髫,并怡然自乐。不过他们看见了我们没有"乃大惊",因为上山避暑休养的人很多,招待所满坑满谷,好容易留两个房间给我们住。庐山避暑胜地,果然名不虚传。这一天天气晴明。凭窗远眺,但见近处古木参天,绿荫蔽日;远处岗峦起伏,白云出没。有时一带树林忽然不见,变成了一片云海;有时一片白云忽然消散,变成了许多楼台。正在凝望之间,一朵白云冉冉而来,钻进了我们的房间里。倘是幽人雅士,一定大开窗户,欢迎它进来共住;但我犹未免为俗人,连忙关窗谢客。我想,庐山真面目的不容易窥见,就为了这些白云在那里作怪。

庐山的名胜古迹很多,据说共有两百多处。但我们十天内游踪所到的地方,主要的就是小天池、花径、天桥、仙人洞、含鄱口、黄龙潭、乌龙潭等处而已。夏禹治水的时候曾经登大汉阳峰,周朝的匡俗曾经在这里隐居,晋朝的慧远法师曾经在东林寺门口种松树,王羲之曾经在归宗寺洗墨,陶渊明曾经在温泉附近的栗里村住家,李白曾经在五老峰下读书,白居易曾经在花径咏桃花,朱熹曾经在白鹿洞讲学,王阳明曾经在舍身岩散步,朱元璋和陈友谅曾经在天桥作战……古迹不可胜计。然而凭吊也颇伤脑筋,况且我又不是诗人,这些古迹不能激发我的灵感,跑去访寻也是枉然,所以除了乘便之外,大都没有专程拜访。有时我的太太跟着孩子们去寻幽探险了,我独自高卧在海拔一千五百公尺的山楼上,看看庐山风景照片和导游之类的书,山光照槛,云树满窗,尘嚣绝迹,凉生枕簟,倒是真正的避暑。我看到天桥的照片,游兴发动起来,有一天就跟着孩子们去寻访。爬上断崖去的时候,一位挂着南京大学徽章的教授告诉我:"上面路很难走,老先生不必去吧。天桥的那条石头大概已经跌落,就只是这么一个断崖。"我抬头一看,果然和照片中所见不同:照片上是两个断崖相对,右面的断崖上伸出一根大石条来,伸向左面的断崖,但是没有达到,相距数尺,仿佛一脚可以跨过似的。然而实景中并没有石条,只是相距若干丈的两个断崖,我们所登的便是左面的断崖。我想:这地方叫做天桥,大概那根石条就是桥,如今桥已经跌落了。我们在断崖上坐看云起,卧听鸟鸣,又拍了几张照片,逍遥地步行回寓。晚餐的时候,我向管理局的同志探问这条桥何时跌落,他回答我说,本来没有桥,那照相是从某角度望去所见的光景。啊,我恍然大悟了:那位南京大学教授和我谈话的地方,即离开左面的断崖数十丈的地方,我的确看到有一根不很大的石条伸出在空中,照相镜头放在石条附近适当的地方,透视法就把石条和断崖之间的距离取消,拍下来的就是我所欣赏的照片。我略感不快,仿佛上了资本主义社会的商业广告的当。然而就照相术而论,我不能说它虚伪,只是"太"巧妙了些。天桥这个名字也古怪,没有桥为什么叫天桥?

含鄱口左望扬子江,右瞰鄱阳湖,天下壮观,不可不看。有一天我们果然爬上了最高峰的亭子里。然而白云作怪,密密层层地遮盖了江和湖,不肯给我们看。我们在亭子里吃茶,等候了好久,白云始终不散,望下去白茫茫的,一无所见。这时候有一个人手里拿一把芭蕉扇,走进亭子来。他听见我们五个人讲土白,就和我招呼,说是同乡。原来他是湖州人,我们石门湾靠近湖州边界,语音相似。我们就用土白同他谈起天来。土白实在痛快,个个字入木三分,极细致的思想感情也充分表达得出。这位湖州客也实在不俗,句句话都动听。他说他住在上海,到汉口去望儿子,归途在九江上岸,乘便一游庐山。我问他为什么带芭蕉扇,他回答说,这东西妙用无穷:热的时候扇风,太阳大的时候遮阴,下雨的时候代伞,休息的时候当坐垫,这好比济公活佛的芭蕉扇。因此后来我们谈起他的时候就称他为"济公活佛"。互相叙述游览经过的时候,他说他昨天上午才上山,知道正街上的馆子规定时间卖饭票,他就在十一点钟先买了饭票,然后买一瓶酒,跑到小天池,在革命烈士墓前莫了酒，游览了一番，然后拿了酒瓶回到馆子里来吃午饭，这顿午饭吃得真开心。这番话我也听得真开心。白云只管把扬子江和鄱阳湖封锁，死不肯给我们看。时候不早，汽车在山下等候，我们只得别了济公活佛回招待所去。此后济公活佛就变成了我们的谈话资料。姓名地址都没有问，再见的希望绝少，我们已经把他当作小说里的人物看待了。谁知天地之间事有凑巧：几天之后我们下山，在九江的浔庐餐厅吃饭的时候，济公活佛忽然又拿着芭蕉扇出现了。原来他也在九江候船返沪。我们又互相叙述别后游览经过。此公单枪匹马，深入不毛，所到的地方比我们多得多。我只记得他说有一次独自走到一个古塔的顶上，那里面跳出一只黄鼠狼来，他打湖州白说："渠被吾吓了一吓，吾也被渠吓了一吓！"我觉得这简直是诗，不过没有叶韵。宋杨万里诗云："意行偶到无人处，惊起山禽我亦惊。"岂不就是这种体验吗？现在有些白话诗不讲叶韵，就把白话写成每句一行，一个"但"字占一行，一个"不"也占一行，内容不知道说些什么，我真不懂。这时候我想：倘能说得像我们的济公活佛那样富有诗趣，不叶韵倒也没有什么。

在九江的浔庐餐厅吃饭，似乎同在上海差不多。山上的吃饭情况就不同：我们住的第三招待所离开正街有三四里路，四周毫无供给，吃饭势必包在招待所里。价钱很便宜，饭菜也很丰富。只是听凭配给，不能点菜，而且吃饭时间限定。原来这不是菜馆，是一个膳堂，仿佛学校的饭厅。我有四十年不过饭厅生活了，颇有返老还童之感。跑三四里路，正街上有一所菜馆。然而这菜馆也限定时间，而且供应量有限，若非趁早买票，难免枵腹游山。我们在轮船里的时候，吃饭分五六班，每班限定二十分钟，必须预先买票。膳厅里写明请勿喝酒。有一个乘客说："吃饭是一件任务。"我想：轮船里地方小，人多，倒也难怪；山上游览之区，饮食一定便当。岂知山上的菜馆不见得比轮船里好些。我很希望下年这种办法加以改善。为什么呢，这到底是游览之区！并不是学校或学习班！人们长年劳动，难得游山玩水，游兴好的时候难免把吃饭延迟些，跑得肚饥的时候难免想吃些点心。名胜之区的饮食供应倘能满足游客的愿望，使大家能够畅游，岂不是美上加美呢？然而庐山给我的总是好感，在饮食方面也有好感：青岛啤酒开瓶的时候，白沫四散喷射，飞溅到几尺之外。我想，我在上海一向喝光明啤酒，原来青岛啤酒气足得多。回家赶快去买青岛啤酒，岂知开出来同光明啤酒一样，并无白沫飞溅。啊，原来是海拔一千五百公尺的气压的关系！庐山上的啤酒真好！

——丰子恺

庐山八大景区

秀峰景区、温泉景区、桃花源景区、太乙景区、鹿洞景区、观音桥景区、南康镇景区、鄱阳湖候鸟观赏景区。

必去理由 大自然的优美画卷
适宜季节 10月~次年6月
适宜人群 老少皆宜

梦幻之地，孔雀之乡 西双版纳

西双版纳，古代傣语为"勐巴拉娜西"，意思是"理想而神奇的乐土"。美丽富饶的西双版纳傣族自治州位于中国云南省南端，东南部与老挝接壤，西南部与缅甸交界，州府景洪市。由于日照充足，雨量充沛，年平均气温较高，非常适合热带、亚热带动植物生长和繁殖，所以西双版纳素有"植物王国""动物王国""药材王国"三大王国的美称，具有非常独特的在中国其他地区很难见到的亚热带风光。独特的热带雨林风光和淳朴的民族风情，使西双版纳成为国内的旅游热点之一。来到西双版纳，你会被一种莫名的震撼所俘获，那神秘的雨林、婀娜的傣家风情，还有那掩映在凤尾竹下的庄严佛塔、佛寺，让人不能忘怀。

美丽的西双版纳给人的印象犹如一幅幅优美的画卷：茂密的原始森林中，野象悠然漫步，孔雀和白鹇鸟在林中飞翔；修饰得美轮美奂的田园上，凤尾竹姿影婆娑、槟榔树亭亭玉立……掩映这傣家的竹楼、露出缅寺佛塔的金顶；傣家妇女婀娜的身姿，沐浴在夕阳染红的澜沧江边，像一群群孔雀在水中嬉戏……

西双版纳素以山清水秀、动植物资源丰富而闻名。这里的山起伏连绵，如波涛在碧海中涌动；清可见影的江河环山而流，像银丝穿着串串翡翠。平坦的坝子坐落在青山环抱之中，堆金泛银。切割深浅不一的群山间，飞瀑直泻而下，有溪流潺潺涌动。浓荫覆盖的大地上，藏着峰丛石林、摩崖石窟和大自然雕凿成的象形奇石。

去过昆明的人，都惊异于那物美价廉的鲜花。西双版纳的鲜花更多，五彩缤纷、争艳斗奇，开的就如热带的阳光一样热烈奔放。形状各异的鲜花，似蝴蝶、似虎须、似羊角、似猫耳、似蜘蛛……与艳丽的花朵共生的植物叶片更是奇形怪状，如羊蹄、如鱼尾、如龟背，有的叶还具有滴水尖叶。在这个大花园里，有那香飘林间的九里香和怪味袭人的疣柄魔芋，有那具红、绿、黄三色的嘉兰，红、白、黄三色的使君子，苞片形如花瓣的五叶金花，也有夜间才展露芳容的照夜白，有闻歌起舞的跳舞草，有触动即闭合的含羞草，有形如舞女在翩翩起舞的舞女草……许多落叶乔木的换叶期又盛逢花期如紫铆、云南石梓、粉花羊蹄甲、火筒树等，繁花满树，使整个雨林的群落极富生气，华丽异常。

傣族恋爱习俗

西双版纳各少数民族的青年男女恋爱都比较自由，父母很少干预。傣族青年十六七岁即开始"串姑娘"，选择心上人。方式多种多样，有串寨、串门、串纺线场、贺新房、赶摆、丢包、泼水、荡秋千、看电影、逛公园等方式来发现、选择自己的意中人。

西双版纳的热带雨林，是大自然精心绘制的一幅美丽画卷。你不但可以观赏到以望天树为代表的高大乔木直刺蓝天的英姿，还可以欣赏到大果油麻藤、扁担藤等藤本植物如巨蟒般缠住古树，向上攀沿，结成一张张无边藤网的奇观。雨林中的奇生绞杀现象，更是令人拍掌叫绝。这些由鸟类啄食果实后将种子带到古树缝隙中发芽生长的植物，有的与附主共生共长，和平相处；有的往往形成网状紧紧包住附主与附主争夺养料和阳光，最后恩将仇报，残酷地绞死附主，自己取而代之。你也许想象不到，在这美丽的密林中，寂静中仍然有着残酷的生存法则。

雨林中生长着许多可食用的野果。如果运气好的话，能摘到野荔枝、三杈果等。足够幸运的话，还可以观赏到海芋树上荡秋千的猴群，野象在林间悠闲漫游，孔雀开屏，这些如诗如画的天然风光使你忘记都市的喧闹，忘记忧愁，全身心融入神奇的大自然之中。

西双版纳这块神奇的土地，还培育了许多摇曳多姿的秀竹。西双版纳的人民自古就与竹子结下了不解之缘。这儿的每一座山、每一条河、每一个村寨都与秀竹相伴，这块土地上的人们都有种竹、赏竹、用竹的习惯。

"有一个美丽的地方，傣族人民在这里生长，密密的寨子紧紧相连，弯弯的江水碧波荡漾。"这是一首优美动听的傣族歌曲，也是傣族村寨的真实写照。傣族村寨本身就是一幅美妙绝伦的田园风光，不需要点缀，也无需衬托。的确，凡是到过傣乡的人们大多被傣乡水墨画般的风景所陶醉。一首《月光下的凤尾竹》把多少人带入那竹林影映下的傣家竹楼中。摇曳多姿的凤尾竹之所以享誉中外，更是离不开傣家竹楼的衬托。傣乡盛产竹子，竹子与傣家人似乎有着说不完、道不尽的情义。

旅游小贴士

云南四季如春，全年均适合观光旅游。如果你主要从气候方面考虑安排旅游时间，当然应以避过雨季为宜（云南6月～8月雨量占全年雨量的60%），如果你以民族节庆来选择旅游时间，那应在泼水节、三月街等。

云南气候很好，年温差变化不大，而冬春两季日温差较大，春季西南风多，夏季雨多，建议你防寒备用衣物不用多带，春季带一件防风寒衣即可，夏季带一把雨伞为佳，另外，还须备太阳眼镜以防紫外线辐射，如出现高山缺氧症，宜休息或吸氧治疗。

★ 澜沧江边的蝴蝶会

我在西双版纳的美妙如画的土地上，幸运地遇到了一次真正的蝴蝶会。

很多人都听说过云南大理的蝴蝶泉和蝴蝶会的故事，也读过不少关于蝴蝶会的奇妙景象的文字记载。据我所知道的，第一个细致而准确地描绘了蝴蝶会的奇景的，恐怕要算是明朝末年的徐霞客了。在三百多年前，这位卓越的旅行家就不但为我们真实地描写了蝴蝶群集的奇特景象，并且还详尽地描写了蝴蝶泉周围的自然环境。他这样写着：

……山麓有树大合抱，倚崖而耸立，下有泉，东向漱根窍而出，清冽可鉴。稍东，其下又有一小树，仍有一小泉，亦漱根而出，二泉汇为方丈之沼，即所溯之上流也。泉上大树，当四月初，即发花如蛱蝶，须翅栩然，与生蝶无异；又有真蝶千万，连须钩足，自树巅倒悬而下，及于泉面，缤纷络绎，五色焕然。

这是一幅多么令人目眩神迷奇丽的景象！无怪乎许多来到大理的旅客都要设法去观赏一下这个人间奇观了。但可惜的是，胜景难逢，由于某种我们至今还不清楚的自然规律，每年蝴蝶会的时间总是十分短促并且是时有变化的；而交通的阻隔，又使得有机会到大理去游览的人，总是难于恰巧在那个时间准确无误的来到蝴蝶泉边。就是徐霞客也没有亲眼看到真正的蝴蝶会的盛况；他晚去了几天，花朵已经凋谢，使他只能折下一枝蝴蝶树的标本，惆怅而去。他的关于蝴蝶会的描写，大半是根据一些亲历者的转述而记载下来的。

其实所谓蝴蝶会，并不是大理蝴蝶泉所独有的自然风光，而是在云南的其他的地方也曾经出现过的一种自然现象。比如，在清人张泓所写的一本笔记《滇南新语》中，就记载了昆明城里的圆通山（就是现在的圆通公园）的蝴蝶会，书中这样写道：

每岁孟夏，蛱蝶千百万会飞此山，屋树岩壑皆满，有大如轮、小于钱者，翩翩随风，缤纷五彩，锦色烂然，集必三日始去，究不知其去来之何从也。余目睹其呈奇不爽者盖两载。

今年春天，由于一种可遇而不可求的机会，我看到了一次真正的蝴蝶会，一次完全可以和徐霞客所描述的蝴蝶泉相媲美的蝴蝶会。

西双版纳的气候是四季常春的。在那里你永远看不到植物凋敝的景象。但是，即使如此，春天在那里也仍然是最美好的季节。就在这样的季节里，在傣族的泼水节的前夕，我们来到了被称为西双版纳的一颗"绿宝石"的橄榄坝。在这以前，人们曾经对我说：谁要是没有到过橄榄坝，谁就等于没有看到真正的西双版纳。当我们刚刚踏上这片土地时，我马上就深深地感觉到，这些话是丝毫也不夸张的。我们好像来到了一个天然的巨大的热带花园里。到处是一片浓荫匝地，繁花似锦，到处都是一片蓬勃的生气：鸟类在永不休止地鸣啭；在棕褐色的沃土上，各种植物好像是在拥挤着、争抢着向上生长。行走在村寨之间的小径上，就好像是行走在精心培植起来的公园林阴路上一样，只有从浓密的叶隙中间，才能偶尔看到烈日的点点金光。我们沿着澜沧江边的一连串村寨进行了一次远足旅行。

我们的访问终点，是背倚着江岸、紧密接连的两个村寨——曼厅和曼扎。当我们刚刚走上江边的密林小径时，我就发现，这里的每一块土地，每一段路程，每一片丛林，都是那样地充满了秾丽的热带风光，都足以构成一幅色彩斑斓的绝妙风景画面。我们经过了好几个隐藏在密林深处的村寨，只有在注意寻找时，才能从树丛中发现那些美丽而精巧的傣族竹楼。这里的村寨分布得很特别，不是许多人家聚成一片，而是稀疏地分散在一片林海中间。每一幢竹楼周围都是一片丰饶富庶的果树园；家家户户的庭前窗后，都生长着枝叶挺拔的椰子树和槟榔树，绿荫盖地的芒果树和荔枝树。在这里，人们用垂实累累的香蕉树作篱笆，用清香馥郁的夜来香树作围墙。被果实压弯了的柚子树用枝叶敲打着竹楼的屋檐，密生在枝丫间的菠萝蜜散发着醉人的浓香。

我们在花园般的曼厅和曼扎度过了一个愉快的下午。我们参观了曼扎的办得很出色的托儿所；在那里的整洁而漂亮的食堂里，按照傣族的习惯，和社员们一起吃了一餐富有民族特色的午饭，分享了社员们的富裕生活的欢快。我们在曼厅旁听了为布置甘蔗和双季稻生产而召开的社长联席会，然后怀着一种满意的心情走上了归途。

我们走的仍然是来时的路程，仍然是那条浓荫遮天的林中小路，数不清的奇花异卉仍然到处散发着沁人心脾的清香，在路边的密林里，响彻着一片鸟鸣和蝉叫声。透过树林枝干的空隙，时时可以看到大片的平整的田地，早稻和许多别的热带经济作物的秧苗正在夕照中随风荡漾。在村寨的边沿，可以看到枫叶林和菩提林的巨人似的身姿，在它们的荫蔽下，佛寺的高大的金塔和庙顶在闪着耀眼的金光。

一切都和我们来时一样。可是，我们又似乎觉得，我们周围的自然环境和来时有些异样。终于，我们发现了一种来时所没有的新景象：我们多了一群新的旅伴——成群的蝴蝶。在花丛上，在枝叶间，在我们的周围，到处都有三五成群的彩色蝴蝶在迎风飞舞；它们有的在树丛中盘旋逗留，有的却随着我们一同前进。开始，我们对于这种景象也并不以为奇。我们知道，这里的蝴蝶的美丽和繁多是别处无与伦比的；我们在森林中经常可以遇到彩色斑斓的蝴蝶和人们一同行进，甚至连续飞行几里路。我们早已养成了这样的习惯：习于把成群的蝴蝶看作是西双版纳的美妙自然景色的一个不可缺少的组成部分了。

但是，我们越来越感到，我们所遇到的景象实在是超过了我们的习惯和经验了。蝴蝶越聚越多，一群群、一堆堆从林中飞到路径上，并且成群结队地在向着我们要去的方向前进着。它们在上下翻飞，左右盘旋；它们在花丛树影中飞快地扇动着彩色的翅膀，闪得人眼花缭乱。有时，千百个蝴蝶拥塞了我们前进的道路，使我们不得不用树枝把它们赶开，才能继续前进。

就这样，在我们和蝴蝶群的搏斗中走了大约五里路之后，我们看到了一个奇异的景色。我们走到了一片茂密的枫树林边。在一块草坪上面，有一株硕大的菩提树，它的向四面伸张的枝丫和浓茂的树叶，好像是一把巨大的阳伞似的遮盖着整个草坪。在草坪中央的几方丈的地面上，仿佛是密密地丛生着一片奇怪的植物似的，好像是一座美丽的花坛一样。它们互相拥挤着，攀附着，重叠着，面积和体积在不断地扩大。从四面八方飞来的新的蝶群正在不断地加入进来。这些蝴蝶大多数是属于一个种族的，它们的翅膀的背面是嫩绿色的，这使它们在停仁不动时就像是绿色的小草一样，它们翅膀的正面却又是金黄色的，上面还有着美丽的花纹，这使它们在扑动翅翼时又像是朵朵金色的小花。在它们的密集的队伍中间，仿佛是有意来作为一种点缀，有时也飞舞着少数的巨大的黑底红花身带飘带的大木蝶。在一刹那间，我们好像是进入了一个童话世界；在我们的眼前，在我们四周，在一片令人心旷神怡的美妙的自然景色中间，到处都是密密匝匝、层层叠叠的蝴蝶；蝴蝶密集到这种程度，使我们随便伸出手去便可以捉到几只。天空中好像是雪花似的飞散着密密的花粉，它和从森林中飘来的野花和菩提的气味，混合成一股刺鼻的浓香。

面对着这种自然界的奇景，我们每个人几乎都目瞪口呆了。站在千万只翩然飞舞的蝴蝶当中，我们觉得自己好像是有些多余的了。而蝴蝶却一点也不怕我们；我们向它们的密集的队伍投掷着树枝，它们立刻轰地涌向天空，闪动着彩色缤纷的翅翼，但不到一分钟之后，它们又飞到草地上集合了。我们简直是无法干扰它们的参与盛会的兴致。

我们在这些群集成阵的蝴蝶前长久地观赏着，赞叹着，简直是流连忘返了。在我的思想里，突然闪过了一个念头：难道这不正是过去我们从传说中听到的蝴蝶么？我完全被这片童话般的自然景象所陶醉了；在我的心里，仅仅是充溢着一种激动而欢乐的情感，并且深深地为了能在我们祖国边疆看到这样奇丽的风光而感到自豪。我们所生活、所劳动、所建设着的土地，是一片多么丰富，多么美丽，多么奇妙的土地啊！

——冯牧

必去理由 世外桃源的现实,承载着民族的、宗教的、自然的、理想的和哲学的思想与美
适宜季节 夏秋两季
适宜人群 老幼皆宜

永远的伊甸园 香格里拉

　　"这美丽的香格里拉,这可爱的香格里拉,我深深地爱上了她,你看这山隈山涯,仿佛是装点着神话,你看这花枝低丫,分明是一幅彩色的画……这可爱的香格里拉,这美丽的香格里拉,是我们理想的家……"

　　1933年,英国作家詹姆斯·希尔顿出版了小说《消失的地平线》,用瑰丽的文字向世人描绘了一个充满诗意和梦幻、飘荡着田野牧歌的理想的天国——香格里拉,在那里,能同时看到巍峨的雪山、壮丽的峡谷、纯净的湖泊、广阔的草甸、鲜艳的花海……随后,该书被拍成电影,迅速风靡世界。从此,"香格里拉",这个美丽动听而又遥远陌生的名字,这个"世外桃源"与"伊甸园"的同义词,如同一个巨大的悬念,足足跟随了人类半个多世纪,终于在1997年9月14日,被确认在云南的迪庆。

> **美丽的香格里拉**

> 梅里太子雪山常年隐藏在云雾之中，只有每年与虔诚的教徒们见面的时候，她才揭开自己的神秘面纱。每年秋末冬初，一批批善男信女不远千里，徒步赶到神山下虔诚地祭拜。

梅里雪山太子十三峰

香格里拉是一个"雪山为城、江河为池"，"群山蕴宝、众水流金"的美丽神奇的地方。其中的梅里雪山太子十三峰更是香格里拉最著名的一景。

太子雪山位于升平镇西，澜沧江畔。它百里相连，冰峰横亘，平均海拔6000米以上的雪山就有13座，称为"太子十三峰"。其中主峰卡格博峰海拔6740米，是云南第一高峰。

朝阳初升之时，也是雪山最美之时。当第一缕阳光印在卡瓦格博的金字塔形的峰顶上，几乎是同一时间，海拔奶日顶卡峰和缅茨姆峰的峰顶也被染成金黄色。不到20分钟，太子十三峰全部被染成一片金黄，而卡瓦格博峰更加像一个雄姿英发的雪山太子，只有在近的距离，你才会明白为什么人们把"世界最美之山峰"的美名送给它。

雪线以下，是广阔茂密的草甸牧场。触目所及，是花的海洋。洁白的雪山变得金黄，绿绿的草甸点缀着鲜艳的花朵，如诗如画。再加上海子里碧蓝清澈的湖水，倒映着蓝天、雪山、白云、红日，简直就是幻如仙境。

松赞林寺

从香格里拉县向北望去，在宽阔的草原尽头，群山之间，有一座集镇规模的建筑群，极高处的屋顶上有鎏金铜瓦，熠熠发光，夺人眼目。这片近乎古堡群似的建筑，就是松赞林寺。松赞林寺整个建筑模仿西藏布达拉宫设计，是迪庆地区规模最大、最具特色的寺庙。在开满野花的原野上，500亩的规模使它看起来很像是一个缩微的布达拉宫。

眺望这远离喧嚣的寺庙，厚重庄严的土黄高墙，黑色的窗框，顶平得几乎看不到瓦楞，鳞次栉比，在烟云笼罩中酝酿着一种肃穆神秘和苍凉雄浑。到近处一看，真是一处由岑寂幽奥庇护着的祖址。整个寺的建筑借助向上的造型，渲染着一种崇高而庄严的感觉。缓缓的诵经声在空中回荡，又似乎和空气凝成了一体。

寺内右侧废弃了的旧寺，有着板筑夯成的厚厚的土墙，上面蔓着茸绿的苔藓，齐人高的蒿草，山墙断垣生着一支支烛形般的菇草……顽强屹立的断垣残壁不禁使人感到一种历史的沧桑美，还让你不得不佩服它对故土的依恋和执著。

▷ **迪庆的松赞林寺**
迪庆即传说中的香格里拉，松赞林寺是香格里拉规模最大、最具特色的寺庙，模仿西藏布达拉宫设计而成。

纳帕海

　　离开松赞林寺后直奔纳帕海。一路上，视觉的冲击力高潮迭起，精彩总在等待，而歌声在不经意间洒落："香格里拉并不遥远，她就是我们的家乡……那里四季常青，那里鸟语花香，那里没有痛苦，那里没有忧伤，传说是神仙居住的地方……"

　　千百年来，黑颈鹤飞来飞去，海水和草地交织变幻，就像生命的轮回在眼前流转不息。纳帕海是一个季节湖泊，水面从不固定。每年夏季，四周山上的积雪融化流入纳帕海中，纳曲河、奶子河等河流也注入海中，形成四面青山环抱，湖面波光粼粼的迷人景观。至秋季，湖水由山脚九处落水洞从尼西排出，流入金沙江。纳帕海变成一片高山草甸，正是牧民放牧的黄金季节。成群的牦牛和滇种马在草地上悠闲觅食，湖边的青稞架上晾晒着成熟的青稞，呈现出一片宁静祥和、丰饶美丽的高原景色。冬季来临，皑皑白雪峰倒影在湖泊中，黑颈鹤、斑头雁、野鸭等纷纷从遥远的北方飞来这里过冬，这里又成了一个鸟的世界。

天生桥

从香格里拉县城驱车向东约走 10 千米，就到了天生桥。天生桥在香格里拉人心中早演绎为具有神秘色彩和美好含义的地方了。相传当年莲花生被请到西藏后，翻译佛经，弘扬佛法。他常到各处游览视察，到硕多冈河畔时，正值盛夏，暴涨的河水挡住了去路，只好住到河边的神山上。山神得知莲花生被水阻隔，施展法术，从山上搬来一块巨石，在河上造起一座桥，莲花生就从这桥上过了河。过桥后，莲花生又在众山神为他开的温泉池子里沐浴净身。此传说使天生桥充满了特有的色彩，使人无形中产生虔诚之心。

从天生桥流过的硕多冈河也被藏族同胞赋予了顽强的性格：传说硕多冈河和从中甸城流过的那曲河是一母所生的姊妹俩。她俩为了投奔大海，从雪山上同时出发。来到天生桥时，被坚固的石崖挡住了去路，姐姐那曲河退缩了，改道流向大中甸草原，妹妹硕多冈河不畏艰险，冲破石崖向前奔流……天生桥还给人留下另一种神秘感：传说当年木天王在天生桥附近动用人力开采此处所产的形如竹筷的筷子金，这些筷子金还没有派上用场，木天王就濒临死亡，临终时，把开采到的黄金埋在了天生桥附近。这种传说据说真的引来了不少探宝者，却不曾有获宝者。

天生桥四周山势蜿蜒秀丽，传说中莲花生沐浴过的水池就是天生桥附近的地热温泉。每到春节，藏族同胞就来此洗澡，据说由此可洗却一年的烦恼。此外，在广远山水间还可以观赏到草场特有的景观：茫茫原野，琼花瑶草争奇斗艳。成群的牛羊随草海起伏，好一派"风吹草低见牛羊"的景象。

香格里拉是在时光长河的洗涤中，永恒祥和的净土，绵绵青山，曲曲江河，繁花遍地，牛羊成群，淳朴的牧歌悠扬，就像一条洁白的哈达在空中飞舞。香格里拉是一个融合大自然生命永恒轮回的圣地。

神奇的东方女儿国泸沽湖

　　《西游记》里写道,在唐僧师徒取经西行的途中,有一个没有男子的神秘国度,在那里,女人们通过饮用子母河的水繁衍后代。实际上,在世界各国的民间传说中,都有过许多关于女儿国的传说,但是真正存留至今的,恐怕只有泸沽湖的摩梭人了。

泸沽风光

　　泸沽湖坐落在川滇交界处的云南宁蒗彝族自治县境内,海拔 2690 米,是一个由断层陷落而形成的高原湖泊,也是整个西南地区最高的湖泊。

　　被摩梭人称为"母亲湖"的泸沽湖,素有"高原明珠"之称。泸沽湖藏在川滇边界的深山之中,离最近的县城还有 3 个多小时的车程。交通的不便,使它没有受外界的影响,生态环境也没有被污染,整个小山村处在宁静安详的气氛之中。在弯弯曲曲的山区公路上行进,沿途是茂密的原始森林,浓荫蔽日;山花烂漫,点缀在清清的小溪两侧。一路上都是都市人所心折的惊喜,而路的尽头,一个犹若世外桃源般的惊喜仍在等待。

　　泸沽湖面积很大，湖中有 5 个全岛、3 个半岛和一个海堤连岛。湖中各岛林木葱郁浓翠，水面清澈如镜，偶有藻花点缀其间。湖水竟是如此清澈、纯净，浅水处，可以清晰地看到下面的水草。坐着摩梭人的小船，在这样的水面上滑过，看着高原上的蓝天映在碧绿的湖水里，数着湖面的云的倒影，探下手去似乎就能摸到水草的柔枝，心便也和湖水一样澄澈宁静。

泸沽湖的传说

　　相传摩梭人尊崇的格姆女神不仅容貌美丽，而且十分风流，从不甘寂寞。她和泸沽湖境内的"瓦汝卜拉"男山神保持着长期阿夏关系，但又同周围的"瓦哈""阿纳""则枝""后龙"和盐源县境内的公母山等建有临时阿夏关系。格姆女神只能在天黑后和男山神幽会，鸡鸣天亮前离开，否则就要受到天神的刁难。

　　有一次，格姆和后龙一直纵情欢乐，忘却了一切。正当他们情意绵绵之时，突然听到了远方的鸡鸣声，后龙慌忙跳上马背，扬鞭催马欲去。不料马失前蹄，在山下踩出一个深深的马蹄印。格姆不愿就此中断了这绵绵的情意，一边呼喊后龙，一边追赶。追到马蹄印边时，天已启明。女神站在马蹄印边，伤心地哭了七天七夜，泪水填满了马蹄印，变成了一个马蹄状的"谢纳咪"，即泸沽湖。而有一部分泪水向东面溢了出去，即成了草海。后龙听到哭喊声，深情地回头一望，万分留恋地将自己身上的珍珠串抛了过去，送给心上人作留念。没有想到串线断离，有几颗珍珠落到泪水里，于是变成湖中的几个小岛。后来，每年农历七月二十五日，摩梭"母系"氏族为消除女神的寂寞，都去同她做伴，阿注（男朋友）、阿夏（女朋友）在"啊哈叭腊"那粗犷豪放的歌声中传递爱的信息。

必去理由 台湾八景中的"绝胜"，其自然风姿可与杭州西湖相媲美
适宜季节 四季皆宜
适宜人群 钟情于海岛风光的旅行者

海上别有一洞天 日月潭

　　我们经常听说的"双潭秋月"的美景指的就是我国台湾省的"日月潭"。日月潭坐落在我国台湾省阿里山和能高山之间的南投县水社村，不仅是台湾省的第一明珠，也是我国最著名的旅游胜地之一，可与杭州西湖相媲美。

　　日月潭名字是和潭中一个叫"拉鲁岛"的小岛有关的。拉鲁岛又称为"珠子岛""水社岛"，拉鲁岛东北面的湖面很圆，比太阳还圆，所以就叫日潭；拉鲁岛西南面的湖面犹如一弯新月，称为"月潭"，两潭并称为"日月潭"。

古老的传说

　　走近日月潭，你很容易就会被那里的美丽传说感动。

　　传说在很久以前，有一对恩爱的夫妻，男的叫大尖，女的叫水社。他们二人恩恩爱爱在这里生活。可是有一天他们美满的生活遭遇了麻烦，因为天上的月亮和太阳被附近湖里的龙公和龙母吃掉了。天上没有了太阳和月亮，地上到处都是一片漆黑，庄稼枯死了，周围的很多人也都慢慢地死掉了。大尖和水社实在不忍心看着周围的父老乡亲遭受如此大的痛苦，于是他们下定决心要把太阳和月亮

> 日月潭美景

抢回来。在经历了连他们自己都难以想象的困难之后，夫妻终于找到了能制服龙公和龙母的金斧头和金剪刀。在金斧头和金剪刀的帮助下，他们也最终从龙公和龙母那里把太阳和月亮抢了回来。

太阳和月亮回来了，世界又恢复了原样，草也绿了，花也开了，庄稼也复活了。可是勇敢的大尖和善良的水社为了把太阳送上天上，大尖变成了一座高山，水社变成湖里的一个小岛。人们为了纪念他们，就把大尖变成的高山叫作大尖山，也就是今天在日月潭旁边的大尖山；人们把水社变成的小岛改称为水社岛，也就是今天在日月潭中间的水社岛。后来又经过很多时间，从大尖山上流下来的泉水就像当年勇敢的大尖那厚厚的臂膀一样把水社岛团团地怀抱起来形成了一个大湖。

大尖哥和水社妹的故事为日月潭的美景添加了几分浪漫气息。日月潭在美丽传说的衬托之下变得更加妩媚动人！

风景如画的日月潭

说到日月潭的风景，凡是到过日月潭的人无不心生赞叹，尤其是它"双潭秋月"的美景，据说早在清朝甚至更早的时候，"双潭秋月"就已经蜚声中外。当地人形容日月潭的景色为"万山丛中突现明潭"，真可谓是一语中的。日月潭周边全都是常年郁郁葱葱的高山。在高山的簇拥之下，日月潭显得湛蓝清澈，远远望过去犹如一面明镜。水在山的怀抱中，山倒映在水中，真是水中有山，山中有水。难怪清朝诗人曾作霖游过日月潭之后会发出这样的感慨："山中有水水中山，山自凌空水自闲。"

> 日月潭风光

还有诗曰"青山拥碧水，明潭抱明珠"，也是极贴切的。这其中的青山、碧水自不必再细说，而所谓的明珠指的就是日月潭中间的水社岛。这个美丽的小岛犹如传说之中的水社妹一样娴静秀美。

在古老的祖国大地上，日月潭就像一个时时都闪耀着光芒的明珠。美丽的自然风光和悠久的人文传统的巧妙融合让这个千年古潭越来越具有魅力。

文武庙

文武庙坐落在日月潭北边的山腰上，有大约 70 多年的历史，今天已经成为每一个游日月潭的旅客的必去之处。文武庙的"文"和"武"分别寓指"崇文"和"重武"，庙内主要奉祀的是孔子、关帝和岳飞，另外还有神农大帝、文昌帝、三官大帝、玉皇大帝等神。文武庙外表非常壮观，它常年烟雾缭绕，犹如仙境。从山下拾级而上要经过 365 个台阶才能到达文武庙，你不会被这 365 个台阶所吓倒吧？但只要你能登上文武庙，站在文武庙上，你就能从高处俯瞰日月潭的全景。想象一下，整个日月潭全都在你眼里的时候，你又是一番什么样的感受呢？正所谓：不到文武庙，怎知日月潭？

月老庙

沿着日月潭风景区游客中心向水的方向前进，在大约两千米开外的地方，就能发现巍然屹立的月老庙。月老庙原来是在潭中央的拉鲁岛上的，自古以来就是无数善男信女祈求好姻缘的场所，但是在 1921 年的大地震中，月老庙毁于一旦。震后，当地有关人士将月老庙移至这里，重建后的月老庙非常壮观，已成为日月潭风景区最著名的景点之一。

> 日月潭夕照

古代文明的斑驳遗痕

罗马/雅典/庞贝古城/普罗旺斯/马丘比丘/玛雅蒂卡尔/特奥蒂瓦坎/佩特拉古城/吐鲁番/丽江古城/平遥/开封/梵蒂冈/吴哥窟/莫高窟/曲阜"三孔"/武当山/五台山/金字塔/婆罗浮屠/复活节岛/长城/秦陵兵马俑……

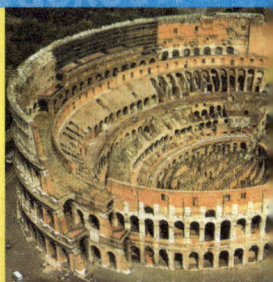

必去理由 千年之城，美如醇酒，久而弥香
适宜季节 四季皆宜
适宜人群 向往经典的浪漫一族

千年名城，永恒之城 罗马

在意大利，有这样一个文字游戏，把罗马——"Roma"倒过来写成"Amor"，就成了拉丁文里"爱"的意思。意思是，任何一个来此驻足的人，都会为罗马独特的魅力所倾倒。这个游戏流行了好几百年，正如罗马的美自它形成的那一天起，永无衰败。

从古代的伊达拉里亚的蒙初时代到罗马帝国的极度辉煌，再到作为基督教中心的唯我独尊，从意大利的统一到墨索里尼法西斯的上台，斗转星移，几度浮沉，罗马仍然是那个独一无二的永恒都市，只是经历了各种历史变迁的罗马，更增添了独特的气质。

千年名城

罗马的历史从台伯河开始。水流缓慢的台伯河从罗马城中从容穿过，构成了一道美丽的风景，也留下了不少的传说。作为罗马帝国首都的罗马，是一个极尽奢华和富丽的城市。至今人们从历史的残迹中仍然能一窥当年的恢宏气势。从奥古斯都大帝时期开始，罗马就是一座大理石的城市。对历代皇帝来说，建造规模

旅游小贴士

气候： 罗马气候温暖，四季鲜明，夏季干燥，冬季多雨，四季皆宜旅游。7月～8月是旅游旺季。

交通： 罗马主要有两条地铁线，两条线的交汇处就在火车站，可相互转乘。

购物： 罗马是意大利最理想的购物城市，从特别高级的用品到时髦的小东西样样俱全。西班牙广场附近的Via Condotti（孔多蒂街）是罗马第一购物街，Via Veneto（威尼托大街）是罗马最悠闲的一条老街。

> 远眺罗马市部分景观（左边是圣彼得教堂的圆顶）

192

越宏大的建筑物，就越能向世人显示自己的威信和帝国的繁荣。

罗马斗兽场

罗马斗兽场也叫作竞技场，是罗马的标志性建筑。罗马斗兽场是罗马时期竞技场建筑结构的典范，有着古罗马建筑最基本结构和最伟大的成就之一——拱券结构。就是依靠拱券这种高水平的结构形式，使内部空间得以解放，斜斜的看台围绕在表演用的平台周围，在视线上几乎没有死角，场内的情况一目了然。而由于年代久远和地震的破坏，场中

> 罗马的君士坦丁凯旋门

央表演用的平台下陷倒塌，所以现在我们能见到的也只有地下的排水道，观众和角斗士们进出通道和两旁的房间，与平时在电影里面看到的相差甚远。脚下遗迹上灰色的砂土，阳光照耀下光芒闪烁，暗处隐隐透出陈年的血迹的红褐色。面对着斗兽场四周空旷的看台，风中带来那时观众们的排山倒海的欢呼，当年奴隶与野兽间相互厮杀的惨烈场面，似乎便又在眼前。

奴隶与野兽厮杀，奴隶们互相厮杀，看台上兴高采烈的达官贵人和平民百姓们，高举着精致的酒杯或大嚼着廉价的烤饼，欣赏着一场与己无关的残酷游戏。人们对着最后幸存下来的勇士大声欢呼，高高扬起大拇指；对临阵脱逃的奴隶嘘声一片：这个懦夫，再来一头野兽吧。

君士坦丁大帝凯旋门　　位于科洛塞奥竞技场西面。建于公元315年。凯旋门采取古罗马的传统形式，由4根半露圆柱和3个拱门组合而成，中间的拱门尤为高大。凯旋门上、下、左、右都刻有歌颂君士坦丁丰功伟绩的各种图案和人物浮雕，还用了君士坦丁大帝之前的3位罗马皇帝的文物，包括图拉真广场建筑上的横饰带，哈德良广场上的一系列盾形浮雕和安装在凯旋门上的马克·奥勒留纪念碑上的8块镶板，使凯旋门更加雄伟壮观，且富有文物价值。

▷ 罗马古斗兽场遗迹

斗兽场外立面高约50米，分为四层。下三层开拱洞，每层80个。外墙附圆柱，首层为多利克式，二、三层分别为奥爱尼式和科林斯式。

卡拉卡浴场 位于科洛塞奥竞技场南，始建于公元 212 ～ 217 年，已有 1770 多年的历史，自 5 世纪中叶以来一直做浴场。浴场用大理石砌成，用嵌石铺地，有壁画，有雕像，用具也不寻常。房子高大，分两层，都用圆拱门，里面金碧辉煌，与壁画雕像相得益彰。中间是大健身房，有喷泉两座，还设有图书馆等附属设备。洗浴分冷水、热水、蒸汽三种，可同时容纳 2000 人入浴。

威尼斯广场 罗马最大的广场，位于内城中心跑马场街的一端，长 130 米，宽 75 米。广场南面有埃马努埃尔二世纪念碑。西边是威尼斯大厦，由巴尔保枢机主教于 1455 年兴建，为罗马最著名的文艺复兴式宫殿式建筑。巴尔保即后来的保罗二世。1797 年起，大厦被奥地利占据长达 120 年之久，1916 年由意大利政府收回后加以整修刷新。墨索里尼上台为其官邸，垮台后，改为艺术博物馆。大厦中间有一狮子，是威尼斯的标志，也是威尼斯保护神——圣马可的象征。

> 圣天使桥的天使雕像

> 恺撒神庙

> 许愿池

千姿百态的喷泉 罗马是个多喷泉的城市，共有各种喷泉 1300 多个，其中最有名的要数特雷维喷泉了。它是为了纪念一位给古罗马军队指点水源的少女于 18 世纪中期修建的，俗称少女喷泉。喷泉中央是几尊大理石雕像，中间的是海神像，两旁是象征富饶与安乐的两位女神。"幸福喷泉"也是有名的喷泉之一，它是巴洛克艺术的杰作，于 1762 年由沙尔维设计建造。

> 罗马城的特雷维喷泉

首善之都

欧洲人有句谚语："光荣归于希腊，伟大属于罗马。"作为一座创造过无比辉煌文明的古城，罗马在无数人的心里有着崇高的地位。经过 2500 年的历史洗礼，罗马的神奇美妙足以让任何旅游者赞叹不已。据说，教皇格利高里十四世在跟滞留不足三周的旅行者告别时会说："祝你一路顺风，再会！"而对逗留好几个月的旅行者却说："愿我们罗马再相会。"这正说明这座城市的主人的自信。因为从古代罗马帝国时代起就作为首都繁荣至今的罗马是一个如此神奇的城市，只是走马观花不能领略它妙处之万一，而随着对它了解的深入，你会越来越为它着迷，盼望能再次访问这座城市。

> 万神殿

穿行在罗马的街头，就仿佛走进一座古建筑艺术的陈列馆。那遍布全城的教堂、广场、雕塑、喷泉，使罗马成为公认的"永恒之城"。罗马的艺术，大气磅礴而又精细入微，细节上的刻画不厌其细。以许愿池为例，据说光背景建筑顶端的教皇饰章就花了 30 年时间才完成。罗马不是一天建成的，在这座历史久远的名城里行走，每一个细节都值得你细细推敲，久久品味。

罗马的艺术同样在世界历史上有着独一无二的重要地位，是以欧洲文艺复兴运动为代表的西方文明的摇篮。崇尚奢华、重视感官享乐的罗马，是文艺复兴时期巴洛克艺术的风行之地。在这里，有着无数著名的美术馆，陈列着大师们的作品，内容不拘日常风俗、静物、风景，是色彩和光线的巧妙组合，为罗马的辉煌历史更添了高雅。

意大利的歌剧艺术以高雅著称，意大利人也是一个风雅的民族。只要你走在罗马街上，总能见到殷勤的男士搀着女子，或款行轻笑，或低声吟唱，衬着中世纪的雕塑和街景，俨然又是一道风景。

或许是由于经历了太多历史和政治的变迁，今天的罗马，许多中世纪街区的面貌已经难以得到保存。但是，这里众多的遗迹和艺术珍品，还有罗马人千年沉淀下来的独有气质，总还是能让人感觉到当年古罗马帝国的荣耀。

罗马城的由来

传说在特洛伊之战后，特洛伊王子战败逃到意大利。他的女儿西尔维娅与战神马尔斯生下一对孪生兄弟罗莫洛和雷莫。后来，王叔阿穆里乌斯为夺王位迫使侄女出家，并将这一对孪生子放入木盆里顺台伯河飘流而下。木盆漂到今罗马一带搁浅，孩子们开始由一头母狼哺养，后又为一牧民收养。兄弟两人长大后成了当地的领袖，后来杀死阿穆里乌斯夺回王位。罗莫洛在自己的获救地建了一座城市，并以自己的名字为其命名罗马。所以罗马的城徽为一狼育二婴，用以纪念。

爱琴海上的明珠雅典

　　希腊首都雅典，是一个从神话中走出来的古老城市，象征着西方文明的发端，在人类历史上留下了浓墨重彩的一笔。岁月流逝，古希腊的辉煌不再，但是，这座爱琴海上的明珠仍然魅力不减，让人心驰神往。

雅典卫城

　　雅典卫城是雅典以及全希腊的一颗明珠，是雅典民主的象征。它位于雅典市的中心，雄踞在一座小山顶上，从雅典市的任何地方都可以看到，仿佛古希腊的诸神们俯视着芸芸众生。从西侧登上卫城山门的那一时刻，心中油然而生一种神圣感。虽然不能亲手抚摸这些白色大理石的残骸，但指间分明有了一种粗糙的触感，仿佛就是那饱经千年风霜的灵魂。

　　然而随着时间的流逝，古希腊的辉煌一去不复返，雅典的荣耀也随之黯淡。今天的雅典早已不是西方世界的中心，它的过往也只能留给后人去唏嘘凭吊。这个西方文明的发端，如

旅游小贴士

　　美色：在雅典无名战士纪念碑前，有著名的皇家卫队士兵站岗。海明威曾戏称他们是"穿着芭蕾舞裙子打仗的男人"。这些腿长个高的小伙子被百里挑一地选中，穿上有400个折褶的宽摆衣裙、白色紧腿裤袜、红色翘头鞋和红色帽子，实在让爱美的人流口水。

　　美味：用大量的橄榄油是希腊料理的一大特色。希腊街头上普遍的美食有希腊烤肉（Souvlaki）：将铁板上烤好的猪肉和土豆条包在又香又松的面饼里，蘸上特制的酸奶酱，吃了上瘾。希腊沙拉上则堆满了羊乳酪。最出名的点心是起司派（Sagabaju）以及菠菜派（Soabajioutta）。甜点中还有柏拉图爱吃的果仁蜜饼。

　　购物：雅典老城区普拉卡的蒙纳斯蒂拉基市场，是淘小玩意的好地方，店铺里满是奇奇怪怪的货物：光亮的铜壶、隽永的陶瓶、细致的银器和庄严的石像会让你痛恨自己付钱之快。皮革制品也是货真价廉。

多立克柱式
帕特农神庙的列柱是
多立克柱式比例的最
佳典范。白色大理石
石柱鼓环雕刻成连续
凹槽，越向柱顶凹槽
就越深。

额盘
额盘包括由连接
着弓形铁片的过
梁所组成，这些
过梁由微弯的截
面构成轮廓线。

角柱
角柱的间距比中
央的列柱小，但
直径较大，而且
向神庙中心对
角线方向倾斜，
以调节视觉上
向外歪斜的建
筑物外观。

雅典，是欧洲文明的摇篮，虽然经过了一次次战争的洗礼，无数冒险家的掠夺，但是卫城留下的断壁残垣，依然彰显着它那古老灿烂的文化气质

雅典卫城是远古御敌的城堡，帕特农神庙是它的主建筑。帕特农神庙代表了希腊古典建筑艺术的最高成就，外形雄伟壮观，内部雕饰精美，是希腊全盛时期建筑和艺术雕刻的代表作。

横饰带

沿着神殿柱廊大理石天花板正下方的墙面，从内部的楣檐顶端开始的大理石横饰带上，全部都有雕刻。但在 1801 年到 1803 年间，横饰带镶板已被拆下。

台阶

台阶由四面向中心微微隆起，形成曲面，踏面的铺设微微向上倾斜。

> 雅典卫城帕特农神庙遗址

今风水轮转，希腊卫城上的诸神们，你们可有预见？

离开卫城时又是夕阳西下的时分，一抹金涂抹在那片大理石立柱的遗址上，仿佛又为一位 3000 年的老人换上了一身新衣。夕照下一朵在废墟中盛开的黄花，在微风里摇曳着，斜斜地虔诚地低俯着柔软的腰肢，可在倾听着从遥远的德尔菲传来的古老神谕？

山门　雅典卫城的山门正面高 18 米，侧面高 13 米。山门左侧的画廊内收藏着许多精美的绘画。山门右前方有雅典娜女神庙。

埃雷赫修神庙　埃雷赫修神庙是雅典卫城建筑中爱奥尼亚样式的典型代表，建在高低不平的高地上。神庙内供奉着雅典娜、波塞冬、赫菲斯托斯等希腊诸神。

伊瑞克提翁神庙　伊瑞克提翁神庙由三个神殿、两个门廊和一个女像柱廊组成。庙内的柱子雕刻精美，是希腊晚期爱奥尼亚柱式建筑的代表作。

> 希腊雅典卫城

爱琴海　雅典

Aegean Sea，中文的译名为 温柔婉约的蓝色魔力，让人生出无限

广阔的爱琴海上散布着无数岛屿，神秘色彩，都隐藏
驶在爱琴海上，船头激起的白色浪花，不知见证过维纳斯的诞生；海水
幽深不见底，又纯净得好比赛伦们的歌唱。没有一点现代文明的痕迹的爱琴海，海中是否具有手执
三叉戟的波塞冬呢？伏在船栏上痴痴地想着，任海风吹乱了头发。

船行渐入港，方见有一幢幢白色大理石的小楼建在山坡上，窗台盛放的是五颜六色的时令鲜花，
有着浓浓的异国风味。享受着这蓝天、碧海和略带海味的空气，
只希望能有一杯浓浓的卡布其诺咖啡。

初到雅典，目之所见却让人吃了一惊。原以为它会和
罗马一样，是个古风犹存、气派高贵的典型欧洲城市。在
雅典，路边的商店都有落地的玻璃橱窗，摆满了精美的商品，
其中不乏当年巴黎流行的名款。街道上来来往往着世界各地的
观光客，显得有些壅塞。雅典的交通显然和一般意义上的
国际城市大有不同，街道窄而繁忙，车流滚滚，摩托车更
是多得惊人，加上人声鼎沸，十分热闹。喧闹的街道，衬
着路旁平顶的白色房子和高大的棕榈树，不像欧洲，倒更
有几分像北非。

除去这初见时的意外，雅典仍然是一个让人愉悦的美丽
城市。雅典的城市建筑大多是白色的，用带着天然纹理的灰白
色大理石筑成，墙壁显得格外地平滑细腻。在夕阳的余晖中，
整个雅典的建筑全是一片一片有层次的淡淡金色，整洁而
优雅，美得让人眩目。

> 米罗的维纳斯（公
元前 3 世纪～前 1 世
纪，希腊）

203

历史的化身 庞贝古城

歌德说:"在世界上发生的诸多灾难中,还从未有过任何灾难像庞贝一样,带给后人如此巨大的愉悦。"庞贝,这座曾盛极一时却毁于顷刻的城市一直是个神秘的字眼,出现在历史学家的记忆里和古老的传说里。1594年,人们在萨尔诺河畔修建饮水渠时发现了一块上面刻有"庞贝"字样的石头,才终于知道了庞贝古城的具体位置。历经多年挖掘,一个古城市景象出现在了人们的眼前。而且由于火山尘砾的保护,当年的城郭结构、建筑装饰和当时的生活用品得以保留了原状,甚至绘画颜色仍然鲜活如初,终于使得后人可以一窥这座罗马古城当年的风貌。

罗马古城

公元前6世纪,伊特鲁里亚人在意大利拿波里东南50千米处修建了庞贝城,当时的庞贝不过是南来北往的商旅的一个中转小站。公元前91年,庞贝归罗马人统治,此后盛极一时,据说富庶不让罗马。在使庞贝城毁灭的那场灾难发生之前,庞贝是一个让所有罗马人骄傲的繁荣安逸之地,是罗马文化的重要象征。公元79年,位于意大利那不勒斯东南的维苏威火山突然喷发,在不到两天的时间里,整个庞贝城就被完全掩埋在6~7米深的火山尘砾下了,曾经鲜活的城市定格成为一个瞬间。

作为罗马骄傲的庞贝有着罗马时期的大城市的一切共性。从历史记录和发掘出来的历史遗迹中

> 庞贝古城一处豪华的私人住宅,名为"牧神之家",占有一整个街区。

> 庞贝古城中带有顶棚的小剧院，建于公元前80年，是有顶剧院的代表性建筑。

我们可以得知，当时庞贝的城市建设已经十分发达。庞贝城所有的街道都由石块铺设。马路和人行道分开，人行道高出马路，路口中央还铺有和人行道一样高的大石块——那是雨天供人行走的石桥。在车水马龙的十字路口还设有公共饮水处，有着雕花石块砌成的水池。行人如果走累了，还可以喝上一口清泉，天长日久，石柱上深深的扶手的印痕，今天仍然清晰可辨。

和任何一个城市一样，富人和穷人在这个城市里有着截然不同的生活。泉水从城外山上通过高架渡槽引入城内水塔，分别流向各公用水池和富豪庭园的喷泉池。这些豪宅大院大部分为罗马或希腊式建筑，气派十足。大门上往往装饰着粗大的大理石圆柱和雕花门楼。走廊和庭园到处摆着神话人物和野兽的塑像。居室的格局分为正厅、餐厅和卧室等，富丽堂皇，墙上绘有壁画，地板上饰有镶嵌画，房内还陈设着精美的白银镶青铜制品。平民的房屋则往往与其商铺相连，较为低

> 庞贝古城风光油画

> 庞贝的豪宅"爱情之家"内的带柱廊的院子（1世纪）

矮简陋，相比之下更像是模型或者娃娃屋。

庞贝城内最宏伟的建筑物是当时的公共场所，都集中在西南部一个长方形的公共广场四周。包括有神庙、公共市场、市政办公厅等建筑物，那是庞贝政治、经济和宗教的中心。广场的东南方，是庞贝城官府的所在地，广场的东北方则是贸易市场。沿街的商铺一家接着一家，鳞次栉比。一路走来，足可以想象当年的繁华。

瞬间永恒

庞贝城的遗址，不仅仅是一个个宏伟场景，更是一个个被冻结的瞬间，展现了那已经逝去千年的活生生的生活。

在青石铺设的街巷中漫步，两边是鳞次栉比的民居和店铺。一座古老的面包房里，几座烘烤炉和半人高的石磨、烘炉里，还留下一块烤熟的面包，不仅保持着原来的形状，而且上面印着的面包商的名字似乎还清晰可见；一个水果铺的货架上，还能辨认出曾经摆满了杏仁、栗子、无花

> 庞贝古城的阿波罗神庙，是全城最古老的神庙，有阿波罗等神灵的雕像。

> 农牧神宅中第一个庭院和北侧的半圆拱亭

> 庞贝古城的"米南德之家"，以希腊诗人米南德的名字命名，是一处豪华的宅邸。

> 大水泉宅

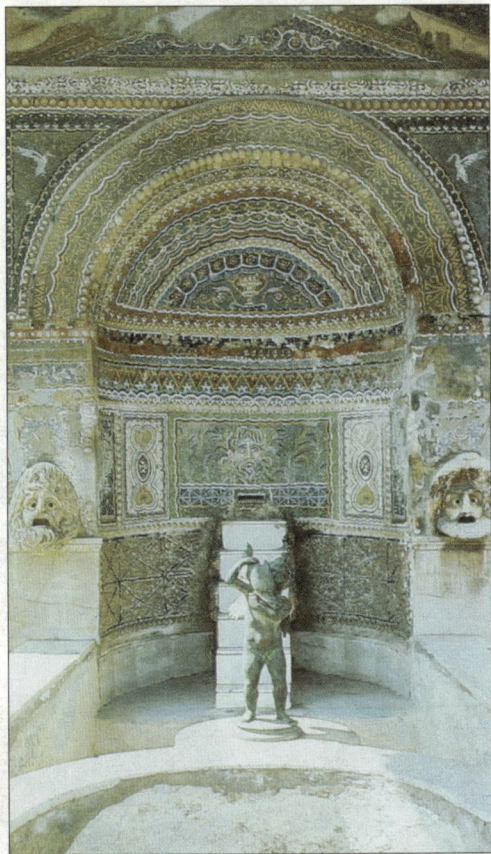

果、胡桃、葡萄等果品，虽然它们早已干枯变质；在一家药店的柜台上，还发现一盒已经碾成了细末的药粉，旁边有一根细小的圆药条；街道上青灰色的铺地石上，车辙的痕迹历历在目，仿佛刚刚还有车马疾驰而过。一切都似乎在告诉外来的人们，主人只是外出了，一会儿就回来。

古城的主人，现在已经成了一个个石膏像，诉说着灾难发生瞬间的历史。在火山爆发的一刹那，许多没能逃出城的人，被喷流而出的火山灰包封起来，窒息而死。随着时间的消逝，人的肉体腐朽了，只剩下一些空壳。考古学家用这些空壳作模子，把石膏浆灌进去，制成许多和真人一样形状的石膏像，再现出了受难者当时那种绝望和痛苦的表情。其中，一个小女孩紧紧抱住母亲的膝盖，瑟瑟发抖；一个拿着一袋硬币的乞丐站在街口，一脸茫然；一位正在面包作坊工作的师傅，抱着双手蹲在炉前……这些古城的居民，灾难来时显然还不知道发生了什么，那种死亡前瞬

207

间的惊惶与绝望，让观者深觉人类的渺小、生命的脆弱。

维苏威火山

在风景如画的意大利西南海岸，有一座巍峨峻峭的高山，俯瞰着碧波荡漾的那不勒斯海湾，那就是著名的维苏威火山。是它造就了庞贝的富庶繁荣，也正是它，在一夕之间摧毁了庞贝。面对脚下的残垣断壁，沉默的维苏威火山不知在想些什么。

从高空俯瞰维苏威火山，是一个弧度漂亮的近圆形的火山口，正是公元 79 年那次大喷发形成的。维苏威山并不太高，走在火山渣上面脚底下还发出沙沙的声音。站在火山口边缘上可以看清整个火山口的情况，火山口边缘有铁栏杆围着，可以防止游人发生意外。火山口深约 100 多米，由黄、红褐色的固结熔岩和火山渣组成。尽管自 1944 年以来维苏威火山再没喷发过，但平时维苏威火山仍不时地有夹着硫磺的气体喷出，是一座休眠中的活火山。即便如此，今日在它的周围仍然住着数百万的人口。

> 玛尔斯和维纳斯（庞贝壁画，那波利藏）

> 庞贝古城的石砌道路

必去理由 "薰衣草" 的故乡，葡萄酒里看着浪漫的爱情

适宜季节 夏季

适宜人群 喜欢探访古迹的人

过去

最早认识普罗旺斯，是源于英国作家彼得·梅尔的《永远的普罗旺斯》，梅尔笔下的"普罗旺斯"已不再是一个单纯的地域名称，它代表了一种简单无忧、轻松慵懒的生活方式，一种宠辱不惊、看庭前花开花落的闲适意境。那繁复的历史脉络、苍凉的古堡以及浓厚的艺术氛围，更是源于它厚重的文化底蕴。

在这里，除了浪漫的爱情传奇，更多的是它独特的风景。这里有充满激情的都市马塞、尼斯，有温文尔雅的大学城艾克斯、阿维尼翁，还有逃过世纪变迁的中世纪小村落。荒芜的峡谷、整齐的田野、原始的山脉……普罗旺斯将过去与现在如此完美地融合在一起。

永远的普罗旺斯

在历史上，普罗旺斯的范围界限变化很大。18 世纪末法国大革命时期，普罗旺斯是被划分的行政省份之一。20 世纪 60 年代，法国行政省份又被重新组合划分成 22 个大区，于是有了现在的

> 普罗旺斯历史悠久的塞农克修道院，散发出薰衣草的芳香。

209

▶ 普罗旺斯小镇全景

普罗旺斯—阿尔卑斯大区。

世纪的动荡给普罗旺斯留下了一个混淆的疆界概念，同时也赋予了普罗旺斯一段多姿多彩的过去。

在奥郎日小城，你可以坐在罗马时代的圆形露天剧场看戏，在阿尔城，你可以坐在咖啡厅里品味凡·高的油画，你可以赤足走上软软的沙滩，头顶沐浴金色的阳光，或是躺在山谷的草地上，闭上双眼聆听大自然的声音。在这里，时间是人们唯一忘却的东西。

历史的车轮永不停息，虽然普罗旺斯也随之进入了现代社会，但它却时刻提醒人们忆起从前的血腥历史。普罗旺斯有它的历史背景，在这个城市，古迹占了很重要的部分。雷博山城、圣保罗如两个梦幻般的古城，其风貌不用刻意粉饰，即已自然呈现，这一点是一些国内古城望尘莫及的。

普罗旺斯的每个城市都有着自己的传奇，每个乡村小镇都有着如画般的风景，在这片风景中，塞尚、凡·高、莫内、毕加索、夏卡尔等艺术家都曾展开艺术生命的新阶段，蔚蓝海岸的享乐主义风气，也吸引了许多作家前来朝圣，如美国作家费兹杰罗、英国作家 D.H. 劳伦斯、法国作家赫胥黎等。当然，还有一开始提到的《永远的普罗旺斯》的作者彼得·梅尔。

必去理由 以瞬间痛苦的毁灭为代价，穿越了千余年的时空，告诉世人为什么要尽享生命之欢乐

适宜季节 沿海夏季较为湿热，冬季为宜

适宜人群 对文化遗迹有着强烈兴趣，从历史中感受生活的旅行者

历史的化身 庞贝古城

　　歌德说："在世界上发生的诸多灾难中，还从未有过任何灾难像庞贝一样，带给后人如此巨大的愉悦。"庞贝，这座曾盛极一时却毁于顷刻的城市一直是个神秘的字眼，出现在历史学家的记忆里和古老的传说里。1594年，人们在萨尔诺河畔修建饮水渠时发现了一块上面刻有"庞贝"字样的石头，才终于知道了庞贝古城的具体位置。历经多年挖掘，一个古城市景象出现在了人们的眼前。而且由于火山尘砾的保护，当年的城郭结构、建筑装饰和当时的生活用品得以保留了原状，甚至绘画颜色仍然鲜活如初，终于使得后人可以一窥这座罗马古城当年的风貌。

罗马古城

　　公元前6世纪，伊特鲁里亚人在意大利拿波里东南50千米处修建了庞贝城，当时的庞贝不过是南来北往的商旅的一个中转小站。公元前91年，庞贝归罗马人统治，此后盛极一时，据说富庶不让罗马。在使庞贝城毁灭的那场灾难发生之前，庞贝是一个让所有罗马人骄傲的繁荣安逸之地，是罗马文化的重要象征。公元79年，位于意大利那不勒斯东南的维苏威火山突然喷发，在不到两天的时间里，整个庞贝城就被完全掩埋在6～7米深的火山尘砾下了，曾经鲜活的城市定格成为一个瞬间。

　　作为罗马骄傲的庞贝有着罗马时期的大城市的一切共性。从历史记录和发掘出来的历史遗迹中

> 庞贝古城一处豪华的私人住宅，名为"牧神之家"，占有一整个街区。

爱琴海　雅典

　　Aegean Sea，中文的译名为"爱琴海"，有着堪比法国枫丹白露的雅致，仿佛说出口便带着一片温柔婉约的蓝色魔力，让人生出无限遐想。

　　广阔的爱琴海上散布着无数岛屿，每个小岛都充满了神秘色彩，都隐藏着无数的神话传说。船驶在爱琴海上，船头激起的白色浪花，不知哪一朵见证过维纳斯的诞生；海水泛着青蓝色的光芒，幽深不见底，又纯净得好比赛伦们的歌唱。没有一点现代文明的痕迹的爱琴海，海中是否真有手执三叉戟的波塞冬呢？伏在船栏上痴痴地想着，任海风吹乱了头发。

　　船行渐入港，方见有一幢幢白色大理石的小楼建在山坡上，窗台盛放的是五颜六色的时令鲜花，有着浓浓的异国风味。享受着这蓝天、碧海和略带海味的空气，只希望能有一杯浓浓的卡布其诺咖啡。

　　初到雅典，目之所见却让人吃了一惊。原以为它会和罗马一样，是个古风犹存、气派高贵的典型欧洲城市。在雅典，路边的商店都有落地的玻璃橱窗，摆满了精美的商品，其中不乏当年巴黎流行的名款。街道上来来往往着世界各地的观光客，显得有些壅塞。雅典的交通显然和一般意义上的国际城市大有不同，街道窄而繁忙，车流滚滚，摩托车更是多得惊人，加上人声鼎沸，十分热闹。喧闹的街道，衬着路旁平顶的白色房子和高大的棕榈树，不像欧洲，倒更有几分像北非。

　　除去这初见时的意外，雅典仍然是一个让人愉悦的美丽城市。雅典的城市建筑大多是白色的，用带着天然纹理的灰白色大理石筑成，墙壁显得格外地平滑细腻。在夕阳的余晖中，整个雅典的建筑全是一片一片有层次的淡淡金色，整洁而优雅，美得让人眩目。

> 米罗的维纳斯（公元前3世纪～前1世纪，希腊）

过去与现在的完美结合 普罗旺斯

最早认识普罗旺斯，是源于英国作家彼得·梅尔的《永远的普罗旺斯》，梅尔笔下的"普罗旺斯"已不再是一个单纯的地域名称，它代表了一种简单无忧、轻松慵懒的生活方式，一种宠辱不惊、看庭前花开花落的闲适意境。那繁复的历史脉络、苍凉的古堡以及浓厚的艺术氛围，更是源于它厚重的文化底蕴。

在这里，除了浪漫的爱情传奇，更多的是它独特的风景。这里有充满激情的都市马塞、尼斯，有温文尔雅的大学城艾克斯、阿维尼翁，还有逃过世纪变迁的中世纪小村落。荒芜的峡谷、整齐的田野、原始的山脉……普罗旺斯将过去与现在如此完美地融合在一起。

永远的普罗旺斯

在历史上，普罗旺斯的范围界限变化很大。18世纪末法国大革命时期，普罗旺斯是被划分的行政省份之一。20世纪60年代，法国行政省份又被重新组合划分成22个大区，于是有了现在的

> 普罗旺斯历史悠久的塞农克修道院，散发出薰衣草的芳香。

▶ 普罗旺斯小镇全景

普罗旺斯—阿尔卑斯大区。

　　世纪的动荡给普罗旺斯留下了一个混淆的疆界概念，同时也赋予了普罗旺斯一段多姿多彩的过去。

　　在奥郎日小城，你可以坐在罗马时代的圆形露天剧场看戏，在阿尔城，你可以坐在咖啡厅里品味凡·高的油画，你可以赤足走上软软的沙滩，头顶沐浴金色的阳光，或是躺在山谷的草地上，闭上双眼聆听大自然的声音。在这里，时间是人们唯一忘却的东西。

　　历史的车轮永不停息，虽然普罗旺斯也随之进入了现代社会，但它却时刻提醒人们忆起从前的血腥历史。普罗旺斯有它的历史背景，在这个城市，古迹占了很重要的部分。雷博山城、圣保罗两个梦幻般的古城，其风貌不用刻意粉饰，即已自然呈现，这一点是一些国内古城望尘莫及的。

　　普罗旺斯的每个城市都有着自己的传奇，每个乡村小镇都有着如画般的风景，在这片风景中，塞尚、凡·高、莫内、毕加索、夏卡尔等艺术家都曾展开艺术生命的新阶段，蔚蓝海岸的享乐主义风气，也吸引了许多作家前来朝圣，如美国作家费兹杰罗、英国作家 D.H. 劳伦斯、法国作家赫胥黎等。当然，还有一开始提到的《永远的普罗旺斯》的作者彼得·梅尔。

古罗马建筑遗迹

对那些正在普罗旺斯的游客，如果你贪恋罗马久远的历史，你没有必要专门跑到意大利去，因为在普罗旺斯，你可以领略到古罗马丰富的历史遗迹。在普罗旺斯，有椭圆竞技场、罗马浴场、古代户外剧场、水渠道桥、格拉侬古城遗址、凯旋门及神殿等。普罗旺斯各个城镇里的景观，都是法国、意大利与西班牙文化相融合的历史古迹。

最独特的古罗马统治时代的纪念建筑是公元前 1 世纪罗马人所修筑的嘉德水渠道桥，它会激发你寻找更多罗马古迹的游兴。14 世纪时，亚维农古城曾一度成为七任世界宗教的驻跸地，而现在的国际艺术节则于每年的 7 月至 8 月在此举行。

普罗旺斯人永远不会忘记过去的传统，他们总是会在民族节庆中穿戴古老的传统服饰参与盛会。每年 7 月的第一个周末所举行的普罗旺斯传统服装节，是当地最盛大的节庆。如果你来普罗旺斯正好赶上了这一节庆，置身其中，你会感觉法国民族神话再度复活了，你自己则像进入了历史的时光隧道一般。

普罗旺斯的标志——薰衣草

夏日的午后，薰衣草迎风绽放，浓艳的色彩装饰着翠绿的山谷，微微辛辣的香味混合着被晒焦的青草芬芳，这就是普罗旺斯最令人难忘的气息。普罗旺斯是薰衣草的故乡。

> 普罗旺斯断桥

> 群山拥抱中的普罗旺斯

主要景点

马赛： 马赛的著名，可归功于《马赛曲》。它处在地中海北岸，是法国第二大城市。市内主要景点有贾尔德圣母院、圣让堡垒、博物馆等。而一部《基督山恩仇记》使海中略显孤独的伊福岛不再孤独，因为那里就是小说中基督山伯爵被关押的地方。当地政府在岛上仿照大仲马小说中的情节，特地修建了一座监室，供游人来参观。

艾克斯： 是画家保尔·塞尚的故乡，自中世纪起就是一座大学城，也是著名的"泉城"。在艾克斯，以塞尚名字命名的地方比比皆是：塞尚大街、塞尚广场、塞尚中学、塞尚医院、塞尚画廊……这里也是普罗旺斯的古都之一，在今天仍以古罗马遗迹、中世纪哥特式和文艺复兴风格建筑而著称。艾克斯市还以独特的烹饪、玫瑰红葡萄酒及特别的语言——普罗旺斯方言闻名。

每年 7 月是薰衣草花盛开的季节。这个时节，薰衣草衬托着墨绿色的橄榄树、湛蓝的天空和艳丽活泼的向日葵，在夏风中打开浪漫的符号，像那种最沉静的思念，最甜蜜的惆怅，有种藏于心中的温暖、忧伤的感觉，那种美会令你震撼，你会不由得赞叹大自然的奇妙。

薰衣草具有醉人的芳香。除了作为香料使用外，普罗旺斯人还把它做成果酱涂面包，做成冰淇淋、甜点和饼干等。有时候，当你在盛夏的树荫下或者严冬的炉火边时，一顿地道的普罗旺斯晚餐后，薰衣草会出现在一杯清澈金黄的瓷杯茶汤里。

在普罗旺斯游览，空气里、头发上、肌肤上都会沾满薰衣草的味道，呼吸里也尽是甜美的气息，所谓幸福，不过如此。

做个时间的盗贼

"逃逸都市，享受慵懒，在普罗旺斯做个时间的盗贼。"这是彼得·梅尔在《永远的普罗旺斯》里的感叹。马赛港的讨海人文化、戛纳的艺术节电影、亚维侬的精致戏剧气息，这些都能让你体验到普罗旺斯的城市文化。但是，真正的市民生活情趣却应该在没有车马喧嚣的山水之间。躺在青青的绿草地上，身边只有墨绿的橄榄树和紫色的薰衣草，听到的只有潺潺的水流声。当你发现自己正处于半睡半醒之间时，你才真正地进入了普罗旺斯的怀抱。

> 马赛

印加文明的宿命和智慧 马丘比丘

    余秋雨曾经说过："废墟不会阻碍街市，妨碍前进，现代人目光深邃，知道自己站在历史的第几级台阶。他不会妄想自己脚下是拔地而起的高台。因此，他乐于看看身前身后的所有台阶。"马丘比丘是一座废墟，人们对它的向往，不单单是因为他远离都市的古老隐秘，更是因为这座古城记载着印加人无与伦比的智慧。

    马丘比丘是印加人圣谷的终点，位于秘鲁境内库斯科西北方80千米的安第斯山脉中，是沉睡了400多年的印加古城，也是人与其环境和谐共存的极致表现。马丘比丘古城建造于公元15世纪，位于狭窄的山脊上，面对汹涌的乌鲁班巴河。它被包围在群山中，覆盖于浓密的丛林之下，数百年之久没有人类的足迹到此，直至1911年才被发现。

▷ 马丘比丘遗址侧面

马丘比丘的神秘

从库斯克到马丘比丘需要4个小时的路程，一路上要经过无数处石砌梯田、水渠石闸、石屋废墟，沿途风光已经让人感受到古老民族的文化传承，而当你站在印加文明的最巅峰时，那将是怎样的一种心情呢？登上安第斯山顶，眼前突然展现出一片石头的废墟，这就是马丘比丘，现在的马丘比丘已经成为秘鲁经济支柱旅游业运转的核心。

马丘比丘在海拔2000多米高的山巅上，站在这个被现代遗弃的古城登高远眺，周围景物尽收眼底。白云在脚下飘浮，而哺育了举世闻名的印加文明的圣河——维坎纳塔河，则像一条滑落到脚踝的腰带，细细地缠绕在山脚下。遗址的西北是印加人的村落，完整而井然有序；东南是印加文明特有的那种梯田。经过长途跋涉的辛劳，历史终于离你我这般近，仿佛伸手就能触到清新的古代空气。

过高的海拔使马丘比丘的天空一片碧蓝，远离都市而没有一丝尘埃，

旅游小贴士

货币：现钞在货币兑换员处兑换，他们是一些合法的货币兑换者，常常在大城市的街角出现，通常身穿绿色夹克、手拿计算器。和这些人进行交易最好带上自己的计算器来核对金额。大多数国际信用卡可以被接受。

高原反应：只要认真地遵行一些简单的方法措施，即能有效地减少或消除高原反应。禁止摄入过量酒精，避免旅行头一两天过度劳累，大量饮水会有助于身体系统迅速自我调整，甜的糖果蜜饯能够刺激新陈代谢，服用阿司匹林可缓解痛症，另外古柯叶马黛茶，即古柯叶泡制的茶是治疗恶心呕吐的最佳良药。

> 马丘比丘遗址全景

> 马丘比丘遗址的农用梯田，围绕在住宅区周围，用于耕种玉米和其他热带作物。

让人真正体会到空谷足音的味道。

马丘比丘以其美妙绝伦的环境、古老悠久的历史引人远道前来朝拜。考古学家调用了人类历史和印加帝国古代民俗的一切知识贮备，为马丘比丘遗址的各个部分进行了命名：广场、王宫、王后宫、太阳神庙、月亮神庙、墓地、圣石、主门……但是，这种名称又有哪一处是经过它真正的主人许可过的呢？

古老的印加文明

马丘比丘是被印加帝国于 16 世纪遗弃的古城。西班牙人在长达 300 多年的殖民统治期间对它一无所知，秘鲁独立后 100 年里也无人涉足。在 400 余年的时光中，只有翱翔的山鹰目睹过古城的雄姿。自 1911 年马丘比丘古城被发现后，考古学家又发现了通向古城的印加古道，全长 45 千米。

"印加"既可以指印加帝国，也可以指印加民族。印加帝国开始于 1438 年印加王帕查库提即位之时。帕查库提将散落杂居的印加人聚拢起来，建立了一个统一的帝国，后来印加帝国势力遍布安第斯高原，成为当时南美的最大国家。

印加文明的起源则要追溯到公元 1200 年，起源地点便是今天被称为"南美考古之城"的库斯科。位于南美的印加是最遥远的一个人类古代文明中心。印第安人越过白令海峡进入美洲后，又分批数次穿过中美洲的咽喉要道，并经过数千年的培育，最终缔造了辉煌的印加文明。

马丘比丘不单是秘鲁，也是整个南美洲的象征。马丘比丘带给人们的不只是对神秘力量的敬畏，更多的还有对文明的缅怀之情。

> 马丘比丘遗址

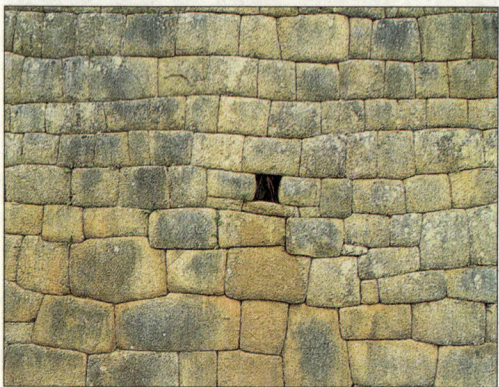

> 马丘比丘遗址王室居住区的墙壁。与简陋的居民住宅不同，由裁制好的大石块精致地砌成。

没落的文明之城

马丘比丘是印加文明中最精彩的部分。现代的考古学者推断，马丘比丘并不是普通的城市，而是一个举行各种宗教祭祀典礼的活动中心。

马丘比丘坐落在没有人烟的山脊上，从远处看，马丘比丘似乎随时都有可能滑下万丈深渊。那么，古代印加人是怎么在绝顶上建造城市的呢？这一点至今仍没有人能合理地加以解释。

马丘比丘古城在海拔 3000 多米的山头上被搁置了好几百年，竟然没有被人发现，这不能不说是一个奇迹。当美国人宾海姆在 1911 年发现马丘比丘时，错误地认为这就是传说中的维卡巴姆巴——伟大的印加国王躲避西班牙征服者的最后一处山间居所。因此，在世界遗产名录上，马丘比丘被冠以"历史避难所"的头衔。

仔细观察，你会发现马丘比丘遗址的选择看起来是经过精心考虑的：中间的一个广场被两块居住区夹着，东北是世俗生活的中心，西南是公共活动的场所，西部宗教区内树立的影壁对应着北部的圣山，而一年四季的日影穿过太阳神庙的窗口之后则必定落于庙堂的正中。古印加人这种缜密思维不得不令我们这些现代人佩服。

印加文明的骨骼

在南美的一些地区，人们认为神圣力量可以跨越时空，无所不在，因此代表亘古永恒的石头，便成为与神圣力量沟通的媒介。石头就是印加文明的骨骼。印加人用石头筑屋、铺路、设祭台……但是，这些石头上必须塑成一种文明的形状，留下凹进去的壁龛，为祖宗的遗体和灵魂留下栖息的地方。

印加人削掉了一个小山尖以后，用削下的石头一块一块垒起了马丘比丘。这些巨石之间没有任何黏合物，但却严丝合缝，这不能不说又是一个奇迹。

矗立在马丘比丘高山之巅的一块怪异巨石被称为"日晷"，印加人叫它"拴日石"。这块呈"凸"字形的石头是印加人的灵魂。在印加人看来，巨石矗立之地就是世界的中心。印加人崇拜太阳，并

关于马丘比丘

主要景点：太阳庙、印加之家、大庙、三重门、谷仓、大磨盘、神鹰庙、中央广场等。

地方特产：仿古印加陶制品、毛皮制品、木雕制品、石雕、红葡萄酒、铜、鱼粉、纺织品、原油、金银饰品等。

把自己看成太阳的子孙。他们将自己的城市建在高山之巅，就是为了离太阳更近些。传说每年冬至太阳节时，为祈祷太阳重新回来，他们会象征性地把太阳拴在这块巨石上。

最后的文明之城

在阳光底下，马丘比丘有一种难以形容的神秘和庄严，而远处山脉的环绕，更加衬托出这遗世独立的印加神秘之城的气势。

世界上的文明源远流长，马丘比丘这个矗立着的古代废墟却能让人领略古代遗址的丰富语言。在这个深藏的山中，如今已有了铁路，还有了专门的直升飞机停机坪。旅游已经成为秘鲁这个动荡不安的南美小国的经济支柱，而来这里的外国游客，则大多数是来朝拜马丘比丘的。古代的明珠在今天放出了灿烂的光芒，远道的人们不远万里前来，寻找着通向人类古代文明的阶梯，寻找着跨文化跨时空的心灵深处的对话。

当你再次俯瞰这座没落古城时，你与马丘比丘和安第斯山之间早已达成了一种默契，这种默契关乎太阳神的神话，关乎文明的陨落，关乎山的庇佑。

> 马丘比丘遗址好像悬挂在天空和大地之间。云雾长年聚集在住宅上空，加上隐蔽的地理位置，使它免遭外敌的劫掠。

> 马丘比丘的塔楼，是太阳庙或观象台，内部有一块类似祭坛的天然巨石（拴日石），是一块长方形的大圆石盘。是根据阳光在光滑石面上的投影来确定冬至和夏至。

必去理由 能听到圣灵之声的地方，玛雅文明的中心，玛雅帝国的最大首都
适宜季节 四季皆宜
适宜人群 热衷于探寻玛雅文明的旅行家和学者

古老文化的覆灭与重生 玛雅蒂卡尔

玛雅文化是古代中美洲最辉煌的文化之一，一提到玛雅文化，不由得就会想起矗立在莽莽丛林中的巨大金字塔、刻着复杂难辨铭文的巨石和血淋淋的宗教仪式。而这些更增添了这一古老文化的神秘感。

古老玛雅文化的覆灭

16 世纪的欧洲人，双眼被无知、偏见和贪婪所蒙蔽，除了闪闪发光的金子，他们的眼里别无他物。他们四处搜罗历史文物，然后烧毁，以此消灭其他宗教文化。在消灭其他宗教文化的同时，这些无知的欧洲人也以武力开始入侵、同化直到消灭异族人。

古代玛雅人是当代玛雅印第安人的祖先，他们属一支居住在中美洲广大丘陵和低地的古代文明。1519 年，西班牙探险家科尔特斯率领西班牙军队横扫墨西哥，征服了正处于文明鼎盛时期的阿兹特克帝国，正像西班牙人所说的那样，"铲除一个文化，如同路人随手折下路边一朵向日葵"。在西班牙殖民者的入侵之下，玛雅文明已近尾声。但在尤卡坦半岛上，还残存着一些玛雅小邦。此后，西班牙探险队试图用暴力在尤卡坦半岛上建立西班牙殖民地，并强制推行基督教信仰。于是，玛雅人与西班牙殖民者展开了长达百余年的游击战。在强大的殖民侵略者面前，玛雅人最终没有取得胜利。1697 年，最后一个玛雅城邦在西班牙人的炮火中灰飞烟灭。

殖民征服的烽烟渐渐平息之后，古代玛雅和其他的印第安文明一样被世人遗忘了。在此后的200 年间，人们一直认同"印第安人无文化"的说法。直到 18 世纪末，西方人才对 200 年来他们视而不见的美洲文明产生兴趣。

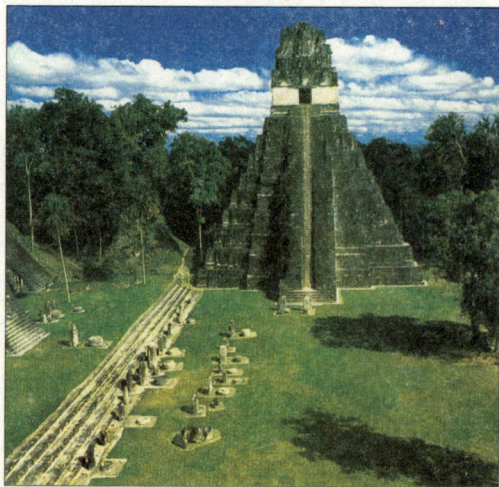
> 蒂卡尔 1 号金字塔

此后，玛雅沉睡的密林深处没有再中断过陌生人的脚步，探险者、旅行者都欣喜地到这里寻找传说中的神奇和美丽……人们寻找的却是一段失落的文明。

在古迹中寻找蒂卡尔

公元 8 世纪是玛雅文化的鼎盛时期，蒂卡尔古城就是这一时期兴起的城市。蒂卡尔古城坐落在危地马拉东北部的热带丛林深处，它是迄今人们了解最多、规模最大的玛雅古城之一。

在玛雅文化中，蒂卡尔的意思为"能听到圣灵之声的地方"。蒂卡尔古城遗迹的中央有一个巨大的广场，北面是古希腊式的卫城，离这些建筑再远些是一片房屋。这些建筑早已经随

▶ 危地马拉高地景色

稠密的人口迫使玛雅人居住在这片高地上，以进行农业生产。玛雅人在古代美洲占有 35 万平方千米的区域，包括现在的墨西哥、萨尔瓦多、洪都拉斯等地区。这片地区地形变化万千，包括火山、灌木平原及热带雨林。

▶ **清晨中的蒂卡尔中心卫城**

蒂卡尔是危地马拉低地中最著名的遗址。学者对房屋地基的土堆研究后显示：遗址中央区 16 平方千米内约有 1 万人聚居；而周围 63 平方千米的资源供给区内则有 4 万人左右居住。

着殖民侵略的战火变得残缺不全。遗迹中最大的杰作是 5 个巨大的金字塔神殿，游荡在神殿之中，眼前似乎出现了当年玛雅人创造这些灿烂文化的繁忙。站在 64 米高的 4 号神殿的顶端，鸟瞰四周的原始森林，你的耳边似乎听到了远古的钟声，听到了西班牙殖民者对这块土地殖民主义的践踏。

蒂卡尔经历了玛雅文明的黄金时代。这是一个修建巨型纪念物、发明象形文字和制造复杂计时器的时代，也是制陶工艺和宝石加工按照独特风格蓬勃发展的时代。在蒂卡尔，大量的还愿石碑上雕刻有祭祀或显要人物的头像，以及铭文和按照玛雅历法推算的年份日期。但所有资料都没有记载，使得这座城市的人口慢慢地减少，以至最终被遗弃的原因究竟是什么呢？

从现已发掘出的 3000 多座建筑、已填平的陋室和巨大的金字塔庙宇来看，蒂卡尔是当时玛雅帝国的最大首都和玛雅文明的中心，它反映了哥伦布发现新大陆之前玛雅文明最高的工艺水平和文化成就。

蒂卡尔古城中的宗教气息

宗教在玛雅文化中占着主导地位。从蒂卡尔古城建筑中的石雕和山榄木精细的雕刻中，我们可以粗略地了解古玛雅人的一些情况和他们举行的宗教仪式。蒂卡尔的金字塔，不仅是用作达官贵人的墓地，里面还有许多华丽的陪葬品和供他们在进入另一世界旅途中享用的食品。从这一点上看，玛雅人对宗教的崇拜已经到了疯狂的地步。

无论走在蒂卡尔的金字塔里，还是在遗留下的宫殿、庙宇前的石碑前，你都可以看到上面的最远古的图案。蒂卡尔是玛雅帝国重要的宗教中心之一，而许多人则选择这个宗教中心的外围作为他们的居住地，所以他们花费了大量的精力和物力来修建墓穴和庙宇。为了供奉诸神和达官，也为了悼念亡者，他们建造了令我们当代人都感到惊讶和敬畏的不朽纪念物。

玛雅宫殿遗址

在玛雅人生活过的城市中，至今为止发现了170多处城市遗址。在这些城市中，有用于祭祀的高大金字塔，有雄伟的陵墓和巨大的石碑，有用于交易的市场，有坚固的围墙，城与城间还有道路相通。

据考，玛雅人当时生活过的城市规模较大的有蒂卡尔、科班、帕伦克等。那些用一块块磨平的巨石筑成的金字塔，是玛雅人为了天文研究和祭祀所建造的。塔的四周有阶梯，塔顶是祭神的庙坛。在通往金字塔顶的阶梯、房屋、柱子和石碑上，还装饰着浮雕和雕刻。

今天的蒂卡尔

蒂卡尔东北距佩腾省首府弗洛雷斯约35千米，有航线和公路可到达危地马拉首都危地马拉市，到蒂卡尔来的人们，都对蒂卡尔所反映的玛雅文化怀着深深的不解之情，都想一睹当年玛雅文化灿烂辉煌的容颜。

蒂卡尔是人们迄今所了解到的建筑最多、规模最大的古代玛雅城市之一。今天的蒂卡尔已成为举世闻名的考古、旅游胜地，被列入世界文化及自然遗产保护名录。

自1955年蒂卡尔古城部分对外开放以来，危地马拉就开始对其进行大规模的发掘，并将周围500多平方千米的地方划为保护古迹和动植物的国家公园，即我们现在所看见的蒂卡尔国家公园。

蒂卡尔古城附近的植物生长繁茂，吸引着一批珍贵的珍禽异兽，其中最为珍贵的当属佩腾孔雀。漫步在蒂卡尔的古道丛林之中，说不定你有幸与这些家伙们结伴而行呢。

▷ **位于蒂卡尔中心广场的纪念碑林**
蒂卡尔是玛雅帝国重要的宗教中心之一，为了供奉诸神和悼念亡者，古代玛雅人建造了诸多纪念碑林。

必去理由 众神之城，墨西哥的圣城，印第安文明的重要发源地
适宜季节 冬春两季
适宜人群 热衷于探访印第安文明的人士

众神创造的城市**特奥蒂瓦坎**

特奥蒂瓦坎古城被称为"众神创造的城市"，曾以建筑物的庞大气势而闻名于世，是墨西哥古印第安文化的城市遗址。这座古城遗址向我们诉说了特奥蒂瓦坎曾经的雄伟壮丽，介绍了古代墨西哥的仪式中心和城市前身的结构。

据考证，特奥蒂瓦坎始建于公元1世纪。根据推测，特奥蒂瓦坎在4～5世纪达到了全盛，而后在7世纪上半叶突然消亡。由于当时的印第安人并没有留下多少文字，所以后来的人们并不能确切知道它衰败的原因。

特奥蒂瓦坎曾是一个世界性的大都市，曾是整个中美洲最重要的经济、宗教和政治中心。当时的印第安人对几何、建筑、天文和艺术都有精深的了解。由装饰官殿四壁的绘画我们可以推断，特奥蒂瓦坎文化是热爱和平的。

> 特奥蒂瓦坎整个古城按精确格状展开，呈南北分布。

神奇的传说

在印第安人纳瓦语中，特奥蒂瓦坎是"创造太阳和月亮神的地方"。关于特奥蒂瓦坎名称的由来，还有一个古老的传说。

传说中，印第安人崇拜的第四代太阳不再发光了，人间万物生灵处于被毁灭的黑暗之中。宇宙中的诸神不忍心看到地球上的人类濒临死亡，便在特奥蒂瓦坎燃起篝火，地球上的万物又一次见到了光明，人类从黑暗中获救了。

又过了数百年，地球再次陷入了黑暗。为了使地球永见光明，于是诸神又来到了特奥蒂瓦坎城，并在这里修筑了太阳金字塔和月亮金字塔。在两塔之间，烈火再一次燃起，低

> 特奥蒂瓦坎的太阳金字塔俯视图

贱的纳纳瓦特神纵身跳入了火海，顿时，一轮红日照亮了大地。而高贵的特克西斯特卡尔神在看到纳纳瓦特神变成太阳后，才丢掉了胆怯跳进火堆。由于这时候的火已是十分微弱，所以他没有变成太阳，而变成了只能在太阳下山后用暗淡光辉照亮大地的月亮。

后来的印第安人叫它特奥蒂瓦坎（众神之城），他们也许认为，只有神才能建造如此雄伟的城市，而且诸神在这里升起了第五个太阳。

听着印第安人讲述着这段神奇的传说，你是否会心潮澎湃呢？是否会惊叹于印第安人的伟大呢？你来到寂静广阔的古城废墟时，看到宏伟壮观的建筑遗迹，能不肃然起敬吗？

黄泉大道

黄泉大道是古城的重要组成部分，金字塔、庙宇、亭台楼阁、2000多所民居以及大街小巷匀称地分布在黄泉大道的两侧。而道路南端却没有任何建筑，一片空旷，有考古学家认为这可能是因为印第安人的宗教信仰所致。

主要景点

羽蛇神庙：又被称之为克萨尔夸特神庙。传说克萨尔夸特是托尔蒂克人的第一任君主，被托尔蒂克人尊奉为空气和水之神。神庙造型精巧，外观华丽，铺砌考究。现存台阶表面为石料，装饰着带羽毛项圈的蛇头和用玉米芯组成的象征雨神的假面。

蝴蝶宫：是宗教上层人物和达官贵人的住所，也是特奥蒂瓦坎城最华丽的地方。蝴蝶宫的每幢房子都呈四方形，正对东南西北四个方向，房子中间都有一个四方形的天井。中央大厅的圆柱上刻着极为精致的蝶翅鸟身图样，宫殿下面已发掘出饰有美丽羽毛的羽螺庙。离羽螺庙不远的地方是美洲豹宫。

> 特奥蒂瓦坎古城台阶上的装饰

黄泉大道是一条宽 40 米的笔直大路，中途有一系列长方形广场，两侧有台阶相通。为什么称这条大路为"黄泉大道"呢？有专家认为，当时的人们认为，用活人祭神，尸体在大街上火化，人的灵魂便可以由这条路上入天堂或是下地狱，这种解释还有待进一步研究。

漫步在特奥蒂瓦坎的黄泉大道上，你一点都不会因其名而感到恐惧，相反还会有对这一古典建筑的向往和不舍，甚至还会有一种浩渺、幽深、神秘的感觉。

太阳金字塔和月亮金字塔

有人说，到中国不去长城等于没到过中国，到墨西哥不去太阳金字塔和月亮金字塔等于没到过墨西哥。这里所说的太阳金字塔和月亮金字塔就是特奥蒂瓦坎古城遗址的主要组成部分。

太阳金字塔是特奥蒂瓦坎古城遗址中最大的建筑，大概建于公元 2 世纪，按现代人的生产力水平来说建成如此规模的建筑可能不成问题，但对于当时低下的生产力来说，这是何等艰巨的工程啊。

抬头仰望，太阳金字塔巍峨壮观，有点儿高不可攀。这是一座用许多不规则的岩石砌成的巨塔，整个塔身呈浑厚深沉的暗色调。据记载，太阳金字塔的表面曾画有鲜艳的壁画，但随着千百年的风雨侵袭，那美妙的外衣早已剥落殆尽，我们所看到的，是见证这千百年风雨的证据。在这座庞然大物面前，人显得那么地微不足道。

登上太阳金字塔顶部的一个平台，放眼四顾，特奥蒂瓦坎古城尽收眼底：宽阔的广场、笔直的古道、星罗棋布的残垣断壁……在暮色中，气势恢宏的古城沉默着，被笼罩在浓浓的神秘色彩之中，一种荡气回肠、悲从中来的感觉油然而生。

月亮金字塔坐落于死亡大道的北端，规模不及太阳金字塔，是祭祀月亮神的地方。如果你先攀登了太阳金字塔，那么这时你会颇感吃力，因为月亮金字塔有阶梯且比较陡峭。

同太阳金字塔一样，月亮金字塔内也有好几层结构，且属于不同时期的建筑。月亮金字塔下是月亮广场。月亮广场中央是一座四方形的祭台，呈对称形状，给人宽广宏伟的感觉，据说特奥蒂瓦坎古城重要的宗教仪式都在这里举行。

> 太阳金字塔近景

约建于公元 2 世纪的太阳金字塔是特奥蒂瓦坎古城遗址中最大的建筑。

必去理由 悬崖峭壁上的洞穴都城，绮丽多彩的"玫瑰红"城市
适宜季节 3月~5月；9月~10月
适宜人群 所有对中东古文明感兴趣的旅游人士

约旦古国的玫瑰城 佩特拉古城

游览约旦时，如果你向当地人询问死海的情况，约旦人的神色是平静的；但当你向他询问佩特拉古城的情况时，他则会神采飞扬，脸上洋溢着自豪的光彩，向你诉说。

佩特拉之所以迷人，是因为它美轮美奂的古典建筑，险峻、幽深的峡谷，壮观的奇石怪峰，绚丽夺目的岩石色彩和它传奇般的历史。

嵌在岩石壁上的玫瑰古城

佩特拉古城位于约旦首都安曼南 262 千米处，坐落在群山环抱的穆萨谷地之间。它是约旦古代文明的见证，也是中东地区的奇观和人类建筑史上的瑰宝。

佩特拉希腊文意为"岩石"，《旧约全书》称其为"塞拉"。尽管此前早已经对佩特拉有所了解，

> 佩特拉古城的哈兹纳赫殿

225

并且不只一遍地诵读有关佩特拉的读物，但当佩特拉真正呈现在眼前时，却还是被它的气势所震慑，被它的色彩所迷倒。

展现在眼前的佩特拉古城，处于与世隔绝的深山峡谷中，山谷、山坡、山顶上都散布着建筑，城池中的每一座居处几乎全是在岩石上雕刻而成的，周围悬崖绝壁环绕，令人叹为观止。

之所以称佩特拉为"玫瑰古城"，是因为佩特拉城的这些建筑所在的岩石都是玫瑰色的，在朝阳和晚霞的照映下，建筑和岩石都闪烁着玫瑰红的光泽，此情此景可能只有天上才有吧。

佩特拉一半凸出，另一半则镶嵌在环形山的岩石里，唯一的入口是狭窄的山峡，大有"一夫当关，万夫莫开"之势。人行其中，顿感肌骨透凉，仰望苍穹，石岩成缝，只见一线青天，此时不得不感叹大自然的鬼斧神工。特殊的地理环境，使佩特拉能处于相对和平和稳定的环境之中。

> 卡兹尼宫

卡兹尼宫

从狭窄的山峡裂缝中走出来，来到了一片较为宽阔的广场上，广场正面是佩特拉最负盛名的建筑——卡兹尼宫。

史书记载，卡兹尼宫刻凿于公元前1世纪，是纳巴特王国阿尔塔斯三世国王的陵墓。据说，当时的佩特拉古城富庶一时，作为国王的陵墓，这里面藏有无尽的宝物。

整个宫殿分上下两层，依山雕凿，造型雄伟。面对这么一座富丽堂皇的宫殿，你不能不为之震撼。

旅游小贴士

饮食：约旦人早餐必吃"焖蚕豆"、干酪、乳酸酪等。中、晚餐主要吃蔬菜、水果、约旦名菜"曼沙夫"、开胃小吃"迈兹"等。咖啡是约旦人的主要饮料。在餐厅里点菜用餐，量多得吃不完，最好点一两样，在饭店的餐厅里就餐才较适合东方人的口味。最好避免喝生水。

购物：在卖旅游纪念品的商店，东西大多是雷同的饰品，所谓佩特拉出土的文物，主要是沙画，图案多是骆驼、沙漠和"约旦旅游"的字样。

> 藏在山谷中的卡兹尼

> 佩特拉古城遗址局部

227

走过卡兹尼宫前的一条小路，就来到了一座露天剧场。剧场紧靠山岩巨石，舞台和观众席也都是从岩石中雕凿而出，有几千个座位，周围有四根粗大的石柱。坐在观众席上，遥想着当年纳巴特人在此观看表演的场面，心情久久不能平息下来。

在露天剧场南面，半山腰有一处欧翁宫。拾级而登，感觉到了肃穆、阴森的气氛。在纳巴特王国历代国王的皇家墓室里，散布着红白相间的细砂岩石，这些岩石的纹理变化丰富、色彩斑斓、栩栩如生，使人不禁为大自然造就出如此精美的岩石而叫绝。

德伊神庙

在约旦直至整个世界，德伊神庙都是一个无与伦比的奇迹。当德伊神庙赫然出现在眼前时，那种雄伟巍峨的气势使人肃然起敬。仰视了许久，依然分不清是不是在梦境里，要不是有向导在身边，还真以为走进了神的家门。

如果说卡兹尼宫已经让人觉得纳巴特人的伟大，那德伊神庙则让人感受到了神的力量，这么庞大的巨型建筑，在数千年前的古代是怎么从岩石中完整开凿出来的呢？根本无从想象。

▷ 佩特拉古城剧场也是雕凿出的，可容纳 6000 人。

> 佩特拉古城

古老的玫瑰古城历史

据文献记载，佩特拉的历史可以追溯到公元前4世纪前后。那个时期的纳巴特是个游牧民族，他们逐步控制了约旦阿拉伯东部、亚喀巴与死海间的一片狭长区域，然后在这里建立了纳巴特王国的首都佩特拉。

公元1世纪时，罗马人控制了佩特拉周围地区。佩特拉城市和周边地带成了罗马帝国的一个省，但它也是罗马帝国最繁荣的一个省。此后，佩特拉古城又被拜占廷帝国统治，所以留下了各种风格的建筑遗迹。12世纪时，佩特拉古城被荒废。

此后的岁月中，隐藏在群山峡谷之中的佩特拉默默无语，荒芜和沙漠埋没了它昔日的辉煌，约旦古国的这座玫瑰城被人们遗忘得无影无踪，直到19世纪初才被一个瑞士探险家发现。

追溯历史，佩特拉的建造者纳巴特人始终是一个充满了迷惑的民族。在现代人的眼中，他们好像在一夜之间建立起了佩特拉。最后，似乎又在一夜之间消失在了历史的迷雾中。

丝绸之路上的重镇吐鲁番

　　吐鲁番位于新疆维吾尔自治区吐鲁番盆地中部，博格达山与库鲁塔格之间，历史悠久，美丽神奇，两汉以来一直是我国西域地区的政治、经济、文化中心。

　　吐鲁番夏季均温达33℃，极端最高温创过48℃的纪录，素有"火洲"之称。由于这里日照时间长，气温高，降水量低而蒸发量大，故而尤其适宜种植无核白葡萄、甜瓜、长绒棉等作物。其中以无核白葡萄最为驰誉中外，用它晾制的葡萄干以含糖量高、维生素C高、色泽碧绿等特点著称，在世界葡萄干品种中堪称珍品，吐鲁番因而便成了名不虚传的"葡萄城"，葡萄总种植面积逾8万亩。"苍藤蔓架覆檐前，满缀明珠络索园。"夏秋之交，硕果累累的葡萄藤架成为吐鲁番的一大胜景。《吐鲁番的葡萄熟了》更成为国人耳熟能详的一支名歌，不少人知道有吐鲁番的存在还真是靠了歌曲中那让人垂涎三尺的葡萄。殊不知，吐鲁番拥有的并不仅仅是葡萄，还有许许多多事物比葡萄更为诱人，更令人神往。

　　在古代，中西交流主要靠陆上的丝绸之路来完成，而吐鲁番一直都是古丝绸之路上的重镇。吐鲁番的葡萄能够到达中原并为人所赏识，最早正是借了丝绸之路上商旅的光。

　　还远不止这些。吐鲁番汉时为车师前王庭，魏晋时为高昌郡郡治所在地，唐归西州所辖，宋为吐番地，历朝历代均为西域核心，遗留下来众多的名胜古迹，仅国家和自治区级的重点文物保护单位就有14处之多。有沐浴了两千多年风风雨雨依然巍然矗立的高昌、交河故城；有意为"美丽的装饰之所"，历经沧桑巨变而风采依旧的柏孜克里克千佛洞壁画；有藏有千年古尸等珍贵文物的西晋至唐代居民公共墓地阿斯塔那古墓群；有清代吐鲁番郡王苏来满二世为纪念其父额敏和卓功绩所建的结构独特的苏公塔；有宏伟的人造地下河流坎儿井；有《西游记》中描绘到的充满神话传奇色彩的火焰山；更有葡萄园里采摘葡萄的姑娘怀着美好憧憬的动人情歌，别具韵味的"巴扎"风情，葡萄架下富有民族特色的维吾尔族歌舞，因此种种，把吐鲁番精心塑造为古代历史文化遗产荟萃的宝地和集火洲、风洲、沙洲、绿洲于一身的历史自然地理博物馆。

> 吐鲁番高昌故城可汗堡遗址

　　吐鲁番有各类文化遗址计70多处，包括原始遗留、古城遗址、古墓群、石窟寺、烽燧驿站、岩画，等等，出土文物不可胜数。由于历史原因，很大一部分已流散到海外，保存于德、日、俄、英、印、美等国博物馆。这些出土文物中，以代表丝绸之路特色的古丝绸制品和具有重要史料价值的古文书最为珍贵。

　　新疆最富地域色彩的人工灌溉系统坎儿井在吐鲁番分布最广，有1100条之多，总长5000余千米。为减少蒸发量，当地人别出心裁采用了这种地下引水方式，即在坡地上方找到地下

水源，然后沿水源流向挖一排直井，再从直井下去挖暗渠，使水源能在地底下畅通无阻，直到在最低处将水引出地面。最长的坎儿井据说有8千米，联结水流的直井多达300眼，工程之浩大、艰巨可窥一斑。最有意思的是，所有的坎儿井刚好分布在当年的古丝绸之路上，包括陕西、甘肃等省和伊朗、土库曼斯坦等国。因而，至少可以确认的一点是，它肯定和丝路之旅有关，至于技术肇源于何方，那就不得而知了。

古城轶闻——火焰山

　　我国古典神话《西游记》中有孙悟空三借芭蕉扇，终于扑灭火焰山烈火，打通西行通道一节，彼火焰山即以今吐鲁番盆地中火焰山为原型。考其行途，唐僧玄奘的取经之路上的确有吐鲁番火焰山一站。

　　火焰山位于吐鲁番盆地中部，山色赤红，东西长达百余千米，炎夏热气窒人，阳光直射在赤红山岩上，云烟升腾，红光闪烁，气温最高可达70℃，为世界上最热的地区之一，故名。不知是后人迎合了小说还是历史创造了传奇，今天，火焰山附近尚有唐僧的拴马桩、上马踏脚石和牛魔王洞、八戒石等古迹，是耶非耶？其实不用考校，会心一笑即可。与火焰山之酷热形成鲜明对比的是山谷绿洲，泉水叮咚，碧绿荫凉，盛产葡萄瓜果，为吐鲁番一带富庶之地。

> 高昌古城苏公塔

231

高原姑苏 丽江古城

　　歌手许巍在一首名为《温暖》的歌中这样唱道："是否还记得推开窗看见云雾缭绕的青山？是否已经忘记了清晨叶片上滚落的露珠的色彩？是否还能想象在一座清泉潺潺、垂柳依依的小城中静静穿行？"走在丽江小城古老的青石路上，迎面走来的纳西族姑娘脸上绽放着美丽的笑容，清澈的泉水在脚下流过，空气中弥漫着高原特有的芬芳和宁静的气息。置身其中，恍惚中来到了一个远离人间的仙境。

大研古镇

　　丽江古城大研，坐落在丽江坝中央，又称大研镇，居民主要是纳西族人。丽江是第二批被批准的中国历史文化名城之一，也是中国向联合国申报世界文化遗产成功的古城之一。因为它四面被青山环绕，形状如同一块碧玉大砚，所以取名大研（砚）镇。它最初建于宋初，距今大约已经有 800 多年的历史。

　　大研镇古朴如画，处处透出自然和谐。镇内屋宇因地势和流水错落起伏、交叉有致，这种独特的建筑融入了汉、白、藏民居的传统，形成了丽江建筑独树一帜的风格。

> 丽江古城已被列入"世界文化遗产"。

> 俯视丽江古城全景

> 木府忠义牌坊

　　玉河水在古城的入口处一分为三流入城中，再三分成九绕入街市巷道，纵深之处便又被分成无数条小河。来到古城中心，就会看见有名的四方街，这里街巷四通八达。从四方街的四角延伸出四大主街，它们直通东南西北四郊，而各条主街又延伸出更多小街小巷，大小道路交叉错结，使这里交通极为便利。街道都是用五彩石铺砌，平坦洁净，光彩照人。而且几乎每条街道一侧都伴有潺潺清泉流水。来自玉河的泉水随街绕巷，主街傍河，小巷藏渠，水边杨柳垂丝，柳下小桥座座，小桥流水、垂柳丝丝，使得丽江就像一个江南小镇。来到这里，便能倏然感到"高原姑苏"的韵味。

　　每当夜幕降临的时候，古老的街道就亮了起来，各种灯，还有川流不息的人，组成了一幅温暖祥和的画面。一个人走到僻静的街巷，静静地走在青石路上，看月光透过古老的窗棂碎碎地洒满了小路，远处月光下的群山像镀上一层银，晚风中传来虫子的鸣叫声，人便沉醉在这安详的月光下，不知归去。

　　来丽江一定不能错过这里的酒吧，各式各

> 古城小巷

样的酒吧也是丽江的一大特色。小城里的酒吧数不胜数，它们的名字也都别具一格，绝不媚俗。夜还没有完全黑透，间间酒吧的门前就已亮起了一串串的红灯笼，倒映在清清的流水里，说不出的美丽。丽江的酒吧都是两层建筑，木地板、木楼梯、手织的桌布，古色古香，绝不张扬。坐在二楼的窗前，一边欣赏着窗外烟雨笼罩下的古城风景，一边品尝着甘醇的"风花雪月"——大理产的一种啤酒，美妙的纳西古乐从不知名的地方不时掠过耳际，真有酒不醉人人自醉的感觉。

> 木府

> 群山环抱下的丽江古城，宛如高原上一颗美丽的明珠，青瓦屋顶一直连绵到山边，显得格外安详宁静。

东巴文化

东巴即纳西族人的智者，是民族文化的主要传承者。同世界上其他民族的古文化一样，东巴文化也是一种宗教文化，它是一个独特的民族文化体系，包括有图画象形文字、东巴经、东巴画、东巴舞蹈、东巴音乐，还有各种祭祀活动，包含着纳西民族的文化内涵和精神力量。

东巴文是目前世界上唯一存活着的象形文字，被称为人类社会文字起源和发展的"活化石"。最早的东巴文字是写、画在木头和石头上的符号图像，后来有了纸，才把这些符号图像写在纸上。东巴象形文字共有1700多个，它集书画于一体，书画同源，这种文字现在仍然在使用。

东巴经就是人们所说的活着的象形文字，它现在被统称为"纳西古代社会的百科全书"，它的内容涉及社会生活的方方面面，天文地理、文学艺术无所不包，宗教，甚至医药，还有生产生活方面许许多多的知识，当然也包括很多神话故事。

东巴舞是纳西族的古典舞蹈，也是东巴文化的重要组成部分。它是东巴祭司根据不同仪式，按照道场规则所跳的一种宗教舞蹈。东巴舞从形式上，似乎多是跳神驱鬼之类的动作，但实际上根据祭祀的内容有区别，祭天祭祖或是缅怀亡人，内容不同，形态也各异，有很浓的民间色彩。

旅游小贴士

购物： 丽江古城里艺术家云集，有很多有特色的纳西民族手工艺品，琳琅满目。另外，土特产也可以考虑，例如，宣威火腿、云南的菌类。

禁忌： 丽江当地以纳西族为主。纳西族禁止向水源、河中丢垃圾、废物及吐口水等，禁止破坏、堵塞水源及砍伐水边的树木。在屋内，不能坐在门槛上，不能闯入产妇房间。

> 丽江木府

> 俯瞰木府

必去理由 文物宝库、世界骊珠；民居建筑，汉唐风韵
适宜季节 夏秋两季
适宜人群 热爱探访古城遗迹的人士

明清边镇风貌的完整遗存 平遥

　　平遥位于山西省中部，太原盆地西南、汾河中游，同蒲铁路斜穿县境，交通便利。1997年联合国教科文组织确定平遥古城为世界文化遗产，列入《世界遗产名录》，平遥自此名声更著。

　　平遥古城位于今平遥县城内。北魏始名且修筑城池，明太祖朱元璋时在原城基础上予以扩建，并全面包砖。后虽经多次补建重修，但大体仍保留明初的基本形制，故而是我国保存完整的明清时期古代县城一个标本建筑，也是山西现存年代较早、规模最大的一座县城城墙；且以筑城手法古拙、材料精良称誉于世，为研究我国古代筑城制度和筑城技术提供了不可多得的珍贵实物资料。

　　平遥古城平面为方形，周长6163米，高10米左右，外墙包砖多系明太祖时旧物，内墙纯以土筑，古朴浑厚，简洁大气。平遥城墙防御设施齐备，为历代筑城之仅有。城墙四角建有望楼，墙上筑有瞭望台90多座，垛口3000多个，使城池显得更为壮观。城外有护城濠一道，深、宽各4米，属冷

▷ 平遥古城西城墙雄姿

兵器时代防御外敌入侵的有力屏障。如今城上建筑大多残破不堪，唯有城墙无语巍立，诉说着千百年的沧桑巨变，而又把平遥县城一分而为两个风格迥乎不同的世界。城墙内街道、铺面、市楼均保留明清形制，古意盎然；城墙外的新城车水马龙，红男绿女熙熙攘攘，这是一座历史与现代、继承与创新交相辉映，融为一体、令人遐想不已、逸兴遄飞的佳地。

鸟瞰平遥古城，更让人惊叹不已。这个呈平面方形的城墙，竟然是一个栩栩如生的大龟模样。

> 平遥西大街全国第一家票号"日升昌"内院

六道城门，南北各一，东西各二，宛然便是龟的头尾和四肢。城池南门理所当然为龟头，为逼真起见，还有两眼水井象征龟之二目，北城门为龟尾，地势最低，亦是城内积水的排泄通道。城池东西四座瓮城两两相对，上西门、下西门、上东门的瓮城门均向南开，形似龟爪前探，唯下东门的外城门开向正东。这里面还有说辞：据传造城时怕乌龟附了灵气逃走，故而将其一条左腿拉直，拴在离城20里的麓台上，这样古城这只巨龟就只好老老实实待着了。传说看似虚妄不经，却也折射出古人对乌龟的崇敬之情。龟自古即为"四灵"之一，生命力强，能长寿。以龟赋城墙之形，寄寓了古人希冀借龟之神气，使古城坚如磐石、固若金汤、永世长存的美好愿望。

除去平遥古城外，平遥还拥有全国重点文物保护单位双林寺、镇国寺等，文庙大成殿、白云寺、慈相寺、日升昌票号旧址亦颇足观览。

双林寺在县城西南6千米处桥头村。创建于北魏初，重建于北齐年间。后毁于战火，仅存残碑断碣。宋时恢复旧观，取释迦"双林入灭"之说，定以今名。寺为城堡式建筑，坐北朝南，夯土墙壁，内有殿宇10余座，分前后三进院落，共有大小彩塑佛像2052尊，完好无损者1566尊。形制各异，大小不一，大者高达数米，宝相庄严；小者仅数10厘米，惟妙惟肖。释迦殿内四壁布有悬塑80多幅，叙说释迦故事，均以连环彩塑艺术表现人物、山石、居所等，技艺老到，勾画细致入微，比壁画更

关于平遥

主要景点：平遥城墙、双林寺、镇国寺、文庙大成殿、白云寺、慈相寺、日升昌票号旧址。

工艺良品：推光漆器、绣花鞋、六合泰枕头。

民俗表演：抬阁、背棍、推车、娶亲、高跷、旱船。

富真实感、立体感和表现力。整个寺院布局匀称，结构谨严，层次井然；塑像千姿百态，各臻其妙，素有"东方彩塑艺术宝库"之称。

镇国寺位于平遥县城 15 千米处郝洞村。寺分前后两进。前院中央的万佛殿，建筑风格明显有唐代遗风，为五代时期留存至今的唯一木构建筑。殿内释迦坐像身躯丰伟，眉目生动，是中国寺观中硕果仅存的五代彩塑。

日升昌票号旧址位于今县城西大街路南，占地 1300 余平方米，前后三院进落，布局考究，防范森严。四周高墙卫护，要紧处敷设铁丝网，展示了中国金融业在发轫之初的风貌。日升昌票号创立于明末清初，为当时国内金融机构之先锋，鼎盛于清咸、同年间，分号几遍天下，时称"天下第一号"。

旅游小贴士

位置：平遥古城在山西太原以南 90 千米处，本是一座不太引人注意的小县城，但却是我国保存最为完整的古城，也是联合国批准的世界历史文化遗产之一。

铁路：平遥火车站在县城的西北部。平遥县境内有同蒲铁路纵贯南北，向北可达太原、石家庄等地，向南可到临汾、运城等地。

公路：在平遥和太原之间有公路相连，乘汽车往来大约只需 2 小时左右，交通方便。平遥古城不大，所以在古城内旅游的时候一般不需要乘车，步行即可。另外，城内还特别有一种人力黄包车，专为旅游者服务。

> 平遥金井楼

239

《清明上河图》的梦中繁华开封

　　历史上曾经有七个朝代在开封建都，最有名的当数北宋，开封城如今保留下的名胜古迹大部分均与这个文采风流的朝代息息相关。

　　开封的建城史最早可追潮至公元前8世纪，初名启封，历史上数易其名，汉景帝刘启时为避其讳而改为今名。北周时以城临汴水而改称汴州，后世称开封为汴、汴京、汴梁盖源于此。

　　开封历史上第一次兴旺在战国时期，时名大梁，为战国七雄中魏之都城。大梁城宫殿巍峨，百工辐辏，人烟稠密，为天下名都大邑之一。信陵君窃符救赵之故事即发生于此地此时。战国末年，秦攻魏，引黄河水灌大梁城三月，魏亡，大梁沦为废墟。

> 开封龙亭

主要景点

开封城墙、北宋东京城遗址、铁塔、古吹台、繁塔、龙亭、开封古城遗址、宋开封府遗址、包公祠、州桥遗址、相国寺、延庆观玉皇阁、清真寺、犹太教礼拜堂、山陕甘会馆、铁犀、潘杨湖、朱仙镇、岳飞庙、蔡邕墓、张良墓

西汉文帝时，开封一带为梁孝王刘武封地，刘武在此建设离宫、忘忧馆，还有我国最早最大的私人园林——梁园（兔园、菟园、梁苑）。刘武素嗜文雅，招延四方名士，一时群贤毕至，少长咸集。著名文学家司马相如、枚乘、邹阳等人均曾为梁园座上之宾。梁地文风之盛，一时无二，甚至有凌驾于都城长安之上的势头。

开封城的全盛时期毫无疑问应该在五代北宋一段。五代中的后梁、后晋、后汉、后周均在于此。后周时曾调集民工 10 余万修筑东京外城，城周长 48 华里余。城内道路宽阔平坦，排水设施齐备，绿树成荫，市容市貌焕然一新，基本奠定了宋都汴梁的雏形。

有宋一代（北宋）的 166 年时间内，曾对东京进行过 4 次大规模的修筑。里城周长 20 华里余，外城更增至 50 华里余。城内道路亦有所加宽，以御街为中轴线，纵横铺排，四通八达，建筑宏敞华丽，街市热闹繁华，人口多达 150 余万，为当时国内最大城市。得隋炀帝时所凿通济渠之利，漕运发达，拉动商业繁荣发展，当时开封城内有商户八九千家，"资产百万者至多，十万而上比比皆是"，市民的财力之充足、购买力之旺盛可以想见。尤其是州桥、相国寺等大市场内，"技巧百工列肆，罔有不集。四方珍异之物，悉萃其间"，夜市更为繁盛，"车马阗拥，不可驻足"。估量情态，今日北京之王府井怕也不过如此吧！

经济发展自然推动旅游业的发展。宋都开封城内外建有不少风景区，以金明池、琼林苑名声最大。《水浒传》中所言之"花石纲"，即是为建造皇家苑囿所要求的太湖石的专称。非独皇家，当时的私人园林亦盛极一时，"都城左近，皆是园圃，百里之内，并无闲地"。园林之中，多栽植奇花异卉。街道两旁亦桃红柳绿，御道两侧的御沟之中栽满荷花，两岸遍植桃、李、梨、杏。春夏之交，或花团锦簇，烂若朝霞，或果实累累，压枝欲低。煞是喜人。

东京城中住宅区与店肆区已混然一统，不再人为分开，这是商品经济发展到一定程度时的必然趋势，在我国城建史上具有划时代的意义。另外，东京城的饮食业也十分发达，酒楼茶馆鳞次栉比，而且多数兼有文化娱乐场所等多种功能。城中较为固定的文化娱乐场所名为"瓦肆"，相当于今天的剧院，里面常年有杂技、说话（评书之类）、魔术、说唱、杂剧、院本等演出，是广大市民喜闻乐见、津津乐道的好所在。宋人孟元老在其《东京梦华录》中言东京繁盛甚详，且有"节物风流，人情和美"，"仆数十年烂赏叠游，莫知厌足"之语。

> 开封铁塔

天主教的中心 梵蒂冈

在意大利罗马城西北角的高地上，有一个世界上最小的国家。这个占地仅0.44平方千米的主权国家就在另一个国家首都之中。与欧盟境内模糊的国境线不同的是，梵蒂冈与罗马城有很明确的边界线。不仅建筑与罗马道路相隔，在没有建筑的地方，用铁栅栏围起来，泾渭分明。铁栏的一边是滚滚红尘，熙来攘往；铁栏的另一边则是上帝之城，高贵安详。

> 灯火辉煌的圣天使大教堂

> 梵蒂冈博物馆外观

> 梵蒂冈博物馆内部

　　对于世界上大多数人来说，梵蒂冈是一个现实而又虚幻的存在。在民主政治、世俗权威已经深入人心的今天，建筑在宗教信仰之上的梵蒂冈无异于一个看得见的传说。在古罗马以前，这里就是一个占卜巫祀的场所。135年罗马皇帝哈德里亚努斯在此为自己建造了庙宇，后来这里就成了罗马历代皇帝的陵墓所在。历史上罗马曾是欧洲的宗教中心，并在8世纪成为罗马教皇的首都。1100年后，

> 圣彼得大教堂内部

> 圣彼得教堂穹顶

也就是 1870 年教皇进入梵蒂冈,政教分离的梵蒂冈才成为教皇国的一个"国中之国"。圣彼得广场与圣彼得大教堂是梵蒂冈国的主要组成部分。这个世界上最小的国家拥有世界上最大的教堂,圣彼得大教堂占据梵蒂冈半壁江山,是整个梵蒂冈城的中心,是艺术家米开朗基罗的杰作。它的总面积有 2.2 万平方米,由 5 个建筑群组成。教堂大厅内可容 5 万人同时祈祷。这是全世界 10 亿天主教徒心向往之的神圣之地,每年都有数以千万计的天主教徒来此朝圣。

文艺复兴时期的建筑风格和美术杰作将圣彼得教堂装饰得美妙又庄严。教堂内部的墙壁与天花板上饰满了金箔和流动的花纹，满眼的金碧辉煌，富丽而不流俗。教堂内还有米开朗基罗、拉斐尔、贝尼尼等大艺术家的壁画和雕塑。走进大教堂，深感它的神圣、庄严和辉煌。教堂前的同名广场是典型的巴洛克建筑风格。椭圆形的广场与大教堂前的梯形广场相连，正中间耸立着一块高大的方尖塔。广场两侧建有成弧形的巨大而相互连接的柱廊，从高处俯瞰，这两边的柱廊犹如伸出的一双手臂，代表着圣父将参加弥撒的信徒拥入自己的怀抱。柱廊共有200多根巨大的石柱，每根柱子上端装饰有雕像。封圣大约是天主教神职人员的毕生追求，因为据说连当今的教皇也不外如是。大概就是连将个人全部奉献给教会的神职人员也是有野心的，一时间却又惆怅，想起了《荆棘鸟》中的拉尔夫神父，想起了那一朵玫瑰的灰的娇艳脆弱。

此外，梵蒂冈城还有拉特兰宫、拉特兰教堂、圣玛利亚·玛焦兰教堂、圣·保罗·福利·莱·穆拉教堂等，以及罗马市内的几座宫殿。这些建筑已成为梵蒂冈的国宝。

圣彼得广场是罗马教廷的广场，在梵蒂冈的最东面，以广场正面的圣彼得教堂得名。可容纳50万人，是罗马教廷举行大型宗教活动的地方。广场呈椭圆形，地面用黑色小方石块铺砌而成，两侧由两组半圆形大理石柱廊环抱，雄伟壮观。这两组柱廊共由284根圆柱和88根方柱组合而成，为广场的装饰性建筑。由著名建筑师和雕刻家贝尔尼尼于1656年设计，用了11年时间建成。广场中央矗立着一座高插云霄的方尖石碑，原为罗马皇帝卡利古拉为装饰皇宫旁边的圆形广场从埃及远道运来。1586年，教皇西斯廷五世下令将石碑移至圣彼得广场。据说为此曾动员900多名工人、150匹骏马和47台起重装置，花了近5个月时间才完成。

广场上安置着数不清的椅子，供世界各地远道而来的信徒休息。广场一边有两台巨大的屏幕，用听不懂的语言反反复复播放着某一次庆典，教徒们的声浪像潮水一样一波一波地涌来。每到安息日或是重大节日，教皇就会在大教堂面对广场的窗口带领信徒们祈祷。很难想象，当5万虔诚的教徒齐聚一堂，齐颂圣经时，又会是怎样壮观的一种景象。

这就是梵蒂冈，俗世中的上帝之城，一座教堂占尽了天下风光。

> 梵蒂冈博物馆壁画

雕刻出来的城市 吴哥窟

在柬埔寨的热带丛林深处，有一群全世界最神秘的寺庙建筑瑰宝——吴哥窟。这里盛产人们需要的任何东西，包括信念、神话和梦。这里见证过一个王朝的兴盛与没落，层层叠叠的宫殿与庙宇，随着一段历史的终结，最终湮没在了高棉的密林之中，就连建造它的吴哥王朝，在几百年里也变成了一个似有似无的传说。直到19世纪时，在探险家的努力下，经过岁月洗礼的吴哥古迹，才一一出土，并在世界文物史上备受各方的瞩目。这个梦想生成之地，已不仅仅是存在于我们的梦里。

吴哥窟离暹丽约6000米，它的存在是柬埔寨人最大的骄傲。占地约208公顷的吴哥窟是世界上最大的宗教建筑物，与其他世界奇观如泰姬陵、金字塔等齐名；不同的是它并非帝王的陵墓，而是一个提供心灵慰藉的宗教中心。

建立这座伟大寺庙的高棉国王是神勇善战的苏利亚瓦尔曼二世。他在12世纪初即位后便积极开拓疆土，领地跨越马来半岛东海岸等地，是柬埔寨历史上少有的强势国王，但他最伟大的贡献还是成就了吴哥窟。苏利亚瓦尔曼二世出动了全国最好的工匠、彩绘师、建筑师及雕刻家，历时37

年才建成吴哥窟。

苏利亚瓦尔曼二世建立吴哥窟是为了供奉兴都教的维希奴神。由于维希奴神的代表方向是西方，所以吴哥窟是吴哥古迹里少数大门朝西的建筑。由于西面亦代表死亡，高棉人也把吴哥窟称为葬庙。

吴哥窟依据兴都教的世界观而建。据说，世界的中心是一座位于大海之中的高山。这座高山叫须弥山，是众神仙居住的地方。须弥山周遭有四岳，日与月在山腰间运行。须弥山的周围是四大洲，这便是吴哥窟主殿五座宝塔的设计蓝图了。此外，高山也被七重山、七重海一层层地围绕。最外层的山是铁早山，是世界的边缘。这里指的便是环绕着主殿而建的重重回廊和护城河了。

伫立在吴哥窟的外墙往里头看，虽然目之所及已成废墟，但你仍然会受到一种强大的震撼。这座建筑还是很壮观，难以想象在它全盛的时候气势是何等磅礴。进入吴哥窟，精美的壁画、长长的回廊、恢弘的石塔……数不尽的风景在诉说着 800 多年前吴哥的辉煌。这座建筑由壕沟步道及三层方形回廊构成，全部用石头堆砌，没用石灰水泥，更没用钉子梁柱，每一块石头从 100 公斤到 1000 公斤不等，每块石头之间竟没有明显的缝隙，据说甚至不能插进一片刀片，令人难以置信。据说吴哥王朝前后动用了 1500 多万人及数不清的大象，运用了高超的建筑技术花了 80 多年堆砌而成。它在结构、比例、均衡、雕塑上的完美使它成为世界上最完美的古迹之一。

> 吴哥窟的西南面景色
吴哥窟是属于印度教的神庙，带有印度本土印度教神庙的特色。

> 吴哥窟的装饰浮雕——神的侍女

在吴哥窟周围一度坐落着一座由苏利耶跋摩二世主持修建的城市，但现在已经消失了。吴哥窟轴线向心形平面布局乃是由拥有柱廊的许多矩形平面所组成。在矩形平面矗立着一座座的塔，愈接近中心主塔者其规模愈大。较大塔，其塔身轮廓之曲线，多少带有印度教神庙的特色，却又不失自己的风格。长达数千米，描绘着印度教神话中复杂情节的雕刻不仅填满了四周回廊，也丰富了诸塔的内涵。柬埔寨文化成就即以吴哥古建筑群为代表。

▷ **吴哥窟是依据兴都教的世界观而建**

据说，世界的中心是一座位于大海之中的高山——须弥山，须弥山的周围是四大洲，这便是吴哥窟主殿五座宝塔的设计依托。

吴哥窟最引人注目的是其建有五座宝塔的主殿。此主殿建在吴哥窟的中心，被三重层层的石砌回廊团团环绕。从石道尽头的石阶进入回廊后便算进入吴哥窟的主要建筑。只见回廊的墙壁上刻满了充满印度艺术色彩的精致浮雕，刻画的都是印度神话里的故事及苏利亚瓦尔曼二世的生平事迹，精细的雕工，令人叹为观止。

　　人们一般都是从西面的石阶登上吴哥窟主殿，其实东西南北任何一座石阶皆可爬上吴哥窟主殿，但在这些石阶上只有向西的石阶有细细的扶手。吴哥窟主殿前是一座"田"字形的走廊，但是，走廊的存在似乎并不是为了方便来访者，要从这重重叠叠的走廊登堂入室进入主殿还不是一件容易的事。你得手脚并用地爬上陡峭的斜度达70度、阶面窄、梯级高的石阶，这一过程，是对体力，也是对心理的一种考验。

> 吴哥窟由沙石建成的石门

吴哥窟的装饰浮雕丰富多彩，而且数量众多，它刻于回廊的墙壁及廊柱、窗楣、基石、栏杆之上，令人目不暇接。最常见到的是整墙的女神像，面带微笑，头戴花饰，端庄秀丽。吴哥窟外墙内侧保留尚好的天女浮雕墙，这是吴哥窟最令人惊叹的景点之一。这些呈现舞蹈形态的天女雕像都裸露上身，头戴华丽的头冠，显得雍容华贵。浮雕造型各异，有的拈花微笑，有的翩翩起舞，姿态之优美、雕功之精巧实在令人惊叹。最特别的是呈现在天女雕像脸上神秘的微笑，比起叫西方人迷醉的蒙娜丽莎真是有过之而无不及。

继续往石道走去，可见到石道两旁建有两座设计对称的长方形建筑。这便是被称为"高棉艺术的珠宝盒"的图书馆了。图书馆前不远处是两个人造池塘，池塘上种了许多莲花。莲花是佛家最圣洁的供物，恬静高雅。这个莲花塘是捕捉吴哥窟及其倒影的最佳之处。吴哥窟的建筑还有一个奇景，就是在太阳的照耀下，白天和傍晚会呈现不同的色彩，尤其以傍晚的景象最为迷人。整座建筑在阳光的笼罩下，会展现出别样的金碧辉煌，难怪到过这里的人都会称其为"摄影者的天堂"。

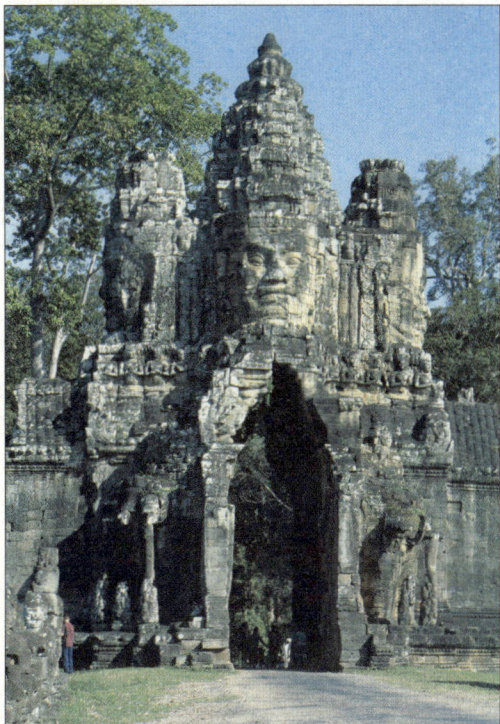

> 吴哥城门上的四面佛像

圣塔　共有 5 座，呈莲花花苞形。最高的一座是中央圣塔，高 65 米。圣塔前是开阔的庭院，中心一条笔直的通道长达 347 米。圣塔现为柬埔寨国家的象征。国旗的中心就有圣塔的图案。

巴戎寺　居城市中央，寺北有大广场，据说为当年国王阅兵及举行盛大集会之地。

女王宫　整个建筑有强烈的层次和立体感，围墙错落有致，祠塔精美别致，人物雕像极为精湛，是吴哥古迹明珠。

> 吴哥窟寺庙中心的圣塔

璀璨的东方艺术明珠 莫高窟

　　莫高窟，这颗古丝绸路上璀璨的艺术明珠，在神秘的三危山下的峭壁上，在茫茫戈壁沙漠的怀抱中，闪烁着绚丽的光彩。莫高窟坐落在敦煌城东南25千米处的大泉河谷里，南北长约1600米。那鳞次栉比、重重叠叠的洞窟犹如蜂巢嵌在刀削斧劈的断岸上。窟前栈道蜿蜒曲折，楼阁巍峨兀立，铁马风铎悬响，气势宏伟壮观。

> 莫高窟藏经洞内的《金刚经》卷，最早的雕版印刷品。

> 维摩经变图 壁画 敦煌石窟 隋
《维摩经变图》取材于《维摩诘所说经》，居士维摩诘患病，文殊菩萨前去问疾，二人以及随侍的诸多菩萨便在维摩诘病榻前展开了辩论，最后以维摩诘不著语言文字，不著思维的真正"入不二法门"而胜利。

　　敦煌建于前秦建元二年（366年），它的修建历经十六国、魏晋南北朝、隋、唐、五代、宋、西夏，到元朝终止。在唐朝武则天时代建造的洞窟已达到1000余龛，俗称千佛洞。莫高窟至今仍保存洞窟492个，珍存壁画45000多平方米，彩塑2400余身。是世界上现存规模最大、保存最好的佛教艺术宝库，是全国重点文物保护单位。联合国教科文组织将其列入世界文化遗产保护项目。

　　敦煌艺术博大精深，气魄宏伟。莫高窟是集建筑、雕塑、壁画三位一体的立体艺术宝库，内容极为丰富。历代民间艺术家在继承中原汉民族和西域兄弟民族艺术优良传统的基础上，吸收并融化了外来文化的表现手法，发展成为具有敦煌地方特色的中国民族风格的佛教艺术。莫高窟的建筑艺术完整地保存了千百年来的建筑形式。彩塑为敦煌艺术的主体，在石窟中占据着主要位置。彩塑多为一佛二菩萨的三身组合，还有阿难、迦叶、十大弟子及罗汉、天王、金刚、力士等。其造型从北魏前期的粗壮而逐渐演变为后期的清瘦。隋唐以来，出现了七至九身彩塑的群像。艺术风格又趋向雍容华丽。特别是唐以后的许多优秀作品——那轻情柔媚的菩萨和刚劲勇猛的金刚、力士，充分体现了艺术家的娴熟技巧和注入的真情实感。这些塑像与西壁、顶部的壁画、地面上的莲花砖，构成了一个充满宗教氛围的佛国天堂。

　　每个洞窟的顶上，都有一个慈眉善目的佛

像。置身洞窟中，不论面向何处，都会有一双双佛眼在看着你，不论你是否信佛，当你置身在这样一个满目都是佛像的境地里时，至少在那一刻，你的心里是有佛的。与此同时，每个洞窟的四壁上，都有绚丽多彩的壁画，这些壁画或是一个传说，或是一个典故。众生平等，因果报应，是佛家立教之根本，也是其人格化的魅力之所在。有的洞窟的四壁上还绘出了当年捐资的达官贵人和他的家族成员，主人领着家人立佛合十，一派虔诚模样。当然，最为世间所传诵的，当属反弹琵琶的飞天了，这出尘的仙人，宝相庄严，衣袂飘飘，优美地在寂静的洞窟内飞舞了千年，那反弹琵琶的舞姿，超越了人体柔韧的极限，千百年来，没有一个舞者能够实现它在现实中存在的样子。

彩塑　莫高窟的彩塑艺术在敦煌艺术中成就最高，不同时期的塑像都各有特点。分圆雕、浮雕、彩塑等形式，约 3000 尊。从北魏到北周是彩塑艺术发展的第一个时期，以弥勒佛像、释迦多宝并坐像、说法像、禅定像、思维像及佛传故事中的苦修、降魔、成道说法为主。佛像的形象受南朝人物形象的影响，塑像显得骨骼清秀。隋唐是莫高窟彩塑艺术发展的高峰时期，包括佛像、菩萨像、弟子、天王、力士、金刚等。最大的佛像是位于莫高窟中央的弥勒像，高 33 米，最小的佛像只有 2 厘米。唐代彩塑中数量最多的是观音像，造型以现实人物为蓝本，显得很有生活气息。观音的形象也由男性形象转为女性形象和世俗化形象，体态丰满，

> 一佛二弟子　彩塑　敦煌石窟　隋

佛正襟危坐，手持"禅定印"，神情持重，比例准确。迦叶双手合十伫立在佛的左侧，形容枯槁，肌肤松弛，皱纹满面，前额、眉棱、颧骨、下颌等处转折锋利，更显得清癯瘦弱，但含笑自若，精神抖擞。阿难也双手合十伫立在佛的右侧，面貌丰润，神情专注，面部表达不同的内心境界。衣着具有西北地区的特色，造型非常真实。

> 敦煌莫高窟外景

肌肤细腻。

    壁画   莫高窟的壁画是莫高窟艺术中的瑰宝，并与彩塑融为一体。壁画的题材主要包括佛像、佛经故事、传说神话题材、经变题材、佛教史迹、供养人、装饰图案等七大类。这些壁画历经千百年风沙的磨蚀，依然色彩鲜艳，金碧辉煌。尤其是飞天，造型生动，线条刻画细腻，衣带的纹路轻盈流畅，就像要飞起来一样，号称"天衣飞扬，满墙风动"。

▷ 敦煌莫高窟近景

儒家文化的圣地 曲阜"三孔"

杏坛圣梦

　　曲阜位于山东省西南部，是中国著名的历史文化古城，中华文化的发祥地之一。传说中的三皇五帝中——黄帝、炎帝、少昊和舜帝都与曲阜有关。在商代时称"奄国"，周、汉两代时，曲阜为鲁国国都。分布在曲阜的文物，国家级 3 处，省级 11 处，地市级 10 处，县级 87 处。

　　曲阜最有名的当然还是孔子故里。"千年礼乐归东鲁，万古衣冠拜素王。"曲阜之所以享誉全球，是与孔子的名字紧密相连的。孔子是世界上最伟大的哲学家之一，中国儒家的创始人。在两千多年漫长的历史中，儒家文化逐渐成为中国的正统文化，并影响到东亚和东南亚各国。西方学者将孔子与耶稣、释迦牟尼并称为"世界三圣"，以赞扬孔子集古圣先贤之大成。因而孔子故乡曲阜便被誉为"东方圣地"，是中国著名的历史文化名城。

> 俯瞰孔庙全景

曲阜"三孔"

"三孔"就是指孔庙、孔府、孔林，因其在中国历史和世界东方文化中的显著地位，而被联合国教科文组织列为世界文化遗产，被世人尊崇为世界三大圣城之一。去曲阜，定要去游览以孔庙、孔府与孔林合称三孔的圣地，方不虚一行。

孔庙即至圣庙，是历代祭祀孔子的地方，是中国古代封建王朝祭祀孔子的礼制庙宇。它位于曲阜城正中，是一组具有东方建筑特色、规模宏大、气势雄伟的古代建筑群，被古建筑学专家称为世界建筑史上的"孤例"，与北京故宫、承德避暑山庄并称中国三大古建筑群。

▷ **孔庙大成殿内的牌位**
这是孔庙大成殿内祭祀和供奉孔子及孔门诸贤的场所。在孔子塑像的两侧有孔子最为得意的 11 名弟子和南宋著名理学家朱熹的塑像。

▷ **孔庙的主体建筑大成殿**

1961 年列入《世界文化遗产名录》。

孔庙，公元前 478 年鲁哀公将孔子住宅改建为庙，经过历代王朝不断扩建，至明、清两代，逐渐形成目前规模。其建筑为皇宫之制，九进院落，三路布局，对称排列。孔庙的主建筑是大成殿，从某种程度上可以说大成殿是孔庙的象征。它与北京故宫的太和殿、泰安岱庙的天贶殿并称中国三大殿。它是孔庙内最高的建筑。大成殿以其卓越的建筑风格闻名于世。殿前的雕龙石柱为世间所独有，相传就连皇帝来祭祀孔子的时候都要把石柱用红绸包裹，以免触怒龙颜。因为，在皇宫也没有这样的石柱。

> **至圣林牌坊**
孔庙至圣林牌坊是一座四柱三门三楼的土木混合结构建筑。它的楼顶采用走兽和龙吻作装饰，是牌坊规格中等级较高的一种，牌坊门前还有两对石狮，整个牌坊显得庄严肃穆。

孔林中有许多的名木古柏，一株据说是孔子亲手栽植的桧柏，虽然历经数千年，仍然生长茂盛。桧柏是曲阜的市树，可见曲阜人民对它的重视。桧柏林中经常可见一种白色的美丽的鸟，那是鹭鸶，被称为曲阜的市鸟。两样生物在琼楼玉宇间更显历史神韵。

孔府是孔子嫡裔长孙居住的地方，旧称衍圣公府，也是官署和私邸。孔府世称"天下第一家"，是中国现存历史最久、规模最大、保存最好的衙宅合一古建筑群。府内共有楼、房、厅、堂很多间，整个孔府前堂后宅，三路布局，规模宏大，气势雄伟。东路为家庙，中路为孔府主体，西路有安怀堂等。孔府内珍藏的孔府档案是世界上持续年代最久、范围最广、保存最完整的私家档案。府内的一砖一瓦，都是文明的碎片，凝聚着民族文化的精髓。

重光门彰显孔家荣耀，大堂内溢出威严。红萼轩前在微风中起伏的文竹，则更能象征儒家文化的变迁。孔府的堂楼前院有个幽静的环境，植有雪松、石榴树、长春花木等。开阔的院落、别致的建筑、精美的花园，不仅有深厚的文化氛围，更具大家风范。

曲阜的古代建筑群及古色古香的街巷与现代风格的各类建筑融为一体，以其独具东方特色的建筑风格生动再现了鲁国民居风貌和民俗文化，让人跨越 2500 年，领略中国古代文化和孔子文化的伟大与神秘，构成了历史文化名城和谐的格调和独特的风貌。东方文化的摇篮——孔子故乡博大精深的古老文化，众多珍贵的文物古迹、多彩的民俗、淳朴的风情，将使你如饮甘醇，若醉若痴，流连忘返。

中国曲阜国际孔子文化节

孔子文化节是中华人民共和国国家旅游局确定的国家级、国际性"中国旅游节庆精选"之一。于每年孔子诞辰（公历 9 月 28 日）期间，即公历 9 月 26 日至 10 月 10 日在曲阜市举行。每届活动期间，于 9 月 26 日举行隆重热烈、异彩纷呈的开幕式；9 月 28 日在孔庙大成殿前举行孔子诞辰纪念集会，进行别开生面的祭孔活动，以发思古之幽情，实现敬仰、怀念先师孔子之夙愿。整个活动期间，还举办多项观赏性和参与性相结合、绚丽多姿、妙趣横生的专项旅游和游览名胜古迹，中外文化交流和独具特色的文艺演出，高层次的中外儒学专家、学者学术研讨，大规模、多项目、多形式的中外经贸科技洽谈、物资交易和资金融通、人才交流等活动。

★ 曲阜孔庙

也许在人类历史中，从来没有一个知识分子像中国的孔丘（公元前 551～公元前 479 年）那样，长时期地受到一个朝代接着一个朝代的封建统治阶级的尊崇。他认为"一只鸟能够挑选一棵树，而树不能挑选过往的鸟"，所以周游列国，想找一位能重用他的封建主来实现他的政治理想，但始终不得志。事实上，"树"能挑选鸟；却没有一棵"树"肯要这只姓孔名丘的"鸟"。他有时在旅途中绝了粮，有时狼狈到"累累若丧家之狗"；最后只得叹气说："吾道不行矣！"但是为了"自见于后世"，他晚年坐下来写了一部《春秋》。也许他自己也没想到，他"自见于后世"的愿望达到了。正如汉朝的大史学家司马迁所说："春秋之义行，则天下乱臣贼子惧焉。"所以从汉朝起，历代的统治者就一朝胜过一朝地利用这"圣人之道"来麻痹人民，统治人民。尽管孔子生前是一个不得志的"布衣"。死后他的思想却统治了中国两千年。他的"社会地位"也逐步上升，到了唐朝就已被称为"大成至圣文宣王"；连他的后代子孙也靠了他的"余荫"，在汉朝就被封为"褒成侯"，后代又升一级做"衍圣公"。两千年世袭的贵族，也算是历史上仅有的现象了。这一切也都在孔庙建筑中反映出来。

今天全中国每一个过去的省城、府城、县城都必然还有一座规模宏大、红墙黄瓦的孔庙，而其中最大的一座，就在孔子的家乡——山东省曲阜，规模比首都北京的孔庙还大得多。在庙的东边，还有一座由大小几十个院子组成的"衍圣公府"。曲阜城北还有一片占地几百亩、树木葱幽、丛林密茂的孔家墓地——孔林。孔子以及他的七十几代嫡长子孙都埋葬在这里。

现在的孔庙是由孔子的小小的旧宅"发展"出来的。他死后，他的学生就把他的遗物——衣、冠、琴、车、书——保存在他的故居，作为"庙"。汉高祖刘邦就曾经在过曲阜时杀了一条牛祭祀孔子。西汉末年，孔子的后代受封为"褒成侯"，还领到封地来奉祀孔子。到东汉末桓帝时（公元 153 年），第一次由国家为孔子建了庙。随着朝代岁月的递移，到了宋朝，孔庙就已发展成三百多间房的巨型庙宇。历代以来，孔庙曾经多次受到兵灾或雷火的破坏，但是统治者总是把它恢复重建起来，而且规模越来越大。到了明朝中叶（16 世纪初），孔庙在一次兵灾中毁了之后，统治者不但重建了庙堂，而且为了保护孔庙，干脆废弃了原在庙东的县城，而围绕着孔庙另建新城——"移县就庙"。在这个曲阜县城里，孔庙正门紧挨在县城南门里，庙的后墙就是县城北部，由南到北几乎把县城分割成为互相隔绝的东西两半。这就是今天的曲阜。孔庙的规模基本上是那时重建后留下来的。

自从萧何给汉高祖营建壮丽的未央宫，"以重天子之威"以后，统治阶级就学会了用建筑物来做政治工具。因为"夫子之道"是可以利用来维护封建制度的最有用的思想武器，所以每一个新的皇朝在建国之初，都必然隆重祭孔，大修庙堂，以阐"文治"；在朝代衰末的时候，也常常重修孔庙，企图宣扬"圣教"，扶危救亡。1935 年，国民党反动政权就是企图这样做的最后一个，当然，蒋介石的"尊孔"，并不能阻止中国人民解放运动；当时的重修计划，也只是一纸空文而已。由于封建统治阶级对于孔子的重视，连孔子的子孙也沾了光，除了庙东那座院落重重、花园幽深的"衍圣公府"外，解放前，在县境内还有大量的"祀田"，历代的"衍圣公"，也就成了一代一代的恶霸地主。曲阜县知县也必须是孔氏族人，而且必须由"衍圣公"推荐，"朝廷"才能任命。除了孔庙的"发展"过程是一部很有意思的"历史纪录"外，现存的建筑物也可以看作中国近八百年来的"建筑标本陈列馆"。这个"陈列馆"一共占地将近十公顷，前后共有八"进"庭院，殿、堂、廊、庑，共六百二十余间，其中最古的是金朝（1195 年）的一座碑亭，以后元、明、清、民国各朝代的建筑都有。

孔庙的八"进"庭院中，前面（即南面）三"进"庭院都是柏树林，每一进都有墙垣环绕，正中是穿过柏树林和重重的牌坊、门道的甬道。第三进以北才开始布置建筑物。这一部分用四个角楼标志出来，略似北京紫禁城，但具体而微。在中线上的是主要建筑组群，由奎文阁、大成门、大成殿、寝殿、圣迹殿和大成殿两侧的东庑和西庑组成。大成殿一组也用四个角楼标志着，略似北京故宫前三殿一组的意思。在中线组群两侧，东面是承圣殿、诗礼堂一组，西面是金丝堂、启圣殿一组。大成门之南，左右有碑亭十余座。此外还有些次要的组群。

奎文阁是一座两层楼的大阁，是孔庙的藏书楼，明朝弘治十七年（1504年）所建。在它南面的中线上的几道门也大多是同年所建。大成殿一组，除杏坛和圣迹殿是明代建筑外，全是清雍正年间（1723～1735年）建造的。

今天到曲阜去参观孔庙的人，若由南面正门进去，在穿过了苍翠的古柏林和一系列的门堂之后，首先引起他兴趣的大概会是奎文阁前的同文门。这座门不大，也不开在什么围墙上，而是单独地立在奎文阁前面。它引人注意的不是它的石柱和四百五十多年的高龄，而是门内保存的许多汉魏碑石。其中如史晨、孔庙、张猛龙等碑，是老一辈临过碑帖练习书法的人所熟悉的。现在，人民政府又把散存在附近地区的一些汉画像石集中到这里。原来在庙西璧相圃（校阅射御的地方）的两个汉刻石人像也移到庙园内，立在一座新建的亭子里。今天的孔庙已经具备了一个小型汉代雕刻陈列馆的条件了。

奎文阁虽说是藏书楼，但过去是否真正藏过书，很成疑问。它是大成殿主要组群前面"序曲"的高峰，高大仅次于大成殿；下层四周回廊全部用石柱，是一座很雄伟的建筑物。

大成殿正中供奉孔子像，两侧配祀颜回、曾参、孟轲……等"十二哲"，它是一座双层瓦檐的大殿，建立在双层白石台基上，是孔庙最主要的建筑物，重建于清初雍正年间雷火焚毁之后，1730年落成。这座殿最引人注意的是它前廊的十根精雕蟠龙石柱。每根柱上雕出"双龙戏珠"。"降龙"由上蟠下来，头向上；"升龙"由下蟠上去，头向下，中间雕出宝珠；还有云焰环绕衬托。柱脚刻出石山，下面由莲瓣柱础承托。这些蟠龙不是一般的浮雕，而是附在柱身上的圆雕。它在阳光闪烁下栩栩如生，是建筑与雕刻相辅相成的杰出的范例。大成门正中一对柱也用了同样的手法。殿两侧和后面的柱子是八角形石柱，也有精美的浅浮雕。相传大成殿原来的位置在现在殿前杏坛所在的地方，是1018年宋真宗时移建的。现存台基的"御路"雕刻是明代的遗物。

杏坛位置在大成殿前庭院正中，是一座亭子，相传是孔子讲学的地方。现存的建筑也是明弘治十七年所建。显然是清雍正年间经雷火灾后幸存下来的。大成殿后的寝殿是孔子夫人的殿。再后面的圣迹殿，明末万历年间（1592年）创建，现存的仍是原物，中有孔子周游列国的画石一百二十幅，其中有些出于名家手笔。

大成门前的十几座碑亭是金元以来各时代的遗物；其中最古的已有七百七十多年的历史。孔庙现存的大量碑石中，比较特殊的是元朝的蒙汉文对照的碑，和一块明初洪武年间的语体文碑，都是语文史中可贵的资料。

一九五九年，人民政府对这个辉煌的建筑组群进行修葺。这次重修，本质上不同于历史上的任何一次重修：过去是为了维护和挽救反动政权，而今天则是我们对于历史人物和对于具有历史艺术价值的文物给予应得的评定和保护。七月间，我来到了阔别二十四年的孔庙，看到工程已经顺利开始，工人的劳动热情都很高。特别引人注意的，是彩画工人中有些年轻的姑娘，高高地在檐下做油饰彩画工作，这是坚决主张重男轻女的孔丘所梦想不到的。

过去的"衍圣公府"已经成为人民的文物保管委员会办公的地方，科学研究人员正在整理、研究"府"中存下的历代档案，不久即可开放。

更令人兴奋的是，我上次来时，曲阜是一个颓垣败壁、秽垢不堪的落后县城，街上看到的，全是衣着褴褛、愁容满面的饥寒交迫的人。今天的曲阜，不但市容十分整洁，连人也变了，往来于街头巷尾的不论是胸佩校徽、迈着矫健步伐的学生，或是连唱带笑、蹦蹦跳跳的红领巾，以及徐步安详的老人，……都穿的干净齐整。城外农村里，也是一片繁荣景象，男的都穿着洁白的衬衫，青年妇女都穿着印花布的衣服，在麦粒堆积如山的晒场上愉快地劳动。

——梁思成

必去理由 秀丽的自然风光，宏伟的建筑规模，博大精深的道教文化
适宜季节 春暖花开的4月~6月，满山红叶的9月~10月
适宜人群 道教文化的迷恋者

若即若离的神秘境界 武当山

　　武当山如今在人们的意识中似乎已经不仅仅是一座山，真武飞天、老君炼丹、朱元璋避难、一代武学宗师张三丰创立武当派……这些美丽的传说给武当山蒙上了浓浓的浪漫气息和神秘色彩。它本身的魅力在这些浪漫和神秘的衬托下留给人们更多的是一种可望而不可即的感觉，即使当你真的走近它时，当它那绵延不断的山峰就在你眼前时，你感受到的仍然是一种莫名其妙的隐晦。也许你会觉得你对它已经非常了解，是的，谁不知道呢？

　　武当山又名太和山，位于湖北省十堰市西南面，北倚秦岭，南接巴山，方圆312平方千米。七十二峰、三十六岩、二十四涧、十一洞、三潭、九泉、十池等名胜，构成了五当山秀丽的自然风光。而八宫二观、三十六庵堂、七十二岩庙、三十九桥、十二亭则构成了一个庞大的道教建筑群。但是，在那奥妙如登天界的天柱峰上，在那神奇如临幻境的老君崖前，也或许是那如真似幻的紫霄宫、玉

> **武当山鸟瞰**
武当山的道观建筑是我国现存的规模最大的道教文化建筑群，道观的许多建筑都采取等级较高的歇山顶、悬山顶，重檐或三重檐的模式。武当山的道观建筑就地取材，大多是砖石混合结构的。

武当山"动静八景"

武当山的动八景为："海马吐雾""飞蚁来朝""乌鸦接食""黑虎巡山""猕猴献桃""梅鹿衔花""金猴跳涧""雀不漫顶"；静八景为"天柱晓晴""陆海奔潮""平地惊雷""雷火炼殿""祖师映光""空中悬松""月敲山门""金殿倒影"。

关于动静八景，还有许多附会传说，相传太子（真武）上山修炼时，有黑虎开山，乌鸦引路。太子在山上修炼时，有乌鸦报晓，黑虎护卫。太子得道成神后，封乌鸦为"神兵"，封黑虎为"巡山大元帅"。因此就有了乌鸦接食、黑虎巡山入选八景。据说往日善男信女朝武当，把乌鸦当作"报忧不报喜"的"灵鸦"，都要为它们带一布袋玉米、米花之类的礼品。走到乌鸦岭，一边把礼品撒向空中，一边喊："乌鸦接食！"成群结队的乌鸦应声而来，鼓翅张口，从空中接走食物。更为奇妙的是飞蚁来朝，又称飞蚁绕朝，这种奇观经常出现于每年的立秋前后。在这个季节，常有数不清的飞蚂蚁聚集于金殿四周，来而不去，后来，也都死在这里。迷信者认为这是飞蚁来朝拜真武大帝，因此称之为飞蚁来朝。而静八景之一的祖师映光则是指天柱峰真武神像放出稍纵即逝的光华，此景发生在雨后初晴之时。据有关专家解释：是因为雨后放晴时，阳光透过不同密度的空气层，发生折射，把金殿及周围景物反射显示在云端，形成奇异美景。

虚岩……我们感觉到的却永远都是一种"武当无法接近"的隔膜，走得越近就会觉得离它越远。因为作为道教名山，它的神秘性在任何一个细枝末节的地方都被渲染得淋漓尽致。

老君崖

武当是道教名山，这也许是武当本身隽永、优美的风景和道家所追求的仙界很相像，所以从道教产生的那一刻起就和武当保持了千丝万缕的联系。相传上古时期的真武就在这里得道升天，武当山的道教徒便以武当山敬奉他们眼中的上帝"玄天真武帝"，武当山也因此以"非真武不足以当之"而得名。

"真武升天"的传说在更多的人看来只是道家教徒的一个美好的理想而已，但是留在武当山山崖的老君崖却或多或少地让这个美丽的传说变得真实起来。

老君崖是一系列规模宏大的摩崖石窟和摩崖石刻，它就是为纪念道教的始祖老君而建造的。据说供奉老君能使修炼的人更容易成功，所以在有道教徒的地方就都会有老君像，但是像武当山老君崖上这么壮观的雕刻在崖面上的老君像实属少见，这也是武当山发现年代最早并且是武当山唯一的一座石窟。远远地看去，老君像气势恢宏，只见它面慈目善、坐姿端庄。

历史上的老君的真名叫李耳，据说他一生下来就满头银发，所以人们都叫他老子。他一生著书立说，以"道"来解释世间的万物，因而他的哲学也被人称为"道学"，《道德经》一书便是他的代表作。《道德经》也是道家的必修之经。据说，老子幼年时一边放牛一边读书，既聪颖又勤快，晚年回到故里陈国。后来他出关到秦地讲学，途经函谷关，关令尹喜在几天前夜观天象，看到东方天际紫雾升腾，于是对人讲，"紫气东来，数日之内必有圣人至此"。几天后，老子果然骑青牛到了函谷关。这大概是道教徒出于神化老子的目的，故意这样讹传的。

历史上的老子学识渊博，而且谦虚。《史记》中讲孔子曾向他请教过有关礼教的问题。老子被道教尊为教祖，唐王朝统治者信服道教，而自己又与老子同姓，因此自认是其后代。老子遗留下来的著作仅有《道德经》一书。

《道德经》是老子用韵文写成的一部哲理诗。它是道家的主要经典著作，是老子哲学思想的最直接体现。这本书开创了我国古代哲学思想的先河。在文中，老子阐发、构造了一个唯物主义体系，具有朴素的辩证法思想。他宣扬自然无为的天道观。老子的哲学思想和由他的学说而衍生出来的道家学派，对我国两千多年来思想文化的发展，产生了深远的影响。

> **紫霄宫**

紫霄宫是武当山保存最完整的明代建筑群。它是一重檐歇山顶式的建筑，它的屋顶覆盖蓝色琉璃瓦，它的左侧为父母殿，父母殿是三重檐两层建筑，造型十分别致。

老子"无为"的治世思想和"小国寡民"的社会理想，在当时的社会历史环境下，没有得到统治者的重视，但对后来道教的形成、发展产生了重大的影响。

如今，几千年过去了，李耳似乎都被人遗忘了，人们心中只剩下了一个用自己的哲学建立起来的神仙——老君。老君像到底和现实之中的李耳本人在相貌上还有多少联系显然已经没有意义，因为时间在告诉我们：只要他的哲学是永恒的，它的灵魂在何时何地都是一样的。

天柱峰和金殿

如果到了武当而没有登上天柱峰就等于没有到过武当。天柱峰又名金顶，一是它是武当的最高峰；二是它的峰顶有闻名遐迩的金殿。

不要看资料上写着天柱峰的海拔只有1612.1米，但它确实是武当山的最高峰。这还不是它的独特之处，它真正吸引人的地方是它挺拔的姿态。其拔空峭立之势犹如直直地刺向天空的一柄长剑，唯我独尊的气势在它的峰顶被渲染得淋漓尽致。所谓"一柱擎天"说的就是武当山的天柱峰。其实，只要听听它的名字，天柱峰，我们就能想象得到它的恢宏气势。

天柱峰上的金殿是武当山上最著名的古迹，位于峰顶。据说，当初朱元璋曾经兵败于此，得到过一名正在山下修炼的道士相救，朱元璋得天下以后为了纪念那位道士，便在此建立了金殿。传说如今已不再，这经历了几百年风花雪月的金殿还不曾老去，那满身的流光溢彩好像正在向人们叙述着它往昔的辉煌和荣耀。

金殿是观光赏景的好地方，它屹立云表，每年春天，遮天蔽日的飞虫飘到金顶，落地而死，叫作"飞蚁来朝"；雷雨大作，金殿周围着火，金殿却安然无恙，叫"雷火炼殿"。当然，游人更乐意欣赏的是雨后天幕折射的"金殿倒影"，天晴的正午时分，金殿光柱冲天而起的"祖师映光"，还有"雀不漫殿""平地惊雷""天柱晓晴"，等等，这些奇异景象都是金殿特殊的质地构造加上天柱峰顶的特殊自然条件造成的，历来为人称道。

神仙府第

从周代开始，就有道家和道士在武当山居住修炼，如周代的尹喜、汉代的阴长生、唐代的吕洞宾、五代的陈抟等，唐代贞观年间，均州太守姚简在灵应峰修建了武当山上的第一座道观，名叫五龙祠，之后随着道教的兴盛，武当山的神仙宫殿日益增多。元明之际的道士张三丰，更具有神话色彩，人称"隐仙"。他根据道教教义独创了一门武功——太极拳法，据说能够"单拳抵百贼"，但最终也没能"抵"住道教在明朝的衰落。这才有了清代"中兴之祖"王常月，他继承了全真道派"先性后命"的修炼思想，强调按皈依三宝、忏悔罪业、断除障碍、舍绝爱缘、戒形精严、忍辱降心、清净身心、求师问道的顺序依次修行，并阐明了困扰修行者的"肉身存亡"问题。他说"谁曾不死，那见长生，不死者，岂是凡身，长生者，非关秽质"；"色身纵留千年，止名为妖，不名为道。法身去来常在，朝闻道夕死可矣"；"不死者我之法身，长生者吾之元气"。他的这些说法为道教各派修行者解除了心中困惑，使其向道之心更为坚定。明朝永乐皇帝为了夺取政权，声称真武大帝曾显圣帮助自己，动用士兵30万在武当山建造了一个庞大的道教建筑群，基本上确立了武当山的建筑体系。朱棣封武当山为"太岳太和山"，使其地位在五岳之上。经过嘉靖年间再度扩建，武当山最终形成了八宫、二观、三十六庙堂、七十二岩庙、十二亭和三十九桥的庞大建筑院落。

今天，武当山上保存较好的道教宫观有六宫，包括遇真宫、五龙宫、南岩宫、太和宫、玉虚宫、紫霄宫；二观，包括元和观、复真观；一殿，就是上文介绍过的天柱峰上的金殿。其中建筑价值最高的是复真观、紫霄宫、南岩宫和金殿。

复真观在天柱峰东北的太子坡上，它背靠狮头山，面临深涧，右有天池，左有下十八盘，环境清幽，景色秀丽。各类建筑随山势布局，起伏错落有致，很有韵律感。主体建筑包括祖师殿、皇经阁、五云楼、太子殿等，观中的九曲黄河墙、一柱十二梁等，是中国古代建筑中的精巧之作，令人称奇。

紫霄宫位于主峰天柱峰东北，是武当山道观群中保存最好的一座，它地理位置十分优越，背倚展旗峰，面对照壁峰、五老峰、蜡烛峰，左有蓬莱峰，右有雷神洞，松林环抱，云雾缭绕，明成祖朱棣曾赐名"紫霄福地"，可见其地理位置优越，周围风光秀丽。紫霄宫内还保存着许多明代文物，堪称集自然风光和珍贵文物于一体。

> 武当山天柱峰

263

秀绝北国的佛教圣地 五台山

　　山西五台山、四川峨眉山、浙江普陀山以及安徽九华山并称我国的四大佛教名山。其中山西五台山以它独有的自然风景和历史悠久的佛教文化位列四大佛教名山之首。五台山位于我国山西省的东北部，由海拔均在3000米高的东峰望海峰、南峰锦绣峰、西峰挂月峰、北峰叶斗峰和中峰翠岩峰五峰组成，又由于每一座山峰"顶无林木，有如垒土之台"，故称五台山。

问禅五台山

有人说：“五台山的发展史就是佛教在我国发展的缩影。”这话一点都不夸张，据传，五台山最早的佛教渊源可以追溯到东汉时期甚至更早，后来在北魏的孝文帝时期真正开始了五台山第一个发展高潮，五台山真正的繁荣是在唐朝，著名高僧澄观就生活在这个时期的五台山，也正是在唐朝时期，五台山成了名扬中外的佛教圣地，如今留下的大部分古寺院建筑都建于唐代。中唐时期五台山图传到日本，后又传到敦煌，被画进了敦煌壁画。唐宋以来，日本、印尼、尼泊尔等国的僧侣与五台山都有来往。以后宋、元、明、清历代皇帝对五台山也是备加推崇，还留下了很多标志性的建筑。

今天站在五台山，在你眼前，在你脚下，在你手里的已经不仅仅是那些经受岁月侵蚀的座座古寺，而且里面尽是些沉淀得已相当久、相当深的佛教文化。塔院寺、显通寺、罗睺寺、普化寺、佛光寺、观音洞、明月池、佛母洞、万佛阁……已经成了佛教在中国的发展明证。

显通寺被认为是五台山的第一座寺庙，始建于东汉永平年间，因所处的山峰与古印度灵鹫相似，所以最初名为“大孚灵鹫寺”。北魏、北齐、隋唐到明清，都有扩建或重建，寺名也几经改变。明太祖重建，被赐名为“大显通寺”。

▷ 文殊菩萨

五台山是文殊菩萨的道场，所有寺院内都供有文殊菩萨的雕像。文殊在四大菩萨中称"大智"，关于其来历一种较为普遍的说法认为，他是释迦牟尼的大弟子，本是舍卫国（今印度西北）一个贵族家庭中的公子，后离家投奔释迦牟尼学道，功德圆满，修成菩萨身，并被尊为菩萨之首。

塔院寺原本是显通寺的塔院，明代时独立为寺。寺内以妙峰禅师的舍利塔为主。这是一座藏式白塔，高50米，塔刹、露盘、宝珠均为铜铸，塔腰和露盘四周都悬挂风铎，共252枚，风吹来叮当作响，这座塔一直被看作五台山的标志。

菩萨顶在显通寺北侧的灵鹫塔上。五台山相传是文殊菩萨诵经礼拜、宣讲佛法之所，传说文殊就住在菩萨顶，所以也称"大文殊寺"。清朝康熙、乾隆皇帝几次朝拜五台山，都住在菩萨顶，给这里留下了许多匾额和碑文。后来菩萨顶重建，大多参照皇宫制度。寺中全部建筑都用三彩琉璃瓦覆盖，几百年来色泽如新。

罗睺寺始建于唐。各殿方院落也保存完好。传说农历六月十四是文殊菩萨诞辰，罗睺用"跳鬼"来祝寿。因此，每逢这天，寺僧都要穿上奇装异服，戴鬼面具，随锣鼓的节拍，满院子乱蹦乱跳，从早到晚热闹一天。这种娱乐现在仍有。罗睺寺有一处奇观，就是后殿中心的一座莲台。这是一个木制圆形佛坛，坛的周围雕有十八罗汉过江，当中荷蒂上有木制大型莲花瓣，内雕方形佛龛，四方佛分坐其中。莲台中有中轴和轮盘，这样，就可以操纵机关，使莲台旋转，同时花瓣一开一合，花中的四方佛时隐时现，称为"开花见佛"。

五台山的佛寺选址上远离城市，依傍名山胜地，山因庙显，庙因山荣，堪称自然风景与人文古迹的完美结合。

好一处清凉胜地

虽然没有武夷山的幽雅，没有黄山的神奇，没有泰山的雄伟，没有华山的险峻，可是，五台山却别有自己的风采。站在山顶，举目望过去，五台山的整个山体就像是一个横卧着的巨龙，好像只要你稍微动一动你的想象力，它就随时都能腾飞一样。

其实五台山最难得的还是它的气候。五台山的最高峰为叶斗峰，海拔3061.1米，素有"华北屋脊"之称。山中气候寒冷，"岁积坚冰，夏仍飞雪，曾无炎暑"，故又称清凉山。

主要景点

观音洞：观音洞因洞内有观音塑像而得名，它位于台怀镇境内的栖贤谷之中，洞内不仅仅有一溪泉水，更有美丽的、婀娜多姿的柳树上百棵，每年绿柳成荫的时候尤为可观。

明月池：明月池在镇海寺的对面，它们之间就是清水河，叫的是池，其实是一座寺庙，最初它叫作"观海寺"，后改名叫作"明月池"，因为每当朗朗的圆月高高地升起来的时候，远远地站在寺院之内，看着清水河里倒映的明月和星星，就像是看着一池月亮星星一般，故名"明月池"。

《清凉山志》中也有这样的记载：左邻恒岳，秀出千峰；右瞰滹沱，长流一带；北凌紫塞，遏万里之烟尘；南护中原，为大国之屏蔽。山之形势，难以尽言。五峰中立，千嶂环开。曲尽窈窕，锁千道之长溪。叠翠回岚，幕百重之峻岭。岿巍敦厚，他山莫比。

"五月行踪人大孚，万松如剪雪平铺。"这其中的大孚，说的就是五台山的大孚寺。这样的气候让五台山成了历朝历代绝佳的避暑胜地。顺治皇帝甘愿抛下王朝大业，来这里当一名普通的和尚，恐怕图的也是那一份"清凉"。

现在每年的夏天，当其他地方烈日炎炎之时，五台山就会以它独有的凉爽气候迎接来自世界各地的游客。

旅游小贴士

交通：游客如坐飞机，可先到太原或大同。如果坐火车，可在京原线上的砂河、繁峙、代县、原平、忻州各站或太原下车，再转乘汽车。由于火车和飞机都不能直抵五台山，所以公路客运显得尤其重要。铁路沿线各地均有汽车开往五台山，太原尤多，而且太原各旅行社每天均有联合售票的依维柯客车接送散客前往，火车站和客运总站每天也有直达五台山的汽车。

住宿：五台山各种档次的宾馆饭店众多，家庭旅社十分活跃，投宿比较方便。许多家庭旅社也配有高档客房，为极具地方特色的四合院落，设施齐全，清静舒适。另外，有些家庭旅社同时为游客准备精心制作的具有地方风味的家常饭菜。

> 冰雪覆盖下的五台山山门

人类文明的绝唱金字塔

　　金字塔是埃及的象征，但凡到埃及来的人，无不为了一睹金字塔的真面目，看看它是否真的和图片中的金字塔一样高贵而神秘。这样的说法不知是否恰当，或有失偏颇，但很多人确实是带着这样的想法来到埃及的。

　　金字塔是古埃及人为他们的国王和王后建造的陵墓，英文称其为 Pyramid，即角锥物；1904 年，康有为在他的《海程道经记》中，第一次给出了汉语中"金字塔"的概念，很好理解，因为它的外形基本上跟我们汉字里面的"金"字很相像；埃及现存的金字塔一共有 107 座，其中大部分坐落在埃及首都开罗附近的吉萨高原之上；还有就是书本上罗列的金字塔之谜……

　　层层神秘感让人产生一种渴望，想要走近它，想透彻地了解它，以填补脑海中关于金字塔的空白。

> **埃及金字塔**

金字塔和狮身人面像

远远望去，那一个个规则的"金"字形建筑就好像儿时玩过的积木，似乎一伸手就能把它们翻过来调过去拼成自己喜欢的任何想得到的东西，小房子、游乐园……可是，当你越是走近它，越觉得自己的想法不但幼稚，还简直是在亵渎神灵。因为，一步步走近它的时候，心渐渐地归于了感动。最后，已经不是感动可以承载的了，因为你领略到的可以毫不夸张地说是整个人类的文明。

这些大大小小的建筑仿佛把游人扔进了一个"金字塔"的大世界。在这之中有一个最大的金字塔，那就是胡夫金字塔。它高达146.5米，因年久风化，顶端剥落10米，现高136.4米，19世纪80年代巴黎埃菲尔铁塔修建成功以前，胡夫金字塔一直都是世界上最高的建筑。当地人叫它"大金字塔"，因为它是保留下来的最古老、保存最完美、最壮观、建筑成就最高的金字塔。它大约建造于公元前2670年，相传是由10多万劳工花了20多年时间才建成的。大金字塔的成功建造到现在还是建筑史上的一个谜——金字塔由230多万块巨石建成，巨石和巨石之间没有任何材料，但是却毫无缝隙，只能隐隐约约看到一条黑线，"缝不夹纸"说的就是金字塔的巨石之间的缝隙小到连一张薄纸也夹不进去。胡夫金字塔还有一个特殊的地方，就是它的东、

▷ 狮身人面像近观

在早期埃及艺术中常以狮子代表埃及法老，法老的动物形体和人的形体结合产生斯芬克斯，象征法老具有超人的权力和力量。在埃及有众多的斯芬克斯代表不同的法老，而最古老最著名的就是图中这座斯芬克斯。

南、西、北四壁正好面对着地理位置上的四个方向，其误差接近零度。这些谜团曾经让很多建筑大师、科学家煞费苦心地想找出其中的奥秘，但是一切努力都是徒劳的，直到今天，也没有得出任何有说服力的结论。

远不止这些，围绕金字塔的点点滴滴对人们来说其实都是难以解开的谜，人们不知道什么时候能得到答案，但有一点是不容置疑的，那就是这些"谜"中凝结的都是古埃及人的非凡的智慧。

来到埃及，自然不能错过狮身人面像。在古埃及有很多狮身人面像，坐落于海夫拉金字塔旁边的狮身人面像是最大的，它高达20多米，长约50多米，其规模在世界雕塑史上可以说是独一无二的。它是古埃及第四王朝法老海夫拉的雕像，之所以狮身人面，是因为在古埃及狮子是力量的象征。把国王的脸和狮子的身子结合在一起，标示的就是"国王的智慧"和狮子无穷力量的完美结合。

当然，经过几千年的风雨洗礼，如今的狮身人面像已经面目全非，许多地方已经脆弱得再也经

主要景点

埃及古城卢克索：位于尼罗河畔的古城卢克索是埃及人民的又一大骄傲，这里不仅仅是埃及也是世界上名胜古迹最多的城市之一。每一个到来的游人如果真的想详细了解埃及的文化，古城卢克索是一个不得不去的地方。

帝王谷：相比神庙和古城，帝王谷在世界上的名气一点也不比它们逊色，这座集中着古埃及王族陵墓的深谷在埃及人心目中的地位是其他任何地方都不可比拟的！

▶ 吉萨的三座金字塔

不起时间和岁月的侵蚀了，但是作为人类文明的伟大象征，它的雄姿将会永远留在人类文明的史册里。

走进金字塔

在胡夫金字塔跟前，眼睛丧失了距离感，因为它太高了，高得让人觉得离它很近，已经就在它的脚下了，可是再看看那些真正到了它脚下的人时，才知道离他还有一段距离。还有那砌起金字塔的石块，从远处看就是一个个小石头，只有走到它身前，才知道每个石块都有一人多高。真是一个庞然大物！而这个庞然大物却是坟墓。不自觉地，脑海中产生了一个疑问，古代埃及国王为什么要耗费那么多的人力和物力去修建坟墓呢？

这是因为古埃及人认为，人死不过是从一个世界走向另一个世界，不过是人的灵魂与肉体的暂时分离，总有一天它们会重新结合起来。所以，埃及法老们利用自己的权力，从继位之初，便开始建造自己巨大的坟墓，为了使自己死后得以存活。法老们把金字塔墓地建在西部沙漠的边缘地带，也是为了能让自己的灵魂可以与西沉的太阳同路而归。但是，古代埃及国王的坟墓真正修成金字塔这种形式的，是在古王国时期开始的，因此古王国时期又被称为金字塔时期。

> **图坦阿蒙的金面**
一个美丽的面部雕像，由镶着天青石、石英和曜石的黄金做成，覆于木乃伊脸上。

> 埃及吉萨的三座字塔，从远至近依次是法老胡夫、海夫拉、门卡乌拉的陵墓，每个金字塔旁边还有小金字塔，用于埋葬王室成员。

金字塔的建造方法

第一阶段：

濠沟　　泥墙

原来的山丘

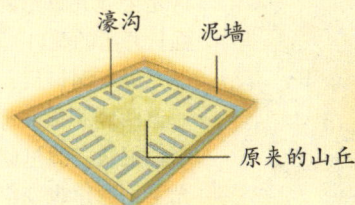

第二阶段： 每建造一层，斜坡就要随之增高

砌上白色石灰石外层后，斜坡就可以拆除了

第三阶段：

由五块花岗石板支撑的墓室天花

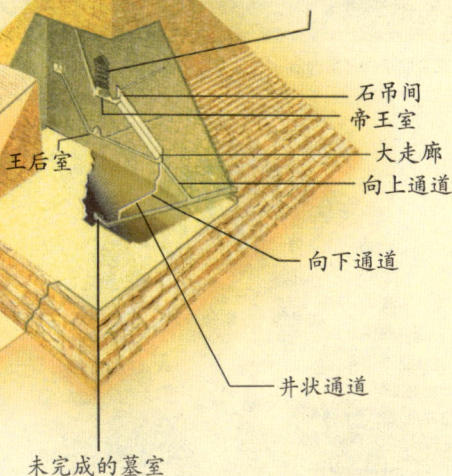

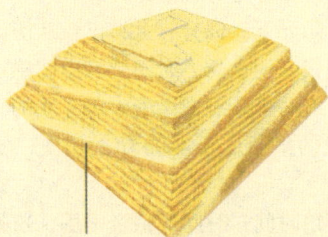

王后室

石吊间
帝王室
大走廊
向上通道

向下通道

井状通道

未完成的墓室

斜坡建造法

用滚木和木橇将建造金字塔的大石块运到建筑地点。底层石块放好后，便在金字塔一旁建造一道土坡，工人把大石块拖上斜坡；随着工程的进展，斜坡不断加高，直至加高至尖顶。然后在金字塔外墙铺砌装饰石块，斜坡则随着外墙装饰石块向下铺砌而逐渐拆除。

螺旋形斜坡建造法

有些考古学认为古埃及人是用螺旋形斜坡分阶段建造金字塔的。他们提出长斜坡建造法所需材料实在太多，单是斜坡本身已是件重大工程，所以并不可能。

斜坡围绕金字塔筑成螺旋状

> 胡夫金字塔内墓室内部

> 图坦阿蒙的著名金面罩是参观者必看之物。

当你迫不及待地站在入口外的队伍中，你会希望能进入到金字塔的腹内，进一步领略古埃及法老对死亡保持的激情。一般要从位于 6 层石阶的一个小小的"马蒙入口"进入，相传这是公元几世纪的时候一个叫马蒙的人寻宝时强行开凿的洞口。

进入洞口后，借着洞外的日光，可以看见通道两侧和顶部都是凹凸不平的，并且非常狭窄。很快，洞里就只剩下为游客准备的照明灯光了，通道也变得越来越狭窄低矮。经过几个通道，再上很多个台阶，直到你看到一个石室的入口。这就是胡夫的墓室。借着手电光可以看到石室方方正正，四周的石墙没有一点装饰，两侧的墙上各有一个小小的方洞。据说在晴朗的夜里，从不同的洞口向外看能看见不同的星辰，但是现在什么也看不到。

站在墓室内，忍不住要感叹古埃及人的建筑工艺了，几吨重的石块在头顶上，不用钉子和木楔固定，整个金字塔却能稳如泰山，历经 4000 多年沧桑，实在让人难以置信。

从胡夫的墓室出来，经过大走廊的石阶，下到了另一条半人高的小通道里，爬过这条小通道，就看到了另外几个小石室，里面也都是空无一物。这些石室大概是王妃后宫的。

在通道、石室中穿行的时候，不知为什么，会感觉背有些发凉，因为这毕竟是坟墓，尽管它已经有了 4000 年的历史，但它仍然是和死亡连得最近的地方。更何况墓室主人因为害怕侵入者亵渎坟墓，还留下了"法老的诅咒"：谁要是干扰法老的安宁，死亡就会飞到他的头上。

于是，急匆匆地再经过入口处的通道走出马蒙入口后，你会又看见了阳光。

一站在阳光下，你会感觉自己像从历史的那端爬回到了现代文明一样，时间感和空间感一会儿就不见了，只有一个念头充塞着大脑：我的身躯之于金字塔，我的生命之于 4000 年的历史，实在太渺小了。

人类惧怕时间，时间惧怕金字塔，这是在埃及流传甚广的一句话。我们没有必要去深究它的内涵，文字表面的意思已足以让我们震惊——金字塔是埃及文明的代表，是人类文明的绝唱！在所有来过和未来过的人的眼中，矗立在这里的金字塔和狮身人面像都不曾被历史的尘埃湮灭过，相反还越来越熠熠生辉！

东方的金字塔 婆罗浮屠

在没来婆罗浮屠之前，早已经看过了好多关于婆罗浮屠的照片和资料，但对这座古迹了解得越多，越为它的美丽而感到迷惑。

婆罗浮屠位于印度尼西亚中爪哇首府的日惹市西北39千米的克杜峡谷，屹立在一座人工堆筑的小山丘上，它是世界七大奇迹之一。"婆罗浮屠"意为"千佛塔"，在梵文中也可解释为"丘陵上的佛寺"。婆罗浮屠是一个特别的古迹，初闻者可能以为它是一座寺庙，但它不是，它没有膜拜或祭祀的地方，它只是一个巨大的佛陀神殿，既是窣堵波，又是曼荼罗。

被淹没的奇迹

婆罗浮屠是公元 8 至 9 世纪印尼萨兰德拉王朝留下的历史遗迹，是当时最伟大的建筑。但是，这个为后人留下千年不朽佛塔的王朝，在历史上却缺少文字记载，它究竟是一个怎样的王朝，它为何要建这座千年佛塔呢？人们众说纷纭。不过已经有专家考证，当年的萨兰德拉国王为了收藏释迦牟尼的一小部分骨灰，动用 10 万奴隶，花了 10 多年的时间才建成了这座佛塔，当时这里也成为了遐迩闻名的佛教圣地。15 世纪，佛教衰微，婆罗浮屠才开始被废弃，后来发生的默拉皮火山喷发和地震，使婆罗浮屠被火山灰淹没。1814 年，当时的驻爪哇总督托马斯·斯坦福德·拉弗尔斯爵士派人侦察地形时才重新发现了该塔，并对周围的碎石和杂草进行了清理，使得沉睡了 1000 年之久的婆罗浮屠终于重现世间。

重现的婆罗浮屠被称为"南半球最大、最古老和最壮观的古迹"，它与中国的长城、埃及的金字塔及柬埔寨的吴哥古迹被世人共誉为古代东方的四大奇迹。

东方的金字塔

婆罗浮屠是一阶梯状金字塔型的建筑，共有 10 层。印尼人没有办法不为婆罗浮屠佛塔而感到骄傲，它是那么的神秘、庄严，是那么的富有极致美。婆罗浮屠规模宏大，不像塔，不像庙，也不像陵，看起来犹如一座巨大坛城，下宽上尖，无固定出入口，也无祭坛与坐处，是极具立体感的建筑。

▷ 普兰班南的寺庙群内的显婆神像

275

▷ 婆罗浮屠近观

婆罗浮屠（意为千佛塔）寺庙综合体鸟瞰

> 婆罗浮屠寺庙综合体的浮雕

婆罗浮屠全塔是由 200 万块长石垒成的，形似山岗。整个塔既无门窗，又无梁柱，形成一座坚不可摧的小山。

走近婆罗浮屠，在巨大的石块上，看到了层层围绕佛塔的浮雕。这些浮雕故事内容多取材于佛典中的故事。雕刻的对象无论是人，还是动物、植物、器皿等，都玲珑剔透，栩栩如生，堪称是艺术珍品。精巧传神的浮雕，构成了一部"石块上的史诗"，它凝结着古代印尼人的聪明才智。抚摸着这些浮雕，猛然间有了一种超凡脱俗的感觉，仿佛到了一个无色的世界。在古代印尼人的心目中，婆罗浮屠是宇宙的模型，它的每一个部位和角落都体现出古印尼人对这个极乐世界的丰富想象和领悟。在婆罗浮屠，从大地到天空，从有形到无形，都呈现出一种平和的过渡。

从塔底拾级而上，逐层欣赏古人类创造的文明，心中不禁产生了一阵阵莫名的激动。那些描写人类的欲望、人世间的百态，讲述佛祖释迦牟尼修成正果、跻身成佛的生平，对一般人来说永远是参不透的禅机，那种境界哪是我们这些凡夫俗子所能体会得了的呢？不过，你可以把它们作为珍贵文物来分享和赞叹。

婆罗浮屠中有 432 座佛像，面向外安放。佛像与成人身躯一样大，盘腿而坐。东、南、西、北不同的方向有不同的姿态和含义。面向东的佛像是左手置于膝上，右手指地的降魔印姿态，表示降魔得悟；面向南的佛像呈手臂下垂，手掌向外的施愿印姿态，意思是如愿；面向西的佛像呈两臂下垂，两手叠放的禅定印姿态，表示冥想；面向北的佛像呈左臂上举，右手掌向外的无畏印姿态，表示克服一切恐惧。

婆罗浮屠的顶部别有洞天：70 多个钟形的小塔分成三层，众星拱月般地环绕着巨钟形的塔顶，而每个小塔里都安奉着一尊姿态各异的坐佛。据传说，如果伸手能摸到其中一尊佛像的脚或手，即表示你与佛有缘，许愿后再顺时针绕着塔顶走三圈，那么你的愿望便能实现了。当然，这是迷信，我们大可以不必相信，而且能摸到坐佛也不是一件容易的事，但这种激动的心情不得不使每一个前来婆罗浮屠的人想大展身手。当我们用现代人的手抚摸这些千年古迹时，我们所摸到的就像一个久远的年代，这会使我们忘掉时间与空间。

人类的历史像流水一样向前翻滚，而人类创造出来的文明却永恒不朽，我们怎么能不为之叹息呢？在婆罗浮屠顶部，能够感受到佛教的宇宙观。这座圣殿的 500 多个佛像，面对着罗盘仪上的四个方向，以仁慈而明亮的眼光俯视着世界。这座建筑物的每个部分，无不面向天空，似乎想抓住过往飞云的气息，似乎是想留住时间，挽住历史。

当走下婆罗浮屠时，心中的激动久久不能平静下来。再一次回首，婆罗浮屠淡绿的色调掩映在静谧的丛林中，那就是人们神往的婆罗浮屠吗？

世界的肚脐 复活节岛

　　复活节岛是地球上最孤独的一个岛屿，用孤悬海外来形容一点都不过分。这个三角形小岛漂浮在太平洋的东南洋面上，离智利大陆架和其他岛屿都相当遥远，附近都是些荒无人烟的无人岛，离它最近的有人居住的岛屿皮特克恩岛远在西边2000千米处。

　　这个孤岛直到1722年4月才被发现。由荷兰探险家罗格文率领的三艘战舰，在东南太平洋的狂风巨浪中颠簸了数月之后的一天，船员突然发现前方出现了一个在航海图上没有标记的小岛。这一发现使得船员们十分兴奋，但是，等他们靠近这个小岛时，他们惊奇地发现，岛的四周竟然站立着一排排参天巨人。再走近一看，原来那是数百尊硕大无比的巨人雕像。因为这一天是复活节，所以他们把这个小岛命名为复活节岛。

　　复活节岛上的巨像，当地人称之为摩艾，摩艾是复活节岛上最引人注目也最使人疑惑的风景。这600多尊摩艾遍布全岛，它们或卧于山野荒坡，或躺倒在海边。石像全用整块火山熔岩雕凿而成，一般高7～10米，重50～90吨，整齐地排列在海边约100座用巨石砌成的石台上，每座石台上

> 复活节岛国家公园内的雕像

279

▷ 复活节岛上的土著居民还保持着传统的习俗与装束

一般安放 4 ~ 6 尊，个别安放 15 尊。这些石像线条简洁粗犷，造型生动奇特，个个长头窄额，长耳高鼻，凸眉凹眼。在拉诺拉拉库火山的 40 多个神秘的洞穴中，还横七竖八地躺着 300 多尊没有完工的石像。但无论是完工的还是未完工的石像，没有一尊带有喜悦的神态，他们或忧郁，或冷漠，或沉思，严肃得叫人心情压抑。自他们被发现的那一刻起，复活节岛上的巨人像，就成为了又一个不解之谜。这些远古图腾一般的符号，伫立在太平洋上孤单的一角，有着怎样的意义？而且，在这样一个干旱、荒凉，只有少数人居住的孤岛上，这样巨大无比的巨人石像又是如何建造起来的？而人们发现这个岛时，岛上仅仅生活着几百名尚未开化还未掌握铁器的居民，而且在这个根本没有高大植物的岛屿上，居民居然以人们所不知的神秘方式搬运和移动了这些庞然大物，这一切多么令人不可思议。

在复活节岛南部的圣城奥朗戈还发现了 4300 多幅岩画作品。作品内容丰富，具有高超的艺术表现力。另外还发现了科哈乌·朗戈朗戈条板，上面刻有祭祀人鸟用的象形文字，这些文字如同天书一般，至今还没有人能解读。

▷ 整齐地排列在岛上的"巨人"是怎样建造起来的？至今还是一个未解开的谜。

令人惊讶的不止是这些，复活节岛的居民称自己居住的地方为"世界的肚脐"。对于这种叫法，一开始人们并不理解，直到后来航天飞机上的宇航员从高空鸟瞰地球时，才发现孤悬在浩瀚的太平洋上的复活节岛，所处的位置，确实跟一个小小的"肚脐"一模一样。那么，又是谁，以怎样的方式，让人们从空中看到了自己的家园？在复活节岛的悬崖下，有一堆大的圆形石块，上面刻有许多鸟首人身的浮雕图案，被称为"鸟人"。这种奇特的生物是岛上居民的崇拜对象，但是，作为海上居民的拉帕努伊人，为什么会崇拜这样一种能够飞翔的生物呢？是不是因为这种生物可以从高处俯瞰复活节岛，才得出了"世界的肚脐"的结论？在现代飞行器发明好几个世纪以前？

　　在复活节岛上，一切都是那么神秘莫测。在大洋中间最偏僻的、与世隔绝的孤岛上，有着如此令人惊异而又无法解释的文明存在的痕迹。任凭人们猜测，复活节岛上巨大的石像们还是像建成那日起般的缄默，注视着大洋彼岸一个不知名的角落，看着一次又一次日出与日落，霞光笼罩下的石像们留下长长的永恒的剪影，显得无比苍凉。

必去理由 中华民族精神的象征，举世瞩目的古代防御工程
适宜季节 季节不同，长城韵味亦各异，萧瑟的秋季，长城肃杀之气最为浓郁
适宜人群 体格健壮，有探求欲者最佳

中华民族精神的丰碑 长城

　　长城，是中国伟大的军事建筑，它规模浩大、工程艰巨，被誉为古代人类建筑史上的一大奇迹。

　　长城始建于公元前 5 世纪春秋战国时代，那时，中国北方诸侯割据，他们为防御邻近诸侯的侵扰，在各自的领土上先后筑起了一段段防卫墙。与此同时，燕、赵、秦三个诸侯国的北方又与少数民族中以游牧为主的匈奴族为邻，为了防御匈奴骑兵的骚扰，三国各自都在他们的北方修筑了长城。公元前 3 世纪秦始皇统一中国后，派遣蒙恬率领 30 万大军北逐匈奴，把原来分段修筑的长城连接起来，构成一道西起临洮，东至辽东，绵延万余里的防御体系，这就是"万里长城"。其后，历代不断维修扩建，到公元 17 世纪中叶明朝末年，前后修筑了 2000 多年。今天我们所见到的主要是明长城。

> 北京古八达岭长城

明长城东起渤海湾的山海关，经河北、北京、山西、陕西、内蒙古、宁夏到甘肃的嘉峪关，穿过崇山峻岭，山涧峡谷，绵延起伏，长约13000多华里。在古代交通运输工具极其落后的情况下，修建如此巨大的工程，实在是一件了不起的事。毕竟，它不是一般的土墙，而是用整齐的条石和结实的青砖砌筑的。有人计算，如果把明长城所有的砖、石和土方，筑成一道二米厚、四米高的围墙，可以绕地球一周。不用说烧制这些砖石，就是把它们通过崎岖的山间小路送达修建工地，已经是一项十分庞大的工程了。因此，游览长城的人莫不为先民的伟大气魄和坚毅精神所感动。万里城墙上，分布着百座雄关、隘口，成千上万座观敌台、烽火台，打破了城墙的单调感，使高低起伏的地形更显得雄奇险峻，充满巨大的艺术魅力。

> 嘉峪关

中国万里长城是世界上修建时间最长、工程量最大的冷兵器战争时代的国家军事性防御工程，凝聚着中华民族祖先的血汗和智慧。长城有极高的旅游观光价值和历史文化意义。如今，长城与埃及的金字塔、罗马的斗兽场、意大利的比萨斜塔等同被誉为"世界七大奇迹"，是中华民族古老文化的丰碑和智慧结晶，象征着中华民族的血脉相承和民族精神。

> 万里长城

关隘　长城沿线的重要驻兵据点，往往建造在有利于防守的地方。

城墙　长城的主体部分，联系雄关、隘口、敌台的纽带。平均高 7 米～8 米。供瞭望敌情、射击和滚放石之用。

烽火台　用来传递军情的设施。通常设在最易观察的山顶上。如果有敌军侵袭，白天燃烟，夜晚点火，一站一站传递。

山海关　号称"天下第一关"。位于秦皇岛市东北 15 千米处。建于明朝初年，周长约 4000 米，城墙高达 14 米，四周还有宽 15 米、深 7.5 米的护城河。形势险要，自古为交通要道，兵家必争之地。现为中国重点文物保护单位。

嘉峪关　长城的终点。位于甘肃省酒泉以西 25 千米处，河西走廊尽头。始建于明洪武五年（1372 年），有"河西第一关隘"之称。周长 733 米，高 11.7 米，关城面积 33500 平方米。关城主要有东西两道城门，城门上各有一座高达 17 米的城楼。形势险要，为古代军事要地，是整个长城防线上的重要据点之一。现为中国重点文物保护单位。

> **长城**

长城，中华民族精神的丰碑，它是中国伟大的军事建筑，
规模浩大、工程艰巨，被誉为古代人类建筑史上的一大奇迹。

深埋地下的煊赫军威 秦陵兵马俑

在中国历史上，陕西省关中平原一带，不但是古代帝王将相的政治舞台，也是他们的最后归宿之地，曾有27个封建帝王埋葬在这一带，可谓陵墓众多。其中最为庞大、最引人瞩目的，就是位于临潼县东5千米下河村附近的秦始皇陵。据历史记载，秦始皇一即位（公元前247年）就开始征调劳动力为自己建造皇陵。公元前211年，秦始皇陵终于完工。墓内极为奢侈，"以水银为百川江河大海，机相灌输，上具天文，下具地理，以人鱼膏为烛，度不灭者久之"，"宫观百官奇器珍怪徒藏满之"，"墓内设有机弩矢，以防盗掘"。

而关于兵马俑的制作原因未见历史记载，所以世传多种说法：有人认为这是以秦始皇陵为京师，它是京师外围用来保卫京师的宿卫军；有人认为它是秦始皇用来显示皇威、表彰军功和宣扬统一大业的纪念碑；更有人认为兵马俑根本不是秦始皇陵的一部分。

2000年前的煊赫军威

1974年3月，陕西临潼县晏寨乡西扬村村民在秦始皇陵东1.5千米处打井时，意外地发现了许多碎陶人。7月份，始皇陵秦俑考古队开进了西扬村。考古队开始时以"洛阳铲"钻探遗址范围。随着铁铲一铲一铲地打下去，不时有"此处有俑"的消息传递，坑的范围越探越大，大家既惊讶又

▷ **秦始皇陵外景**
秦始皇即位后就开始在骊山营建陵墓，历时37年。骊山陵墓仿照都城皇宫的布局建成。在春秋战国时代，各诸侯国的国君陵墓开始出现高大的封冢，以显示墓主人的地位，并种植各种树木，树木的品种和数量也是身份的象征。

▷ **秦始皇陵兵马俑 1 号坑全景**

40 多乘战车和 6000 余名军士按进可攻、退可守、随机应变的原则组成的高效常用的矩形军阵，让我们首次目睹了秦军威武雄壮的非凡风采。

  兴奋，最后探明这个俑坑为长方形，面积达 1 万余平方米。考古队将此坑编为"一号坑"。

  至 1975 年 7 月，经过一年的发掘，秦始皇陵一号兵马俑坑终于再现 2000 年前的壮观场面。这是一个东西长 230 米、南北宽 62 米、面积达 14000 余平方米的长方形陪葬坑，坑的四面各有 5 个斜坡门道，以东边为正门；坑的四周环绕着长廊，四面长廊间有 9 条长达 184 米的东西过洞，过洞之间用夯土墙隔开，俑坑底部墁青砖，顶部是土木结构；在过洞之中赫然整齐地排列着 6000 多个与真人大小相同的陶质兵马俑。显然，这是一支以步兵为主的长方形军队。

  不久，考古队又在一号坑东北侧约 20 多米处，发现了一个兵马俑坑，他们将此坑编为"二号坑"。这是一个平

▷ **兵马俑坑出土的铜车马**

面略如曲尺形、东西长 124 米、南北宽 98 米，面积为 6000 余平方米的俑坑，大小约为一号坑面积的 1/2。内有战车 89 乘，驾车陶马 356 匹，骑兵鞍马 116 匹，各类武士俑约 1000 余尊。分为 4 个军阵，即由持弓弩兵俑组成的方阵、由战车组成的方阵、由车兵和步兵组成的长方阵和由骑兵组成的长方阵。这是一个车骑步兵混合编组的军阵。

1976 年 5 月中，又在一号坑的西北侧发现了一个兵马俑坑，他们将此坑编为"三号坑"。此坑的面积大大小于一、二号坑，南北长 21.4 米，东西宽 17.6 米，面积仅 500 余平方米，还不到一号坑的 1/20，但此坑形制和内容奇特，平面呈"凹"字形，东边为一条长 11.2 米、宽 3.7 米的斜坡门道，与门道相对的是一间车马房，两侧各有一条东西向厢房，即南北二厢房，车马房内有木质战车 1 乘，车前驾有陶马 4 匹，车后有武士俑 1 个；南厢房内有铠甲俑 42 个，北厢房内有铠甲俑 22 个。看来这似是指挥一、二号坑军阵的指挥部。

后来还勘探出一个"四号坑"，但由于这个坑尚未完全建成便被废弃，因此一般都不论及。据专家推测这是由于秦末农民起义军直逼秦都咸阳，秦二世凑集民工来作战，工程便一直搁置下来了。

从 1974 年 7 月到现在，考古工作者陆续发掘出四个兵马俑陪葬坑，其阵容之庞大，气势之宏伟，充分显示了当年秦王朝横扫六国、一统天下的煊赫军威。

兵马俑的艺术价值

秦皇陵兵马俑的观赏性是毋庸置疑的，除此之外，兵马俑更有着很高的历史文化价值。从兵马俑被发现的那一刻起，就吸引了无数科学家、美学家、历史学家甚至是陶塑艺术家的注意。雕塑家看兵马俑认为它是雕塑艺术的精品；军事家能从兵马俑身上探究我国古代的军事文化；历史学家从兵马俑身上对秦始皇有了进一步的认识；陶塑艺术家更是把兵马俑当作陶塑艺术历史上的瑰宝。

> 将俑

单是从三个大坑出土的陶俑的质量和艺术价值来看，兵马俑就改变了人们对东方雕塑艺术的看法。陶俑里既有久经沙场的老兵，也有尚显稚嫩的新兵，更有高达 1.98 米的将军俑。他们或神态肃穆，巍然而立；或凝神沉思，坚毅威武，每个细节都刻画得逼真入微。陶马更是细致，把当时秦军使用的优良马种的特征和准备迎接战斗的姿态表现得淋漓尽致。

从整体艺术风格看，秦俑气势恢弘，既带有肖像性和写生性特征，又具备中国写实艺术的简洁风格与明快特色，在世界古典雕塑艺术史上是独树一帜的，堪称古代东方艺术的经典之作，完全可以与希腊、罗马雕塑艺术媲美。

从工艺水平看，秦兵马俑也给世界带来了一个奇迹。按原型比例雕塑的高大的兵马俑，经过这么多年的"地下生涯"仍然如此完好，竟无一件出现裂纹和变形，可见秦兵马俑的烧制工艺多么精湛。

赞叹之声不绝于耳

秦始皇陵是世界上规模最大的、最壮观的皇陵，现在还没有完全开掘，已经发掘出来的秦始皇陵兵马俑对于规模空前的秦始皇陵来讲就好比是冰山一角，但仅仅就是这"冰山一角"也震惊了全世界。

1978 年法国总理希拉克参观后说："世界上原有七大奇迹，秦俑的发现，可以说是第八大奇迹了。"希拉克感慨地说："不看金字塔不算真正到过埃及；不看秦俑坑，不算真正到过中国。"1986 年 10 月 17 日，英国女王伊丽莎白二世参观时说："真是气壮山河。秦始皇这个人气魄不小。"卢森堡大公来参观秦兵马俑时，一走进展览大厅，便高兴地惊呼"不得了，不得了"。他赞叹说："这些艺术珍品达到了非凡的水平，表现了中国人民非凡的天才，全世界人民将在这里受到鼓舞。"

1978 年初，美国女记者奥德丽·托平向美国《国家地理杂志》发稿："我们面临的是本世纪以来最伟大的考古发现……我们站在雨中，激动得几乎流下眼泪……如此伟大的考古发现展示了历经战斗与荣耀的中国历史。而我们看到的大军只是一个历史的开端……"

秦始皇如果知道这些，不知该做何感想，是不是会比当年扫灭六国、一统天下还兴奋、骄傲呢？

▷ 射手俑手握铜弩机状

必去理由 佛门圣地，武术源头
适宜季节 四季皆宜
适宜人群 中华佛学和武术的仰慕者

天下第一名刹 嵩山少林寺

　　嵩山居五岳之中，地位崇高，是中国佛教及禅道的圣地，寺庙众多，而其中最有名的当属少林寺了。少林者，少室之林也。始建于北魏年间的少林寺位于登封市西北15千米处的嵩山少室山下，因环境清幽，周围俱是密密匝匝的树林，所以得名"少林寺"，意为"深藏于少室山下密林中的寺院"。

悠久历史

　　少林寺被称为中华第一名刹，有着悠久的历史。少林寺始建于北魏太和十九年（495 年）。北魏孝文帝元宏为印度僧人跋陀在少室山阴依山劈基敕建了少林寺。隋唐时，群雄并起争夺天下，少林寺因一段"十三棍僧救唐王"的故事而声名大振，至今寺内仍有一块《唐太宗赐少林寺主教碑》，就记述了这一段历史。明代是少林寺的鼎盛时期。现在少林寺的布局和主要殿宇，大都为那时所建。清代中期以后，少林寺逐渐衰落。1928 年，军阀石友三火烧少林寺，把天王殿、大雄宝殿、法堂和钟楼等主要建筑毁于一炬，许多珍贵的藏经、寺志、拳谱等化成灰烬。

　　少林寺虽历经沧桑，但是留存下来的文物仍然相当丰富。如：自北齐以后的历代石刻；唐至清代的砖石墓塔；北宋的初祖庵大殿；明代的五百罗汉巨幅彩色壁画；清代的少林拳谱和十三和尚救唐王等彩色壁画等，都具有较高的历史、艺术和科学价值。

▶·少林寺山门
少林寺山门是一座单檐五脊歇山顶式土木混合结构建筑，它的面宽为5开间，进深为3开间，大门建在1米多高的石制台基之上，整个建筑给人一种庄严、雄浑、大气之感。

少林拳法

　　传说少林拳是由祖师达摩创造的，创立之初也是为了修行。少林僧众习武由来已久，千佛殿内砖地上至今还保存着20多个直径约4.5厘米的洼坑，是往昔寺僧练拳习武时的脚坑遗迹。脚坑分布方圆不大，呈一条线状，这是僧人刻苦练功的见证，也说明少林拳的所谓"曲而不曲，直而不直"的特点。千佛殿东侧的白衣殿，三面墙绘有少林拳谱壁画，壁画长约20米，很生动地表现少林寺和尚练拳习武的情景。

塔林

在少林寺西约 300 米处的山脚下，有一塔林，这是唐以来少林寺历代住持僧的葬地，塔内一般安葬死者的灵骨或生前衣钵。因塔数目很多，散布如林，故名塔林。塔林中的碑塔共 250 余座，面积达 14000 多平方米，是中国面积最大的塔林。塔的大小不等，形状各异，大都有雕刻和题记，反映了各个时代的建筑风格，是研究中国古代砖石建筑和雕刻艺术的宝库。按佛制，只有名僧、高僧圆寂后，才设宫建塔，刻石纪志，以昭功德。所以塔的形制层级、高低大小、砖石建筑和雕刻艺术的不同，都体现着逝者生前在佛教中的地位、成就和威望高低。塔林中的名塔很多，著名的有法玩塔、铸公禅师塔、裕公塔、坦然和尚塔、照公塔、小山和尚塔等。

> **少林寺壁画**

这是一幅描绘早期少林寺的壁画，从这幅壁画上可以看出：早期的少林寺建筑呈对称布置的格局，主殿一般都是双层歇山顶式建筑，大殿和回廊、偏殿等建筑都是以木结构为主的。

> **少林寺塔林**

> 嵩岳寺塔

嵩岳寺塔是我国现存的最古老的砖密结构塔式建筑，它的外形呈十二边形，有 15 层，内为阁楼，外为突出塔身的密檐。它是我国唯一一座十二边形砖塔。

巍峨天下数第一 泰山

五岳之尊

泰山雄峙于山东省中部，有"五岳之首""天下第一山"之誉。"山莫大于泰山，史亦莫古于泰山。"在中国的名山崇岳中，似乎没有哪一座山像泰山一样同人的关系是那样密切又那样悠远。在漫长的岁月里，泰山不仅给了华夏先民以生存的庇护，而且还给他们带来了广阔的精神驰骋的领域。

在中华先民看来，泰山是一座神山，早在远古时期，泰山就被视作"天"的象征，被视为是社稷稳定、政权巩固、国家昌盛、民族团结的象征。相传远古时即有 72 位君主来到泰山巡狩祭祠，自秦朝以来，先后有 12 位皇帝前来封禅朝拜。

文人雅士对泰山是仰慕备至。孔子"登泰山而小天下"传为佳话；杜甫"会当凌绝顶，一览众山小"成为千古绝唱。历代赞颂泰山的诗词、歌赋多达 1000 余首。可以说，泰山是灿烂东方文化的一个缩影，"天人合一"思想的寄托之地，1987 年被联合国教科文组织列为"世界自然历史文化遗产"。

> **泰山日观峰**
日观峰位于玉皇顶东，是岱顶的观日出的地方。峰北侧有一巨石，悬空探出，长约 7 米，名拱北石，也称探海石。在这里可看四大奇观的"旭日东升"。

293

泰山大观

泰山风景名胜以泰山主峰为中心，呈放射状分布，由自然景观与人文景观融合而成。泰山山体高大，形象雄伟。尤其是南坡，山势陡峻，主峰突兀，山峦迭起，气势非凡，蕴藏着奇、险、秀、幽等自然景观特点。人文景观，其布局重点从泰城西南祭地的社首山、蒿里山至告天的玉皇顶，形成"地府""人间""天堂"三重空间。岱庙是山下泰城中轴线上的主体建筑，前连通天街，后接盘道，形成山城一体。由此步步登高，渐入佳境，而由"人间"进入"天庭仙界"。

俯瞰泰山，山南麓自东向西有东溪、中溪、西溪三条大谷，北麓自东而西有天津河、天烛峰、桃花峪三条大谷，六条大谷溪分别向六个方向辐射，将泰山山系自然地划分成六个不规则区域，形成了泰山著名的幽、旷、奥、秀、妙、丽的六大旅游区。古代帝王登封泰山，多从中路缘石级而上，因此中路被称作"登天景区"，又由于此路深幽，故亦称"幽区"。泰山岱顶海拔 1500 余米，有日观峰、月观峰、丈人峰、象鼻峰簇拥着，亦有碧霞祠、玉皇庙、瞻鲁台、仙人桥衬托着，站在此处时常可见四大奇观，是为泰山"妙区"，而泰山之阳的山麓部分，由于古人活动甚多，人文景观极为丰富，亦是游览的好去处，人称"丽区"。"幽、旷、奥、秀、妙、丽"便是泰山神秀的精髓，它既是天成，又有数千年无数劳动者的构筑。

泰山以其雄伟恢宏、端庄肃穆、浑厚质朴、清秀娟丽的自然形体，成为人们审美实践中的一个重要源泉。同时人们又将自身的审美理想赋予了泰山，将自己的审美意识物化于泰山的各个自然与人文景观之中，使之成了中华民族审美创造的结晶。

旭日东升 泰山日出是岱顶奇观之一，随着旭日发出的第一缕曙光撕破黎明前的黑暗，从而使东方天幕由漆黑而逐渐转为鱼肚白、红色，直至耀眼的金黄，喷射出万道霞光，最后，一轮火球跃出水面，腾空而起，整个过程像一个技艺高超的魔术师，在瞬息间变幻出千万种多姿多彩的画面，令人叹为观止。

云海玉盘 云海玉盘是岱顶的又一奇观。夏天，雨后初晴，大量水蒸气蒸发上升，加之夏季从海上吹来的暖温空气被高压气流控制在海拔 1500 米左右的高度时，如果无风，在岱顶就会看见白云平铺万里，犹如一个巨大的玉盘悬浮在天地之间。远处的群山全被云雾吞没，只有几座山头露出云端；近处游人踏云驾雾，仿佛来到了天外。微风吹来，云海浮波，诸峰时隐时现，像不可捉摸的仙岛，风大了，玉盘便化为巨龙，上下飞腾，倒海翻江。

> 泰山岱庙

雾凇雨凇 雾凇和雨凇是泰山奇特的自然景观。雾凇似霜非霜，似冰非冰，迎风怒放，千姿百态，使松枝、树丛结满了毛茸茸的冰挂，像一株株巨大的白珊瑚，殿阁披上了柔软的轻纱，大地铺展开洁白的毡毯。雨凇则使岩石、大地、房顶、林木都结满了晶莹剔透的冰层，让万物骤然间凝聚成冰的世界。

泰山佛光 泰山佛光是岱顶奇

观之一。每当云雾弥漫的清晨或傍晚，游人站在较高的山头上顺光而视，就可能看到缥缈的雾幕上，呈现出一个内蓝外红的彩色光环，将整个人影或头影映在里面，恰似佛像头上方五彩斑斓的光环，故得名"佛光"或"宝光"。泰山佛光是一种光的衍射现象，它的出现是有条件的。

▶ **泰山十八盘**

在泰山南天门下，对松亭北，两侧山岩壁立，汉代称环道，唐代始有盘道。北宋始有"十八盘"之称。十八盘如云梯倒挂，被誉为"天门云梯"奇观，是泰山的主要标志。

⭐ 雨中登泰山

从火车上遥望泰山，几十年来有好些次了，每次想起"孔子登东山而小鲁，登泰山而小天下"那句话来，就觉得过而不登，像是欠下悠久的文化传统一笔债似的。杜甫的愿望："会当凌绝顶，一览众山小。"我也一样有，惜乎来去匆匆，每次都当面错过了。

而今确实要登泰山了，偏偏天公不作美，下起雨来，淅淅沥沥，不像落在地上，倒像落在心里。天是灰的，心是沉的。我们约好了清晨出发，人齐了，雨却越下越大。等天晴吗？想着这渺茫的"等"字，先是憋闷。盼到十一点半钟，天色转白，我不由喊了一句："走吧！"带动年轻人，挎起背包，兴致勃勃，朝岱宗坊出发了。

是烟是雾，我们辨识不清，只见灰蒙蒙一片，把老大一座高山，上上下下，裹了一个严实。古老的泰山越发显得崔嵬了。我们才过岱宗坊，震天的吼声就把我们吸引到虎山水库的大坝前面。七股大水，从水库的桥孔跃出，仿佛七幅闪光黄锦，直铺下去，碰着嶙嶙的乱石，激起一片雪白水珠，脱线一般，撒在回漩的水面。这里叫作虬在湾：据说虬早已被吕洞宾渡上天了，可是望过去，跳掷翻腾，像又回到了故居。我们绕过虎山，站到坝桥上，一边是平静的湖水，迎着斜风细雨，懒洋洋只是欲步不前，一边却喑噁叱咤，似有千军万马，躲在绮丽的黄锦底下。黄锦是方便的比喻，其实是一幅细纱，护着一幅没有经纬的精致图案，透明的白纱轻轻压着透明的米黄花纹。——也许只有织女才能织出这种瑰奇的景色。

雨大起来了，我们拐进王母庙后的七真祠。这里供奉着七尊塑像，正面当中是吕洞宾，两旁是他的朋友铁拐李和何仙姑，东西两侧是他的四个弟子，所以叫作七真祠。吕洞宾和他的两位朋友倒也罢了，站在龛里的两个小童和柳树精对面的老人，实在是少见的传神之作。一般庙宇的塑像，往往不是平板，就是怪诞，造型偶尔美的，又不像中国人，跟不上这位老人这样逼真、亲切。无名的雕塑家对年龄和面貌的差异有很深的认识，形象才会这样栩栩如生。不是年轻人提醒我该走了，我还会欣赏下去的。

我们来到雨地，走上登山的正路，一连穿过三座石坊：一天门、孔子登临处和天阶。水声落在我们后面，雄伟的红门把山挡住。走出长门洞，豁然开朗，山又到了我们跟前。人朝上走，水朝下流，流进虎山水库的中溪陪我们，一直陪到二天门。悬崖峻增，石缝滴滴答答，泉水和雨水混在一起，顺着斜坡，流进山涧，涓涓的水声变成訇訇的雷鸣。有时候风过云开，在底下望见南天门，影影绰绰，耸立山头，好像并不很远；紧十八盘仿佛一条灰白大蟒，蜿蜒在山峡当中；更多的时候，乌云四合，层峦叠嶂都成了水墨山水。蹚过中溪水浅的地方，走不太远，就是有名的经石峪，一片大水漫过一亩大小的一个大石坪，光光的石头刻着一部《金刚经》，字有斗来大，年月久了，大部分都让水磨平了。回到正路，雨不知道什么时候已经住了，人走了一身汗，巴不得把雨衣脱下来，凉快凉快。说巧也巧，我们正好走进一座柏树林，阴森森的，亮了的天又变黑了，好像黄昏提前到了人间，汗不但下去，还觉得身子发冷，无怪乎人把这里叫作柏洞。我们抖擞精神，一气走过壶天阁，登了黄岘岭，发现沙石全是赤黄颜色，明白中溪的水为什么黄了。

靠住二天门的石坊，向四下里眺望，我又是骄傲，又是担心。骄傲我已经走了一半的山路，担心自己走不了另一半的山路。云薄了，雾又上来。我们歇歇走走，走走歇歇，如今已经是下午四点多了。困难似乎并不存在，眼前是一段平坦的下坡土路，年轻人跳跳蹦蹦走了下去，我也像年轻了一样，有说有笑，跟在他们后头。

我们在不知不觉中，从下坡路转到上坡路，山势陡峭，上升的坡度越来越大。路一直是宽整的，只有探出身子的时候，才知道自己站在深不可测的山沟边，明明有水流，却听不见水声。仰起头来朝西望，半空挂着一条两尺来宽的白带子，随风摆动，想凑近了看，隔着辽阔的山沟，走不过去。我们正在赞不绝口，发现已经来到了座石桥跟前，自己还不清楚是怎么一回事，细雨打湿了浑身上下。原来我们遇到另一类型的飞瀑，紧贴桥后，我们不提防，几乎和它撞个正着。水面有两三丈宽，离地不高，发出一泻千里的龙虎声威，打着桥下奇形怪状的石头，口沫喷得老远。从这时候起，山涧又从左侧转到右侧。水声淙淙，跟我们跟到南天门。

过了云步桥，我们开始走上攀登泰山主峰的盘道。南天门应该近了，由于山峡回环曲折，反而望不见了。野花野草，什么形状也有，什么颜色也有，挨挨挤挤，芊芊莽莽，要把嶙岩的山石装扮起来。连我上了一点岁数的人，也学小孩子，掐了一把，直到花朵和叶子全蔫了，才带着抱歉的心情，丢在山涧里，随水漂去。但是把人的心灵带到一种崇高的境界的，却是那些"吸翠霞而夭矫"的松树。它们不怕山高，把根扎在悬崖绝壁的隙缝，身子扭得像盘龙柱子，在半空展开枝叶，像是和狂风乌云争夺天日，又像是和清风白云游戏。有的松树望穿秋水，不见你来，独自上到高处，斜上身子张望。有的松树像一顶墨绿大伞，支开了等你。有的松树自得其乐，显出一副潇洒的模样。不管怎么样，它们都让你觉得它们是泰山的天然的主人，谁少了谁，都像不应该似的。雾在对着松山的山峡飘来飘去，天色眼看黑将下来。我不知道上了多少石级，一级又一级，是乐趣也是苦趣，好像从我有生命以来就在登山似的，迈前脚，拖后脚，才不过走完慢十八盘。我靠住升仙坊，仰起头来朝上望，紧十八盘仿佛一架长梯，塔在南天门口。我胆怯了。新砌的石级窄窄的，搁不了整脚。怪不得东汉的应劭引用马第伯在《封禅仪记》里的话，这样形容："仰视天门，窔辽如从穴中视天，直上七里，赖其羊肠透逶，名曰环道，往往有絙索，可得而登也。两从者扶挟，前人相牵，后人见前人履底，前人见后人顶，如画重累人矣。所谓磨胸舁石，扪天之难也。"一位老大爷，斜着脚步，穿花一般，侧着身子，赶到我们前头。一位老大娘，挎着香袋，尽管脚小，也稳稳当当，从我们身边过去。我像应劭说的那样，"目视而脚不随"，抓住铁扶手，揪牢年轻人，走十几步，歇一口气，终于在下午七点钟，上到南天门。

心还在跳，腿还在抖，人到底还是上来了。低头望着新整然而长极了的盘道，我奇怪自己居然也能上来。我走在天街上，轻松愉快，像一个没事人一样。一排留宿的小店，没有名号，只有标记，有的门口挂着一只笊篱，有的窗口放着一对鹦鹉，有的是一根棒槌，有的是一条金牛，地方宽敞的摆着茶桌，地方窄小的只有炕几，后墙紧贴着峥嵘的山石，前面正对着万丈的深渊。别成一格的还有那些石头。古诗人形容泰山，说"泰山岩岩"，注解人告诉我：岩岩，积石貌。的确这样，山顶越发给你这种感觉。有的石头像莲花瓣，有的像大象头，有的像老人，有的像卧龙，有的错落成桥，有的兀立如柱，有的侧身探海，有的怒目相向。有的什么也不像，黑糊糊的，一动不动，堵住你的去路。年月久，传说多，登封台让你想象帝王拜山的盛况，一个光秃秃的地方会有一块石碣，指明是"孔子小天下处"。有的山池叫作洗头盆，据说玉女往常在这里洗过头发；有的山洞叫作白云洞，传说过去往外冒白云，如今不冒白云了，白云在山里依然游来游去。晴朗的天，你正在欣赏"齐鲁青未了"，忽然一阵风来，"荡胸生层云"，转瞬间，便像宋之问在《桂阳三日述怀》里说起的那样，"云海四茫茫"。是云吗？头上明明另有云在。看样子是积雪，要不也是棉絮堆，高高低低，连续不断，一直把天边变成海边。于是阳光掠过，云海的银涛像镀了金，又像着了火，烧成灰烬，不知去向，露出大地的面目。两条白线，曲曲折折，是涤河，是汶河。一个黑点子在碧绿的图案中间移动，仿佛蚂蚁，又冒一缕青烟。你正在指手画脚，说长道短，虚象和真象一时都在雾里消失。

我们没有看到日出的奇景。那要在秋高气爽的时候。不过我们也有自己的独得之乐：我们在雨中看到的瀑布，两天以后下山，已经不那样壮丽了。小瀑布不见，大瀑布变小了。我们沿着西溪，翻山越岭，穿过果香扑鼻的苹果园，在黑龙潭附近待了老半天。不是下午要赶火车的话，我们还会待下去的。山势和水势在这里别是一种格调，变化而又和谐。

山没有水，如同人没有眼睛，似乎少了灵性。我们敢于在雨中登泰山，看到有声有势的飞泉流布，倾盆大雨的时候，恰好又在斗母宫躲过，一路行来，有雨趣而无淋漓之苦，自然也就格外感到意兴盎然。

——李健吾

必去理由 中华五岳之西岳，奇险天下第一山
适宜季节 4月~10月
适宜人群 热爱探险猎奇自然风光的人士

虽有天在上，更有山与齐华山

    自古就有"奇险天下第一山"之称的华山，位于我国的陕西省华阴市境内，古称"西岳"，是五岳之一。华山以"奇""险"著称于世，"虽有天在上，更有山与齐"说的是华山的险峻；"势飞白云外，影倒黄河里"说的是华山的壮观。除此之外，更有大量的人文景观与华山的"奇""险"交相辉映，苍龙岭狭长的几乎只有一肩宽的台阶，都是勤劳、质朴的人民历尽艰辛开凿、建造的连他们自己都不敢相信的奇迹。这不仅仅是一种智慧，更是一种精神！

华山之险

    华山以"奇""险"居五岳之首，所以人们都说：不登华山，怎知大自然那鬼斧神工的妙处。

    从玉泉院出发，一直走上来，鱼石、五里关、天女散花、青柯坪、回心台，回心台——那峭壁如削的"回心台"，眼前都是如刀削般的岩石；百十米深的大峡谷深不见底；头顶上只有一道细细的裂缝能看见一点点天色。据说很多人走到这里都因为恐惧而不敢再继续朝前走，只好原道返回，所以得名"回心台"。

    回心台的"险"是华山给人们的第一个下马威。在此之前的对于华山的不屑全都丢到了九霄云外。

　　沿途的人说：自古没有一个人第一次到华山不害怕的，但是当你真正地过了回心台，你就完全属于华山了，因为只有过了回心台，你才算完全克服了自己心里的恐惧。

　　虽没有弄清楚"属于"一词的真正含义，但心里的恐惧确实会慢慢地消减，在被称为华山咽喉的石阶宽仅容身的"千尺幢"上，在"崖路仅容趾，行则崖擦耳"的"擦耳崖"前，在路宽仅一米，两旁是深不见底的深谷的苍龙岭上……逐渐增长的勇气会伴随游客登上华山最高峰——南峰落雁峰。

　　此时的游人会深深地体会到了华山的"险"——自古华山一条路，说得一点都不错！

▷ 华山朝霞

299

> 华山风光

华山五峰

华山五峰是华山的标志，具体到华山五峰的魅力，除了一个"险"字，还有蕴藏在五峰间的故事和传说。

站在华山之巅——南峰，奇峰险山尽收眼底。这时，一路藏在心里的那种感动弥散开来，使得从世间带来的纷纷扰扰一下子都消失得无影无踪，只剩下了自然与自我。老子峰、炼丹炉、八卦池、老君洞——当年道家的先哲老子生活的情景在眼前活将过来，无为、讲"空"、讲"静"的道家哲学一瞬间在心里也明晰了很多——直接从天道运行的原理出发、追求自然义、中性义的道家哲学的产生原来并不是偶然的。当初，隐居于华山之巅的老子想必是从这豪迈直冲天际的华山身上找到了自己哲学源泉的。

与南峰的高度不相上下的是东峰朝阳峰和西峰莲花峰。朝阳峰在华山的最东面，是凌晨观日出的绝佳去处，因峰顶有观日出的朝阳台而得名"朝阳峰"。这里还有一座名为赌棋亭的铁瓦亭，据说宋太祖赵匡胤和历史上那位著名的用易学来阐释道学的易学大师陈抟曾在这里赌棋。物依然，人却非，当年融洽的斗棋气氛已经湮没在了时间的深处，只给我们留下了历史的沉重感。相反，西峰上那仍然峭立着的斧劈石却给我们带来了沉香救母的浪漫气息。

华山五峰之中最具传奇色彩的两座就是中峰玉女峰和北峰云台峰。玉女峰的整体形状就像一个活灵活现的鸟头，峰顶建有玉女祠。据说春秋时期有一位叫作萧史的青年非常善于吹洞箫，动听的箫声把当时秦国的公主弄玉都迷住了，于是发生了一段公主放弃荣华富贵下嫁平凡百姓的浪漫爱情故事。玉女峰由此得名。玉女祠就是后人为纪念公主弄玉所建造的。

北峰云台峰算是华山的一大要冲，是华山五峰中最为险峻的一峰。云台峰的东、西、北三面都是绝壁，只有一条山岭通向南面，大有"一夫当关，万夫莫开"之势。云台峰虽然险峻，但也不失秀美的一面，尤其是它上面的造型独特的道观真武宫，融人文景观和自然景观于一体，别有一番风趣，让人流连忘返。

苍龙岭是华山著名的险道之一，因岭呈苍黑色，势若游龙而得名。相传韩愈登华山览胜，见苍龙岭绝壑千尺，道路如履薄刃，不由得双腿发软，不敢迈步，于是给家里人写信诀别并投书求救。

★ 三游华山

华山是天下名山，我在西安住十多年了，却还没有去过一次。今年四月里，筹备了好些天，终于在一个天气晴朗的日子去了。一到华阴，远远就看见华山了，矗立群山之上，半截在云里裹着，似露非露，像罩了一层神光灵气，趋着那个方向走去，越走越不见了华山，铁兽似的无名群山直铺了几里远的凉荫。树木一片一片的，偶尔从树林子里漫出一条河来，河里却全都没水，满是石头，大的如一间房的模样，小的也有瓮大的、盆大的、枕大的。颜色一律灰白，远远看去，在绿树林之下，白花花的耀眼，像天地之间，忽然裸露了一条秘密。这便将我吸引过去。置身在那里，先觉得一河石头高高低低，密密疏疏，似乎是太杂乱了，慢慢地便看出它乱得有节奏，又表现得那么和谐。本是一片死寂的顽石，却充满了运动和生命，这使我惊奇不已，高兴得从这块石头上跳上那块石头，从那块石头上又看这块石头的阴、阳、明、暗，不停地在石隙之间跑动出没，竟没有再往华山去，天到黄昏便返回了。

到了五月，我又去了一趟华山。直接搭车在桃枝站下来，步行了7里赶到华山入谷口，忽见谷处有一处院落，很是好看，便抬脚进去，才知道这是华山下名叫"玉泉院"的寺庙。院内空寂无人，数十棵几搂粗的大树，全部遮了天日，树下的场地上，有着深深浅浅的绿，如铺了一层茸茸的地毯。坐上去，仰头看见太阳在树梢碎纸片大的空隙激射，低眼儿看身下的绿，却并不是苔藓，是一种小得可怜的草，指甲盖般方圆，裂五个七个瓣，伏地而生，中有数十个针尖大小的花蕊，嫩黄可爱。用手去抠，草不能抠起，手却染成浅绿。这小草一棵挨着一棵，延续到草场边的斜砖栏上，几乎又生长在树的根部，如汗毛一般。我太喜欢这种环境了，觉得到了最好的地方，盘脚坐起，静静地听着自己呼吸。忽见后边的朱红方格门推开了，出现几个游客。再看时，一条曲径，直从那边花坛旁通去，不知那里又有了什么幽境，只见那路面碎石铺成，光影落下，款款如在浮动。我就这么坐着，神静身爽，竟不觉几个小时过去，起来看天色不早，就又搭车返回西安。

两次为华山来，却未登山而归，友人都笑我荒唐，我只笑而不语。到了六月初，又邀我的一个学生再次上华山，终于进了谷口，递一条河水深入。走了3里，本应再走10里便可上山了，河水却惹得我放慢了脚步，后来干脆就在水中凸石上坐下。水很明净。河底石子清晰可见，脚伸进去，那汗毛就显出一层银亮亮的小珠儿，在脚下形成无数旋涡，悠悠而去。青石板很多，水从上流过，腻腻的软着身子，但遇着一块仄石了，就翻出一朵雪浪花，或在下出现一个空心轴儿的旋涡。河里没见到

> **华山下棋亭**
相传五代时陈抟老祖与宋太祖曾在此下棋，两人以华山为赌注，太祖输棋后把华山赐予陈抟。

303

鱼，令我很遗憾，到了拐弯处，水骤起小潭，有几丈深的，依然能看到底。捡些小石丢下去，片石如树叶一样，先在水面上浮着飞，接着就没进水，左一漂，右一漂，自自在在好长时间才落水底。

这么又玩了半天，学生催我赶路，我说："回吧。"他有些疑惑了："你这是怎么啦？三次上华山，都半途而归？"我说："这就蛮够兴趣了。"学生说："好的还在山上哩！"我说："是的，山下都这么好，山上不知更是有多好了。"学生便怨我身懒。我说："不。要是身懒，我能年年想着来吗？能在今年连来三次吗？之所以几年里一直不敢动身，是听别人说得多了，觉得越好越不敢去看。如今来了三次，还未上山，便得了这许多好处，若再去山上，如何能再享用得了？如今不去山上，山上的美妙永远对我产生吸引力。好东西不可一次饱享，慢慢消化才是。花愈是好，与人越亲近；狐皮愈美，对人越有诱惑力。但好花折在手了，香就没有了；狐皮捕剥了，光泽就没有了。"

学生说："那么，这是什么道理呢？"我说："天地大自然是知之无涯的，人的有限的知于大自然永远是无知，知之不知才要欲知。比如人之所以有性格，在于人与人的差异。好朋友之间有了矛盾，往往不在大事上纠纷，而在于小事上伤了和气。体育场上百米赛跑，赛的其实并不在于百米，而是一步的距离。屋内屋外，也不是仅仅只是一门之隔吗？可以说，大自然的一切奥秘，全在微妙二字，懂得这个道理，无事不可晓得，无时不产生乐趣和追求。"学生点头称是。两人一路返回。学生很乐道此游，要我下次上华山，一定再邀他同往，并要我将所说的道理写出送他。

——贾平凹

佛教名山秀天下 峨眉山

普贤道场

峨眉山位于四川省峨眉山市。又叫"蒙山"。包括大峨山、二峨山、三峨山和四峨山。通常所说的峨眉山，就是指大峨山。远望大峨、二峨两山，并列而峙，细而长，如美女所描两条细长的眉毛，故名峨眉。占地面积约 154 平方千米。大峨山有三个高峰——千佛顶、金顶、万佛顶。主峰万佛顶，海拔 3099 米；次峰金顶，海拔 3077 米；三峰千佛顶，海拔 3046 米。

峨眉山是中国佛教四大名山之一。相传在东汉时，释迦牟尼四大弟子之一的普贤菩萨驾着白象，自西方极乐世界而来，在峨眉山山顶讲经布道，此为峨眉山金顶之由来。公元 1 世纪时佛教传入中国，汉末时佛家便在此建立寺庙，唐宋后道教式微，佛教日隆，至清末香火鼎盛，寺庙多达 150 余座，僧尼达 1000 余人。

峨眉山上名寺众多，历史悠久的古刹是香客们的云集之处。报国寺是峨眉山的门户，背靠雄伟的光明山，面对秀巧的凤凰包。报国寺原名会宗堂，始建于明代万历年间，明末毁于大火。清顺治时由闻达禅师重建，清帝康熙敕名报国寺。嘉庆和光绪时经过两次扩建，已成为四重殿宇和亭台楼阁俱全的宏大寺庙。报国寺不远处的伏虎寺，始建于唐代，原名神龙堂，后以寺后有山雄峙，横出寺背，蹲伏如虎，于是改名伏虎寺。

神水阁一带，是宗教景点荟集之处。纯阳殿建于明万历年间，殿前不远处有普贤石，传为普贤登山小憩之处。附近的千人洞是道教凌虚第七洞天遗迹，而十字洞相传为吕洞宾剑划而成。清音阁系唐僖宗时慧通禅师所创建。原名集云阁，供奉释迦、普贤、文殊像三尊。清音阁隐现于牛心岭下，

> 峨眉云海浮金顶

左黑龙江，右白龙江，两水回抱，汇合处的峡谷有一黑色巨石形似牛心，称牛心石。"黑白二水洗牛心"成为峨眉山的一道名景。

佛光

佛光是峨眉金顶的三大自然奇观之一。在金顶的睹光台眺望，台前白云平铺之时，阳光从观察者身后照在云层上，其间隐约可见五彩光环。僧人称之为"佛光"，据说影入佛光可获吉祥，故名"金顶祥光"。五彩光环中人影浮动，影随人移，无论有多少人在，人们始终只看见自己的身影。旧时常有游人为此奇景所迷，恍然间似乎见到光中有人挥手召唤，便以为是天使相邀，恍惚间失足跌下山崖。所以观赏佛光的最佳地点，也叫作舍身崖，位置非常险峻。

雄秀西南

峨眉山是大峨山、二峨山、三峨山、四峨山的总称，大峨山为峨眉的主峰，通常说的峨眉山就是指大峨山。遥望峨眉，大峨、二峨两山相对，陡峭险峻，有横空出世的雄伟气势。进入山中，却是重峦叠嶂，峰回路转，嘉木参天，溪流飞瀑，别有洞天。

峨眉云海是峨眉金顶的另一奇观。每当晴空万里时，只见深谷雾起，在睹光岩前渐渐弥漫，云层越积越厚，一望无涯，大部分山体似乎都淹没在云层之中，诸峰在茫茫云海中犹如孤岛。此时若是无风，波澜不动，云面似镜，仿若蓬莱仙境；一迨风起，只见波涛翻滚，犹如万马奔腾扑面而来，

▶ 金顶朝晖

气势磅礴，蔚为壮观。

　　峨眉山以多雾著称，常年云雾缭绕，细雨如丝。虽然峨眉山势雄伟，但是云雾弥漫下的峨眉却是一派柔媚秀色。弥漫山间的云雾，变化万千，把峨眉山装点得婀娜多姿。由于山势险峻雄伟，气候也随着海拔的不同而变化，峨眉素有"一山有四季，十里不同天"的说法。气候的多样性为各种植物的生长提供了良好的条件，山上的植物多达 3700 余种。游人行走山中，举目都是深浅不同、形态各异的绿色，配合着云、雨、阴、晴不同的天色渲染，更加显得景色清幽秀丽。

峨眉猴趣

　　在峨眉山的动物中以猴最多也最为有趣。经常可见它们出没于林间小道和寺院回廊，向游客乞食嬉戏，人称"猴居士"。与其他地方的猴群不同的是，峨眉山的猴子颇有灵性，被称为"灵猴"。峨眉山的猴子最聪明之处在于"生财有道"，占山为王，拦路向游人索要食物。所以在进入猴子们的"领地"之前，就有穿着黄马夹的公园工作人员向游客推荐小包的花生干果，提前准备好"买路钱"。在深山密林里被猴子"打劫"，也不失为一种少有的趣味。

　　但是，据说峨眉山的猴子也不全是山林大盗。洗象池一带的猴子就比较开化文明，野性收敛许多，见人不惊不扰，还与人同乐，常在寺前的平台上嬉玩，有时甚至走进客房，敲门叩窗。猴子们在人前肆无忌惮，但是在佛祖面前可不敢乱来，从来不偷食案上的供果。峨眉山猴子们的生活哲学就是：活人的东西抢得，佛祖的东西动不得，如果得罪了菩萨，念起咒来可是了不得的。

✪ 峨眉山上的景物

许多人都以为峨眉山有着神仙；神仙实在并没有，关于神仙的故事是有的，就是峨眉山上的和尚到印度去朝活佛；印度的和尚到峨眉山上来访神仙；两个和尚在打箭炉碰见了，相互打听，知道印度并没有活佛，峨眉山上也并没有神仙，于是都回转了。

在峨眉山上，和尚和一般人都认为最可注意的是"佛灯"和"佛光"。说是要行善人诚心去进香，才容易看到这两种景物，否则即使接连去看，等候许多日子，也是见不到的。

传说中的佛灯，是许许多多个灯火，黄昏时候由山下显现，渐渐地升上空中，同时一点一点的移向金顶。因为金顶供着普贤，所以叫做"万盏明灯朝普贤"。

普贤同峨眉山究竟有什么关系，为什么这样去朝它？灯的本身不会动，由什么拿去朝？传说中都没有明白提及。迷信的传说，只能够使迷信家以为不错就行了。但许多不迷信这种传说的人，都以为峨眉山上有着一种奇异的虫，一到晚上会得发光；有的以为有一种发光的矿物；有的认为有一种能发光的树叶，其实无非是星星的倒影罢了。

由望远镜看见了，可知那些光，原有两种。其中一种的数目不多，比较短点、红点、也静点；另外有一种绿莹莹长长的不绝摇宕着。前一种是人家屋里的灯火，和街上的路灯等等；后一种是峨眉县城附近和青龙场一带的水田和河流所映成的星星的倒影。如果水很深，倒影很长，所谓水蛇，那就不像灯火了。水田和那些河流的水都不深，所以倒影像灯火，只是淡点，水被风吹了以后要波动，所以摇宕。

那些光，不规则的罗列着，其中几个明亮点，有的成着三角形，有的成着四方形，始终不变，可见只是摇宕，并不移动地位。一般人认为移动，那是不曾仔细观察，只凭一时的目力的缘故。人由灯光下转到黑暗处，瞳孔要变，初看同再看的情形不同。金顶很高，空气的密度同平地里的相差太大，从平地到金顶，其间隔着许多层密度不同的空气，其中一层的空气流动以后，折光一变，现象也就要变动，因为风吹水面波动，摇宕是实在的情形。有了这几种原因，又因和尚总在有意无意的暗示，说是动了，移向金顶了，因此许多人都以为那些光是会得移动的，于是推想到飞虫和树叶上面去。

显现那些光的区域，是很尖长的秋海棠的形状。在那形状的范围以内，全是水田，房屋和河流，没有一座山，原是峨眉县城附近一带的地方。可见决不是由于矿物。峨眉县城附近一带，除了多种白蜡树外，同别的地方一样；白蜡树固然并没有发光的作用，而且成行种着，同那些光罗列的情形不像所谓万盏明灯，原是星星的倒影，可无疑问。虽然水田河流各处都有，高山也不止峨眉山一座；但峨眉的山形很特别，就是来得陡。舍身岩一带从金顶直下，简直是壁立的。在金顶俯视峨眉县附近一带，仿佛在塔尖下望，这一点很特别，也很有关系。而且从峨眉县城上金顶，走的路虽长，直线并不远，所以望得见。

虽然并非怎样神秘的佛灯，也不是什么奇怪的动植物，几千个光隐约浮现着，委实是个奇观。有暇去鉴赏，一定要选定没有月光的时期，而且要在峨眉县城附近一带是晴天；如果要多看点，还得在春间田中有水的时期。

看佛灯叫做"瞄灯"，看佛光叫做"瞄光"。瞄光在下午两三点钟或五六点钟；上午七八点钟也可以看到，不过很少。所谓佛光，就是一个五彩的大环，中间有着人形，是会动的，其实是虹。常年看见虹，是在虹的旁边观望，只能看到半个环形；在金顶，虹在下面，看见的是整个环形。中间会动的是去看的人自己的影子，所以去看的人，擎一擎手，那人形也擎一擎手；去看的人点一点头，那人形也就点一点头了。

佛光比佛灯容易看到，这里因为峨眉山的金顶上，简直没有一小时以上的时间可以脱尽云雾，刚见着太阳，忽然云到天暗，马上下起雨来，是常事。而且云雾常在金顶的下面，金顶的上面天气很晴，下面都满布着云雾，叫做"云海"。在太阳光的斜度可以因为折光的关系发生虹的时候，云海里就显现佛光了。

在峨眉山上，时常可以看到警告谨防老虎的牌告；到了半山以上，更多老虎的塑像，又有许多人被老虎拖去的故事。可是故事里面，总只说忽然少了个人，并非有人怎样亲看过老虎的影迹。

在这山上，四肢都落地的动物，我看到最多的是猴子。大大小小，二十来只，结着队在路旁的树上玩耍，小的不过半尺长，攀着树枝翻筋斗。一尺多长的中猴子，在旁边帮助，很是和爱的样子。大猴子很肥，见了我们行人，就吱吱的叫着关照小猴子，同时走到路上来向我们要食物，我们给了点干牛肉，嗅了一阵丢开了。伸"手"又来向我们要食物。我们指了指那已丢开的干牛肉，于是拾了起来重行了一阵，仍然丢开了。

据说这些猴子有时结着队到寺院的门前去，故意吱吱的叫个不了。如果有人拿着玉蜀黍叫几声"三儿！"就会跑将过去的。寺院里一到朔望，照例要磨豆腐，猴子会得按时去要豆腐渣吃。如果有人损害了一只猴子，就有大群的猴子出来报仇，乱掷石子，并且撕破衣服。还要到寺院里去闹，因为山上没有旅舍，去游的人总是寄寓在寺院里的。

由观峨场上峨眉山去，在山脚第一个是报国寺，其次是伏虎寺。这两个寺都很大，伏虎寺的风景很好，山门面前，古树丛中响着溪流，有如天台山的国清寺，只是没有那样高大的塔。关于伏虎寺，传说不一，有的说是从前开山祖师进去，过不得溪，由一只老虎背过渡，为纪念那只老虎，所以造起寺来。另外有着虎溪，是个旁证。有的说是从前那里多老虎。常常害人，造这个寺，目的在于制伏老虎，"伏"字是动词。又有人说"伏"是转成了形容词的，因为那近旁有着一座山，形状像是一只伏着的老虎。

清音阁正当两溪汇合的地方，站在那面前的双飞桥上，可以饱听流水的声音。后面是黑龙江，与山缝间的岩壁上接连架着木板，下面流着急水，木板上满生着苔。上面只能够望见一条细长的天空，所以又叫做一线天。前面过去不远就是龙门。在那附近有着一所小小的洋房，听说曾经住过一位做了母亲的少女，如今下山去了，做着"交际之花"。

洪椿坪和九老洞的寺院都是大而考究，柱子油漆得红红的，备着沙发等器具。峨眉山上的寺院虽然很多，这两个寺的中间相隔三十里却无一个寺院，也没有别的可以休息的地方。其间有着九十九倒拐和扁担岩。九十九倒拐是弯弯曲曲的九十九条石级，走上去很吃力。游人不能够用轿子，也就是因为这种地方。扁担岩一带很阴，三四月里还是积雪不消的。但如走华严寺那条路上金顶，就不用经过这些地方了。

从清音阁去洪椿坪，可以走黑龙江，也可以走牛心寺，如愿多游点地方，就可去大坪寺。上去十五里的路叫做猴子坡，下来十五里的路是蛇倒退。连蛇上去也要倒退下来，可见这条路的陡了。猴子坡的形容有两说：一说有人在那里行走，望去好像是猴子在爬岩壁。另一说，因为陡，只好像猴子的爬上去。这两条路都很狭，两旁都是深岩，所难的，是石级多已破坏得活动，一滑脚掉下去，性命保可以送脱。猴子坡多弯曲，风景更来得好。

九老洞正当峨眉山的半腰，前望大坪，从猴子坡要走十五里才到的高峰，看去无非是海底里的一条礁石的样子。左望华严寺和遇仙寺，宛如一幅幽美的中国画。遇仙寺在一个小小的峰尖上，有大的山做着背景，更觉玲珑秀丽。右面仙皇台上，可以下望峨眉县城附近一带的平地。在九老寺的附近，有着许多桫椤树和檫桐树，又有岩瓢，桫椤树的形状有点像桂花树，叶子也差不多，不过大一些。花开得很多，一球一球地满布在树上，每球好像都是由五朵牵牛花合成的。檫桐的干子细长，有点像马柳树。叶如桑，花开在叶上，分别不清，是原始植物的一种。果如荔枝，所以土名叫做土荔枝。岩瓢寄生一棵枯了的大树上面，由叶柄直接寄附着，绿莹莹的好像是一只一只的调羹，所以称做岩瓢。这里的动物，在猴子之外有岩燕，许许多多在九老洞的口子上乱飞。还有青蛙的叫声，山间的回音助长声势，常使人以为有猴子叫着来了。

上洗象池得先走钻天坡，五里路长，实在来得陡。到金顶还得经过阎王坡和天门石。阎王坡很难走。天门石是两个大石炮，行人在这两个石炮的缝里经过，因为在将到金顶的地方，所以加了"天门"的形容词。

走华严寺的一条路要经过点心坡，就是走的时候，脚膝髁头要点着心，也是陡的形容。点心坡的下面是观心顶，上面是息心所。

寺院多，泥塑木雕的偶像也就多，有的多头多手，有的袒胸露臂。在纯阳殿里卧着的吕纯阳塑像旁，堆满着绣花枕头，好像着实可以安枕高卧的样子。在万年寺的砖殿里铜佛铜像以外，有着一位卧着的女菩萨，上面盖着被，揭起被来看，只系着一条短短的红裤子。

万年寺的砖殿里又有叫做佛牙的，其实是个猴子脊骨的化石。

距大峨寺不远的地方有着新开寺，筑起了许多住室，是西人避暑的场所。曾经同时死过许多香客的三霄洞，在接引殿和九老洞之间；因为洞被政府封禁，路也已经荒废，去不得了。猪肝洞在大峨山和小峨山之间的小山上，要从青龙场去才可以游。因为洞里有一块悬挂着的岩石像猪肝，所以有这个名称。

从雷洞坪到金顶一带的舍身岩，委实是极陡峻的地方。在别处跳楼堕塔，是无论如何不会有这样高的。而且在有云海的时候，看去仿佛棉花团，可以觉得很安适。只是上去远得很，路又难走，怕是一般消极的人所不愿意干的。

因为高了，气温太低，虽在夏天也得烧火盆取暖的金顶，生物很少。植物除寒杉和竹，只可以看到苔类。寒杉的树叶一盘一盘的长得很密，显得生长很慢。枝叶都向下垂，这是常常被雪压着的记号。竹长得不过一尺多高，形状却依然是大竹竿的样子。接连长成一大片，远望好像是草地。因为时刻在云雾中，湿度太高，各处都生着苔类，连寒杉的顶梢上也都有。动物更少，大和尚和小和尚以外，只有佛现鸟的叫声时常可以听到。佛现鸟，因为叫的声音好像是说"佛现了！"所以这样称呼；其实，要不迷信佛，就会觉得叫声并不像的。这种鸟的形状类似画眉。因为高了，空气的密度低，连饭都煮不热了的金顶，生物委实不容易生存。

同金顶并列着的千佛顶和万佛顶，虽然都有不少的小菩萨，可是同"千"和"万"的数目差得多；这千万的两个字，无非多数的形容罢了。

在金顶，固然可以直望峨眉县城和青龙场一带的地方，还可以隐约望见嘉定的大佛。近处的下面，九老洞所在的峰尖也变得好像原是条海底的礁石，正如在九老洞所见的大坪子。但一向后面眺望过去，瓦山固然比金顶要高，终年银白的雪山虽然很远，也可以见得更大更高。雪山就是昆仑山，真是所谓"峨眉万丈高，昆仑一条腰"的了。

——许钦文

峨眉派

金庸《倚天屠龙记》中说，郭靖幼女郭襄，因为心中爱慕杨过，而又尊重杨过与小龙女的爱情，所以云游天下以忘情。后来，机缘巧合之下她听到少林觉远和尚诵《九阳真经》，有所感悟，于是自成一派，号称峨眉。郭襄是金庸虚构的人物，她的经历也当然是子虚乌有，但是，峨眉派却是实实在在存在的，并与少林、武当并称为武林三大门派。

据传，峨眉派的开山祖师是一位道姑，后来皈依佛门。门下弟子也都是女性，峨眉派功法介于少林阳刚与武当阴柔之间，亦柔亦刚，讲究以弱胜强，真假虚实并用，融汇了南拳、少林、武当等众家之长。虽非天下第一，总归是独有擅场。

因祖师入了佛门，又以称女子为"峨眉"和佛教圣地之"峨眉山"的双重含义，峨眉派因而得名。

必去理由 中国最古老的水利工程，造就了"天府之国"的美誉
适宜季节 夏季
适宜人群 对中华古代卓越文明遗迹感兴趣的人士

水文化的摇篮 都江堰

都江堰是中国和世界水利史上的奇迹，已有2000多年的历史，被誉为"活的水利博物馆""水文化摇篮"。古堰与周围的古城、古关隘、古道和颇具特色的民居相映成趣，山、水、城、林、堰、桥浑然一体，充分体现了城中有水、水在城中、"满城水色半城山"的特色。

"天府美自古堰来"，"直与峨眉争秀色"。一看便知这是赞美都江堰的诗句。通过这两句诗我们不难感受出古人对都江堰的特殊情怀，因为没有都江堰何来的天府之美，又怎与峨眉争秀？也是缘于此，都江古堰，才以其伟大的气势呼唤着一代又一代的水利科学工作者，才以其悠久的历史和深厚的文化内涵吸引来许多游人。

然而，不管是科学工作者，还是游人，来到这里后都会有一个共同的感受，那就是千年古堰的不朽风姿让人流连忘返，千年古堰的灵魂——水和人，更让人赞叹感动。

千年古堰

一走出灌县车站，轰隆隆的水声，潮湿的空气，就让人感觉好像都江堰已经近在咫尺了。其实不然，这不过是从宝瓶口流下的江水在南桥下面的水闸处分流而掀起的涛声与水气而已。然而，就是这早来的涛声和水气也足以让人领略到都江堰的水势之威猛了。

> 都江堰全景

有此感觉可能还是缘于余秋雨先生对都江堰的描写吧。他在文中这样写道："忽然，天地间开始有些异动，一种隐隐约约的骚动，一种还不太响却一定是非常响的声音，充斥周际。如地震前兆，如海啸将临，如山崩即至，浑身起一种莫名的紧张，又紧张得急于趋附。不知是自己走去还是被它吸去的，终于陡然一惊，我已站在伏龙观前，眼前急流浩荡，大地震抖。"

先生笔下的都江堰之水真是动人心魄，让人一看就有了非要身临其境不可的渴望和冲动，所以急切间就不知不觉地来到了都江堰的咽喉工程——宝瓶口。宝瓶口奇峰兀立，玉垒山与离堆对峙两边；岷江之水在这里被金刚堤分割喷泻而出，狂涛拍岸，浪花有如飞雪。如果没有这宝瓶口吞进岷江之水，川西坝子就成不了膏泽之地，成都平原也不会有今天的美丽富饶。

> 都江堰

踏过人字堤，来到都江堰另一枢纽——飞沙堰。飞沙堰，本领非凡，不但能排泄洪沙，还能力举千斤，如鼎的顽石也能被它抛出内江。但是晚秋时节的飞沙堰却显得格外的安静，内江溢出的江水在堰中大小的鹅卵石上汩汩流淌，石滑水清，游人竟可徒步涉水而过。

和飞沙堰紧紧相连的就是建筑在岷江的江心的百丈金刚堤。它是岷江的分水堤，有如逆卧于江心的巨鲸。它的顶端像极鲸鱼的嘴巴，所以被形象地称为分水鱼嘴。来势汹涌的滔滔岷江水到了分水鱼嘴被分为内外二江后，顿时敛神静气，再也不敢恣意妄为。岷江的狂暴不羁，在都江堰面前荡然无存，只能眼睁睁地任游人漫步于金刚堤之上，近看红花绿树，遥望江天寥廓以及依稀的千里雪峰。

雄伟壮观的都江堰，有如高明的驭手，自如地驾驭着野性的岷江，浇灌着蜀中万顷田畴。

> 都江堰江上的索桥

都江堰之魂

　　说到都江堰，就不能不说李冰父子。李冰是战国秦昭王时期蜀郡郡守。由于岷江水患不绝，蜀地百姓田园毁灭，民不聊生。于是，李冰带领他的儿子和百姓在灌县的岷江出峡处垒石作堰，凿离堆，将岷江水患驯服，使蜀地成为"天府之国"。这莫大的功绩，人民当然会永远记住的。"恩波浩森连三楚，惠泽膏流润九垓"这副伏龙观楹联就真真切切地记下了李冰父子的盖世功勋。

　　李冰父子为了观山势察水情，可以说足迹遍布了岷江两岸。在都江堰，几乎到处都能够看到李冰父子昔日的身影，人们为了表达对其父子二人的敬仰和爱戴，还专修了伏龙观和二王庙。

　　伏龙观位于宝瓶口侧离堆之上，是祭祀李冰的专祠，因李冰降服孽龙而得名。伏龙观三面悬崖绝壁，峭壁如削，下临惊涛骇浪，与附近的山、水、城、堰、关、津梁、古迹相辉映于山光水色之中，气势不同凡响。伏龙观内，供奉着李冰的石像，高约 3 米，造型简朴，仪态从容。

> 李冰父子雕像

　　从金刚堤踏上凌空飞架于岷江之上的安澜索桥，就可以到达桥头的二王庙。二王庙面临滔滔岷江水，背靠巍巍玉垒山，气派雄伟，规模宏大，迄今已有 1500 年的历史。为了纪念李冰父子，当地人民不但在庙里供奉着李冰父子的神像，还在走廊门柱上悬刻了许多匾额和楹联，歌颂他们父子承继大禹，急民所急，"利济斯民""利济全川"的顽强毅力与献身精神——

　　　　恢拓禹功名父子，创开天府古神仙
　　　　灌输益部成尧甸，疏凿岷源绍禹功
　　　　六字炳千秋十四县民命食天尽是此公赐予
　　　　万流归一汇八百里青城沃野都从太守得来

　　信步走在二王庙殿宇之间，脑海中不禁闪现出 2000 年来因朝代更迭而扬起的烟尘，在烟尘中，帝王将相王公显贵的音容虽然依稀可见，但最终还是被烟尘湮灭。倒是李冰父子和这不变的青山、江水，一直清晰地印在脑海里，刻在心怀间，留在现实中。

青城山

　　国家级风景名胜区，位于都江堰市区西南16千米处。青城山山形千奇百怪，沟壑纵横，幽深莫测，多奇险胜境，可观云海、日出、圣灯，被称为"天下第五名山"。青城山是中国道教发祥地之一，为道教十大洞天中的"第五洞天"，有"神仙都会"之称。全山36峰中，有8大洞、72小洞、108景、宫观70余座。诗圣杜甫曾有诗云"自为青城客，不唾青城地，为爱丈人山，丹梯近幽意"，此后，"青城天下幽"的美誉逐渐著称于海内外。

必去理由 传播中国古代文明的国际通道，堪与丝绸之路相媲美
适宜季节 5月~11月
适宜人群 热爱探访古迹的旅游爱好者

万里商道与千年文化纽带 茶马古道

　　在横断山的险山恶水之间，在滇、藏、川"大三角"地带的原野丛林之中，绵延盘旋着一条神秘古道，那就是茶马古道。茶马古道地势高峻、路途艰险，堪称举世之最。

　　自古以来，茶马古道便和北方的丝绸之路一起，并称为中国沟通域外的两条陆路干道。驮运茶叶、盐、粮食的马帮，终年行走在茶马古道上。他们穿越横断山脉，沿"三江"（怒江、澜沧江、金沙江）而上到达西藏、尼泊尔、不丹、印度及西亚，顺"三江"而下到达东南亚及南太平洋。多少个世纪以来，马帮们在崎岖不平的道路上，在陡峭惊险的悬崖中演绎出了一幅幅波澜壮阔的画卷。

十二栏杆之险

　　茶马古道上不乏浪漫情怀和秀美风景：澄净的蓝天、肃穆的冰峰、湍急的江河、宁静的湖泊、峻峭的山谷和那五彩斑斓的原野；龙雪山、长江第一湾、老君山、虎跳峡、他留古墓群、宝山石头城，数不尽的奇山、奇水、奇花、奇药、奇碑、奇庙；还有那"人间仙境"香格里拉、皑皑雪山、青青草原、湖泊如镜、鲜花似海，神秘的喇嘛庙，无尽的旖旎风光像谜一样诱惑着寻找伊甸园的人们。然而，它的险峻艰难也让人毛发倒竖，尤其是"十二栏杆之险"简直令人谈之色变。

　　十二栏杆是滇藏公路通车以前出入香格里拉的咽喉要道，距香格里拉县城70千米，位于虎跳峡镇内。《云南通志》记载："阑干十二，雪岭千寻，鸟道羊肠，崎岖险仄。"民间传说十二栏杆山洞中有大蟒，有行人过来，就窜出将其吞噬，所以少有人能安全通过，十二栏杆因这般险峭而被民间称为"阴阳界"。有了"阴阳界"，也就有了受护佑的希望。传说中有观音在此显化，现像于壁岩上，灭除了巨蟒，保住了许多行人，因此人们又称十二栏杆为"观音崖"。后人根据这个传说，在石壁上刻画了一幅观音像，行人在胆战心惊中看到这样一幅慈善护佑的菩萨像，心中就会安稳许多。

　　乘车至土官村，过了冲江河，往西北方向行走约2小时，就到了这传说中的十二栏杆。站在山脚下，只见危崖耸立，山势峭拔，一条窄如腰带的路盘旋曲折，连折12层而上，下面是万丈深渊，对峙的就是玉龙雪山。路两旁悬壁如削，古木参天，令人胆战心惊。

　　那是怎样的路啊！山腰间凿出一条窄窄的路，最多只能让一人牵着一马走过；有的地方根本没有路，在山壁上栽上一根根粗大的木头，上面铺放横木，供人、马通行。没有防护栏，一边是光溜溜的岩壁，没有任何可供抓扶的地方；一边是万丈深渊，阴冷的洞水直冒寒气，群山却死一般地寂静。行走在上面没有人说话，连呼吸也是屏声静气，怕惊了马，只听见洞水的怒吼。如果马受惊奔跑起来，窄窄的栈道上的人、马将无一幸免，都会给它挤下万丈深渊，摔得粉身碎骨。

古道马帮

　　如果说北方的丝绸之路是由"沙漠之舟"骆驼开拓的，那么南方的丝绸之路则是由"山地之舟"马帮开拓的。据文献记载，大约在东晋时，云南的驮马运输已结成帮。马帮有大有小，大的马帮骡

马上千，小的也有几十匹。驮运近者几十百里，远者可至千里之外。近代云南出现了一批专门经营马帮的大户，拥有众多骡马，自任或专门雇佣其信得过、稳得住的有经验的赶马人充当"马锅头"。"马锅头"既是马帮组织的负责人，也常是商帮经营的代理人。

马帮都有严密的组织，这是在长期的实践中形成的。马锅头是整个马帮的头号首领，他必须有勇有谋、沉稳镇定，负责全队马帮的安危；必须对道路情况了如指掌，必须能够应付御敌驱兽、防身治病等一切紧急情况，还需要有经营头脑，能够灵活地进行经营。赶马人每人负责管理四至五匹骡马，称为一把。五把为一个单帮，即一小帮，每帮有一马锅头。

行进的骡马队伍也有一定的规矩，每一小帮中必须选择一匹健壮而训练有素的带路骡子，叫作"头骡"。头骡必须是久经驯化的识途好骡，它的动静行止即是全队骡马的表率。头骡常常

旅游小贴士

徒步感受茶马古道

1.徒步上马坪关：马坪关位于沙溪西部群山中，是一个约1.5平方千米、为群山环抱的圆形谷地。东距沙溪15千米，西距傍弥潜井15千米，是古镇四卡中唯一保存完好的关卡。至今留有守关人修建的古建筑（戏台、魁星阁、本主庙、智慧庵、关风桥）和依稀可见的古道遗址。如果您体力充沛而且时间充裕，徒步上马坪关将是您亲身感受茶马古道的最佳选择（最好找一个向导带路）。单程约需4~5小时，必要准备：旅游鞋、水、干粮和常用药品。

2.石宝山风景区沙登菁至沙溪镇寺登街：约4千米。从石钟寺出发沿沙登菁红砂石台阶路而下，约40分钟可到沙登村，然后沿弹石路大约走20分钟可到寺登街。沿途有沙登菁石窟（共五窟）、龙潭、梨园及白族山庄。

> 云南种植茶花有1300多年的历史，茶花品种多达2000多种，素有"茶花王国"之称。

▶ 沿怒江而行的茶马古道

由体格壮大的母骡担任。头骡有特殊装饰，它额上系着小镜，两旁插着红布白边的旗帜，带着大串铜铃，发出清脆叮咚声，带领着后面的骡马队伍整齐前行。据说马铃声能驱兽避邪，以确保一路平安。

山间铃响马帮来——在清晨，它唤醒寂寞的山道；在晚上，它惊飞林中的宿鸟，这成了云南民族的交通文化奇观。

沙溪寺登街区

茶马古道总行程万里以上，自形成以来很少有人能够走完全程，所以沿途就应运而生了不计其数的集市。但是，随着现代化气息的日渐浓烈，随着茶马古道辉煌的消逝，那些依托古道发展起来的城镇也就所剩无几了。沙溪镇寺登街，就是茶马古道上幸存的唯一的古集市。2002 年，沙溪镇寺登街入选了世界纪念性建筑遗产保护名录。

沙溪镇坐落在一片叶子形的坝子里，坝子东连华丛山，西枕闻名遐迩的石宝山，从剑湖流出的黑惠江波光粼粼地由北向南穿过小镇，古色古香的寺登街就在江边几百米的地方。

如今的寺登街保存得还相当完备，马店、戏院、旅馆、寺庙、大门、清代的民居、木板铺子、街角拉二胡的老者……真是一应俱全，身处其中，恍惚间好像又回到了过去，只是不见了昔日的赶马人，但是在红砂石或青石镶嵌而成的道路上，还留有一串串或深或浅的马蹄印，昭示着历史的久远和岁月的沧桑。

古集市有一块四方形的场地，便是那著名的四方街。四方街正东的魁阁带戏台，与正西的兴教寺两相对应，戏台是儒家与百姓节庆活动场所；兴教寺是佛教密宗阿吒力的活动场所。漫步在四方街上似乎隐约还能听到当年的叫卖吆喝声、戏台上的花腔高调、台下观众的叫好声、祭典活动时吟吟的颂经声。

似水流年的光阴，将这个茶马古道上唯一幸存的古代集市原样保留了下来，在褪去了它昔日光华的同时也给后人留下了蒙尘的瑰宝。这是个被大山和岁月掩盖的传奇故事，它凝结着当地几千年历史的深度和厚度，凝结了千年的沧桑与辉煌。

关于茶马古道

滇藏"茶马古道"的由来： 滇藏"茶马古道"形成于公元 6 世纪末至 7 世纪初，滇藏之间以云南茶叶、倮盐与西藏的马匹、药材、毛皮交易，形成了滇藏贸易通道"茶马古道"。这条古道成了大理至丽江、中甸、西藏拉萨再到印度的唯一陆路国际通道，与南方丝绸之路具有同样的历史地位和价值。据一代又一代人传说至今，沙溪寺登街是这条通道上重要的交通枢纽，每天，成千上万的马帮从这里穿过，给这里的区域经济和文化带来空前的繁荣。到了今天，每逢星期五便是这里的街子天（赶集日），外边来做生意的小贩与沙溪四方八寨赶集的人流汇集，人山人海，还可以见到寺登街经济繁荣、文化灿烂的痕迹。

茶马古道的两条主要路线： 在漫长的历史中，茶马古道形成了两条主要的线路：一条以现今云南西双版纳、思茅等普洱茶产地为起点，向西北经今云南大理、丽江、迪庆到西藏昌都、林芝至拉萨，再经拉萨南下分别到缅甸、尼泊尔和印度，这条路称为滇藏线；另一条则从现今的四川雅安出发，经泸定、康定、理塘、巴塘、昌都、拉萨等地，到达尼泊尔、印度，这一条线路称为川藏线。

历史与现代的都市交响

巴黎/伦敦/都柏林/莫斯科/圣彼得堡/开罗/德里/伊斯坦布尔/巴格达/曼谷/北京/西安/南京/维也纳/威尼斯/佛罗伦萨/巴塞罗那/纽约/洛杉矶/里约热内卢/香港/上海/东京

艺术之都 巴黎

　　巴黎是一座无与伦比的城市。从近代意义上说，它代表着文明、开放、浪漫、上流社会，和其他一切美好的词汇。巴黎至今仍是社会名流的聚集地，在塞纳河边，卢浮宫前，香榭丽舍大街上，以及街边不知名的小咖啡馆里，形形色色的人们在感受，在追逐。从古到今，多少世界各地的年轻人汇集到这里，追寻着自己的梦想，也成就了巴黎的荣光。

巴黎圣母院

　　提起巴黎圣母院，大多数人的印象都来自于雨果那部同名的小说《巴黎圣母院》。美丽的吉普赛女郎、阴郁的神父，还有丑陋善良的钟楼怪人，已经成了世界文学中的经典形象。而雨果在第一章中对圣母院不吝篇幅的描写，将屋顶滴水檐上吐着舌头的小怪物的形象都刻画得深入人心，以至于到巴黎圣母院来游览，目的都成了要印证事实与自己的想象是否一样。

　　巴黎圣母院兴建于 1163 年，直到 1345 年才全部完工，历时 182 年多。此后的几个世纪里，它经历了无数天灾人祸和悲剧性战争的破坏，特别是在法国大革命时期，1793 年还差一点儿被夷为平地。值得一提的是，拿破仑的加冕仪式也在这里举行。1804 年，拿破仑称帝，庇护七世教皇为拿破仑一世举行加冕典礼，当时桀骜不驯的拿破仑一把抢过教皇手中的王冠，戴在自己的头上。这个情景被绘成了一幅名画，保存下来。

> **巴黎圣母院远景**

它是巴黎最大、最古老同时也是最出色的天主教堂。建筑占地面积5500平方千米，包括一个唱诗班席和后堂、中堂。中堂的侧面有双侧堂和方形的小礼拜堂。正门向西，共分三层。最底层并排着3个桃花形门洞。还建有南北2座钟楼，各高69米，1330年落成。南钟楼巨钟重达13吨，堪称"钟王"。北钟楼设有一个387级的楼梯直通高达60米的尖塔，较钟塔高出21米，更为引人注目。

据说巴黎圣母院平常日子只开三扇门中两侧的一扇或两扇，中间的那扇25年才开一次。据说通过此门，即可洗清前25年的罪恶，并且可以为后25年祈福。因此，听当地人说上一次这扇大门开启的时候，排队等候进入的队伍足有几千米长。也不知多少年后才可以再来巴黎，一睹此盛况。

经同行人提示后才发现，圣母院的教堂顶上原来是没有塔尖的。按照标准的哥特式样，大教堂的两侧，应该有两座尖塔直插云霄。但是两座塔从12世纪到今天，就一直也没有竣工。虽是如此，巴黎圣母院的巍峨却没有稍损半分。

在这两座塔的周围，围着一圈的石栏，石栏上雕刻着奇形怪状的生物，有如神魔精灵组成的虚幻世界。这些面目怪异、神色冷峻的精灵，几百年来就这样盘踞在圣母院顶上的一角或边缘，俯视着脚下的一切，漠视着各色人等的悲欢离合，既不悲伤，也不愉快。

▶ 圣母院正面

▶ 卢浮宫

卢浮宫在塞纳河的北岸，是巴黎文艺的象征。

高高在上的，淡漠着，等待着，末日审判时天堂大门打开的那一霎。

卢浮宫

卢浮宫在塞纳河的北岸，是巴黎文艺的象征，也是世界各地的艺术家齐聚巴黎的原因。

这个举世闻名的艺术宫殿始建于12世纪末，当时是用作防御目的，后来经过一系列的扩建和修缮逐渐成为一个金碧辉煌的王宫。目前，它是世界三大博物馆之一，馆藏40余万件展品，其中包括雕塑、绘画、工艺美术及古代东方、古代埃及和古希腊罗马等7个门类。这个数字举个例子来说就是，如果你要在每件展品前停留1分钟，你就要花上3个月参观卢浮宫。

在这多如星辰的展品中，有三样被称为镇馆之宝：断臂维纳斯（爱神维纳斯）、胜利女神像和蒙娜丽莎。除去蒙娜丽莎外，维纳斯和胜利女神都是残缺的作品。本该是象征最美女性的爱神和胜利女神这两件艺术品已经残缺不全，现在都只能靠游客自己来揣测和想象其原貌。但是，每个人的想象又能带来一种新的完善，完美的东西总是未曾完善的东西，就如同蒙娜丽莎的微笑，正因为不可捉摸，所以万古流芳。

> 卢浮宫镇馆三宝之首——《蒙娜丽莎》

塞纳河

塞纳河穿过巴黎城中，像一道圆弧，将巴黎分成了两个部分，左岸和右岸，象征着平民和贵族的两个世界。著名的拉丁区坐落在左岸，是有名的大学城，也是贩夫走卒和流莺们的集散地。河北右岸，地方有左岸两个大，巴黎的繁华全在这一带。主要有国际广场、巴士底广场、卢浮宫、协和广场、爱丽舍宫、戴高乐广场等名胜；左岸有艾菲尔铁塔；河中西岱岛上有巴黎圣母院；西南部有凡尔赛宫；西北部蒙马特高地上有露天画廊。这些都是世界上声名赫赫的建筑，为世界各国人所向往。在以前的帝王时代，这里无异于一个城中之城。

凡尔赛宫

显赫一时的凡尔赛宫坐落在巴黎的西南。它原是路易十三的猎宫。据说路易十四因不满其大臣富歇的宅邸比皇宫还豪华，就迁怒将其撤职查办，并决定要建造一座世所未有的豪华宫殿来彰显他"太阳王"的伟业。这就有了后来欧洲王室竞相模仿的对象——凡尔赛宫。

凡尔赛宫里装饰铺张，费用无度，力求富丽奇巧，似乎全只为了让来客惊讶。从来没有一个宫廷使用过如此多的金漆、彩绘、花饰或是贝壳的文样；壁毯、家具和其他装饰只能用华美来形容。如此奢华，前所未有，其风格风行一时，就是后来所说的"洛可可式"。

宫殿主体长达 707 米，有 700 多个房间，中间是王宫，两翼是宫室和政府办公处、剧院、教堂等。室内地面、墙壁都用大理石镶嵌，并饰有雕刻、油画等装饰。中部的镜厅是凡尔赛宫不同于其他皇宫的地方，长 76 米，宽 10 米，高 12.3 米。拱顶是巨幅油画。长廊一侧是 17 面落地镜，镜子由 483 块镜片镶嵌而成，将外面的蓝天、绿树都映照出来，别有一番景色。厅内两旁排有罗马皇帝的雕像和古天神的塑像，并有 3 排挂烛台、32 座多支烛台和 8 座可插 150 支蜡烛的高烛台，经镜面反射可形成 3000 支烛台，映照得整个大厅金碧辉煌。厅内狭长，拱顶上和墙上的绘画描述着路易十四打胜德国、荷兰、西班牙的情形。这位穷兵黩武的帝王被描述成为了一位"万王之王"，还是神通广大的艺术和科学的保护者。但是，对欧洲以外的人而言，镜厅的出名还是普法战争法国战败后，普鲁士君主威廉一世在此称德国皇帝的故事。想来如果路易十四有灵，是万万不愿看见的。

漫步巴黎，总能路过许多的小咖啡馆和书摊，步行路上有很多背着画架招揽顾客的画画人，在地铁口唱歌的流浪汉频频地向过往人群脱帽。巴黎这个城市真是奇妙，各色的人不同的生活就那么样地糅合在一起，也许任何一个人来此，都能找到自己的位置吧。

旅游小贴士

地铁： 巴黎地下铁名为 METRO，以方便、快速、经济著名，为大巴黎区主要交通工具，共有 14 条线。在巴黎市区有上百个车站，无论你身在何处，只要步行 10 至 15 分钟即可找到一个地铁站。只要看到大大的黄色（M）标志，或是（METRO）字样，即表示为地铁站。

购物： 这些店主要分布在香榭丽舍大街地区、奥布尔·圣赫诺尔大街与旺多姆广场、圣日尔曼教堂区和维克多瓦尔广场周围这几个地方。当然这些地方物价昂贵，一般的人不可能轻轻松松地购物，但是站立在那里，欣赏一下漂亮的橱窗，也是一种享受。

住宿： 巴黎有各种各样的方式可提供游客下榻休息。塞纳河右岸像 Crillon（气隆酒店），Ritz（里兹饭店）或 Athenee（艾瑟尼酒店）大厦等豪华旅店房间华丽，左岸迷人的小旅馆布置考究。住在巴黎的心脏，高贵宁静的圣路易岛上很独特，在玛莱区和巴士底区都有许多相宜的旅店，建议您提前几天预定房间。作为证明，住宿第一晚通常要求支付支票。

⭐ 巴黎朝圣——欧洲随想录之九

巴黎是我欧洲之行的第三站。

在此之前我在联邦德国的绿茵上穿行，并顺访了音乐之乡的奥地利。七月八日乘车抵巴黎，九日清晨就迫不及待去朝拜雨果故居。

在已故的一代法国文学巨人中，我偏爱浪漫主义文学大师雨果，一直把被国内评论界誉为"法国文学的星魁北斗，法国社会的折光镜"的巴尔扎克，置于雨果之后。这和中国自盛唐之后，"扬李贬杜"或"扬杜贬李"之说，实出一辙，多由个人气质和经历所决定，实无更多的标准好讲。"没有偏爱，就没有艺术。"这是别林斯基说过的一句内行话，应该铭刻于艺术圣殿的鸿匾之上。

很遗憾，因为雨果故居坐落于一个偏僻街巷，我和向导小杜在巴士底狱广场下车后，向刚刚开门营业的商店，至少询问了"一打"商人，竟无人知晓雨果博物馆的准确位置。是不是因为商品价值上升，文化价值失重，我一时还难以评断；但对那些满面红光的富贾和柜台后边的太太小姐们，顿失敬意，则是我的真实感情。

还算不错，小杜的背包里带着一本巴黎街道地图，靠着它们的指引，终于在一个幽静的小巷之角，寻觅到了雨果故居——今天的巴黎雨果博物馆。

黑色大门口悬挂着一面法国国旗，时正天落霏雨，被打湿的黑红黄竖条旗，掩卷着沉甸甸的头颅，像是对这位世界艺术巨匠，默默地述说哀思之情。

"巴黎人都到哪儿去了？"我看看紧闭的两扇黑门，门口只有我和小杜两个中国人，不禁有些失望。

"我看看表！"小杜提醒我说，"九点半开馆，现在还不到开馆的时间！"

真糟——我们早到了近四十分钟。

按照我的想法：坐等开馆。小杜则觉得没必要在这儿浪费时间，巴黎古迹名胜，多如仲夏星空，不如先去凯旋门或罗浮宫一览巴黎的历史文明。执拗地坐等开门，是无任何意义的，但我还是要求小杜，第一天的行动路线，要符合观圣的规范，在巴黎寻找雨果的昔日萍踪。小杜发现我很顽固，便挥手叫来一辆"的士"，开始了并非旅游的旅程。

在车上，我的感情逐渐平复了一些。并不是宽阔美丽的塞纳河，给我服用了镇静剂；在我的印象里，塞纳河虽然并不失其为美，但缺乏流荡在德国的莱茵河的妩媚柔情，也欠缺横流于奥地利南部多瑙河的婀娜姿容。塞纳河只能算一个眉眼端正，肌肉丰腴，曲线并不突出的雍容华贵的夫人；它缺少海涅《罗曼采罗》的爱的诗情，更乏约翰·斯特劳斯的蓝色神韵——一句话，它没有唤起一个来自黄河之畔的中国作家的任何幻想。使我内心的感情有所平衡的是那位出租汽车司机：金黄色的头发，凹进去的眼窝，凸起很高的鼻子，漫不经心地转动着方向盘。这个充满了浪漫劲儿的小伙子，原来也是个雨果迷，他告诉我，法国以文化名人命名的广场、街道和纪念物，最多的属于雨果；他虽死犹生，因为雨果的作品，凝聚了法国过去和现代的不朽人道主义精神。无论是《悲惨世界》，还是《巴黎圣母院》；抑或是《九三年》和《笑面人》以及雨果的戏剧和诗章，里边都充溢着法兰西民族洒脱的浪漫的气质，因而只有雨果的卷卷大书，最有资格被确认是用法兰西的血液浇铸成的文学诗碑……

小伙子是用民族性的视角，来崇敬雨果的。难道这不是雨果作品的内核之一吗？记得，昔日读雨果的传记时，曾提到有的青年，对雨果作品爱到了疯癫的程度，只因对剧院上演的雨果剧目，逢遇了相异的评说，剧院散场后居然在门口发生格斗。我想，这种文坛轶事，只可能诞生在法兰西的豪迈国土。雨果多卷的丰伟著作中，正是蕴藏了本民族的魂魄，才成为世界文化巨人的——小伙子的职业虽然是开出租车，真可以顶替我们有些法国文学的研究家了！

到了繁闹街市，弃车步行，街道上各种肤色的游客，蚂蚁般地接踵擦肩而行，他们皆无一例外地迷醉于巴黎秀色。只有小杜和我，像被探警追赶异国的逃犯一样，在神色悠然的旅游者中间，匆匆穿行。小杜在巴黎练就了一双行路的铁脚板，我只好舍命陪君子——拿出昔日在劳改队农田耕作时，忽闻收工哨声，忙不迭地奔向小窗口去领那两个窝窝头和一碗白菜汤的架势，尾随在小杜之后，迈步疾行！

"小杜！这是去哪儿？"我头上冒出了汗。

"拐过这条街，就是巴黎圣母院了！"他回头一笑，马上又收敛了笑意，"我看……咱们在路边长椅上休息一下吧！"

"不！"我掏出手绢擦擦汗说，"我当年经受过'马拉松'的锻炼！"

行抵巴黎圣母院广场，适逢悠扬的钟声从云中传入耳鼓。巴黎圣母院大教堂的尖顶，直矗云天，巴黎的上空似乎显得低了，而缓慢的修道院钟声，就是从那里传出来的。

巴黎圣母院，当年有多少在这儿洗俗的圣女？游人们不知道。又有多少人因得到圣母马利亚的头上灵光的照耀，而灵魂和肉体同时升入天堂的？游人们恐怕也不会说得清楚。教堂能烧尽了多少亿只蜡烛，又有多少信徒把青丝超度成了鹤发？一切都是个谜——一个世人心中的未知数，但是雨果笔下《巴黎圣母院》中的打钟人加西莫多，和坚贞的吉普赛女郎埃斯梅拉达却被世人所熟知，巴黎圣母院也因此更为声名显赫，我跟随小杜所以能到这儿，就是被雨果的笔锋引路而来的。

教堂内光线昏暗，烛火影影绰绰。据说，当年拿破仑曾亲自到这里来觐见圣母之灵，但圣母并未启示他如何避免滑铁卢战役的全军覆没。俱往矣！尔今在教堂内被隔开的一个个房间里，我还看见浑身艳装的新潮女性，在向壁画上的神灵默默地祈祷着、忏悔着什么往事似的，态度之虔诚庄重，如同时光在瞬间发生了倒流……

走出圣母院教堂，见鸽子在教堂的屋檐下咕咕噜噜地闹春，青年男女在拥抱接吻，儿童在广场嬉戏追逐，直升飞机如同大蜻蜓一般在头上飞鸣而过。这儿是生机盎然的巴黎，是流动着的彩色世界。我想，雨果如果能活到今天，他一定会在圣母院的广场上，祝愿那些在热恋中接吻的青年早成眷属，祝福那些儿童张开翅膀像"大蜻蜓"般地去翱翔宇宙。祝天空更蓝，祝草坪和森林更绿，祝塞纳河成为一条没有污染的清澈河流，祝整个巴黎都跳起充满生命朝气的迪斯科狂舞……

在索尔邦学院雨果塑像的眼神里，就滴露着一种对人类生存延续的祝福。这是一座石雕，石面并不光洁；它不像中国在一段时间内，遍地耸立起的光洁无痕的"伟大"雕像，目光炯炯，挥手前方；雨果坐在索尔邦学院的广场上，似乎有些困倦，他用手背顶着自己的腮颊，仿佛在构思着一幕外星人的戏剧；不，也许他正对受苦的小女孩珂赛特以及为她而卖掉了金牙的母亲芳汀，进行人道的回盼。

其实，世界上的底层人儿，何止法兰西存在，我在社会的底层，因穷苦得无法填饱肚子时，卖过《鲁迅全集》，也卖过你的成套著作。这一摞摞的书籍虽然没有闪烁着金色的光亮，却有着金子的内核。中国古人说：书中有黄金。不！不仅仅有黄金，雨果的大书中蕴藏着黄金也难以买到的人类的良心。

我永难忘却，在劳改队的小屋，我的枕下放着雨果的《悲惨世界》，书籍的封皮上却障人耳目地写着《……选集》。这是在我和文学诀别的年代，从刚刚卖到废品站的书籍中索取回来的一本书。像暮秋的寒蝉一样善于伪装，我用最辉煌的书名掩盖住了书胆。

我读。

我抄。

我默默地背诵。

记得，当我读到马德兰市长，在法庭承受良心审判的那一章节，我的心颤栗了。从法官到听众，没有一个人怀疑马德兰市长就是逃犯冉阿让；而那些嫌疑犯不断被提进法庭，代替冉阿让接受审讯时，冉阿让——更名改姓的马德兰市长，突然从尊贵的旁听席位站起来，缓慢而沉重地走上被告席。

法庭上下先是惊愕，后又哗然，在这短短时刻里，马德兰市长的黑发童话般地变成雪白——只有雨果才有这样奇伟而浪漫的想像力，冉阿让在这个章节中闪烁出了人的真正光辉……

至今，我抄写这一章节的本本犹在。历经时间的凋蚀，以及劳改队老鼠的吞噬，纸页已然变黄，边边沿沿残留着鼠牙的印痕；但是，用钢笔抄写下的密麻麻字体，却没有褪色。出行欧洲之前，行程匆忙，要是能携带上我这个"囚徒"的笔记，并将它呈现给雨果博物馆，那将是十分有意义的事。可惜，我忘记带上了它。

小杜见我对雨果雕像一片依恋之情，虽没有开口催促我离开索尔邦学院的广场，但他不停地看表，分明是一种无言的提示。他虽读过许多雨果著作，能滔滔不绝地论及雨果戏剧中的人物，但因他和我经历心境不同，他无法觉察到我此时的心绪之复杂。忆往昔，我不也是个东方的"冉阿让"吗？像磨盘上的驴儿一样，走着我脚下无穷尽的圆弧……小杜——一个留学法国的博士研究生，能对人生理解得这么多吗？！

巴黎街头的行人脚下匆匆，显示着欧洲人特有的气派。我脚步蹒跚，不要去比那些金发披肩的男士女士，就是和小杜相比，我也总是落在他后边老远。因而，小杜不得不经常停下脚步等我：

"累了吧！"他很关切。

"是的。"我觉得心疲累了。

"坐会儿吧！"刚才他就这样说过，"不然拦一辆'的士'，这儿离雨果故居，路还不近呢！"

我未表示同意，这倒不是吝惜口袋里的法郎——只要不遇上巴黎扒手，法郎足够我花到返国；实因雨果的那尊手托腮的雕像，使我产生了一种莫名其妙的悲凉，我愿意一边慢慢地走，一边慢慢品味其中的苦涩；粗略想想，雨果留下了上千万字的作品，直到生命的垂暮之年，他还不忘勤奋地笔耕，作家的桂冠，对他说来是受之无愧的。我是什么？能算个作家？几本小文，疮痍累累，回首望之，常使自己脸红心跳。重返京华以来，尽管自己一直警惕惰性浸入骨髓，但随着生活环境的巨大变化，偿补一下二十年流放之苦的安逸享受意识，还是时有漫延之势，面对雨果，我深深地感到内疚。我又想到我们可敬的老一代作家和文苑的后生晚辈。知自尊自爱者固然多多，但也不乏安徒生童话中的胸前挂满勋章，"光着屁股的皇帝"。其实，人的才情有大有小，"光着屁股"也无甚难堪之处；可畏的倒是，兜里装着一部长篇或早年几篇小说什么的，便动辄以文坛霸主自居。那架势，颇有取巴金老冰心老而代之的虎威，实不知世界上有"廉耻"二字矣！还有那些可爱的小兄弟、小姐妹们，有的刚刚写过一两篇小说或几首小诗什么的，作家、诗人的彩色花环，就套在了自己的颈上（也有恐怕被别人误认为不是新潮代表的评论家，而跪拜奉献的）。如果这些本不是鸡群之鹤的"鸡群之鹤"，能在雨果雕像脚下站上一两分钟，审慎地问问自己：我到底算不算个作家，那该有多么体面？！

下午三点，小杜带我终于再次来到雨果博物馆门外。大门敞开，人流如涌，早晨见到的那种冷清和寂寥已不复存在，说着西班牙、意大利和亚非语种的雨果读者，进进出出。

经小杜翻译给我听：这所小楼是雨果三十二岁到五十岁的故居，这段时日是雨果创作的黄金岁月，因而在他几所故居中这所故居占据着显要地位。抬头望望，曾被授与法兰西文学院士、功成名就的伟大作家的故居，外表并不那么辉煌，一座四层小楼，有的楼窗漆皮已开始斑剥，使人看了有一种破落之感。走进楼内，色彩和格调也没有多大变化，特别是红漆涂过的楼梯，被一批批的朝圣者，踏得露出白白的木茬。一楼陈列的照片、画相和遗物，多是雨果的童年及其家族的历史。上了二楼，和雨果创作发生密切关联的遗物骤然多了起来。玻璃橱内陈列着雨果的原稿手迹和与友人的信函，还有法兰西文学院授与的院士功勋带，以及他穿得破旧的西装坎肩……平凡和不凡在这二层楼房里并存，充分揭示了雨果从平凡中赢得不凡的崎岖里程。

每层楼房都有七八间屋子，每间房子都有博物馆文职人员看管。在雨果的写作间里，除保存了雨果伏案挥笔疾书的木桌木椅之外，墙上镜框中间镶嵌着许多法国著名画家生前为雨果画的肖像。

在墙的一角，木几上摆放着雨果的半身雕像，它无肩、无臂、雕塑突出雨果的胸部和头颅。雨果的目光既不看窗外的远方，也不看室内如织的来者，他低垂着被胡须遮盖着的下颌，圆睁二目似在为整个人类祈祷着光明的未来——那是雨果毕生追求的人道世界。

拾级而上到了三层楼，不禁使人愕然，原来珍藏着雨果各种版本著作的资料室，不接待瞻仰者。正在郁郁不知所措之际，小杜按响门铃，开门后，他向一位年轻女士叽哩咕噜地讲了老半天法语。并递上我的名片以证明我是一个中国作家。我看那女士的脸色由阴转晴，大概她确信了我们来瞻仰雨果的诚意，又确信我俩不是乔装的文匪，便礼貌地让我们进得门来。

这是宽敞的丁字形大厅，四周都是钢琴色的高大木橱。密密麻麻的大格子里，陈列着各国出版的雨果著作。从他早期的有浪漫主义宣言的剧本《克伦威尔》，到后期小说《九三年》，以及诗歌《惩罚集》、《历代传说》等等。那位女士兴致勃勃地开动电脑，找出中国于八五年召开纪念雨果逝世一百周年的会议文稿。这些文稿汇同世界各国对雨果著作的评介文章，装订成一叠叠的资料册，这些资料橱阁整整占了大厅的一面墙。

感叹之余，不禁有些遗憾，这儿虽不缺中国评介雨果著作的资料，但在整个大厅却无一本中文的雨果著作。在我记忆中，国内出版社出版了多种雨果作品的，为解疑我询问那位女士说：

"这是不是你们工作的疏忽？"

她笑了，对我反"将"一军说："这是中国出版雨果著作的出版社，欠缺礼貌。包括非洲出版雨果的书，都和我们打招呼，贵国出版机构出版雨果著作，事先没有函告我们，事后又不赠送样书，我们无从知道。"

我顿时哑言。是啊！这到底是谁的疏忽？从五十年代起，雨果著作已经在中国读者中广泛流传；历经三十几年的光景，巴黎雨果博物馆中还没中国版本的雨果著作，这也算一件不大不小的憾事吧！

《圣经》故事中的"伊甸园"一节，曾有夏娃偷吃禁果繁衍了人类的神话，我们也能把翻译雨果著作的目的，是为了繁衍世界文化以此来解释我们的摘果行为吗？

前者是人编的神话！

后者是人为的现实！

愿雨果在天有灵，切勿为此而怒发冲冠。

1987 年 10 月 3 日于北京

——从维熙

必去理由 曾经辉煌一时的日不落帝国的中心，曾经是一幕幕历史话剧上演的舞台，一个留下了太多记忆的城市，一座历经沧桑而又绝不老态龙钟的城市
适宜季节 春夏之交
适宜人群 所有人，尤其是那些喜欢怀旧而执著于古老传统的人

古老而现代的城市**伦敦**

    18世纪英国文坛大师，因独自编纂《英语辞典》而名扬天下的萨廖埃尔·约翰逊曾这样感慨过：伦敦是这样一个城市，一个让人没有理由对它产生厌倦的城市。从古代罗马帝国以来，伦敦就一直保持着自己独特的传统，这里的每一个角落都有历史遗痕在诉说着曾经辉煌的过去，这里的大街小巷都流露出历尽多年风霜的风采。

    伦敦是英国的政治、经济、文化和交通中心。它位于英格兰东南部，跨泰晤士河下游两岸，是世界十大都市之一。伦敦还是世界上最大的国际港口和航运市场，世界上所有的主要航运、造船和租船公司，都在这里设有代表机构。伦敦是一个自由、热情、艺术、文化、流行的迷人城市，是一个需细细品味的国际大都会。古老的建筑与街道之间，到处是穿着时髦且又具备独特风格的青年男女。伦敦就是这样一个奇妙的地方，它融合了英国人的保守与开放，融合了古老与年轻，融合了传统与现代，将世界流行风融于一身的现代化都市。

威斯敏斯特宫、大本钟

    精雕细刻、金碧辉煌的威斯敏斯特宫，是英国国会大厦，被视为"西方议会民主的象征"，其东北角的方塔是一座近百米高的钟楼，著名的"大本钟"就安放于此。

    威斯敏斯特宫在公元750年是教堂。11世纪末，爱德华一世在附近建了一座宫殿，并从13世纪起成为议会的象征。现在的威斯敏斯特宫是1950年重建的，它的规模扩大了许多。它坐落在泰晤士河畔，南北竖卧，正门朝南。宫殿大楼是主体建筑，前后共3排，长达300米；两端和中间由7座横楼相连，使3座大厦形成了一个整体。宫殿正中是八角形的中厅，中

> **威斯敏斯特宫及大本钟**

厅向南是上议院，向北是下议院。宫殿南端的维多利亚塔高 102 米，北端的钟楼高 96 米，中厅上的采光塔高 91 米。宫殿的著名钟楼大本钟的长针长 4.25 米，短针长 2.75 米。宫廷大楼的外形是两层狭长的窗户，屋顶是镏金的新哥特式塔尖，直冲云霄，气势非凡。威斯敏斯特宫上议院的议厅呈长方形，长 27.5 米，宽 14 米，红色装潢。下议院议事厅也是长方形，长 23 米，宽 14 米，绿色装潢。宫内有 1100 多个房间。长廊长 3200 米。这座雄伟庞大的建筑，是英国的政治中心。

威斯敏斯特宫是英国最大的哥特式建筑群。在此办公的英国国会分上下议院，在近代民主史上占有重要地位，是民主议会制度的源头，有不少重大法案在这里通过。

今天的英国国会大厦建在 1840 年被大火烧毁的西敏宫旧址上。国会大厦南侧有维多利亚塔，当塔上升旗时，表明议会正在开会。塔的北侧是上议院，南侧是下议院。整个议会大厦共有 1100 个房间，走廊长度共计 3000 米。到里面后，游客只能站在通往两院的走廊里向外看。

坐落在国会大厦北侧的大本钟，于 1858 年建成，1859 年 5 月 31 日开始报时。负责钟塔工程的人是本杰明·霍尔，为了纪念他，人们称这座时钟塔楼为"大本钟"。最初这个名字只是赋予塔中那座 13 吨重的大钟，如今却已成为整个塔楼的名字了。大本钟外挂了 4 个小钟，每隔 15 分钟敲响一次，报时时，它深沉厚实的钟声，在泰晤士河两岸回荡。

白金汉宫

白金汉宫建于 1703 年，最早称白金汉屋，意思是"他人的家"。自 19 世纪以来，白金汉宫成为英国王室的活动场所，以后逐渐成为英国王室的象征。白金汉宫广场是伦敦观光客最为集中的地方，金碧辉煌的宫殿，威武雄壮的皇室卫队换岗仪式，吸引着来自各方的游人。

白金汉宫东接圣·詹姆斯公园，西临海德公园，其前方的广场上有精美的维多利亚女王纪念碑。

> 伦敦白金汉宫外景

▷ 1066 年，诺曼底的公爵纪尧姆在黑斯廷战役中击败了萨克逊的国王哈罗德之后，成为英国国王，即威廉一世。随即，他下令修筑要塞。10 年之后，他决定将这座土木结构的普通城堡改建成宏伟的要塞式的宫殿，还修建了一个被称为伦敦塔的高塔。后来，当城堡被扩建后，这个名字就赋予了这个要塞。

> 白金汉宫前皇家卫队交接仪式

它是一座四层楼的正方形大建筑物，宫内有典礼厅、宴会厅、画廊等 600 余间厅室，此外还有占地辽阔的御花园，花团锦簇、美不胜收。而在宫前广场有胜利女神金像站在高高的大理石台上，金光闪闪。每天中午 11:15 至 12:10 有卫士换岗仪式。皇家卫队在军乐和口令声中，做各种列队表演，并举枪互致敬礼，常常吸引路人和游客围观。抬头看皇宫正门上方，如果看到悬挂着皇室旗帜，则表示女王正在里面；如果没有的话，那就代表女王外出。

白金汉宫在每年的八、九月间都对外开放，一般民众就可趁此时进入皇宫。开放参观的部分为王座室、音乐厅和国家餐厅等。位于宫殿南侧的女王美术馆和皇家马厩也开放供人参观。

伦敦塔

伦敦塔位于英国伦敦泰晤士河北岸、伦敦城东南角的塔山上。始建于公元 11 世纪，已有 900 多年的历史，是一座用来防卫和控制伦敦城的城堡式建筑。伦敦塔既是坚固的要塞，又是富丽堂皇的宫殿，也是议事厅、天文台、教堂、造币厂、监狱。伦敦塔在英国王室中的地位非常重要，国王加冕前必须住在伦敦塔。伦敦塔还是一座著名的监狱，英国历史上有不少王公贵族和政界名人都曾关押在这里。

伦敦塔有内外两道防御墙。外部墙的外沿以一道沟堑形成一道屏障。墙可以作掩体，沿墙建有 6 座碉堡，东北和西北为圆形的棱堡。内墙沿墙设有 13 座碉堡，碉堡凸在墙外，构成第二道屏障。伦敦塔戒备森严。在整个要塞西南角的外城墙设有一道水门，是要塞唯一的入口处。整个建筑的主体是白色的诺曼底塔楼，始建于 1078 年，塔楼高 27.4 米，东西长 35.9 米，南北宽 32.6 米，下部墙厚 4.6 米，上部墙厚 3.3 米。塔楼的四角各建有一座高塔，一座圆形，三座方形。塔楼是三层建筑，设有大堂、会议厅、会客厅、寝宫、教堂等。整座建筑仿佛是一座巨型堡垒。

海德公园

著名的海德公园是伦敦市区最大的公园，也是伦敦早于 17 世纪初第一个开放给大众的公园。1851 年的万国博览会在此举办，现在遇皇室重大庆祝活动，表示尊荣的 41 响礼炮就在这里鸣放。

海德公园内最有名的应算是位于公园右上角的演讲者之角。它是英国民主的象征，市民可在此就任何有关国计民生的话题发表演讲，这个传统一直延续至今。每到周日就是观察伦敦民主风范的最佳时机，怀抱不同立场与理念的民众在此发表言论，旁观者有时也会针对其言论加以反驳或辩论，但大多数是所谓的一人政党在此独角演出，可以听到各式各样的怪诞言论。

海德公园另一侧的肯辛顿花园原是肯辛顿宫的皇室庭园，对外开放后并入海德公园，最有名的是蛇形湖北端的小飞侠彼得·潘雕像，彼得·潘是欧洲童话故事里一个永远也长不大的孩子，所以永远葆有一颗纯真的童心，因为远离成人世界的虚伪与险恶，也就永远是个快乐的孩子。

> 伦敦大本钟

> 威斯敏斯特大教堂

过去，人们提起伦敦，会想起满街穿着黑色燕尾服彬彬有礼的绅士，想起顽固地坚持英镑，坚持自己古老传统的伦敦。现在世界各国的青年人提起伦敦，会想起甲壳虫，想起约翰·列侬；会想起华丽、优雅、迷乱的"山羊皮"乐队；会想起平克·弗洛伊德的那堵横在每个人心里的《墙》；会想起《猜火车》——虽然是一个发生在苏格兰爱丁堡的故事，却折射出整个英国青年的迷惘与颓废的一面。伦敦那保守拘谨、因循守旧的外表下，是大胆和出位，是积极思索生活的深沉和拒绝任何束缚的勇气。走在街道上，伦敦让人迷惑，或古老，或现代，或平和，或繁华，无论哪个词，都可以代表伦敦，又都代表不了伦敦。这就是伦敦，一个既古老又年轻，既雍容华贵又朝气蓬勃的世界大都市。

运河市集

想一睹伦敦前卫街头文化，"Camden（坎登）"绝对是据点。这里号称"朋克的私人衣柜"。"Camden Town（坎登镇）"一带的服饰店，一向以前卫夸张见称，是新潮一族的寻宝地带。地铁站一出来，满眼欧洲古建筑风格市集、衣着前卫的铿锵男女。这里也是怀旧人士收集旧衣物的天堂。早已停产的 Dr.Marten（马丁大夫）的鞋，福尔摩斯的披风、烟斗。有些日本人还专门从东京飞来寻找 502 的系列产品呢！除此之外，Camden 还以手工衣物与饰品而著名。印度手工缝制的丝巾，苏格兰的披风，精美的银制首饰，绝对不容错过。

> **伦敦塔桥**

⭐ 伦敦塔

在两年的留学期间，我只去过伦敦塔一次。后来虽有过再去看看的念头，终究未果而作罢了。在这期间，也曾有人来约我同去，但我拒绝了。要是首次参观得到的印象被再次参观所破坏，未免可惜；若是被第三次参观一拂而尽，就太遗憾了。我想，参观"塔"嘛，宜以一次为好。

我到伦敦塔去，乃是在我抵达伦敦不久的事。当时，我连方位也不清楚，更不用说地理位置了。我那时的心情犹如一只兔子——一只突然被人从乡里丢弃在繁华中心区的兔子。走出门，怕被人流卷走；回到住处，又担心火车会出轨而撞到自己的房里来。可谓朝夕不安。我觉得在这种响声、这种人群中住上两年的话，自己的神经纤维当会像锅中的鹿角菜一样，变成粘糊糊的了。有时我甚至觉得：看来麦克斯·诺尔丹的《退化论》真是一大真理呢。

再则，我当时是一个不能像别的日本人那样带了介绍信去晋见某人、请求帮忙的人，也没有任何旧交在当地居住。因此，我只好带着惶惑的心情，在一张地图的引导下，每天出门游逛或办事情。当然，我不乘火车，也不坐马车，若是去利用这些头绪纷繁的交通工具，真不知道会被带到哪儿去呢！在这大都会伦敦市中纵横交错的火车、马车、电车、缆车，没有给我带来任何方便。事不得已，我只好来到十字路口就展开地图，在行人的推推搡搡中，定出自己前进的方向。查地图也搞不清楚时，我就向人问路；问不出名堂的话，我就找警察；警察也解决不了时，我再向别的人请教。一路上，我几乎逢人就招呼和询问，直到遇上识路的人为止。我就这样好不容易地抵达了我的目的地。

我觉得，那时候出门去参观"塔"，好像只有这么办。"既不知来处，又不知去处"，这话固然禅味太重，但我现在确实不清楚我当时是经由什么路抵达"塔"下的，后来又是穿过什么街而回到宿处的。我绞尽脑汁也没有用，但是可以肯定，参观"塔"是确有其事的，那"塔"的情景至今历历在目。这真是向前不得要领、向后不知所以，只有忘前丢后的中间处是异常清晰的。我觉得自己犹如落到了划破黑暗的闪电梢上那样，瞬间即逝。这伦敦塔好像是我前世梦中的焦点。

伦敦塔的历史乃是英国历史的缩影。伦敦塔标志着那遮掩住"昔日"这一神奇物的帷幕已自行裂开，把佛龛中的幽光反射到 20 世纪来了。也可以说，伦敦塔标志着那使万物流逝的时光发生了回溯，让一瓣逝去的时代漂浮到现时代来了。意味着人血、人肉和人的罪孽的结晶物尚残留在马车和火车中的，是伦敦塔。

当我隔着泰晤士河，在塔桥上骋目眼前的伦敦塔时，竟出神得忘却了一切，不知自己是今人还是古人了。时值初冬，却很寂静。天空低垂在塔的上面，颜色就像碱水桶里的汁水被搅混后的样子。泰晤士河宛如融进了墙土似的，水流在勉强向前推进，不起波浪，也没有声响。一只帆船由塔下向前去，在没有风的河面上升帆驶船，那呈不规则三角形的白色羽翼仿佛老是停在原处似的。两条大驳船迎面而来，只看到一个船夫站在船尾处摇橹，但它们仍好像停在原处不动似的。塔桥的栏杆周围有白色的光影在闪动，那可能是海鸥。纵目四望，一切都是静止的，慵懒困顿，昏然而眠，令人有置身旧昔之感。其中，伦敦塔傲然而立，呈现出冷眼蔑视着 20 世纪的样子，俨然是一副"不管你火车奔腾、电车驰骋，只要历史存在，我就是如此"的神态。它那岿然雄伟的景象，至今令人惊叹。这建筑物俗称为"塔"，而"塔"无非是一种通称，其实它是一座由诸多城楼组成的大城堡。并肩而立的城楼，形状多样，有圆形的，有方形的，但都呈阴郁的灰色，仿佛立志要把上世纪的纪念物永远流传人间。我觉得，若用石头做出二三十个那种九段的游游馆模型，然后并立在一起、置于放大镜下观看，就可以得到这"塔"的形象了。我久久地眺望着，站在饱含着暗褐色潮气的空气中，出神地凝望着。当 20 世纪的伦敦在我的心里渐渐消淡时，眼前的塔影就在我的脑中勾勒出一幅朦胧的历史图景，犹如晨起时喝的酽茶所冒出来的烟雾中透迤着尚未睡醒的梦的余韵，旋即又令我感到不安，仿佛有长手从对岸伸过来拽我似的。这就使纹丝不动、伫立凝望的我，顿时萌发出渡河去塔下的念头。长手在用力地拽我，我便移步渡河，跨上塔桥。长手一味地猛拽，我渡过塔桥后，一溜烟地奔到塔门处，这不啻是一块 3 万余坪的旧有大磁铁吸住了一小片在现世浮游的铁屑。走进塔门后回首望去，记得好像看到什么地方刻着这样的诗句：

从我，是进入悲惨之城的道路；

从我，是进入永恒的痛苦的道路；

从我，是走进永劫的人群的道路；

正义感动了我的"至高的造物主"；

"神圣的权力"，"至尊的智慧"

以及"本初的爱"把我造成。

在我之前，没有创造的东西，

只有永恒的事物；而我永存；

你们走进这里，把一切希望捐弃吧。

走过干涸了的沟渠上的石桥，迎面有一座塔。此塔系用无棱角的圆形石头建造，呈大油桶状，仿佛巨人形的门柱似的屹立在左右，中间有建筑物勾联，人们可从这建筑物下面穿到对面。这就是所谓的中塔。略往前行，左侧出现高峙的钟塔，当敌人的铁盾、铁盔像铺盖在原野上的秋阳似的由远处渐次近来时，人们就撞响塔上的钟；当囚犯在月黑星稀的夜里看准壁垒上的哨兵有所不备而越狱出逃，并且从坠落的松明光影里销匿在黑暗中时，人们也撞响塔上的钟；当锋芒毕露的市民为反对君王的苛政而像蚂蚁一样聚集塔下骚动不已时，人们也撞响塔上的钟。这塔上的钟啊，可谓有事必鸣，常常是一味地响个不停，甚至像大水冲了龙王庙，竟是佛尊来此时也只顾鸣。这口在霜晨、雪月、雨天、风夜中鸣过无数次的大钟，眼下又在哪儿呢？！我举头仰望着爬有常春藤的古老钟楼，钟声已寂然绝响百年之久了。

再往前走几步，右侧就是逆贼门，门的上方高耸着圣托马斯塔。命名为逆贼门，听了就令人不寒而栗。自古以来，几千名在塔中度过了一生的囚犯，都是被当局用船押送到这门口的。囚犯一旦离了船而跨进此门，就再也沐浴不到人世间自由的阳光了。泰晤士河不啻是他们的三途川，这门也就是他们通往阴曹地府的入口。他们在波浪中摇晃着，被划到这犹如洞窟一样昏黑的拱形门下。当他们来到这如同鲸鱼张开口等着吸食沙丁鱼一样的地点，只听得厚实的栎木大门发出咯咯咯的声响，他们也就同人世间的光明永别了。他们也就这样，终于当了宿命鬼的牺牲物。只有鬼才知道他们什么时候送命——明天、后天，或者是 10 年之后。当船泊此门时，那船中的囚犯一路上又是怎么想的呢？每当划桨时，每当水珠滴在船舷时，每当划桨者的手动弹时，囚犯无不感到自己的生命受到一次又一次的威胁吧。一位白须垂胸、身穿黑色法衣的长者，步履跟跄地离船上岸，他就是克兰默大主教。那位青头巾裹至眉际、天蓝色的绸子衣服里套有锁子甲的英俊男子，乃是魏阿特。这一位是旁若无人地由船舷跳上岸来的，他的帽子上插有绚丽的鸟羽，左手扶着金刀的刀柄，饰有银扣的鞋子尖顺着石阶轻捷地移动，此人不正是罗王吗？我窥视昏暗的拱门下，心想，对面会不会出现水浪冲刷石级的波光呢？便引颈而望，但是不见水影。原来，自从堤坝工事完成以来，逆贼门同泰晤士河就完全无涉了。这吞进诸多囚犯而吐出诸多押送船的逆贼门，已经不能让人带着怀旧的情绪来听鳞波轻拍门下时所发出的声音了。不过，对面血塔的壁上依旧垂有着大铁环。据说，从前就在这铁环上系缆绳。

向左拐去，可进入血塔的塔门。从前，这血塔因禁过许多怨恨"蔷薇战争"的人。在这血塔中，人如草芥鸡犬，真可谓草菅人命，积尸如山。无怪乎要命名为血塔了。拱门下有着宛如岗亭似的东西，旁边的兵士戴着盔形帽，持枪而立，摆出一副正颜厉色的样子，但掩饰不了想快点儿交班以便到老地方去喝一杯和会会相好的神态。塔的外壁是用形状不规则的石块砌起来的，相当厚实。外壁表面粗糙不平，到处爬着常春藤，高处开有窗口，大概是塔壁很高的缘故吧，由下仰视，窗口竟是出奇地小，好像还嵌着铁格子。岗哨如石像似的纹丝不动，腹中却要想着与情妇调情的事。我站在一旁，翳手锁眉，聚精会神地仰视高处的窗口，看到淡淡的日影穿过铁格子，射到旧时代的有色玻璃上，不停地闪烁着反射光。不一会儿，像烟霭似的帷幕拉开了，想象中的舞台便在眼前清晰地浮现出来。窗的里侧垂着厚厚的帷帘，所以白天也是昏暗的。窗外的墙上不抹灰泥，是完全赤裸的石块。室和室之间置有永生永世不会变动的隔离物。只是在正中央 6 铺席大的地方，蒙有一块色调暗淡的织锦，底子呈青灰色，图案为浅黄色，绘着裸体的女神像，像的周围布满了蔓草花纹。在石壁的旁边，横着一张大床，深镂到坚实的栎木中心而刻成葡萄、葡萄蔓和葡萄叶子，在手足摩挲和触及过的地方，有光亮反射出来。床头有两个小孩，一个十三四岁，另一个是 10 岁左右。年幼的坐在床沿，半个身子靠在床柱上，两腿无力地垂着，右臂与倾侧着的脸都往前靠，依偎在年长的孩子的肩上。这年长的孩子把一本打开着的烫金的大书搁在年幼的孩子的膝处，右手放在打开着的那一页上。这手极美，宛如象牙揉成的。两人身穿黑如鸦翼的上衣，肤色显得格外白洁，尤其引人注目。这两个人，从头发的色泽、眼睛的颜色、眉宇鼻翼乃至衣饰，几乎无处不同，当是同胞弟兄。

哥哥用优美悦耳的声音读着那膝上的书："能在眼前浮现出自己临终时情景的人，是很幸福的。我日日夜夜期望着死的来临。我行将去主的面前，已无所畏惧……"

弟弟发出了令人怜悯的声音："阿——门——"这时远处刮来一阵厉风，摇撼着高塔，塔壁像要塌下去似的发出了鸣响。弟弟闻声后蜷缩起身子，把脸贴在哥哥的肩膀上，雪白的被子顿时鼓起了一块。哥哥又读起来："早晨时分，做好过不了黄昏的准备；到了晚上，不对明日寄予希望。视死如归才是好样的，贪生怕死最为可耻……"

弟弟又叫了声："阿——门——"声音在发颤。哥哥轻轻地把书倒扣过来，走近那小小的窗口，想望望窗外的景象。但是窗口太高，他的个子够不着，便搬来了凳子，站在凳子上踮起脚尖，只见冬日朦胧地笼罩着纵深百里的黑雾，宛如遍染着新屠后的狗血。哥哥掉过头来对弟弟说："今天又这么过去了？"弟弟只答道："真冷。"哥哥自言自语似的嘟哝着说："只要不杀死我们，可以把王位让给叔叔……"弟弟光是说："我要妈妈。"这时，只见对面挂着的那幅织锦上的裸体女神像飘动了两三下——尽管一点儿风也没有。

突然，眼前的场景换掉了，只见塔门前悄然站着一位身穿黑色丧服的女人，她的脸色发青，神情憔悴，但是全身散发出一种雍容华贵的夫人气质。不一会儿，随着开锁的响声，塔门嘎嘎嘎地打开了，门内出来一个男子，恭敬如仪地向妇人施礼。

"能见见吗？"妇人问道。

"不行哪。"男子带着同情的口气说，"我无法遵命，这是上面定下的制度，请您务必丢掉这种念头吧。从我来说，卖个人情当然很容易……"这时男子突然住口，环视了一下，界河中有鹈鸪悄声浮起。

妇人解下挂在项间的金项链，递给男子，说道："我只要偷偷地瞧一瞧就行。你要是拒绝一个女人的恳求，那就太冷酷了。"

男子用手指绕起金项链，沉思着。这时鹈鸪霍然钻入了水中。男子考虑了片刻之后，说道："看守牢房的人不违反牢规。公子都安好无恙，请您释念，安心地回去吧。"并把金项链奉还。妇人木然不动，只听得金锁链落在铺石地面上，响声铿然。

"一定不肯通融？"妇人问道。

"我实在爱莫能助。"看守人断然拒绝。

"阴森的塔影，坚硬的塔壁，冷的塔人。"妇人说着，潸然泪下。

场景又换了。

一个身穿黑衣的高大身影出现在院落的一角，仿佛是从古老的寒石壁里倏地一声窜出来的。他站在夜和雾中，茫然地环视着四周。不一会儿，又有一个同样装束的黑影从阴暗深处冒了出来。高个子仰视着高挂在塔楼角上的星影，说道："天黑了。"

“白天可不能露面。”另一个人答道。

“杀人的事也经历过好多次了，惟独今天，心中总感到有愧而不得安宁。”高的身影对矮的身影说。

“隔着织锦偷听两个孩子的交谈，真想罢手回家去呢。”个子矮些的坦率直言。

“收紧绳索的时候，那美如花儿的嘴唇在颤动呢。”

“晶莹的额上暴出了紫青色的筋纹。”

“那呻吟声现在还在耳际回旋呢。”

当黑影又消失在夜色中时，塔楼上的时钟敲响了。

想象出来的情景随着钟声而消失。站得像石像那样纹丝不动的岗哨，现在背着长枪，笃笃笃地在铺石路面上来回行走。他踱着步子，内心却沉浸在与情妇携手散步时的情景里。

从血塔下穿出来再往前走，有一个漂亮的广场。广场中央的地势略高，白塔就坐立在这高处。在塔群中，白塔最为古老，是昔日的中心建筑。纵深20间，宽18间，高15间，壁厚1丈5尺，4个角上耸立着角楼，到处都能见到诺曼时代留下的枪眼儿。公元1399年，国民们列举33条罪状而迫使理查二世让位，就是在这塔中进行的。在此塔中，理查二世曾面对僧侣、贵族、武士和法师，向天下宣告让位。当时，继承王位的亨利站起来，在额前和胸前划过十字，说道：“凭着圣父、圣子、圣灵之名，我亨利在纯正的血统、赐福之神和挚友至交的帮助下，今日承继这大英帝国的王冠和王权。”

至于前王被黜后的命运如何，无人能道其详。当这位前王的尸体从波特·弗拉克脱城移至圣保罗教堂时，两万民众前往围观，只见遗容瘦骨嶙峋，无不为之震惊。有说是这理查二世曾被8个刺客包围，但他夺取了一个刺客手中的斧子，砍死2人，砍倒1人，但是被埃克斯顿来自背后的一击，终于饮恨而死。有人仰天叹道：“不是这么回事，不是这么回事，理查乃是绝食而死的！”且不论哪一种说法更近事实，反正都不妙。帝王的历史是悲惨的。

据说楼下的那间屋子在历史上曾是瓦尔特·罗里被囚时起草《万国史》的地方。由此可以想见他那微倾着脑袋思索的情景——穿着伊丽莎白时期流行的短裤，把膝处扎有丝袜的右脚搁到左腿上，鹅毛笔的笔端停在纸面上。但是这间屋子是不开放的。

由南面走进去，顺着螺旋形的阶梯向上登，就是有名的兵器陈列所。兵器都是闪闪发亮的，仿佛时常有人擦拭。在日本时，我只是从历史和小说中接触过这些东西，可谓一点不得要领，眼下见了实物才无不清楚明了，实在乐不可支。不过欣喜只是一时的事，现在几乎忘光了，还是等于零。然而记忆中还留有盔甲的形象。我记得，其中数亨利六世的盔甲最为阔气，全以钢铁制成，到处镶有嵌饰，尤其可惊的是它魁梧异常，穿此盔甲的人至少是个身高7尺的大汉。我不胜崇敬地望着这盔甲，听得咯吱咯吱的脚步声朝我靠来。我回头一看，是Beefeater。一提起Beefeater，首先会想到那是只吃牛肉之类食物的人。其实不然，这Beefeater是伦敦塔的看守，头上戴的帽子像是用高筒礼帽改成的，身穿美术学校学生装模样的衣服，收紧着肥大的袖口，腰间束着带子。衣服上还有图案，不过，都是由一些互为直角的极其简单的直线构成，宛如中国人所穿的马褂上的图案。Beefeater有时还持枪，这是那种在柄端的短刃处垂着须毛的枪，在《三国志》中常常提到。这位Beefeater走到我的身后停下。他的身材不高，胖胖的身子，大部分的胡子已经白了。

“您是日本人吧？”他微笑着问道。

我觉得自己不是在同当代的英国人说话，而是感到对方是从三四百年前的历史中钻出来的；要不，就是我突然邂逅了三四百年前的情景。我没有吭声，轻轻地点点头。对方说了声：“请往这儿来。”我遵命跟着走去。他指着日本造的旧时器械，显露出“你看见了吗”的眼神。我又点了点头。他给我做了说明：“这是蒙古人献给查理二世的。”我第三次点了点头。

……

——夏目漱石

必去理由 不朽的都市催生不朽的作品，充满诗情画意的田园式都市
适宜季节 四季皆宜
适宜人群 喜好文艺的饱学之士

大师辈出的城市 都柏林

　　"美丽的岛国"爱尔兰被称为大西洋上的绿宝石，它的首都——都柏林，则是这块绿宝石中最璀璨的一个亮点。都柏林的妙处有如一杯陈年佳酿，需要你细细去品味，才能咂摸出这份凝城市与乡村、海滨与田园、幽静与热情为一体的具有浓浓爱尔兰风情的古朴风韵。

文化之都

　　没有其他任何一个城市能拥有 4 位获得诺贝尔文学奖的世界著名作家：叶慈、贝克特、萧伯纳和奚尼。都柏林是一座文化艺术名城，它培育了一大批青史留名的作家；而它的封闭，又将自己这些骄傲的孩子们放逐到天涯海角。回看这些西方文坛巨匠的写作生涯，多是在背井离乡中度过的，家乡是令人不能遗忘，也不能碰触的一段回忆。

　　爱尔兰的著名作家詹姆斯·乔伊斯曾在他的作品中，把都柏林称为"天堂的中心"；他的作品《尤利西斯》把都柏林活灵活现地展现在人们面前，让人无法忘却都柏林。书中讲述的是两个都柏林男人在 1904 年 6 月 16 日这一天中的生活经历和感受。乔伊斯在《尤利西斯》一书中对都柏林进行了非常细致的描写。为了精确地描写布卢姆回家的过程，他不惜借助都柏林的地图以及尺子和秒表。这本书的角色刻画是如此的深入人心，以至于在今天的都柏林，人们把每年的 6 月 16 日作为"布卢姆节"，举行盛大的庆祝活动。然而，为家乡带来名誉的乔伊斯，却以流放的方式度过了他人

> **博因遗迹群石墓**

该遗迹群位于爱尔兰首都都柏林西北约 45 千米处，以三座大型石墓著称，这些石墓都建于 3000 多年前，周围环绕着石墙。

生最后的 30 年，在这 30 年的颠沛流离中，他曾经到过罗马、瑞士、巴黎，但唯独没有再回到让他又爱又恨的都柏林。

年轻时恃才傲物的王尔德，从都柏林到牛津，披着一身华丽彩衣，以早慧的才华成为上层社会的宠儿。可是，一段跟牛津年轻男生的暧昧关系，迫使他狼狈离开英国，最后在巴黎的旅馆郁郁而终，孤身一人，身无长物。但具有讽刺意味的是，他去世后，不论是牛津，或是伦敦，甚至都柏林，都深深纪念他的足印。

在都柏林度过苦涩的青春，却选择在巴黎静静老死的，还有诺贝尔文学奖得主贝克特。贝克特选择用法文写作，写出《等待戈多》这部戏剧经典，他管巴黎叫作"家"。可是，启发他义无反顾走上写作道路的，仍然是爱尔兰。

> 都柏林的每一个角落都透露出浓浓爱尔兰风情的古朴秀美

三一学院

都柏林是爱尔兰的文化和教育中心，著名的三一学院（都柏林大学）、爱尔兰主教大学、国家图书馆、博物馆以及都柏林皇家学会均设于此。

三一学院坐落在都柏林市中心的南岸，是旅游巴士的起点站。学院始建于 1592 年，刚开始是归天主教廷管辖的教会学校，直到 20 世纪 70 年代以前，学生入学还需要当地教区的允许。学院内珍藏着世界上年代最为久远的手抄本圣经——《凯尔经》，是由 1300 多年前的教士一笔一画精心抄写而成，现在放在三一学院的旧图书馆中供人瞻仰，是为学院的镇院之宝。也许前身是神学院的缘故，虽然同是西欧的百年名校，三一学院的基调，与牛津和剑桥都大不相同。

500 多年来，三一学院被誉为英国文学家和政治家的摇篮，《乌托邦》的作者莫尔，剧作家王尔德以及英国最著名的政治家及政治思想家柏克，等等，都是三一校友。走在学院的林荫路上，道旁或有前代名人们庄重或是深思的塑像，绿荫深处或露出几个世纪前建筑的一角，空气也显得凝重。寂静庄严的三一学院，连鸟儿们的鸣叫都不敢高声。

都柏林是一个很独特的地方，它的文化艺术举世公认，它的美是需要一定的修养和理解力才能欣赏。爱尔兰国家博物馆收集了许多的艺术珍品和大量古代文物，其中包括青铜时代的黄金装饰品；国家美术馆内收集着代表欧洲各画派的极为丰富的名画，其中包括各种肖像、素描、水彩画和袖珍画；而著名的都柏林堡以古老的建筑风格、丰富的艺术珍品和装饰的富丽堂皇而闻名。行走在都柏林，随处可见艺术的痕迹，无时无刻不会感受到它独特的西欧特色的文化魅力。

从某种意义上说，都柏林又是一个充满先锋理念的城市，在这里荟萃了现代艺术的大部分珍品，都柏林电影节和各种各样大型的艺术展为这座城市增色不少。都柏林大学则已经成为了世界上最好的艺术学校之一，有着业内公认的最好的艺术理念和教育。

爱尔兰曾是英国的殖民地，它的文化中也处处显出压抑，仿佛平静的表面下暗流涌动。都柏林的历史和整个爱尔兰一样充满沉重感。在总是不告而来、密密斜织的细雨下，街上的行人似乎一年到头永远是一件灰黑的外套。雾蒙蒙的低气压，水也朦胧人也朦胧，美则美矣，却也让人透不过气。

凝固的历史莫斯科

莫斯科没有想象中的那么不可接近，而觉得更加亲切，那宽阔的街道，教堂金色的圆顶，斯大林时期厚重的建筑风格都透露出浓浓的俄罗斯风情。徜徉在俄罗斯的大街小巷，你会发现这个城市的建筑物如此风格鲜明，错落有致，犹如一道艺术的长廊。

莫斯科红场建于1662年，或者更早，还是莫斯科公国的年代。它的中文译名有着显而易见的情绪色彩。有人说，俄文中广场的单词含有"美丽""红色"的意思，所以中国人把它译为红场；也有人说，因为广场周围的建筑物都是红色所以这样命名。不管如何，这座只有天安门广场1/5大小的广场却经历了一次又一次铁与血的洗礼，见证了近千年的俄罗斯历史。每当国庆或是其他纪

> 从莫斯科河对岸眺望克里姆林宫

念日，总有上了年纪的老人捧着鲜花来此凭吊，衣襟上别着成排的旧勋章，多是第二次世界大战时浴血奋战过的老兵。

列宁墓在红场的西侧，由红色花岗石和黑色长石建成。列宁的遗体被安放在水晶棺中，身上覆盖着苏联的国旗。清癯的脸和手都露在外面，由特制的灯光照着，显得平静安详。

在列宁墓的后面，克里姆林宫红墙之前，竖着12块墓碑，分别是：斯大林、勃列日涅夫、安德罗波夫、契尔年科、捷尔任斯基等苏联政治家的墓。

画片上俄罗斯的经典建筑，总少不了那7个洋葱头形状的教堂顶，看起来既漂亮又气派，那就是瓦西里升天大教堂。它又名波克罗夫大教堂，也坐落在红场一侧。这座教堂建筑风格十分独特，中间是一个带有大尖顶的教堂冠，8个带有不同色彩和花纹的小圆顶错落有致地分布在它的周围，再配上9个金色洋葱头状的教堂顶，绝妙得无与伦比。它是伊凡雷帝为了纪念1552年战胜喀山鞑靼军队而下令建造的。传说，伊凡雷帝为了使这样美丽的教堂独一无二，教堂建成后竟下令弄瞎了建筑师的双眼。

克里姆林宫教堂广场上还有圣母升天大教堂、金色圆顶教堂和圣母顾报教堂。这些教堂共同的特征是有金色的圆顶。广场中唯一的世俗建筑是多棱宫，建于1491年。主厅在二楼，约有500平方米，大厅正中有巨柱伸出的四棱柱支撑圆顶。伊凡大帝钟楼是克里姆林宫中的最高建筑，高81米。钟楼有5层，冠以金顶，外观呈八面棱体层叠状，每一棱面有拱形窗，窗口有自鸣钟。

> 莫斯科装饰豪华的地铁内景

沿着红墙往西，就是大名鼎鼎的克里姆林宫了。红墙之内的克里姆林宫，巍然矗立红场已有800多年的历史。这一世界闻名的建筑群，享有"世界第八奇景"的美誉。宫里有许多宫殿、教堂和办公大楼，陈放着数以亿计的历代沙皇积聚的财宝，占地26公顷。使人惊叹的四座建筑极美的教堂：十二使徒教堂、天使教堂、圣母安息教堂和圣弥额尔教堂，分别建于15、16世纪，是俄罗斯与意大利的建筑师们，把意大利文艺复兴风格与俄国东正教精神糅合起来的精心杰作。1812年拿破仑入侵俄国时，这些教堂曾遭到破坏。后来几经修复，如今仍金碧辉煌，耀人眼目。

克宫的西面，是亚历山大花园和无名烈士墓。里面也有很多值得一看的建筑和雕塑。据说，俄罗斯的新婚伴侣都要来这里献花，算是不忘却先人的鲜血。

主要景点

莫斯科红场、普希金广场及普希金像、克里姆林宫、胜利广场凯旋门、大剧院、基督救世主大教堂、王明墓区、文化公园、长臂尤里、列宁博物馆。

在莫斯科街头，除了歌颂宗教、帝王的雕像以外，名人雕塑也比比皆是。加加林广场上的加加林像就是其中之一。从列宁大街上远远望去，加加林像是正在向太空腾飞而去一般。普希金广场上的普希金铜像，也是莫斯科人的骄傲。站在台上的普希金，低头沉思，一只手扶在胸前，略微凌乱的发丝似乎还带着爱情的香味。

雕塑是凝固的舞蹈，在这座古老的都市里，各种各样的雕塑从不同的方面演绎着这个城市的历史。莫斯科，它的旋律就蕴藏在这些建筑的神话中，永远也不会被人忘记。

▷ 雪后的莫斯科

> **莫斯科红场**
红场是莫斯科的中央广场,总面积达9万余平方米,
是莫斯科历史最悠久的广场。

345

> （图左上）克里姆林宫最高的建筑伊凡大帝钟楼，附近有世界上最大的钟（钟王）和世界上最大的铁炮（炮王）。

> （图右上）克里姆林宫的主体建筑"大克里姆林宫"，是苏联时期的党政领导机关所在地。

> （图中下）克里姆林宫的圣母升天大教堂，是历代俄国沙皇举行加冕大典的地方。图中右侧是天神报喜大教堂。

必去理由 俄罗斯北方的"首都"，有北方"威尼斯"之称
适宜季节 6月~9月
适宜人群 被俄罗斯民族文化所深深吸引的人

俄罗斯文化的博物馆 圣彼得堡

很久以来就有这样一种说法：没到过圣彼得堡就不算真正去过俄罗斯。是的，圣彼得堡也许是最能体现俄罗斯民族精髓的地方。俄罗斯人的坚韧与顽强、俄罗斯历史的风雨与沧桑、俄罗斯土地的暗淡与辉煌，都能在圣彼得堡找到若隐若现的影子。

1703 年，彼得大帝在涅瓦河三角洲的兔儿岛上建立了彼得保罗要塞，后扩建为城称"圣彼得堡"。1712 年，俄国首都从莫斯科迁到此城，在以后的 200 多年里，它一直是俄国政治、经济、文化中心。1914 年改称彼得格勒。1924 年为纪念列宁而更名为列宁格勒，1991 年又恢复原名圣彼得堡。这座雄伟的城市建筑在 42 个岛屿之上，是一座水上城市。整个城市由 300 多座桥梁相连，河面面积占全市总面积的 10.2%；它的河流、岛屿与桥梁的数量，均居俄罗斯之冠；由于河流纵横，风光秀丽，所以它素有"北方威尼斯"之美称。它是俄罗斯最大的港口、第二大城市，是"俄罗斯最欧洲的城市"。

> **鸟瞰圣彼得堡**
它是俄罗斯的文化之都，一个由岛、桥梁、18 世纪古典宫殿结合而成的波罗的海北岸雄伟都市。

圣彼得堡是俄国革命的摇篮，它身上体现着俄罗斯民族勇于斗争、敢于反抗强权势力的特性。这里是 1825 年十二月党人举行起义的地

> **位于俄罗斯涅瓦河畔的名城圣彼得堡**

方，也是两次资产阶级革命和十月社会主义革命的策划地。第二次世界大战期间，德国法西斯军队围攻该城长达 900 天，却始终未能攻陷。在保卫列宁格勒的残酷战斗中，苏维埃的军民们克服了难以想象的艰难困苦，浴血奋战，用鲜血保卫了自己的国土，也捍卫了苏维埃政权和俄罗斯民族的荣誉。战后这里修建了纪念墓地和纪念碑，纪念墓地里安葬着 47 万在列宁格勒保卫战中光荣牺牲的苏联军民。

如今的圣彼得堡，是一座气候宜人、风景秀丽的旅游胜地。据联合国教科文组织公布的资料，世界上最受旅游者欢迎的城市中，圣彼得堡名列第八位。这主要是由于该城市有 1000 多处保存完好的名胜古迹，包括 548 座宫殿、庭院和大型建筑物，32 座纪念碑，137 座艺术园林，此外还有大量的桥梁、塑像，等等。圣彼得堡还是世界公认的俄罗斯文化教育中心，全市拥有各类国家级（国立）高等学府 70 多所，

> 亚历山大纪念碑和冬宫前的凯旋门

其中有世界著名的圣彼得堡国立大学、圣彼得堡国立技术大学、圣彼得堡国立林业大学、圣彼得堡列宾美术学院、圣彼得堡音乐学院、圣彼得堡国立精密机械和光学学院等一大批历史悠久、世界一流的名校。这些古迹、学府所营造的浓重的文化氛围，使圣彼得堡这座古城一方面保持着历史的传统，一方面又永远洋溢着青春的活力和气息。

冬宫

位于涅夫斯基·普罗别克特地铁站，1917 年 2 月前，一直是沙皇的宫邸，后来被资产阶级临时政府所占据。1917 年 11 月 7 日（俄历 10 月 25 日）起义群众攻下了冬宫。十月革命后，1922 年艾尔米塔日博物馆成立，冬宫成为博物馆的一部分。

> 圣彼得堡冬宫

▶ 圣彼得堡的彼得豪夫大宫

冬宫初建于 1754-1762 年，以后经过多次扩建。宫内有 1057 个房间、1886 个门、117 个楼梯、1945 扇窗户，是一座巴洛克式的三层建筑。浅绿色的宫墙、雪白的立柱、深邃的长廊、精美的壁画和雕像，令人叹为观止。宫内的黄金厅从天花板到地板，从墙壁到家具，全部饰以金箔。此外还有绿宝石寝宫、水晶宫。冬宫是与之相邻的艾尔米塔日博物馆的一部分。艾尔米塔日博物馆收藏非常丰富，规模可以和伦敦大英博物馆或巴黎卢浮宫相媲美。

彼得保罗要塞

位于涅瓦河最宽处的兔儿岛上，与彼得堡同龄。彼得保罗要塞是作为俄国同瑞典进行北方战争的前哨阵地创造的，彼得堡就是在要塞的保护下诞生和发展的。彼得大帝亲自为它选址，并亲自监督建造工作。1717 年它失去了军事意义，成了国家监狱，曾经关押过车尔尼雪夫斯基、高尔基等人。今天，这里已是一座博物馆。

战神广场

圣彼得堡最古老最美丽的广场之一，从 19 世纪起，它成了阅兵和军队操练的场所，因此，它被称为战神广场。广场上竖立着俄罗斯著名的苏沃洛夫统帅的塑像。广场一侧是巴普洛夫斯基兵营，广场中心是革命英雄纪念碑。

国立艾尔米塔日博物馆

国立艾尔米塔日博物馆是世界四大博物馆之一，与巴黎的卢浮宫、伦敦的大英博物馆、纽约的大都会艺术博物馆齐名。该馆最早是叶卡特琳娜二世女皇的私人博物馆。1764 年，叶卡特琳娜二世从柏林购进伦伯朗、鲁本斯等人的 250 幅绘画，存放在冬宫的艾尔米塔日（法语，意为"隐宫"），该馆由此而得名。

俄罗斯博物馆

　　建于 19 世纪 20 年代，是为沙皇御弟建造的。1898 年，改为俄罗斯博物馆。博物馆收藏了大量的不同时期的艺术珍品。馆藏的 2500 多幅圣像画、2 万多件民间工艺品，简直就是从 10 世纪到今日俄罗斯民间艺术的百科全书。

普希金城

　　普希金城是圣彼得堡著名的大公园，原名皇村，位于圣彼得堡郊区。由于普希金在皇村中学读过书而改名为普希金城。

彼得宫（简称夏宫）

　　彼得宫坐落在芬兰湾的森林中，距市区 29 千米。该宫当年是沙皇的夏宫，系彼得大帝于 1710 年建造，占地 800 公顷，建筑豪华壮丽，被人称为"俄罗斯的凡尔赛"。该宫的主要建筑有：大宫殿、下花园、玛尔丽宫、奇珍阁、亚历山大花园和茅舍宫等。该宫以喷泉著称，宫内有 64 座喷泉，喷泉之间点缀以 187 座大小金色塑像和 29 座浅浮雕，光怪陆离，蔚为壮观。

> 圣彼得堡夏宫

旅游小贴士

注意事项

　　一个人自由活动最好身边带有护照，否则很有可能被警察盘问。如果你注意修整自己，即使没有风度，也装着挺胸凸肚，这样可免去这类事情的发生。如果你精神萎靡、神态可疑，斜眼瞟人，眼神游离慌张，警察八成会"铆"上你。同样，若你遇到这样的人，你也得注意避开，他们有可能是小偷，或是骗子。

　　如果能雇一个留学生或会说中文的俄罗斯人作为向导，要方便得多，价格要事先商妥。俄罗斯人十分看重自己的文化，如果你学着尊重他们，那么你很可能得到友善的接待。

　　要托运的行李里面，千万不要放贵重物品，如钱、金银首饰等。

必去理由 文明的发祥地，非洲最大的城市，世界的古都
适宜季节 冬季
适宜人群 所有的人

尼罗河送给埃及人最珍贵的礼物 **开罗**

　　源自埃塞俄比亚高原西北部的青尼罗河，在苏丹国喀土穆附近与尼罗河的另一支流白尼罗河汇合，形成尼罗河主流，水势浩大，北经干旱的撒哈拉大沙漠，迤逦行去。在埃及首都开罗附近形成三角洲，分流注入地中海。尼罗河为世界上最长的河流，流域面积约占非洲总面积的1/10。其下游每年6~10月份都会习惯性地大泛滥，日积月累，淤积下大量沃土，经先民长期垦殖，形成著名的河谷绿洲农业带。而河口的方形三角洲地带，更是世界古文明的主要发祥地之一。

　　非洲第一大城开罗就位于尼罗河三角洲顶以南约14千米处。横跨尼罗河而建。尼罗河冲积的千里沃土使这里很早就有了先民种植垦殖，并且创建了灿烂的古代文明。公元642年，阿拉伯人在河东岸兴建了福斯特塔城，此即开罗城前身。公元969年，法蒂玛王朝占领埃及，也看中了这片肥沃的土地，遂将之改名为"开罗"，并于973年定都于此。得天时、地利、人和等多种有利因素，至14世纪，开罗已成为非洲和西亚地区的最大城市。

　　可以说，开罗的诞生、成长、发展是和尼罗河水的哺育及三角洲的良田沃土绝对分不开的，这一点毋庸置疑。因为在早期的农业社会，水为人类生命之源，而可供垦殖的土地亦不可或缺，正是

▷ 开罗金字塔前骑骆驼的游客

这两个因素的有机结合使得农业社会和文明的产生成为可能。就像黄河为中华民族的母亲河一样，尼罗河当之无愧亦是埃及的母亲河，开罗则正是母亲河馈赠给埃及人最珍贵的礼物。

尼罗河不仅无私地赋予了开罗城生命之源，还慷慨地送给它举世闻名的金字塔建筑群，这些古埃及法老的巨大陵墓就散布在开罗西南约 10 千米的吉萨。

古埃及王国的法老往往在登基之初便开始修筑自己的陵墓，一方面出于宗教原因，另一方面

> 开罗老城

也是从时间因素考虑。金字塔修筑费时费力，旷日持久。相传规模最大、最高的胡夫金字塔动用了30 多万人，用了整整 30 年才竣工。30 年时间内可是什么事情都可能发生的，生老病死概莫能外。

金字塔的具体规制、详细情形早已为世人熟知，而且据说还蕴含着不少令人费解的离奇之处。甚至有科学家大胆设想金字塔系外星人所造，这确实有点匪夷所思。

在开罗市，新的和旧的、东方和西方的东西并存。孟斐斯附近的大金字塔耸立在大都市的西南边缘。东北部的一座方尖塔标志着赫利奥波利斯的存在，柏拉图曾在这里学习过。该城现代的建筑有俯视尼罗河的漂亮的西式高层饭店。在这两个极端之间是可追溯到罗马、阿拉伯和土耳其时期的其他纪念性建筑物。除了百货商店、电影院、旅馆和市区新式住宅外，开罗还有一个很大的十分活跃的集市和一个广阔的中世纪城区，内有 400 多座从 130 年至 19 世纪初的历史性纪念物——陵墓、有城垛的城墙和大城门等。

> 尼罗河风光

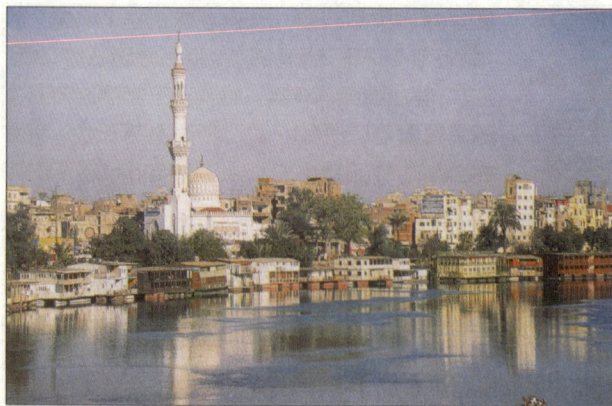

> 开罗基特卡特寺亭亭玉立在宰马利克岛上一片美丽的水上住宅之间。

开罗城内共有 250 多座寺庙，漫步城中，随处可见高耸的塔尖，故开罗又有美誉"千塔城"。

城市分旧区和新区，另外两个旧城区是位于中世纪城西北边缘的布拉格和南面的老开罗；在城市扩大把它们并入以前，它们是开罗的海港郊区。旧城区侧面的是商业中心区（爱资拜基亚区）和它的居住区（花园城、伊斯梅利亚），一直延伸到尼罗河中的杰济拉岛上。1952 年推翻帝制后沿尼罗河建造了一条大马路。从北向南是气势雄伟的电视大楼、拉美西斯希尔顿饭店、市府大楼、尼罗河希尔顿饭店（其背后有埃及博物馆）和谢泼德饭店。其附近还有花园城的曲曲折折的街道，两侧列满高层公寓式住宅。从滨江道过桥越尼罗河到达杰济拉，这里有大饭店、开罗塔、博物馆、公园、赛马场、体育俱乐部和军官俱乐部，以及漂亮的住宅。北面和西面边缘地带有很大发展。东西岸和鲁达岛上是发达的住宅区、动物园和植物园、农业博物馆及开罗大学校园。它的建筑物的风格与每一城区发展的历史时期都有连带关系。

建于公元 972 年法蒂玛王朝定都伊始的爱资哈尔大学，它是世界古老的高等学府，也是开罗最

> 开罗美丽的水上风光

古老的建筑之一。

位于开罗市解放广场的埃及博物馆自身资历不够，里面存放的展品却绝对够资格而且够份。这里收藏着 15 万件以上的古埃及珍奇文物，使得埃及博物馆名正言顺地跻身于世界著名博物馆之林。

博物馆共有两层。一楼除介绍古埃及发展情况外，还陈列着从公元前 27 ~ 前 22 世纪埃及古王国时代到公元 5 ~ 6 世纪罗马统治时代的历史文物，其中以第 18 王朝法老图坦卡蒙陵墓中发掘出的 1700 多件文物最为引人注目。如图坦卡蒙的黄金面具、黄金宝座、黄金棺材均为稀世珍宝。二楼西南角为木乃伊陈列室，安

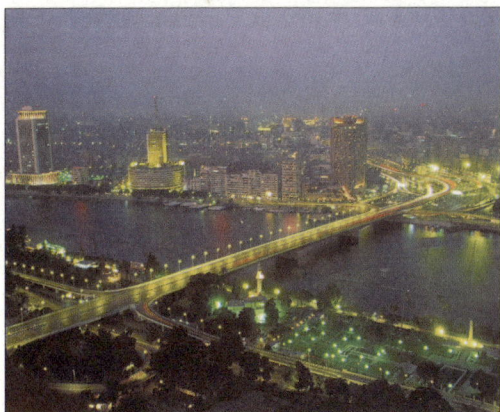

> 开罗夜色

放埃及历代法老及其后妃们的木乃伊。这里的很多木乃伊保存相当完好，甚至可以清晰地看出头发和脚趾甲的模样。眼下保存最好的木乃伊系第 19 王朝法老拉美西斯二世的遗体，距今已有 3000 余年的历史。

开罗还有不少有名的广场。开罗火车站对面的拉美西斯广场即是其中之一。广场中心所立拉美西斯二世的巨大雕像，原本位于埃及古王国时期的都城孟菲斯，1955 年移置于此，现已成为开罗的一个标志。剧院广场和苏莱曼帕夏广场也颇有名头。前者系 1869 年为庆祝苏伊士运河通航而建的歌剧院所在地。而埃及博物馆则位于苏莱曼帕夏广场与尼罗河之间的解放广场。

尼罗河已滔滔不绝地流淌了不知多少年，而她所孕育的开罗城业已成长为一个成熟的城市，向全世界展示出独特的都市魅力。

> 埃及有四分之一居民拥挤在世界上人口最稠密的城市开罗。

必去理由 南亚古文明的见证，历史与现代相得益彰的结合
适宜季节 四季皆宜
适宜人群 所有对神秘的印度国感兴趣的人

铭记印度兴衰荣辱的城市德里

很多人都知道印度的首都新德里，但是对于德里这个名字则感到有些陌生。实际上，德里是真正铭记了印度民族兴衰荣辱的城市。"德里"一词来自波斯文，意为"门槛"或者"山冈""流沙"等。德里是古老传统和现代化相互结合且相得益彰的一座城市。和新德里相较而言，老德里如一面历史镜子，展现了印度的古代文明；新德里则是一座里程碑，让人们看到了印度前进的步伐。

老德里历史悠久，建都于公元前约1400年，取名"因陀罗普拉斯特"，即"因陀罗神（雷神）之住所"。后来这里曾先后出现过7个德里城，到公元前1世纪，印度王公拉贾·迪里重建此城，德里由此得名。1911年，英国殖民统治者驻印度总督将首都从加尔各答迁至德里，在旧城以南3千米处兴建新德里，到1929年完成系列建筑，从1931年起，新德里开始成为首府，1947年印度独立后宣布为首都。1200多年漫长的建城过程反映了印度繁复的历史变迁，它包含了7个前身城镇，当今首都所在的新德里只是它1931年来向南延伸的部分，但是经过几十年来的发展，新都的面积早已超过7个古城的总和。

如今的德里，不仅是全国的政治经济中心，也是文化教育中心。她的规划建设严格按着新旧城区分开的原则，老德里保留着古老的建筑格局和古朴精致的风貌，新德里则是印度政府机构所在地。古老的德里以传统的工艺品制造著称，这里的金银器街、珠宝街、铜器城以及世界上最大的香料市场都恪守着传统的营销模式，让人真切地触摸到传统文化的根。德里市政府对建筑高度有严格规定，市区里除了独门独院的楼房外，最多的就是6层公寓。老德里的月光广场依然保持着上百年前的建筑风貌，蜿蜒曲折、重重叠叠的街道由大大小小的店铺连接起来。新德里则是一座规划别致的花园城市，市内有许多大小不一的圆形广场，分布着花坛、草坪和绿树，林荫大道和环形大道由广场成放射状或环状格局。穿越中央街心公园的东西向大道，东起国家体育场，经纪念拱门、中央秘书处，西止于总统府，绵延数公里；大道两旁，排列着外交部、国防部等主要政府及科研机构。以此干道为分野，北部为现代商业

> 面带微笑的印度女子

▷ 印度泰姬陵的寺庙

中心区，各商店围绕康诺特圆形广场布置，颇为繁华，南部为住宅区，绿林掩映，环境宜人，其间传统宫室雄伟瑰丽，西方式的高级邸宅也极尽豪华之能事，外国使馆均坐落于此；总统府则是英国建筑流派和印度传统式样结合起来的建筑，国会大厦属中亚式建筑，但柱梁和屋檐雕饰却呈现印度艺术的特色。

在现代化的进程中，德里始终保持着一种难得的宁静、祥和氛围。刚到德里的时候，你可能会发现它很像一个大乡村。这里的夜晚没有灯红酒绿，安静得让人以为到了原始森林。德里人非常讨厌霓虹灯，据说一些商店以前曾装过霓虹灯，后来因为有附近居民投诉而不得不拆除。他们认为晚上的强光不仅干扰正常睡眠，还会扰乱生态平衡。树丛里的袋鼠和孔雀、路边的狗和牛，都需要在黑夜里睡觉，否则一些植物会在强光下开花，鸟会很早离开巢穴，难免要扰乱它们的生物钟。这种与大自然和谐发展的意识，使得德里延续着它千百年来的美丽而青春永驻，长盛不衰。

泰姬陵

位于离新德里 200 多千米的阿格拉城内，系莫卧儿王朝第五代帝王沙贾汗为爱妃泰吉·马哈尔所造的陵墓。马哈尔于风华正茂的 38 岁死去，沙贾汗悲痛欲绝，动用了几万工人，耗费巨资，花了 22 年时间，才建成泰姬陵。难怪连印度诗翁泰戈尔都说，泰姬陵像"一滴爱的泪珠"。这是一座全部用白色大理石建成的宫殿式陵园，素有大理石的梦境之称。在世人眼中，泰姬陵就是印度的代

▶ 红堡宫殿里装饰极为豪华的神柱

名词。这座被誉为世界七大奇迹之一的宏伟陵墓，正如万里长城一样，浓缩着一个伟大民族和文明古国数千年的灿烂文化。

甘地陵

印度国父——"圣雄"甘地的陵墓。陵园呈凹形，在陵园正中，静卧着一座黑色大理石陵墓，它是一个普通的正方形平台的样子，高约 1 米，长宽约 3 米。墓后一盏长明灯，昼夜不熄，这是印度争取民族独立精神的象征。陵墓没有任何装饰，极其普通、简朴。然而，每逢节假日，便吸引无数的人们从四面八方赶来。他们脱掉鞋子，赤脚走进陵园，深切地悼念陵园的主人。

红堡

17 世纪莫卧儿王朝帝王沙贾汗建造，长约 915 米，宽 548 米，因为它的城墙和内部是用红砂石砌成，所以称为"红堡"。自 1965 年开始，红堡内每星期都有几天晚上举行声光表演。

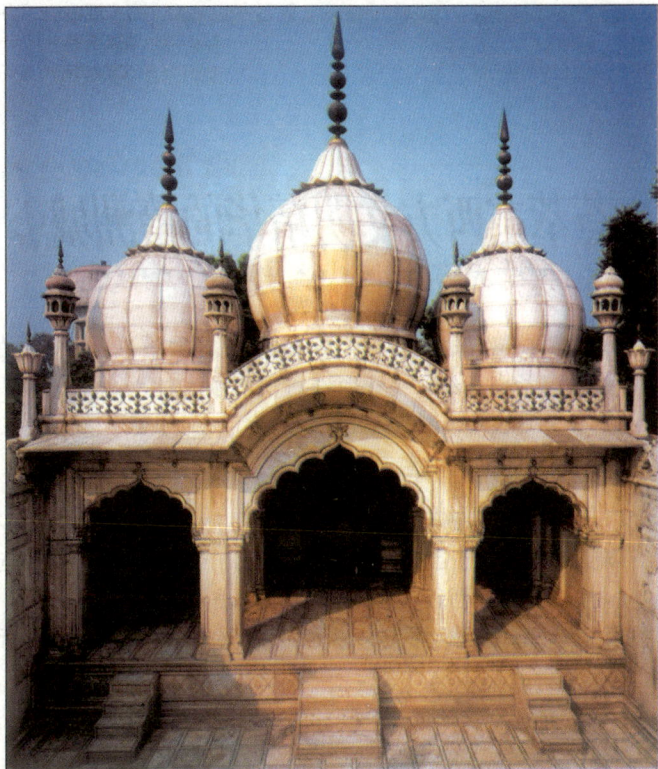

> ▶ **红堡中的宫殿**
> 红堡是 17 世纪莫卧儿王朝帝王沙贾汗建造的，因其墙和内部都是用红砂石砌成，故称"红堡"。

这种表演利用现代光学原理和音响效果，再现 1639 年至 1947 年间印度历史的风风雨雨，沧桑辉煌，值得细细欣赏和品味。

莲花庙

又名"灵曦堂"，是一座风格别致的建筑，建成于 1986 年，是崇尚人类同源、世界同一的大同教的教庙。莲花庙的外貌酷似一朵盛开的莲花，故称"莲花庙"。它高 34.27 米，底座直径 74 米，由三层花瓣组成，全部采用白色大理石建造。进庙的教徒以及参观的人并不需进行什么特殊的仪式，只要脱鞋进殿，走到大理石椅上就座，然后沉思默祷就行，所谓"意到神知"大概就是这样吧。

阿育王柱

离红堡不远，在朱木拿河畔，一根光秃秃的石柱高高地矗立在一座古堡之顶，这就是有名的"阿育王柱"。公元前孔雀王朝的名君阿育王为了弘扬佛法，晓谕子民，故竖立此石柱。阿育王柱高 12.97 米，底部直径约 1 米，顶部直径约 0.65 米，重 27 吨。柱表原为镏金，现已脱落。该石柱于 19 世纪出土后，被奉为印度民族精神的象征。印度政府 1950 年决定将其作为国徽图案，以体现印度人对悠久文化和国家独立产生的民族感。

必去理由 土耳其的历史文化名城，荟萃东西方文明精华的跨洲城
适宜季节 4月~6月，9月~10月
适宜人群 所有的人

荟萃东西方文明精华的跨洲城 伊斯坦布尔

伊斯坦布尔现为土耳其最大的城市和港口。位于巴尔干半岛东部，博斯普鲁斯海峡西岸。市区包括小亚细亚半岛西端的于斯屈达尔等地，故地跨欧亚两大洲，1973年建成跨海峡的博斯普鲁斯公路大桥（长1560米，宽33米）后，其在欧亚两洲之间的桥梁与纽带作用愈显重要起来。

其实，历史上的伊斯坦布尔便是扼黑海出入门户的重要战略城市，也是欧、亚两洲沟通与交流的窗口。也正因此，自伊斯坦布尔于公元前658年始建起，它一直都是各野心勃勃的大国激烈争夺的对象。伊斯坦布尔最早由希腊人所建，称"拜占廷"。公元330年罗马帝国迁都于此，改名君士坦丁堡，又称新罗马，以区别于"永恒之城"罗马。公元395年罗马帝国分裂后，这里理所当然

> 土耳其的最大城市伊斯坦布尔历史地区位于土耳其西北部，在首都安卡拉西北约380千米处。是土耳其最大的城市和历史名城。

> 伊斯坦布尔托普卡帕宫中的皇室宝座

成为东罗马帝国之都。此后数百年间，伊城一直是地中海东部的政治文化和经济中心。直至 13 世纪初被东征的十字军一把大火烧为灰烬。公元 1453 年，奥斯曼帝国以此为都，并改称伊斯坦布尔，沿用至今。

建城 2000 余年来，由于伊城所处特殊的地理位置，以及欧亚两洲政治、经济、文化各方面交流渐次融通和加强，夹在两大板块间的伊城碰撞出了明亮的火花，东西方文明的精华都曾在此驻足观望，并得以尽情挥洒和展现。几乎每一个统治伊城的王朝都在此处打上了自己深深的烙印，给伊城留下了多个民族不同风格的文物古迹，也形成了伊城荟萃东西的深厚文化底蕴。

在伊城旧城区内，一座座庄严肃穆的宗教建筑和高大巍峨的现代建筑交错并立，相映成趣，让人觉出一种别样的和谐。据说，伊斯坦布尔的寺庙至少有 450 座之多，几乎赶上了中国南北朝时佛教鼎盛时期洛阳寺庙的总数。不过，咱们的"南朝四百八十寺"可是个约数。

托普卡帕宫

托普卡帕宫是伊城宫殿建筑的代表，富丽堂皇，宏阔壮观，先后有 25 位王曾在此居住。如今，皇权已逝，此处也和大多数国家曾经的皇宫一样，被改成了博物馆，供人瞻仰。这里的藏品，最让

▶ 伊斯坦布尔的建筑

363

各国游客叹赏不已的有王冠，镶有 1000 多颗各色宝石的御座，重达 48 千克，镶嵌 6666 颗金刚石的金蜡烛。此外还有不计其数的东方艺术珍品，诸如珐琅、珍珠、宝石、瓷器以及历代宝库中的遗物等，价值连城。

名满天下的"土耳其浴"

早在罗马和拜占廷时期，土耳其的澡堂即已在君士坦丁堡（即今伊斯坦布尔）出现。当时的君主坦丁大帝和查士丁尼皇帝就在伊市修建了为数众多的公共浴室。中世纪时，欧洲公共浴室在欧洲萎缩乃至消失，但土耳其人非但没有受到欧洲的影响，反而还在伊市等地陆续兴建了大批公共浴室，并由此逐渐发展演变成别具一格的土耳其浴室。17 世纪时，仅伊市一地，有史可考的公共浴室就达 168 家之多，其盛况也可算是"空前"了。而且，据传说久负盛名的芬兰蒸汽浴往上追溯起来，和土耳其浴也是有千丝万缕联系的。两者采用浴室内部的高温，使人全身汗出如浆，嗣后再用温水或冷水淋浴全身，最后使浴者通体舒泰，达到清污除垢，舒筋活血、消除疲劳的目的。

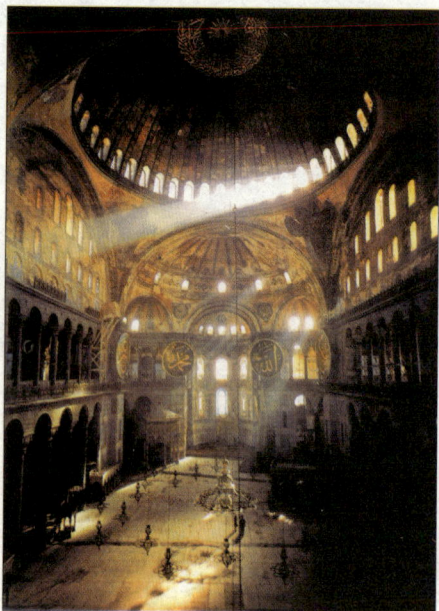

> 圣索菲亚建筑内景

内部大量运用彩色大理石砖、玻璃以及马赛克镶嵌画，在天窗射进的光线中闪烁不定，增强了宗教的神秘气氛。

> 土耳其伊斯坦布尔的苏里曼景区

土耳其人进公共浴室与众不同，大多数人都随身携带一个内容丰富的食品盒，盒内不但装有琳琅满目的各色食品，还有饮料、干果等零食。淋浴后，相识的、不相识的浴友不谋而合地坐在一起，各出所携，边吃喝边聊天，从天下大事到市井俚俗无所不谈，尽兴之后，大家各自走散，在更衣室的单间再美美睡上一觉，夕阳接山时才回到家中。还有些人干脆就是喜欢在浴室里聚会或商谈。因此，一大家人、一群同事携手共进浴室的情景在土耳其并不鲜见。从某种意义上讲，土耳其的公共浴室同咖啡馆一样，已然成为土耳其人进行社交活动的重要场所之一。

位于伊市老城区恰阿奥卢街道的恰阿奥卢公共浴室是土耳其最著名的浴室，建于 1741 年，已有 260 余年历史。19 世纪时英国著名画家汤姆斯·阿隆曾至此游览，并绘制了《恰阿奥卢澡堂》铜版画，恰阿奥卢自此和土耳其浴一起名声大噪，恰阿奥卢也因此成了土耳其浴的象征，吸引着众多世界各地的游客，慕名至此寻找东方式的异国情调。

旅游小贴士

住宿：伊斯坦布尔现有多家五星级酒店。此外，还有众多的小旅店，简单但很整洁，价格很便宜，颇受观光客特别是背包族的欢迎。需要注意的是土耳其各种档次的宾馆饭店都不备拖鞋、牙膏、牙刷等个人卫生用品。

美食：中亚地区的传统菜肴以肉类和奶制品（如奶酪）为主，安纳托利亚地区盛产蔬菜和水果，因此菜肴种类也极其丰富。

购物：土耳其地毯闻名遐迩，但真丝和纯毛地毯价格昂贵。此外，还有皮毛制品、金饰、银具、铜器、瓷器、刺绣产品、海泡石烟嘴等手工艺品。特别值得一提的是土耳其的羊剪绒皮衣，款式新颖，价格便宜。

"一千零一夜"讲不尽的沧桑 巴格达

在波斯语里,"巴格达"一词意为"神赐的地方"。公元754年,阿巴斯王朝第二代君王哈里发曼苏尔发现这里是水陆要冲,并且气候宜人,便在原来小镇的基础上建起一座新兴城市。为了达到理想的要求,曼苏尔亲自审定设计方案,并指定当时著名的建筑大师艾卜·哈尼发全权处理建都事宜,动用能工巧匠和民工10万之众,前后历时4年,终于建成一座富丽雄伟的新城池。因整座城市呈圆形,故被称为"团城"。公元762年,巴格达被正式定为阿巴斯王朝的都城。

随着阿巴斯王朝的日益强盛,巴格达迎来了历史上最兴盛的时期——哈伦·拉希德王朝(786~809年)。曼苏尔建城后的每任哈里发都定都于此,并不断扩建,巴格达逐渐向底格里斯河东岸发展,成为当时中东广大地区最重要的文化与贸易中心。当时巴格达的城市人口超过100万,同中国唐朝的京城长安(今西安)、拜占廷帝国的首都君士坦丁堡(今伊斯坦布尔)一起被誉为当时世界"三大名城"。中国的古籍中有很多关于巴格达的记载,如《四夷路程》中的缚达城,《诸蕃志》中的白达,《西使记》中的报达,《元史》中的八哈塔,《西北地附录》中的八吉打,《元秘史》中的巴黑塔,等等。由此可见,当时巴格达的知名度是何等之高。由于这里聚集了世界各国的金银器皿、文物古董,巴格达因此被誉为"博物之城"。

如同世界上其他历史名城一样,在漫长的历史岁月里,巴格达城也是几经兴废。1258年和1400年,巴格达城曾经两次遭到蒙古人的入侵,先后两次被严重毁坏。1508年和1534年,又分别被波斯和土耳其人占领,并于1638年后长期受土耳其人的统治。几次战争,给这座美丽宁静的城市留下无数残垣断壁,许多价值连城的古代艺术珍品在浩劫之中荡然无存,令人惋惜不已。1917年巴格达落入英军之手;1921年伊拉克独立后,巴格达被定为首都。

巴格达是一座方圆192平方千米、拥有469万人口的现代化城市。这里高楼林立,市场繁荣,交通发达,是伊拉克全国最大的城市和交通、商业与文化中心。进入巴格达城,仿佛漫游在神奇的仙境之中。玉带般的底格里斯河缓缓穿城而过,将整个市区分成东西两部分。那些中世纪的

> 巴格达的哈特拉古城

名胜古迹让人目不暇接：近百个大小不等、带有金色塔尖和蓝色圆顶的建筑令人赞叹不已，别具一格的阿拉伯市场让人流连忘返，大街上茂密的椰枣林和郊区落日余晖中的骆驼群使人回味无穷。阿拉伯古典文学名著《一千零一夜》中所描绘的那富丽堂皇的宫廷府邸、美丽如画的城郭庭园、奇妙惊险的幻境以及浓郁的风土人情，都同巴格达这个名字联系在一起，因而巴格达有"《一千零一夜》的故乡"之称。不过，近些年来巴格达笼罩在战争的阴影下，已是风光不再了。

> 巴比伦城门复原图

瓦斯塔尼门

位于谢赫奥马尔大街，是巴格达仅存的一座古城门。此门建于公元 1100 年，始建成于 1135 年，当时名为胜利门。城门上有高塔，塔上有铭文和砖饰。它原先横跨护城河上，现今仅余残迹。

空中花园

位于巴比伦城东南，是举世闻名的巴比伦古城遗址，被誉为世界古代七大奇迹之一。

无名战士纪念碑

位于巴格达市内祖拉公园内，纪念碑构思奇特、造型别致。墓前矗立一根高为 42 米的旗杆。纪念碑周围的泥土全部是从前线运回的，以示这些无名战士全是为保卫这些神圣的土地而献身的。

伊拉克博物馆

坐落在巴格达国际火车站附近，以收藏丰富的古代文物著称，是世界上最大、最著名的博物馆之一。馆内收藏着远古时期曾在两河流域生息过的各民族的文物，这些文物反映了苏美尔人高度发展的文明和阿卡德、巴比伦、亚述、喀西特、萨珊直到近代阿拉伯等各个时期文明发展的情况。馆中还珍藏有从尼姆鲁德发现的亚述时代的精美绝伦的妇女雕像，素有"尼姆鲁德的蒙娜丽莎"之称。

必去理由 沉浸在佛的世界里，人的心灵无疑会得到洗涤
适宜季节 11月～次年1月
适宜人群 礼佛向善者和喜欢异国情调的旅行者

天使之城 曼谷

　　曼谷，在泰语里是"天使之都"的意思。有"佛庙之都"之誉，为黄袍佛国之泰国首都，自1782年泰王拉玛一世建都于此,曼谷就成了汇集整个泰国新兴与古老生活方式的万花筒。

　　比较其他任何地方，曼谷更能显出泰国人在蓬勃的现代化发展中，仍然保留着敬重传统的诚意。在热带灼热的阳光底下，洪水般的车流及淹没在烟雾中的摩天大楼给人们一种现代都市的影像。然而，在这些喧嚣中，曼谷依旧保存着一些旧有的面貌。每天早晨，水上市场热闹非凡，聆听着那在运河上来来往往的人们的欢声笑语，就让人感觉仿佛置身于古老的曼谷。晚上，漫步在湄南河畔，金色的晚霞映着两岸的寺院，感受阵阵凉风的轻抚，有一种说不出的舒适与惬意。

　　曼谷佛教历史悠久，到处香火鼎盛，青烟缭绕，佛庙林立，佛迹遍布，云集了"千佛之国"的佛教精华。历经千年的寺院至今依然香火不断，悠悠地刻划着历史的年轮。佛寺庙宇建筑精致美观，以金碧辉煌的大王宫、镏金溢彩的玉佛寺、庄严肃穆的卧佛寺、充满神奇传说的金佛寺、雄伟壮观的郑王庙最为著名。

大王宫和玉佛寺

　　到了曼谷不游大王宫和玉佛寺，就如同到了中国而没去故宫和长城一样遗憾。

　　举世闻名的大王宫紧邻着湄南河，占地约20多万平方米，是曼谷市中心内一处大规模的古建筑群。大王宫是泰国诸多王宫之一，是历代王宫保存最完美、规模最大、最有民族特色的王宫，汇

> **曼谷大王宫**
大王宫为曼谷王朝拉玛一世于 1784 年所建，坐落于曼谷湄南河东岸，保留了暹罗式风格。

集了泰国建筑、绘画、雕刻和装潢艺术的精粹，其风格具有鲜明的暹罗建筑艺术特点，深受各国游人的赞赏，被称为"泰国艺术大全"。是仿照故都大城的旧王宫建造的，经历代君王不断扩建，终于建成现在这座规模宏大的大王宫建筑群。大王宫内有四座宏伟建筑，分别是节基宫、律实宫、阿玛林宫和玉佛寺。

节基殿是大王宫里规模最大的一座主殿，是1876年开始建造的，"节基"含有"帝王"的意思，也是拉玛王朝的正称。节基殿的建筑风格十分有趣，它的基本结构是英国维多利亚女王时代的建筑特色，而上面的三个方形尖顶的殿顶，却又是泰国式的。

曼谷王朝从拉玛一世到拉玛八世，均居于大王宫内。

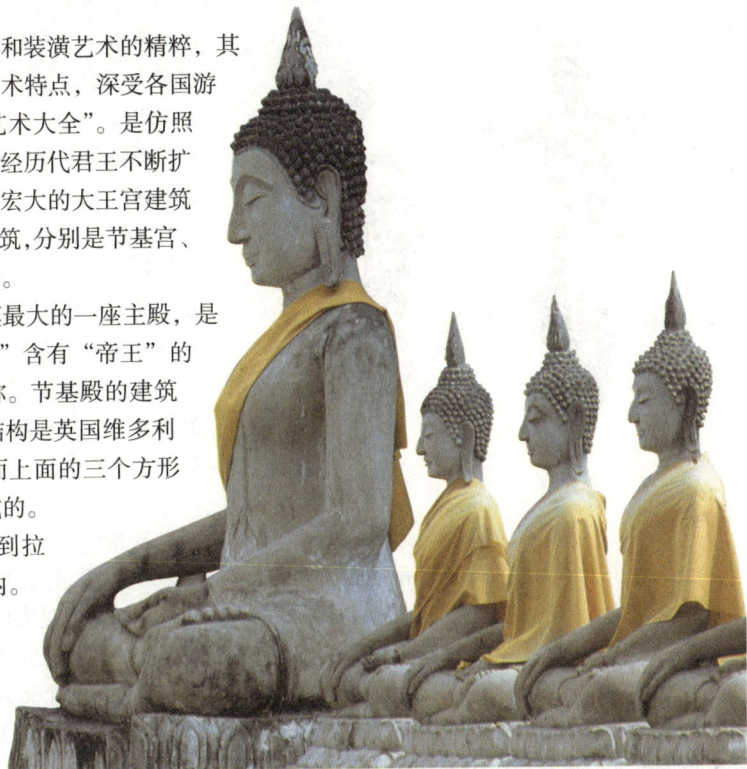

> 释迦牟尼像

1946 年拉玛八世在宫中被刺之后，拉玛九世便搬至大王宫东面新建的集拉达宫居住。现在，大王宫除了用于举行加冕典礼、宫廷庆祝等仪式和活动外，平时对外开放，成为泰国著名的游览场所。

玉佛寺与大王宫相邻，是泰国所有寺院中地位最高的。寺内供奉的玉佛由整块的翡翠雕成，高 66 厘米，宽 48 厘米，是泰国的国宝。1784 年拉玛一世王特意建了这座大雄宝殿，专门从吞武里王朝的首府把玉佛请到此地供奉。泰国国王每年在热季、雨季和凉季开始时都会亲自为玉佛换上不同的金缕衣。

> 充满民族风情的曼谷舞蹈

金佛寺

金佛寺位于华南蓬火车站西南面的唐人街，因供奉一尊世界最大的金佛而闻名。金佛以纯黄金铸成，重量为 5.5 吨，高近 4 米，是泰国素可泰时代的艺术品，也是泰国和佛教的无价之宝。

金佛被发现的年代大约在 700 多年前，现在它的发现过程本身已经成为了一个传奇。据说佛寺所在地本来颇为荒凉，后来华人逐渐聚居。他们把扔在荒山上的一个无人肯要的佛像雇车搬了回来。几经周折，运抵寺庙后，佛身有一块铁壳掉下，露出里面金光闪闪的金佛像身。把所有铁壳敲掉后，金光闪亮的完整佛身露了出来，此发现名闻全国，后定名该寺为金佛寺。

郑王庙

郑王庙与华裔的民族英雄郑信有关，他曾率军驱逐缅甸敌人，拯救河山，并创建了吞武里王朝。郑王庙内有座高达 79 米的"拍攀"大佛塔，始建于 1842 年，是泰国规模最大的一座大乘塔，周围尚有四座与之呼应的陪塔，形成一组庞大、美丽的塔群，其规模在曼谷仅次于大王宫和玉佛寺，有"泰国埃菲尔铁塔"之美称，令人叹为观止。

实际上这座庙在大城王朝时就是一座古寺，被称为"玛喀寺"。后来郑王驱除缅军以后，回师经过此寺前，正好是黎明时候，便下令上岸到寺里礼拜。后来郑王登上王位，下令重修此寺并将其改名为黎明寺。

曼谷又是国际活动中心之一，每年有多达二三百起的各种国际会议在此举行。城内设有联合国亚太经社委员会总部、世界银行、世界卫生、国际劳工组织以及 20 多个国际机构的区域办事处。佛都曼谷还是世界佛教联谊会总部的所在地，每到佛典，佛事十分热闹，观者如潮。行走在曼谷城里，体会现代与传统共存，繁华与贫穷同在，也是一种难得的经历。

关于曼谷

主要景点：暹罗广场、民主纪念碑、五世皇塑像、金山寺、唐人街、大皇宫、玉佛寺、五世皇金柚木行宫、卧佛寺、皇家广场、黎明寺、秋千架、水上市场、玫瑰花园、四面佛、金佛寺。

佛诞节：又称浴佛节，为佛祖释迦牟尼诞生纪念日。佛寺在这一天都要举行斋戒、颂经法会，以各种香水、鲜花水浴洗佛像。因为这天善男信女都要到寺庙敬香，参加浴佛仪式，因此泰国政府规定放假一天。

必去理由 皇城根，四合院，琼楼玉宇的殿阁，13亿中国人的心脏
适宜季节 四季皆宜，以秋天最佳
适宜人群 寻古探幽者、追新求奇者等各种游客

传统与现代共舞的古都北京

　　北京为中国六大古都之一，在历史上曾为五代都城，有着悠久的历史。而且各朝各代都在这里留下了自己独有的印记。辽代时在此建陪都，名为南京，又称燕京；金代改称燕京为中都。元朝忽必烈在此定都更名为大都。1368年，朱元璋称帝后，改大都为北平府；1403年明成祖朱棣将他的封地北平府改为顺天府，也叫北京。后来他把都城从南京迁到北京。国民政府定都南京，于是北京又成为了北平。京是一国的都城，正如国无二君、天无二日一样，京只能是唯一的。北京名称的变化，正反映着时代的变迁。

故宫

　　曾为五代都城的北京，当然少不了一股子贵气。在从金朝起的800多年里，建造了许多宏伟壮丽的宫廷建筑，使北京成为中国拥有帝王宫殿、园林、庙坛和陵墓数量最多的城市。

　　北京的宫殿建筑首推故宫。故宫，又称"紫禁城"，是明、清两朝的皇宫，曾有24个皇帝在此居住过。紫禁城名称的由来是，按照中国古代对太空星球的认识和幻想，紫微星垣（即北极星），高居中天，永恒不移，众星环绕，是天帝之所居，叫作紫宫。皇帝是天帝之子，便用紫宫来象征世上皇帝的居所；而皇帝所居的宫城属禁地，戒备森严，神圣壮丽，因此明清宫城就有紫禁城之名。这个名称，给皇宫抹上了浓重的神秘色彩。

　　故宫始建于明永乐四年（1406年），落成于永乐十八年，到现在已经有600多年的历史了。中国历史上曾有很多著名的宫殿，汉代未央宫、唐代大明宫等，今天已是唯见典籍载宫阙，更觅荆棘卧铜驼——只能从文献记载和遗址发掘中去领略它的梗概。然而，明清紫禁城宫殿却完整保存，巍峨屹立在北京城中。在紫禁城宫殿里，先后有明代14个皇帝和清代10个皇帝君临天下，发号施令，这不仅对中国历史进程，而且对世界历史发展，都发生过重大影响。它位于北京市中心、天安门广场北1千米、景山南门对面，东西宽753米，南北长961米，面积达72万平方米，内有宫室9999间半。

> 故宫太和殿

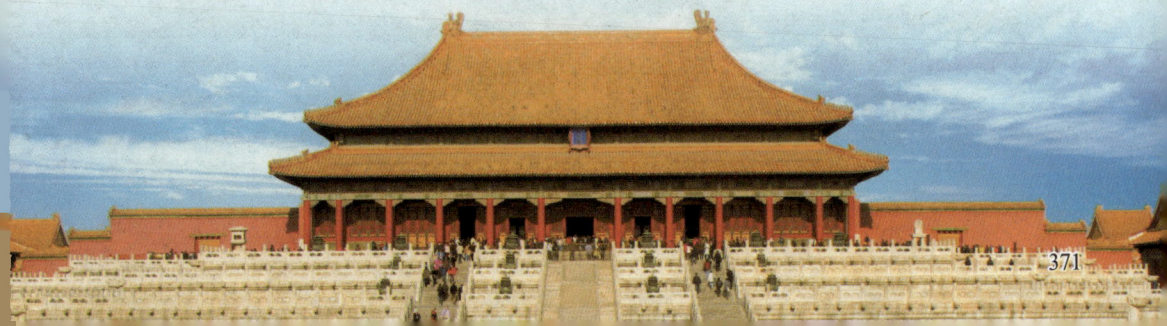

故宫四周是高 10 米、周长 3428 米的城垣。城垣内面积达 723600 余平方米。城垣的外围，有宽 52 米、深 6 米的护城河环绕，河岸全用条石垒砌。角楼的屋顶，有三层檐，七十二脊，上下重迭，纵横交错，设计巧妙，造型奇特，玲珑秀美，色彩艳丽，是中国古代建筑艺术的佳作。紫禁城的城门，东为东华门，西为西华门，北为玄武门（清改称神武门），南为午门。实际上南面有三重门——第一重为承天门（清改称天安门），第二重为端门，第三重为午门。从护城河外看故宫里边，只觉得墙高水深，高深莫测，不可亲近。

故宫大体上可以分为两大部分，南为工作区，即外朝，北为生活区，即内廷。外朝内廷的所有建筑排列在中轴线上，东西对称，秩序井然。外朝是皇帝处理政事的地方，主要有三大殿：太和殿、中和殿、保和殿。内廷包括乾清、交泰、坤宁三宫以及东西两侧的东六宫和西六宫，这是皇帝及其嫔妃居住的地方，俗称为"三宫六院"。据说常住人口最多的时候，皇亲国戚侍从宫女加起来有 2 万多人，俨然又是一个小天下。在居住区以北还有一个小巧别致的御花园，是皇室人员游玩之所。北方地势低平，所以皇家就在这紫禁城的一角堆土为山，在其上砌怪石，植林木，方寸之地大有奇巧。御花园中广植奇花异草，尤其是牡丹，品种最为珍贵。牡丹是王者之花，每到四、五月，园中的各色牡丹争奇斗艳，来往游人都忍不住要在花丛中摄影留念。

皇城正门　天安门是明清两代皇城的正门，始建于明永乐十五年（1417 年），原名"承天门"，后来经过多次重建，到清朝顺治八年（1651 年）改建成现在的规模，称"天安门"。

午门　故宫的正门，门墙上有五座楼，形如凤展翅，又叫"五凤楼"。是皇帝举行重要活动的场所，明清两代，每逢将士出征或凯旋，皇帝都要亲自来午门举行仪式。

太和殿　即"金銮宝殿"。富丽堂皇，居三大殿之首。是紫禁城里最重要的建筑，也是我国最大的木结构建筑物。在太和殿中举行的仪式都非常隆重，例如皇帝登基、皇帝大婚、册立皇后、宣布战争、节日庆典等。

乾清宫　皇帝的寝宫，内廷第一大殿，面阔 9 间，深 5 间。正中设有宝座，是明清两代皇帝的寝宫和日常活动的场所。

> 故宫门前的石狮子

> 故宫角楼

> 故宫全景（紫禁宫殿，紫禁城又称宫城，就是皇宫）

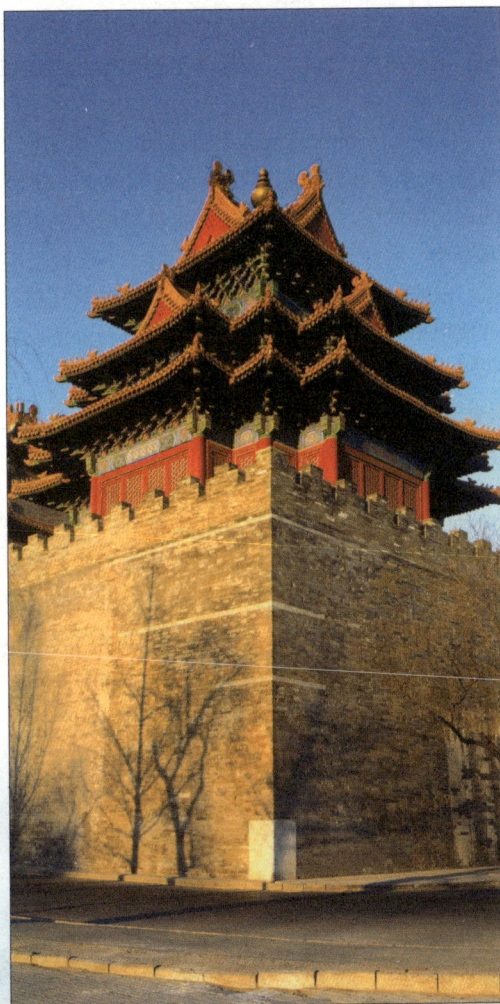

坤宁宫　明清两代皇后居住的地方，建于明永乐年间。坤宁宫的东暖阁是皇帝、皇后结婚的新房，清代康熙、同治、光绪等皇帝的婚礼都是在这里举行的。

御花园　坤宁宫后面是御花园，占地面积 1.2 万平方米。以钦安殿为中心，前后左右对称，坐落着 10 多座宫殿。花园里亭台楼阁林立，苍松翠柏环绕，极富园林意趣。通过御花园可到紫禁城的后门神武门。对面的景山是紫禁城的天然屏障。加上环绕四周的金水河，构成了中国古典建筑前面有水、后面有山的传统格局。

故宫是世界上现存规模最大、保存最完整的古代宫殿建筑群，其建筑完美地体现了中国传统的古典风格和东方格调，现在的故宫博物院还设有珍宝馆、钟表馆和青铜器馆等展室，奇珍无数，是我国最珍贵的文化和艺术宝库。

颐和园

颐和园原名清漪园，是中国现存规模最大、保存最完整的皇家园林。它位于北京西郊海淀区，依山伴水，在以干燥著称的北京城里，真是风景这边独好。

颐和园规模宏大，总面积约 290 万平方米，主要由万寿山、昆明湖两大风景区组成，其中水域面积约占 3/4。湖中有岛，岛上有亭，且有孔桥与堤岸相连。山水相对，湖岛相依，景色十分宜人。

颐和园是一个兼具宫、苑双重功能的大型皇家园林，兼有江南水乡的玲珑精致和北方园林的豪迈大气，园中山青水绿，亭台相连，在中外园林史上享有盛誉。而且这里还有全国最长的游廊——长廊，把远山近水连成一体，具有很高的艺术价值。天气晴好或者是细雨纷飞的日子，到颐和园昆明湖来泛舟，实在是在北方难得的消遣。

▷ **颐和园佛香阁**

> 颐和园十七孔桥

万寿山　位于颐和园内，高 60 米。因传说曾有一位老人在山上凿得石瓮，又叫"瓮山"。乾隆十五年（1750 年），为庆祝皇太后六十寿辰于园静寺（明孝宗乳母建）旧址建大报恩延寿寺，次年将山改名为万寿山。

佛香阁　位于颐和园万寿山前山。是全园的建筑中心，也是颐和园的标志。始建于乾隆十五年（1750 年）。后被烧毁。光绪十七年（1891 年）重建。八面三层，四重屋檐。高 41 米，下有 20 米高的石台基。阁顶是黄色的琉璃瓦，外加绿剪边。阁内有 8 根大铁梨木柱，好像擎天柱支撑着佛香阁。

天坛

以祈年殿、回音壁和圜丘闻名于世的天坛位于北京城中轴线南端东侧，是明清两代皇帝"祭天"和"祈谷"的圣地，也是现在国内现存最大的一组坛庙建筑。中国古代帝王自称"天子"，他们对天地非常崇敬。历史上的每一个皇帝都把祭祀天地当成一项非常重要的政治活动。而祭祀建筑在帝王的都城建设中具有举足轻重的地位，必集中人力、物力、财力，以最高的技术水平，最完美的艺术去建造。而天坛就是其中的佼佼者。

天坛占地 273 公顷，分内、外两坛，以高大的围墙相隔，外坛内所有宫殿都朝南圈成圆形。最南的围墙呈方型，象征地；最北的围墙呈半圆型，象征天。北高南低，这既表示天高地低，又寓意"天圆地方"。和故宫一样，天坛也是北京市的标志性建筑之一。

圜丘坛　皇帝祭天活动的场所。又叫"祭天坛""拜天坛""祭台"。为一座露天的三层圆形石坛。建于明代嘉靖年间，古时候的人认为天是圆形的，所以祭天的地方也是圆的。圜丘坛的设计思路多与"九"有关系，因为中国古人认为"九"这个数字有至高无上的含义。

皇穹宇 天坛的附属建筑。位于圜丘坛的北面,是存放祭祀牌位的地方。始建于明嘉靖九年(1530年)。初定名为泰神殿,殿成,改名为皇穹宇。门楼、墙顶、殿瓦、殿顶起初都是绿色琉璃瓦铺就,到清乾隆十七年(1752年)重修时,又全部换成蓝色琉璃瓦。绕着皇穹宇的一道圆墙,表示天象。墙面又平又滑,人们无论在墙的哪个位置面对着墙说话,站在远处墙边的人都能清清楚楚地听到说话的内容,人称"回音壁"。

北京新景

北京,以古老、大气而闻名,置身于宫阁楼宇丛中,漫步在胡同和四合院的群落,用心去体味弥漫其间的浓浓的京味,或许,你才能领会北京之游的真谛。随着 2008 年奥运会的举办,鸟巢、水立方的拔地而起,北京又给了世界一个惊喜……

> 水立方内景

> 鸟巢

⭐ 天坛幻想录

北京南郊有一座天坛。

知道天坛的人是很不少的，在天安门城楼未曾名闻世界以前，它曾经是旧时代北京的标志。从前，在日历牌上、名胜挂图上、纸币上，到处都可以看到它的图形。一个圆形的大建筑物，富丽典雅，逐层向上收缩，给人一种庄严大方的印象。

整个天坛区域现在成为天坛公园。这里，古老的松树很多，树木蓊翳，是一个幽静的去处。比起北京的其他公园来，这儿似乎游人少些。我每次到北京，总腾出时间去逛逛天坛。从公园大门到天坛，有很长的一段路；近年来有一驾马车在来往载客。坐在这种像幼儿园童稚上学专用的马车里面，听着马儿笃笃的啼声，望着两旁那些阅尽兴亡、饱历劫难的苍松翠柏，别有一番滋味。

我到天坛公园的目的，与其说是看天坛，不如说是看"圜丘"。人们是熟悉天坛的，但是对于"圜丘"，没有到过北京的人就未必知道了。它和天坛遥遥对峙，建筑奇特古怪，是一个露天的巨型的圆石台，完全是用汉白玉整齐紧密组成的。广义而论，说它是天坛的一个构成部分，也无不可。它有石级、石栏杆，中间是一个圆形的大平台。严肃些来说，真是有点"天的象征"的模样；但是用开玩笑的眼光来看，也可以说是一个"溜冰"的好地方。自然，从古至今，大概是没有人在上面滑过雪屐的。在封建君主时代，这是一个充满了神秘气氛的庄严神圣的所在：皇帝就在这里祭天。

天坛，原来是放置"天的神主牌"的，这圜丘，才是真正的祭天之所。想着在绵长的数百年间，历代的皇帝们"全身披挂"，衮服冕旒，带着庄严的神色，在礼乐声中，像煞有介事地祭天的情景；周围臣子跪伏，苍穹白云飘飘，倒是很富有戏剧性的事。我想，月色如银之夜，来到这个圆形的异常洁白的石坛上赏月；或者，繁星闪烁的漆黑的冬夜，来到这里盘桓看星，一定十分饶有趣味。可惜，公园夜里不开放，我始终无从领略想像中的这一番美景。

我爱到这里盘桓，不仅是为了凭吊这个古代的祭天之处，欣赏这座洁白美观的石台，而且，也为了想猜破这堆石头中间的一个谜。

原来，这圜丘建筑上有一个特点。它的石栏杆也好，圆台上磨平了的石块也好，条数、块数都和"九"字有关。那些石料，不是九块，就是十八块；不是十八块，就是二十七块……以那个高高在上的圆形平台来说，它的圆心是由九块石头围成的；外面一圈，是十八块；再外面一圈，是二十七块；再外面一圈，是三十六块……依此类推，外面最辽阔的一圈，就是八十一块了。

这座古怪建筑的这一特点，公园里竖立的木牌是加以介绍了的。但是，为什么呢？为什么圜丘的各种石料的数目，一定要和"九"字发生关系呢？

因此，可以说：这堆石头中间藏着一个谜语。

这谜语，我想是和人类思想发展史有一点儿瓜葛关系的。

首先令人想到这个谜的初步谜底，是因为在中国古代人们的观念中，天是九重的。"九天""九霄""九重""九垓"，都是天的译号。这些词儿，密密麻麻地充塞于中国的古籍中。在《离骚》里面，就有"指九天以为正兮"那样的词语了。

"九重天"的观念，并非中国人所独有：在西欧，古代也流行着同样的观念。这事情真是巧合得令人惊异！但丁的《神曲》，就保存着这样的传说。《神曲》里面，描述贞女俾德丽采的灵魂在"净界"和但丁相逢，引导但丁上升了"九重天"而到达天堂。那里面关于"九天"的讲法，竟和中国的在数字上不谋而合！

也许有人想，古代西欧关于九重天的观念，大概是由中国传播过去的。但是，我想，事情决不是这样。十四世纪初，西欧人通过《马可·波罗行记》才比较多地知道一些关于中国的事情。但丁的《神曲》也是在十四世纪初写的，不会受马可·波罗什么影响。而且马可·波罗讲的都是地面上的事情，也不会去介绍"九重天"这一类的玄虚观念。更何况，但丁的《神曲》里面，"九重天"

还是一层一层有名字的。例如什么"月球天"、"水星天"、"火星天"……以至最高一层的"水晶天"等就是。"九天"的抽象观念东西方是相同的，具体内容却又是迥然有异了。

那么，为什么会有这种奇特的巧合呢？

我想，这和"九"字对于人类的巨大魅力，关系极大。

请翻一翻辞书吧！在"九"字项下，有多少百个词儿呀！你浏览着那些词儿，会吃惊于历代人们对这个"九"字的爱好和崇拜。凡是极端的事物，广大的事物，这个"九"字就大有用武之地，要被派来做形容词了。天有"九天"；地有"九州"；皇帝要铸"九鼎"；佛教要设"九喻"；古代的乐歌诗篇要叫做《九辩》、《九韶》、《九歌》、《九章》；神话传说中的三十六天罡、七十二地煞，都是九的倍数；甚至连骂人的话，这个"九"字也大有用场，例如"九头鸟""九尾狐"之类，不就是么！

这个"九"字的魔力，不仅在汉族中如此巨大，在少数民族中，它也是很有威权的。近年来有不少少数民族的创世纪、叙事诗之类被整理出来。我们从里面可以看到许多用"九"字作形容词的句子，如说一个人攀过许多山峰，涉过许多河流，在那些叙事诗中，就常常说成"翻过九十九座山""涉过九十九条河"……例如长诗《阿诗玛》，就有许许多多这一类的词语。用"九"字来形容事物的极致，可以说是世界上无数地方人们共同的历史习惯了。

那么，这个"九"字的魅力，究竟又是从何而来的呢？

"九"只要再加上一，就变成十了。不论是十、百、千、万，都是以一字开头的。这个"一"字，真是可大可小（中国古代思想家惠施说的"至大无外，谓之大一；至小无内，谓之小一"；可以说已经相当地表明了"一"这个数字的奇特作用）。为了避免进位之后，重新回到"一"这么一个可大可小的位置上去，世界各地的先民就不约而同地，以"九"字作为事物极致的形容词了。

> 天坛祈年殿

　　"十进法"，是流行于全世界的计算法，只有极少数地区的先民是例外的（听说库页岛上的虾夷人就是例外），"十进法"所以风靡全球，据人们研究，和人类生有十个手指这事情关系重大。人们从结绳纪事的时代起，总得靠十个手指算来算去。正是由此发轫，使全世界绝大多数的人们，以"九"字作为事物极致的形容词了。

　　因此，揭开那神秘的烟幕，"九重天""九霄"之类的话，并不是真的说天有九层，而只是"多么大的天呵！""巨大莫测的天呵！"……等先民语言的遗留罢了。给这九重天分别冠上一个名字，只是稍后的人们的穿凿附会罢了。封建帝皇在这一座石台的建筑上搞得十分神秘，不过是故弄玄虚，炫耀"天命"罢了。

　　十分神秘的事物原来出自异常平凡的事物，"圜丘"之谜，探索下去，原来是和人类生有十个手指、先民们结绳纪事这些事情关联着的。想到这些，不禁令人憬然于天下本无神秘的事物，神秘只是欺骗或者愚昧无知的代名词而已。

　　认为天空茫不可知的那个时代已经过去了。如果说这座古老的天坛、这座故弄玄虚的圜丘还让我们想起古代人们对苍天的畏惧的眼神的话，那么，北京西郊的壮丽的天文馆，却使人想起人类不断探索天空秘密、开始成为宇宙生物的豪迈气概了。

　　从一些支配全人类的事物（从"九"字的威权到社会的发展），倒使人想起，有一种东西是真正伟大的，那就是历史发展的规律。

　　从圜丘盘桓回来，我又坐在马车里，让马儿笃笃地把我带出园门。一个人胡思乱想之后，安静下来，吸一口园林的新鲜空气，那空气，是多么的甜美呵！

——秦牧

必去理由 千年古都
适宜季节 除较寒冷的冬季外，其他时间都比较适合
适宜人群 炎黄子孙和外国旅游者

中华千年古都 西安

西安与雅典、罗马、开罗并称为世界四大古都，先后有13个朝代或政权在西安建都及建立政权，历时1100余年。西安历史上的鼎盛时期，西周、秦汉、隋唐，也正对应着中国古代的鼎盛时期。来到西安，随处可以见到历史的遗踪，中国5000年的文明史，却有一多半在这座城市中留痕。逛西安有如阅读一本中国古代的教科书，怪不得西安城里的旅游者，几乎有一半都是背背包的外国人。

秦始皇兵马俑

兵马俑作为世界八大奇迹之一，不仅是西安的象征，也是中国古代文明的标志之作。兵马俑规模宏大，现在发掘的俑坑就有3处，总面积有2万多平米，步兵、骑兵、战车一应俱全，且呈战时方阵排列，生动地再现秦王朝当年千军万马的气势。观者不会怀疑，当年始皇帝就是靠着这支精锐之师横扫天下、统一中国的。

秦始皇兵马俑除了规模宏大，制作工艺还十分精细，发式衣着无一雷同，人像表情刻画入微，你甚至能分辨出人物的相貌年龄，揣摩出每个兵马俑不同的心理状态。最著名的是一个看上去30

▷ 西安的秦始皇兵马俑

岁上下的兵马俑，略蓄着胡须，手持长戈，目视远方，表情肃穆，似有重任在身。从服饰上判断，该是一名十夫长吧。想不到焚书坑儒的秦文化，也有着如此人性的一面。

秦始皇兵马俑是如此的举世闻名，各国政要访华时都将西安作为必经之地。

据说，兵马俑的发现纯属偶然。1974 年 3 月，陕西临潼县晏寨乡西扬村村民在秦始皇陵东打井时，意外地发现了许多碎陶人，经考古学家发掘论证后，这一发现震惊了世界。当年发现者之一的杨老大爷，如今也上了年纪，今天就坐在博物馆门前，给中外的游客签名留念。

▷ 骊山的华清池庭院

骊山华清池

说到骊山，总让人想起周幽王烽火戏诸侯的典故；提起华清池，有人偏能记起唐明皇的"春寒赐浴华清池，温泉水滑洗凝脂"的温柔香艳。毕竟都不是什么好先例，因为两个君王最终难免失了江山，那两个美人，褒姒和杨玉环也没能得了善终，江山与美人的矛盾可就是一定的了，只是现在

▷ 西安华清池

秦腔：又称"乱弹"，是独具特色的陕西地方戏曲，最早起源于秦地先民的即兴歌舞，在明清时期达到鼎盛。秦腔声调高昂激扬，强烈急促，带有一种悲壮肃杀之气，适合做"风萧萧兮易水寒"的极佳注脚，也是"大风起兮云飞扬"的最好伴唱。偶闻八尺男儿仰天而啸，气势十足，堪称古都西安一道独特的文化风景线。

著名景点：大慈恩寺、华清池、兵马俑、西安碑林、骊山、西安半坡遗址、秦始皇陵、西安事变旧址、西安古城墙、钟楼、鼓楼、大雁塔、小雁塔、华山。

看来，多么可笑。可惜了那两个女人，还要白白替男人们担了千古的骂名。宫深似海，予取予夺，难道是由得她们的吗？

华清池位于西安市临潼区骊山北侧，距西安约 30 千米。因为有唐玄宗和杨贵妃的传说而声名远播。杨玉环本是唐明皇儿媳，育有二子，夫妻和顺美满。因为容貌太过美丽而被公公看中。杨玉环专宠后风光无限，杨家鸡犬升天。马嵬坡后还有白居易作《长恨歌》，此恨绵绵无绝期，怎样的恨，恨的是谁？

西安古城墙

西安城墙位于西安市中心区，是明代初年在唐长安城的皇城的基础上修筑起来的，是中国历史上最著名的城垣建筑之一，是中国至今保存最完整、规模最大的城墙。

西安古城墙有四个城门：东曰长乐，西曰安定，南曰永宁，北曰安远。每门有城楼三重：闸楼、箭楼、正楼。底层有回廊环绕，古色古香，巍峨壮观。中华人民共和国成立后经修整，现在的西安城墙已经成了全国唯一的环城公园。

茶余饭后，西安城里的老住户们绕着城墙或锻炼或信步，也有靠着城墙根边晒太阳的，暖暖的阳光洒在身上，闲适而又温暖，似乎只在证明，兵戎互见只是历史，与现在无关。

> 西安古城墙

必去理由 六朝圣地，十代都会，兼具古今文明的园林城市
适宜季节 5月~10月
适宜人群 老幼皆宜

江南女儿国中的雄奇男儿 南京

　　杏花春雨，水村山郭，美人如玉，明眸善睐，这应该是大多数北方人对于江南的第一印象，恐怕也是最为持久的一个印象。这些，作为一个江南名邑，南京无一例外都具备。秦淮河的桨声灯影、丝竹管弦引无数王孙公子、文人墨客竞折腰。史书载：秦淮灯船之盛，天下所无。两岸河房，雕栏画槛，绮窗丝障，十里珠帘……读来让人心旌神摇。"秦淮八艳"的名头和那些缠绵悱恻的才子佳人轶事，更引人不免发千年一叹。

　　南京，有"三吴佳丽城"之称，南京，还是"十代帝王都"（东吴，东晋，南朝的宋、齐、梁、陈，南唐，明朝，太平天国，国民党政府均曾建都于此）。六朝金粉、秦淮灯火甲天下，道不尽的风流蕴藉，无奈总被雨打风吹去。斑驳古老的南京城墙，"藏兵三千不见影"的中华门，安息一代枭雄朱元璋的明孝陵和被诸葛亮称为"钟山龙蟠，石城虎踞"的古石头城遗址诉说更多的还是须眉男子们纵横决荡的金戈铁马之声、攻战杀伐之气。

　　从来没有哪一个江南名邑经历过这么多的战火兵燹，也从来没有哪一个三吴都会承载过这么多大好男儿的热血豪情。

> 南京中山陵的博爱牌楼

　　不是说江南的钟灵毓秀地容不下志士仁人的慷慨悲歌，总觉得既然是"铁马秋风"，还是在大漠孤烟的塞北为好；总觉得柔弱女子一般明丽纯洁的江南是看不惯连天烽火、剑影刀光的。缘此，无端地便认为南京该当在另外一个地方，长城内外、黄河上下皆可，只要不是长江南北。或者，可以把南京两个截然不同的角色剥离开来，一个尽由金粉争艳，一个任凭须眉驰骋。

　　这只是一厢情愿的痴人说梦而已。历史不容改写，偏偏有时候又写得十分离奇。离奇中也许自有冥冥的天意在，南京这个大刀阔斧的雄奇男儿偏偏就生在了江南女儿国，不失其男儿本色，却平添几分珠光钗影，温柔富贵。两者就这么奇怪而又和谐地统一在南京这个已有 2500 余年历史的古城之中。

　　江山有胜迹，我辈复登临。南京是不乏"胜迹"的，虽然历朝历代多有毁于兵燹者，今所存者百无一二，已不复昔时盛况，仍足以使每一个慕名而来者游目骋怀，尽赏玩咏叹之致。

　　南京有道不尽的故事，默默无语的秦淮河水中流淌着的不只是商女和歌伎所弃的脂水，还有无数迁客骚人酒杯的余沥、英雄豪杰激烈或老去的情怀，仁人志士"十二栏干拍遍"后勃发的广武之叹。"赢得青楼薄幸名"虽不是真实目的，但绝对是那些一肚子不合时宜的知识分子不得已时的一种选择。一边偎红倚翠，一边抚古追昔，这两者似乎不能相提并论。然而，在历史上的南京，在昔日的秦淮河畔，这一切都真真实实存在着，合理而又怪诞地存在着。也许，今天，在南京某个幽僻的小巷，每一步走过去，哪怕蹑手蹑脚，你也有可能惊醒一个骚人或歌伎业已沉睡千年的迷梦！

老城旧事——胭脂井

　　胭脂井位于居"南朝四百八十寺"之首的鸡鸣寺内，因在景阳楼旁，故原名景阳井。"胭脂"之得名和南朝的终结者、最后一个皇帝陈后主及其宠妃张丽华有关。

　　陈后主，名叔宝，天资聪颖，琴棋书画，样样精通，其才情虽略逊于同为亡国之君的南唐后主李煜，在历代皇帝中却也算个佼佼者。自度《玉树后庭花》一曲，"传唱"千古，当然这个"传唱"不像其他诗词歌赋，后人给它的定位是"亡国之音"，作为警诫统治者的反面教材用的。

　　可惜陈后主虽才气纵横，生不逢时，且生不逢地。南北朝对峙，其势不两立；陈后主偏偏又生在帝王之家，要扛起打理江山社稷的重担，于是乎，文人习性和满腹才华适足为累。宠幸一个美女

> 迷人的秦淮河的夜晚

张丽华，大兴土木，穷奢极欲，登基不几年就把好端端的大陈江山折腾得乌烟瘴气，而他仍乐"色"不疲，浑然不觉。

搁在平常人家，心疼体贴自己的女人还会被人夸赞，问题是陈后主贵为一国之君，好色奢侈败的不仅仅是一个家庭，还有一个国家。

隋代北周，隋文帝杨坚励精图治要一统天下，卧榻之侧，自然容不得陈后主酣睡。一朝兴师，兵锋所向，当者披靡，兵锋直指南京。而此时陈后主尚自搂着张丽华做春秋大梦。隋将韩擒虎斩关而入，后人咏史诗中有"门外韩擒虎，楼头张丽华"句，即指此事。后主躲避不及，不过临难还算从容，未弃张丽华而独自飞，而是带着她躲进了景阳井中。结果显而易见，被隋军搜出，拿绳子扯上地面。张丽华被斩，陈后主倒捡得一条性命，还被封了个平头老百姓做梦都梦不来的侯爵。

推想陈、张入井之时，必然仓惶失措，故张丽华不少胭脂蹭在了井栏石上，后人以帛拭石，石脉尚有胭脂痕迹——是否香气四溢则不得而知——此即胭脂井得名之由来。又因陈后主狼狈不堪，为天下笑，实堪称奇耻大辱，故此井又名"辱井"。

于胭脂井外，值得捎带一笔的是隋炀帝杨广，这也是个绝顶聪明的主儿，而且颇有雄才大略，未登基前着实做过一番功业，灭陈之役便是他的得意之作。不过，有史家考证说杨广拼命灭陈的目的是想和陈后主争风吃醋，将张丽华据为己有，而且言之凿凿，不容置疑。

看杨广后来的做派，人们也只能相信此言并非空穴来风。登基之后，炀帝一改平素行径，恨不得天下美女一一得而妻之，荒淫无耻，较陈后主有过之而无不及。结果，非但断送了隋文帝苦心孤诣惨淡经营来的江山，自己的"大好头颅"也被手下宇文化及砍了去，比陈后主的下场还要惨。此时距他挥师灭陈仅仅29年，说是"殷鉴不远"毫不为过。

后人有诗诘难杨广曰："地下若逢陈后主，岂宜重问后庭花。"不知道这一对生死对头、难兄难弟设若真在阴曹地府相见，该是怎生一个寒暄法，大抵不外"相逢一笑泯恩仇"吧！

景点介绍

南京现被列为全国重点文物保护单位的古迹共有10余处，有南京南朝陵墓石刻、南京城墙、明孝陵、太平天国天王府、栖霞寺舍利塔、堂子衖太平天国壁画、中山陵、雨花台烈士陵园、中国

共产党代表团办事处旧址梅园新村等。另外，古石头城遗址，晋时王、谢两大族世代所居的乌衣巷，因王献之爱妾桃叶而得名的桃叶渡，南朝梁武帝萧衍为侯景所困并最终饿死的所在地台城，王安石晚年退隐居住的半山园，王安石曾经读书、陆游亲笔题字的定林山庄，还有灵谷寺、鼓楼、大钟亭、朝天宫、夫子庙、瞻园、煦园、扫叶楼、白鹭洲、中华门、长干里、大报恩寺遗址、渤泥国王墓、牛首山、胭脂井、覆舟山、渡江胜利纪念碑、珍珠泉风景区、千佛岩、栖霞山、燕子矶、明故宫遗址、谢公墩、梅花山、玄武湖等。近郊江宁市还有"四时如汤"的汤山温泉、南京猿人所在地葫芦洞。若要缅怀古圣先贤或革命先烈，除去前文提到的雨花台烈士陵园外，你还可以去燕子矶看一下南宋抗金名将王德的陵墓；和林则徐一起力主禁烟的邓廷桢之墓在栖霞区仙鹤门外；而近现代民主革命的先驱、国父孙中山的忠实追随者廖仲恺及其夫人何香凝则长眠于钟山风景名胜区明孝陵西。

> 南京中山陵

著名工艺品：南京云锦，雨花石，仿古牙雕、木雕、玉雕，金银丝器物，天鹅绒。

特产名吃：南京板鸭、肫干、六合牛脯、南京香肚、雨花茶、南京盐水鸭、烧鸭、金陵酱鸭、香酥鸭、八宝珍珠鸭、香肠、小粒玫瑰花生。

最后要提到的是侵华日军大屠杀遇难同胞纪念馆。这是一个让所有国人为之窒息、为之目眦尽裂的地方。还是不要再翻开那一页浸满鲜血和屈辱的历史了，只要牢记一个事实：长达6周的血腥大屠杀中，一共有30万中国同胞倒在血泊之中。勿忘历史，我们方能奋发图强！

★ 桨声灯影里的秦淮河

一九二三年八月的一晚，我和平伯同游秦淮河；平伯是初泛，我是重来了。我们雇了一只"七板子"，在夕阳已去，皎月方来的时候，便下了船。于是桨声汩——汩，我们开始领略那晃荡着蔷薇色的历史的秦淮河的滋味了。

秦淮河里的船，比北京万生园、颐和园的船好，比西湖的船好，比扬州瘦西湖的船也好。这几处的船不是觉着笨，就是觉着简陋，局促；都不能引起乘客们的情韵，如秦淮河的船一样。秦淮河的船约略可分为两种：一是大船；一是小船，就是所谓"七板子"。大船舱口阔大，可容二三十人。里面陈设着字画和光洁的红木家具，桌上一律嵌着冰凉的大理石面。窗格雕镂颇细，使人起柔腻之感。窗格里映着红色蓝色的玻璃；玻璃上有精致的花纹，也颇悦人目。"七板子"规模虽不及大船，但那淡蓝色的栏杆，空敞的舱，也足系人情思。而最出色处却在它的舱前。舱前是甲板上的一部。上面有弧形的顶，两边用疏疏的栏杆支着。里面通常放着两张藤的躺椅。躺下，可以谈天，可以望远，可以顾盼两岸的河房。大船上也有这个，便在小船上更觉清隽罢了。舱前的顶下，一律悬着灯彩；灯的多少，明暗，彩苏的精粗，艳晦，是不一的。但好歹总还你一个灯彩。这灯彩实在是最能勾人的东西。夜幕垂垂地下来时，大小船上都点起灯火。从两重玻璃里映出那辐射着的黄黄的散光，反晕出一片朦胧的烟霭；透过这烟霭，在黯黯的水波里，又逗起缕缕的明漪。在这薄霭和微漪里，听着那悠然的间歇的桨声，谁能不被引入他的美梦去呢？只愁梦太多了，这些大小船儿如何载得起呀？我们这时模模糊糊的谈着明末的秦淮河的艳迹，如《桃花扇》及《板桥杂记》里所载的。我们真神往了。我们仿佛亲见那时华灯映水，画舫凌波的光景了。于是我们的船便成了历史的重载了。我们终于恍然秦淮河的船所以雅丽过于他处，而又有奇异的吸引力的，实在是许多历史的影像使然了。

秦淮河的水是碧阴阴的；看起来厚而不腻，或者是六朝金粉所凝么？我们初上船的时候，天色还未断黑，那漾漾的柔波是这样的恬静，委婉，使我们一面有水阔天空之想，一面又憧憬着纸醉金迷之境了。等到灯火明时，阴阴的变为沉沉了：黯淡的水光，像梦一般；那偶然闪烁着的光芒，就是梦的眼睛了。我们坐在舱前，因了那隆起的顶棚，仿佛总是昂着首向前走着似的；于是飘飘然如御风而行的我们，看着那些自在的湾泊着的船，船里是马灯般的人物，便像是下界一般，迢迢的远了，又像在雾里看花，尽朦朦胧胧的。这时我们已过了利涉桥，望见东关头了。沿路听见断续的歌声：有从沿河的妓楼飘来的，有从河上船里渡来的。我们明知那些歌声，只是些因袭的言词，从生涩的歌喉里机械的发出来的；但它们经了夏夜的微风的吹漾和水波的摇拂，袅娜着到我们耳边的时候，已经不单是她们的歌声，而混着微风和河水的密语了。于是我们不得不被牵惹着，震撼着，相与浮沉于这歌声里了。从东关头转弯，不久就到大中桥。大中桥共有三个桥拱，都很阔大，俨然是三座门儿；使我们觉得我们的船和船里的我们，在桥下过去时，真是太无颜色了。桥砖是深褐色，表明它的历史的长久；但都完好无缺，令人太息于古昔工程的坚美。桥上两旁都是木壁的房子，中间应该有街路。这些房子都破旧了，多年烟熏的迹，遮没了当年的美丽。我想象秦淮河的极盛时，在这样宏阔的桥上，特地盖了房子，必然是髹漆得富富丽丽的；晚间必然是灯火通明的。现在却只剩下一片黑沉沉！但是桥上造着房子，毕竟使我们多少可以想见往日的繁华；这也慰情聊胜无了。过了大中桥，便到了月光交辉，笙歌彻夜的秦淮河；这才是秦淮河的真面目哩。

大中桥外，顿然空阔，和桥内两岸排着密密的人家的景象大异了。一眼望去，疏疏的林，淡淡的月，衬着蔚蓝的天，颇像荒江野渡光景；那边呢，郁丛丛的，阴森森的，又似乎藏着无边的黑暗，令人几乎不信那是繁华的秦淮河了。但是河中眩晕着的灯光，纵横着的画舫，悠扬着的笛韵，夹着那吱吱的胡琴声，终于使我们认识绿如茵陈酒的秦淮水了。此地天裸露着的多些，故觉夜来的独迟些；从清清的水影里，我们感到的只是薄薄的夜——这正是秦淮河的夜。大中桥外，本来还有一座复成桥，是船夫口中的我们的游踪尽处，或也是秦淮河繁华的尽处了。我的脚曾踏过复成桥的脊，在十三四岁的时候。但是两次游秦淮河，却都不曾见着复成桥的面；明知总在前途的，却常觉得有些虚无缥缈似的。我想，不见倒也好。这时正是盛夏。我们下船后，借着新生的晚凉和河上的微风，暑气已渐渐消散；到了此地，豁然开朗，身子顿然轻了——习习的清风荏苒在面上，手上，衣上，这便又感到了一缕新凉了。南京的日光，大概没有杭州猛烈；西湖的夏夜老是热蓬蓬的，水像沸着一般，秦淮河的水却尽是这样冷冷地绿着。任你人影的憧憧，歌声的扰扰，总像隔着一层薄薄的绿纱面幂似的；它尽是这样静静的，冷冷的绿着。我们出了大中桥，走不上半里路，船夫便将船划到一旁，停了桨由它宕着。他以为那里正是繁华的极点，再过去就是荒凉了；所以让我们多多赏鉴一会儿。他自己却静静的蹲着。他是看惯这光景的了，大约只是一个无可无不可。这无可无不可，无论是升的沉的，总之，都比我们高了。

那时河里闹热极了；船大半泊着，小半在水上穿梭似的来往。停泊的都在近市的那一边，我们的船自然也夹在其中。因为这边略略的挤，便觉得那边十分的疏了。在每一只船从那边过去时，我们能画出它的轻轻的影和曲曲的波，在我们的心上；这显着是空，且显着是静。那时处处都是歌声和凄厉的胡琴声，圆润的喉咙，确乎是很少的。但那生涩的，尖脆的调子能使人有少年的，粗率不拘的感觉，也正可快我们的意。况且多少隔开些儿听着，因为想象与渴慕的做美，总觉更有滋味；而竟发的喧嚣，抑扬的不齐，远近的杂沓，和乐器的嘈嘈切切，合成另一意味的谐音，也使我们无所适从，如随着大风而走。这实在因为我们的心枯涩久了，变为脆弱；故偶然润泽一下，便疯狂似的不能自主了。但秦淮河确也腻人。即如船里的人面，无论是和我们一堆儿泊着的，无论是从我们眼前过去的，总是模模糊糊的，甚至渺渺茫茫的；任你张圆了眼睛，揩净了眦垢，也是枉然，这真够人想呢。在我们停泊的地方，灯光原是纷然的；不过这些灯光都是黄而有晕的。黄已经不能明了，再加上了晕，便更不成了。灯愈多，晕就愈甚；在繁星般的黄的交错里，秦淮河仿佛笼上了一团光雾。光芒与雾气腾腾的晕着，什么都只剩了轮廓了；所以人面的详细的曲线，便消失于我们的眼底了。但灯光究竟夺不了那边的月色；灯光是浑的，月色是清的。在浑沌的灯光里，渗入了一派清辉，却真是奇异！那晚月儿已瘦削了两三分。她晚妆才罢，盈盈的上了柳梢头。天是蓝得可爱，仿佛一汪水似的；月儿便更出落得精神了。岸上原有三株两株的垂杨树，淡淡的影子，在水里摇曳。它们那柔细的枝条浴着月光，就像一支支美人的臂膊，交互的缠着，挽着；又像是月儿披着的发。而月儿偶然也从它们的交叉处偷偷窥看我们，大有小姑娘怕羞的样子。岸上另有几株不知名的老树，光光的立着；在月光里照起来，却又俨然是精神矍铄的老人。远处——快到天际线了，才有一两片白云，亮得现出异彩，像美丽的贝壳一般。白云下便是黑黑的一带轮廓；是一条随意画的不规则的曲线。这一段光景，和河中的风味大异了。但灯与月竟能并存着，交融着，使月成了缠绵的月，灯射着渺渺的灵辉，这正是天之所以厚秦淮河，也正是天之所以厚我们了。

这时却遇着了难解的纠纷。秦淮河上原有一种歌妓，是以歌为业的。从前都在茶舫上，唱些大曲之类。每日午后一时起；什么时候止，却忘记了。晚上照样也有一回，也在黄晕的灯光里。我从前过南京时，曾随着朋友去听过两次。因为茶舫里的人脸太多了，觉得不大适意，终于听不出所以然。前年听说歌妓被取缔了，不知怎的，颇涉想了几次——却想不出什么。这次到南京，先到茶舫上去看看，觉得颇是寂寥，令我无端的惆怅了。不料她们却仍在秦淮河里挣扎着，不料她们竟会纠缠到我们，我于是很张皇了。她们也乘着"七板子"，她们总是坐在舱前的。舱前点着石油汽灯，光亮眩人眼目；坐在下面的，自然是纤毫毕见了——引诱客人们的力量，也便在此了。舱里躲着乐工等人，映着汽灯的余辉蠕动着；他们是永远不被注意的。每船的歌妓大约都是二人；天色一黑，她们的船就在大中桥外往来不息的兜生意。无论行着的船，泊着的船，都要来兜揽的。这都是我后来推想出来的。那晚不知怎样，忽然轮着我们的船了。我们的船好好的停着，一只歌舫划向我们来的；渐渐和我们的船并着了。烁烁的灯光逼得我们皱起了眉头；我们的风尘色全给它托出来了，这使我踟蹰不安了。那时一个伙计跨过船来，拿着摊开的歌折，就近塞向我的手里，说："点几出吧！"

他跨过来的时候，我们船上似乎有许多眼光跟着。同时相近的别的船上也似乎有许多眼睛炯炯的向我们船上看着。我真窘了！我也装出大方的样子，向歌妓们瞥了一眼，但究竟是不成的！我勉强将那歌折翻了一翻，却不曾看清了几个字；便赶紧递还那伙计，一面不好意思地说："不要，我们……不要。"他便塞给平伯。平伯掉转头去，摇手说："不要！"那人还腻着不走。平伯又回过脸来，摇着头道，"不要！"于是那人重到我处，我窘着再拒绝了他。他这才有所不屑似的走了。

我的心立刻放下，如释了重负一般。我们就开始自白了。

我说我受了道德律的压迫，拒绝了她们；心里似乎很抱歉的。这所谓抱歉，一面对于她们，一面对于我自己。她们于我们虽然没有很奢的希望；但总有些希望的。我们拒绝了她们，无论理由如何充足，却使她们的希望受了伤；这总有几分不做美了。这是我觉得很怅怅的。至于我自己，更有一种不足之感。我这时被四面的歌声诱惑了，降服了；但是远远的，远远的歌声总仿佛隔着重衣搔痒似的，越搔越搔不着痒处。我于是憧憬着贴耳的妙音了。在歌舫划来时，我的憧憬，变为盼望；我固执的盼望着，有如饥渴。虽然从浅薄的经验里，也能够推知，那贴耳的歌声，将剥去了一切的美妙；但一个平常的人像我的，谁愿凭了理性之力去丑化未来呢？我宁愿自己骗着了。不过我的社会感性是很敏锐的；我的思力能拆穿道德律的西洋镜，而我的感情却终于于被它压服着。我于是有所顾忌了，尤其是在众目昭彰的时候。道德律的力，本来是民众赋予的；在民众的面前，自然更显出它的威严了。我这时一面盼望，一面却感到了两重的禁制：一、在通俗的意义上，接近妓者总算一种不正当的行为；二、妓是一种不健全的职业，我们对于她们，应有哀矜勿喜之心，不应赏玩的去听她们的歌。在众目睽睽之下，这两种思想在我心里最为旺盛。她们暂时压倒了我的听歌的盼望，这便成就了我的灰色的拒绝。那时的心实在异常状态中，觉得颇是昏乱。歌舫去了，暂时宁静之后，我的思绪又如潮涌了。两个相反的意思在我心头往复：卖歌和卖淫不同，听歌和狎妓不同，又干道德甚事？——但是，但是，她们既被逼的以歌为业，她们的歌必无艺术味的；况她们的身世，我们究竟该同情的，所以拒绝倒也是正办。但这些意思终于不曾撇开我的听歌的盼望。它力量异常坚强；它总想将别的思绪踏在脚下。从这重重的争斗里，我感到了浓厚的不足之感。这不足之感使我的心盘旋不安，起坐都不安宁了。唉！我承认我是一个自私的人！平伯呢，却与我不同。他引周启明先生的诗，"因为我有妻子，所以我爱一切的女人；因为我有子女，所以我爱一切的孩子。"他的意思可以见了。他因为推及的同情，爱着那些歌妓，并且尊重着她们，所以拒绝了她们。在这种情形下，他自然以为听歌是对于她们的一种侮辱。但他也是想听歌的，虽然不和我一样，所以在他的心中，当然也有一番小小的争斗；争斗的结果，是同情胜了。至于道德律，在他是没有什么的；因为他很有蔑视一切的倾向，民众的力量在他是不大觉的。这时他的心意的活动比较简单，又比较松弱，故事后还怡然自若；我却不能了。这里平伯又比我高了。

在我们谈话中间，又来了两只歌舫。伙计照前一样的请我们点戏，我们照前一样的拒绝了。我受了三次窘，心里的不安更甚了。清艳的夜景也为之减色。船夫大约因为要赶第二趟生意，催着我们回去；我们无可无不可的答应了。我们渐渐和那些晕黄的灯光远了，只有些月色冷清清的随着我们的归舟。我们的船竟没个伴儿，秦淮河的夜正长哩！到大中桥近处，才遇着一只来船。这是一只载妓的板船，黑漆漆的没有一点光。船头上坐着一个妓女；暗里看出，白地小花的衫子，黑的下衣。她手里拉着胡琴，口里唱着青衫的调子。她唱得响亮而圆转；当她的船箭一般驶过去时，余音还袅袅的在我们耳际，使我们倾听而向往。想不到在弩末的游踪里，还能领略到这样的清歌！这时船过大中桥了，森森的水影，如黑暗张着巨口，要将我们的船吞了下去，我们回顾那渺渺的黄光，不胜依恋之情；我们感到了寂寞了！这一段地方夜色甚浓，又有两头的灯火招邀着；桥外的灯火不用说了，过了桥另有东关头疏疏的灯火。我们忽然仰头看见依人的素月，不觉深悔归来之早了！走过东关头，有一两只大船湾泊着，又有几只船向我们来着。嚣嚣的一阵歌声人语，仿佛笑我们无伴的孤舟哩。东关头转湾，河上的夜色更浓了；临水的妓楼上，时时从帘缝里射出一线一线的灯光；仿佛黑暗从酣睡里眨了一眨眼。我们默然的对着,静听那汩——汩的桨声,几乎要入睡了;朦胧里却温寻着适才的繁华的余味。我那不安的心在静里愈显活跃了!这时我们都有了不足之感,而我的更其浓厚。我们却只不愿回去,于是只能由懊悔而怅惘了。船里便满载着怅惘了。直到利涉桥下,微微嘈杂的人声,才使我豁然一惊;那光景却又不同。右岸的河房里,都大开了窗户,里面亮着晃晃的电灯,电灯的光射到水上,蜿蜒曲折,闪闪不息,正如跳舞着的仙女的臂膊。我们的船已在她的臂膊里了;如睡在摇篮里一样,倦了的我们便又入梦了。那电灯下的人物,只觉像蚂蚁一般,更不去萦念。这是最后的梦;可惜是最短的梦!黑暗重复落在我们面前,我们看见傍岸的空船上一星两星的,枯燥无力又摇摇不定的灯光。我们的梦醒了,我们知道就要上岸了;我们心里充满了幻灭的情思。

——朱自清

华尔兹的故乡 维也纳

奥地利首都维也纳，以"音乐之都"闻名退迩。它孕育了歌曲之王舒伯特，圆舞曲之王斯特劳斯，有着最为顶级的歌剧院，是世界上所有音乐家和音乐爱好者的圣殿，在这个城市中无处不飘荡着优美的旋律，就连蜿蜒穿城而过的多瑙河蓝色的波光中，也跳动着一个一个传世的音符。

漫步维也纳

素有"多瑙河的女神"之称的维也纳遍地绿茵，景色十分宜人。城外阿尔卑斯山脚下是著名的维也纳森林，城内碧波粼粼的多瑙河蜿蜒穿流其间。城内的建筑主要有巴洛克式、哥特式和罗马式三种，中世纪的圣斯特凡大教堂和双塔教堂的尖顶耸入云端，给这个美丽的城市又添一重庄重。

圣斯蒂芬大教堂是欧洲主要的哥特式建筑物之一。在 12 世纪罗马式建筑的残基上重建，始于 14 世纪早期，延续了一个半世纪。北面钟楼从未完工，1556 ~ 1587 年间被覆盖上文艺复兴式的穹顶作为结束。第二次世界大战期间大教堂再次被焚，部分被毁，但是此后即被修复。20 吨重的大钟是由 1711 年夺得的土耳其大炮铸成，后又重铸，在它吊装时还举行了隆重的仪式。

沿环城林荫大道一路而行，国家歌剧院、自然博物馆、皇家剧院、城市公园等一一映入眼帘。国家歌剧院始建于 1861 年，是一座古罗马式建筑，呈方形。正面高大的门楼有 5 个拱形大门，楼上有 5 个拱形窗户，窗户里立着 5 尊歌剧女神的青铜雕像，分别代表剧中的英雄主义、戏剧、想象、艺术和爱情。在门楼顶上的两边矗立着骑在天马上的戏剧之神的青铜塑像，是维也纳戏剧发展的象征。1869 年上演莫扎特的歌剧《唐·乔万尼》（又称《唐·璜》），标志着歌剧院正式营业。威尔第和瓦格纳都曾在这里指挥过。因为受《茜茜公主》的影响，美泉宫在所有建筑中占有重要地位。它是哈布斯堡王朝的夏季行宫，也是维也纳最漂亮的宫殿。这是一座庞大的黄色宫殿，玛丽娅·特莉莎（茜茜公主）就曾住在这里。这座建于 17 世纪的皇宫，向世人展现了昔日哈布斯堡王朝的奢靡和豪华。到处是金碧辉煌的装饰，宫殿内部装潢极为精美，摆满来自世界各地的装饰品，有波希米亚的水晶枝形吊灯，有中国明朝的瓷器和漆器，其奢华程度，令人叹为观止。这座宫殿有着 1400 多个房间，每个厅并不是很大，但是到处挂着王室成员的肖像，在某一个厅的墙壁上挂着一张穿着骑马服的茜茜公主的画像，飒爽妩媚。那时曾有一位美国外交官在日记里这样写道，"皇后美得出奇"。被称为伊丽莎白皇后的茜茜公主，以她出色的外交能力和超凡脱俗的美貌，化解了奥地利与匈牙利、意大利的敌视。在 19 世纪 60 年代，无数人为她的魅力所倾倒。

整个美泉宫布局气势雄伟，优雅闲适。皇宫后面是宽广的后花园，后花园树木葱茏，鲜花盛开，绿草如茵，像一张绝妙的地毯一直延伸到远处的喷泉和雕像。后花园的海神喷泉，日夜喷水，飞溅出一朵朵水花，极尽缠绵。在后花园尽头的小山坡上，有一座凯旋门是强大哈布斯堡王朝的象征。

在维也纳，到处充满着怀旧情结。内城的路面不宽，还是那个时代保留下来的石子路面，鞋跟踏在上面能敲击出清脆的响声，一路走来，就像是随着一首旋律在舞蹈。街边的旅店或是咖啡馆都还保持着300年前的外观，甚至房间的布局、家具，以及墙上壁纸的花色都保持着当时的传统，带着些陈旧的色彩。整个城市的现代建筑少之又少，甚至连时尚的购物商店都藏身于古式建筑中，如果只从外观上判断的话可看不出来。每一处细节都似乎在提醒人们这座城市曾有的辉煌。一个失神，总会忘了自己身在何方，是不是在等待着皇后的马车驶过。

音乐之都的音乐并不是只存在于金碧辉煌的演奏大厅中。每走一段路，都会看见一些街头音乐家，年轻的或上了些年纪的，大都沉醉在自己的音乐世界里，指尖流淌出一串轻快舒缓的旋律，路人也往往受到吸引，驻足聆听。在这里才真的感觉到，正是神圣寓于平凡之中，音乐主宰了这个城市的灵魂。

华尔兹的传说

华尔兹是维纳斯的发明。据说，原来大神朱庇特造人时，将男女两性合为一体。后来朱庇特觉得不满意，又将男女两性分开。这一来，男人和女人不能接触，人类就面临绝种的危险了。于是，爱神维纳斯就教人类跳华尔兹，让男人女人可以亲密接触。但是，由于缺乏动人的旋律，华尔兹未能流行。直到施特劳斯创作了新的华尔兹乐曲之后，华尔兹才显示了真正的魅力。这样说来，施特劳斯的功绩可不止是音乐呢。

▷ 19世纪的维也纳咖啡馆

浓浓咖啡香

　　维也纳人把咖啡和音乐、华尔兹相提并论，称为"维也纳三宝"，可见维也纳人对咖啡的情有独钟。走在维也纳的大街小巷，举目就是大大小小林立的咖啡馆。咖啡渗入了维也纳人生活的各个场所，街角有供人们站着喝的便利咖啡亭，大学附近有专为学子聚集而设的咖啡店，国家剧院旁和宫殿附近，也有富丽豪华的咖啡厅，适应着各个阶层人民的需要。维也纳咖啡种类繁多，从清咖啡到各种成色的加奶咖啡，各有特色，适合不同人的口味，而且都有各自的名称。所以，到维也纳泡咖啡馆，如果只是简单地吩咐说"一杯咖啡"的话，会让服务生很为难的。

　　咖啡馆文化是维也纳城市文化的一个重要组成部分。在咖啡馆的悠闲气氛中，人们只要点上一杯咖啡，就可以在咖啡馆会友、看书或是写点什么。最出名的咖啡馆是位于市中心区的中央咖啡馆。直到第一次世界大战前，这里一直是著名诗人、剧作家、艺术家、音乐家、外交官们聚会的地方，是一个最为开放和特别的沙龙，如果说在这里发生了许多改变历史的事情绝不为过。最让咖啡馆骄傲的是，当年音乐大师莫扎特、贝多芬、舒伯特、"圆舞曲王朝"施特劳斯父子等都是这里的常客，而名曲《蓝色的多瑙河》就成曲在咖啡馆里的一张便笺上。今天的中央咖啡馆生意依然十分兴隆，不管里面多么拥挤，客人只需一杯咖啡，想待多久就可以待多久。

亚得里亚海边的璀璨明珠 威尼斯

　　威尼斯，一个极为浪漫又朴素的古城。每年吸引着成千上万名来自世界各地的游人。精美的建筑、超凡绝伦的雕塑、红黑相间的"刚朵拉"、优雅安详的鸽子构成了威尼斯古典而浪漫的城市风情。

　　威尼斯是什么？是大海，是水城，是刚朵拉小舟，是圣马可广场，是圣马可大教堂，是广场上的鸽子，是总督府，是狂欢节，是假面具，是马可·波罗……这个城市昔日的光荣与梦想通过保存异常完好的建筑延续到今天，它独特的气氛令游人感到如受魔法，令凡是来过威尼斯的游客都恋恋不舍，乐而忘返。

恬静水乡

　　威尼斯是一个美丽的城市，这座建于5世纪的世界著名城市，位于意大利东北部，离大陆约4千米，坐落在威尼斯湖约118个大大小小的岛屿上。117条运河和400座桥梁纵横交错，把这118个岛屿连成一个城市整体。

　　威尼斯的历史相传开始于453年，当时威尼斯地方的居民为逃避战乱，在通往亚得里亚的这个小岛上，用木材、石块建起了威尼斯这个水上城市。威尼斯既有世上独一无二的温柔，又不乏历史上地中海最强的高雅风景，东西方的桥梁。威尼斯无可比拟的独特外貌和丰富的艺术宝藏，使它成为世界上最具有吸引力的旅游城市之一。沿着威尼斯宽宽窄窄的运河，可见到建于几世纪以前的古

> 威尼斯水上巴士

395

> 水城威尼斯

老房屋，这些房屋依然保持着当时的面貌和风采，鲜艳的花朵从阳台伸展出来，带来了生机和无限的遐思。

威尼斯港是意大利最大的港口之一，港口长 12 千米，总面积达 250 公顷，伸展出去，宽阔广大，每年进出港口的船只在万艘以上。威尼斯不仅风光奇特，而且还是文化名城，早在文艺复兴时期，威尼斯画派就独树一帜。乔尔乔涅、提香、波提切利、丁托列托、委罗内塞等都是画坛著名大师。在意大利歌剧艺术发展史中，威尼斯也占有重要地位。城内古迹众多，有 120 座哥特式、文艺复兴式、巴洛克式教堂，120 座钟楼，64 座修道院，40 多座宫殿和众多的海滨浴场。歌德与拜伦都曾对威尼斯城赞扬备至，拿破仑则称之为"举世罕见的奇城"。

威尼斯的美，离不开碧绿碧绿的水和摇摇晃晃的小船，更离不开富丽堂皇的古典建筑物。站在圣马可广场向四周眺望，纵横的街道在这里化身成蜿蜒的运河；在普通城市街上通行无阻的车辆，在这里变成了小船。这里的每一条小水道、小街、小教堂和小广场都是风景，也记录着水城灿烂的文化和历史。一切的一切都离不开一个"水"字，一部 1500 年的兴衰史从水里向我们漂来。

> 威尼斯运河沿岸

> 威尼斯运河码头

　　自1895年以来，威尼斯双年展已有上百年历史，堪称欧洲历史最悠久的艺术节，并与巴西圣保罗双年展、德国卡赛尔文献展并列世界三大视觉艺术展，是艺术界重要的国际嘉年华。

水上法拉利——刚朵拉

　　威尼斯水城在全世界是独一无二的，整个城市建筑在水上，出门或徒步或乘舟，是世界上唯一没有汽车的城市。坐"刚朵拉"，纵情于威尼斯的怀抱，听船夫高唱意大利的民歌，仿佛忘记了世间的存在，完全融化在这独特的魅力之中。站在船上向四周望去，这举世无双的水城便如同图画般慢慢展开。水路中船只穿梭往来，两侧建筑古色古香且风格各异，海鸥在天空中自由地飞翔。专供游人游览用的长长的Kangonu（刚朵拉）状如新月，一排排停在岸边。水路就是威尼斯城市的主干道，如果换作陆路也许就平平无奇，偏偏是这漫漫海水为城市增加了无穷魅力，平添了万种风情。

欧洲最美的客厅

　　圣马可广场是意大利建筑的一块瑰宝，这是最美丽也是最气势恢宏的广场，曾被拿破仑称为"世界上最美丽的客厅"。在广场入口处，有两根高大的圆柱，东侧的圆柱顶上雄踞着一只身生双翼、展翅欲飞的青铜狮，这飞狮就是昔日威尼斯王国的象征，也是威尼斯的城徽。飞狮左前爪扶着一本圣书，上面用拉丁文写着天主教的圣谕："我的使者马可，你在那里安息吧！"挺立着飞狮的圆柱两侧，一边是宏伟庄重的圣马可图书馆，一边是富丽堂皇的公爵宫。经过它们之间的小广场就到了世界著名的圣马可广场。广场东西长170多米，西边宽55米多，东边宽约80米，略呈梯形。广场南北两侧是数不清柱子的长廊，广场的东边，有高高的钟楼，华丽的大教堂和充满东方色彩的总督府。

　　自古以来，圣马可广场一直是威尼斯的政治、宗教和传统节日的公共活动中心，是每年嘉年华最主要的场景。但是在平常的日子里，人流熙来攘往，热闹得像一座舞台，永远不会冷场。

　　圣马可大教堂坐落在圣马可广场一侧。它曾是中世纪欧洲最大的教堂，是威尼斯建筑艺术的

> 威尼斯小城风情

> 广场上的塑像

旅游小贴士

饮食：比较经济的就是三明治、汉堡包和比萨饼。但是记住，坐下来吃和带走吃价格是不一样的。在最繁华的圣马可区有两家中餐馆，不过价格是国内的10倍。圣马可广场上的咖啡座消费是最贵的，一杯可乐和橙汁相当于200多元人民币。当地自来水可以直接饮用。

交通：除了自己的双腿外，威尼斯最多的交通工具就是船。有大巴船、出租船、专线船，还有特色旅游船刚朵拉，将游客带到各个站点。

特别提醒：夏日旅游须注意，有些重要景点是宗教性空间，不能穿着无袖、短裤或袒胸露背的衣服，否则会不得入其门。

经典之作。据说因其中埋葬了耶稣门徒圣马可而得名。

教堂的钟楼高达98米，十分壮观，它是古罗马建筑中的杰作，曾有"世界最美的教堂"之称。堂内充满东方的神秘色彩，在昏暗中可看到金器、象牙和精美的云石闪闪发光；教堂内壁布满了用漂亮的瓷片镶嵌的壁画。圣马可大教堂融合了东西方的建筑特色，它原为一座拜占廷式建筑，15世纪加入了哥特式的装饰，如尖拱门等；17世纪又加入了文艺复兴时期的装饰，如栏杆等。从外观上，它的五座圆顶据说是来自土耳其伊斯坦布尔的圣索菲亚教堂；正面的华丽装饰是源自拜占廷的风格；而整座教堂的结构又呈现出希腊式的十字形设计，这些建筑上的特色让人惊叹不已。

狂欢节

这一传统可追溯到1700年前。为纪念来往于"丝绸之路"的威尼斯商人和著名的意大利冒险家马可·波罗，一年一度的威尼斯狂欢节在2月7日开始举行。威尼斯狂欢节最大的特点就是它的面具，其次才是它的华丽服饰。

聚集在广场上的狂欢者大多是浓妆艳抹。据说，为了参加这一年一度的狂欢节，他们往往要花好几个月的时间做准备，自己动手或请人代劳设计面具和服饰。他们刻意追求的是，面具和衣饰要与众不同，要怪诞离奇，还要求具备一定的文化品位。他们化装以后，近的从城区，远的从几十千米甚至几百千米外赶来。在面具后面，年龄差异被消除，老人变年轻了，年轻人老成持重起来，而老人极力将自己装扮得很年轻；男人可以变成女人，女人也可以变成男人；权贵和穷人可以通过面具融合在一起。在面具的后面，社会差异暂时被消除。富人变成了穷人，而穷人变了富人。不管真实身份如何，加入到这场狂欢就要遵守这个不问过往的游戏规则，面具下

的人们互相尊敬地打着招呼。在这短短的节日里，这个被称为水城的城市威尼斯，毫不费力地实现了社会大融合。

叹息桥

中世纪的威尼斯以严刑峻法的宗教裁判而著称，叹息桥就是当时恐怖气氛的遗迹之一。此桥建于 1603 年，是威尼斯最著名的古迹之一，因桥上死囚的叹息声而得名。

叹息桥两端连接着总督府和威尼斯监狱，是古代由法院向监狱押送死囚的必经之路。叹息桥造型属早期巴洛克式风格，桥呈房屋状，上部穹隆覆盖，封闭得很严实，只有向运河一侧有两个小窗，当犯人在总督府接受审判之后，重罪犯被带到地牢中，可能就此永别人世，在经过这座密不透气的桥时，只能透过小窗看看蓝天，不由自主地发出叹息之声，再向前走便要告别世间的一切了。在数个世纪中它一直是一条令人抑郁的通道。

不过，在威尼斯有这样一种说法，恋人们在叹息桥下接吻，就可以天长地久，电影《情定日落桥》就是在这儿取的景。

▶ 威尼斯圣马可广场

399

★ 威尼斯

威尼斯（Venice）是一个别致地方。出了火车站，你立刻便会觉得；这里没有汽车，要到那儿，不是搭小火轮，便是雇"刚朵拉"（Gondola）。大运河穿过威尼斯像反写的 S；这就是大街。另有小河道四百十八条，这些就是小胡同。轮船像公共汽车，在大街上走；"刚朵拉"是一种摇橹的小船，威尼斯所特有，它那儿都去。威尼斯并非没有桥；三百七十八座，有的是。只要不怕转弯抹角，那儿都走得到，用不着下河去。可是轮船中人还是很多，"刚朵拉"的买卖也似乎并不坏。

威尼斯是"海中的城"，在意大利半岛的东北角上，是一群小岛，外面一道沙堤隔开亚得利亚海。在圣马克方场的钟楼上看，团花簇锦似的东一块西一块在绿波里荡漾着。远处是水天相接，一片茫茫。这里没有什么煤烟，天空干干净净；在温和的日光中，一切都像透明的。中国人到此，仿佛在江南的水乡；夏初从欧洲北部来的，在这儿还可看见清清楚楚的春天的背影。海水那么绿，那么酽，会带你到梦中去。

威尼斯不单是明媚，在圣马克方场走走就知道。这个方场南面临着一道运河；场中偏东南便是那可以望远的钟楼。威尼斯最热闹的地方是这儿，最华妙庄严的地方也是这儿。除了西边，围着的都是三百年以上的建筑，东边居中是圣马克堂，却有了八九百年——钟楼便在它的右首。再向右是"新衙门"；教堂左首是"老衙门"。这两溜儿楼房的下一层，现在满开了铺子。铺子前面是长廊，一天到晚是来来去去的人。紧接着教堂，直伸向运河去的是公爷府；这个一半属于小方场，另一半便属于运河了。

圣马克堂是方场的主人，建筑在十一世纪，原是卑赞廷式，以直线为主。十四世纪加上戈昔式的装饰，如尖拱门等；十七世纪又参入文艺复兴期的装饰，如阑干等。所以庄严华妙，兼而有之；这正是威尼斯人的漂亮劲儿。教堂里屋顶与墙壁上满是碎玻璃嵌成的画，大概是真金色的地，蓝色和红色的圣灵像。这些像做得非常肃穆。教堂的地是用大理石铺的，颜色花样种种不同。在那种空阔阴暗的氛围中，你觉得伟丽，也觉得森严。教堂左右那两溜儿楼房，式样各别，并不对称；钟楼高三百二十二英尺，也偏在一边儿。但这两溜房子都是三层，都有许多拱门，恰与教堂的门面与圆顶相称；又都是白石造成，越衬出教堂的金碧辉煌来。教堂右边是向运河去的路，是一个小方场，本来显得空阔些，钟楼恰好填了这个空子。好像我们戏里大将出场，后面一杆旗子总是偏着取势；这方场中的建筑，节奏其实是和谐不过的。十八世纪意大利卡那陀（Canaletto）一派画家专画威尼斯的建筑，取材于这方场的很多。德国德莱司敦画院中有几张，真好。

公爷府里有好些名人的壁画和屋顶画，丁陶来陀（Tindtoretto，十六世纪）的大画《乐园》最著名；但更重要的是它建筑的价值。运河上有了这所房子，增加了不少颜色。这全然是戈昔式；动工在九世纪初，以后屡次遭火，屡次重修，现在的据说还是原来的式样。最好看的是它的西南两面；西面斜对着圣马克方场，南面正在运河上。在运河里看，真像在画中。它也是三层：下两层是尖拱门，一眼看去，无数的柱子。最下层的拱门简单疏阔，是载重的样子；上一层便繁密得多，为装饰之用；最上层却更简单，一根柱子没有，除了疏疏落落的窗和门之外，都是整块的墙面。墙面上用白的与玫瑰红的大理石砌成素朴的方纹，在日光里鲜明得像少女一般。威尼斯人真不愧著色的能手。这所房子从运河中看，好像在水里。下两层是玲珑的架子，上一层才是屋子；这是很巧的结构，加上那艳而雅的颜色，令人有惝恍迷离之感。府后有太息桥；从前一边是监狱，一边是法院，狱囚提讯须过这里，所以得名。拜伦诗中曾咏此，因而便脍炙人口起来，其实也只是近世的东西。

威尼斯的夜曲是很著名的。夜曲本是一种抒情的曲子，夜晚在人家窗下随便唱。可是运河里也有：晚上在圣马克方场的河边上，看见河中有红绿的纸球灯，便是唱夜曲的船。雇了"刚朵拉"摇过去，靠着那个船停下，船在水中间，两边挨次排着"刚朵拉"，在微波里荡着，像是两只翅膀。唱曲的有男有女，围着一张桌子坐，轮到了便站起来唱，旁边有音乐和着。曲词自然是意大利语，意大利的语音据说最纯粹，最清朗。听起来似乎的确斩截些，女人的尤其如此——意大利的歌女是出名的。音乐节奏繁密，声情热烈，想来是最流行的"爵士乐"。在微微摇摆的红绿灯球底下，颤着醺醺的歌喉，运河上一片朦胧的夜也似乎透出玫瑰红的样子。唱完几曲之后，船上有人跨过来，反拿着帽子收钱，多少随意。不愿意听了，还可摇到第二处去。这个略略像当年的秦淮河的光景，但秦淮河却热闹得多。

从圣马克方场向西北去，有两个教堂在艺术上是很重要的。一个是圣罗珂堂，旁边有一所屋子，墙上屋顶上满是画；楼上下大小三间屋，共六十二幅画，是丁陶来陀的手笔。屋里暗极，只有早晨看得清楚。丁陶来陀作画时，因地制宜，大部分只粗粗钩勒，利用阴影，教人看了觉得是几经琢磨似的。《十字架》一幅在楼上小屋内，力量最雄厚。佛拉利堂在圣罗珂近旁，有大画家铁沁（Titian，十六世纪）和近代雕刻家卡奴洼（Canova）的纪念碑。卡奴洼的，灵巧，是自己打的样子；铁沁的，宏壮，是十九世纪中叶才完成的。他的《圣处女升天图》挂在神坛后面，那朱红与亮蓝两种颜色鲜明极了，全幅气韵流动，如风行水上。倍里尼（Giovanni Bellini，十五世纪）的《圣母像》，也是他的精品。他们都还有别的画在这个教堂里。

从圣马克方场沿河直向东去，有一处公园；从一八九五年起，每两年在此地开国际艺术展览会一次。今年是第十八届；加入展览的有意，荷，比，西，丹，法，英，奥，苏俄，美，匈，瑞士，波兰等十三国，意大利的东西自然最多，种类繁极了；未来派立体派的图画雕刻，都可见到，还有别的许多新奇的作品，说不出路数。颜色大概鲜明，教人眼睛发亮；建筑也是新式，简截不罗嗦，痛快之至。苏俄的作品不多，大概是工农生活的表现，兼有沉毅和高兴的调子。他们也用鲜明的颜色，但显然没有很费心思在艺术上，作风老老实实，并不向牛犄角里寻找新奇的玩意儿。

威尼斯的玻璃器皿，刻花皮件，都是名产，以典丽风华胜，缂丝也不错。大理石小雕像，是著名大品的缩本，出于名手的还有味。

——朱自清

美丽的翡冷翠 佛罗伦萨

被诗人徐志摩称为"翡冷翠"的佛罗伦萨，在意大利语中意为"鲜花之城"。这个有着如此优美名字的城市，是意大利文艺复兴的起点和顶点，洋溢着强烈的艺术气息。城市里还保存着那个时代的建筑和绘画，吸引着世界各地的艺术家。

佛罗伦萨在公元前 1000 年为埃特鲁里亚人的定居地，后被罗马人占领，公元前 1 世纪成为罗马帝国的属地。公元 4 世纪前成为繁荣的城市，后逐渐衰落。1115 年，佛罗伦萨得到了重新发展。1284 年，修建了高大的城墙。公元 14 世纪初，又增建了许多设施，城市面貌焕然一新，15 世纪进入极盛时期。数家豪门（皮蒂、弗雷斯科巴尔迪、斯特罗齐、阿尔比齐等）为争夺该市统治权争吵不休。后来，梅迪奇家族一跃居诸家之上成为这个城市的统治者。18 世纪上半叶，佛罗伦萨成了人文主义和文艺复兴的中心，1860 年意大利统一后，佛罗伦萨还曾一度是王国的首都。

说起这个城市，就不能不提起但丁、伽利略、马基雅弗利、达·芬奇和米开朗基罗这几个光彩灼灼的名字，这些文明史上的巨人都在这里生活过。他们的作品，使这座城市名垂千古，并仍然在照耀着这个城市。直到今天，佛罗伦萨仍然保留着文艺复兴时的风貌，堪称是那个伟大时代留给今天的独一无二的标本。

这是一座名不虚传的艺术宫殿，行走在城里，处处可以见到精美的雕塑。与中世纪风行的纤细柔弱不同，文艺复兴时期的雕塑大多都以希腊神话中的人物为题材，体型高大健美，体现着一种"人本主义"的力量。其中最著名的代表就是米开朗基罗广场中央矗立的高达 4 米的大卫像。大卫是一个生活在古代以色列的犹太人，原本是个牧羊人，因善弹竖琴被以色列王扫罗收留。在以色列与非利士的战争中，大卫表现勇敢，用投石器把敌方的一个巨人格利亚砸死而立了大功，于是就成了《圣经》中的英雄。米开朗基罗的大卫正是描述大卫右手紧握，左手持投石器，奔赴战场时的场景。

广场里面有很多街头艺术家，为游人即兴作画，以肖像画和人物漫画为主，又是另

> 佛罗伦萨美景

外一道风景。

跟罗马的壮阔不同，佛罗伦萨有一种温柔恬淡的美，充满着一种人文气息。走在城里，没有高大的建筑，一看都是年代久远的老房子，并不高，但是石材很有质感，门前往往镶着铜制的铭牌，标记着它们的久远历史或是最早的主人的姓氏。街道也不宽阔，道路狭长，铺着青石板。很安静的，可以听见自己的脚步声在这狭窄的街巷中回响。又转过一条街，那是一间有着很久很久历史的小酒馆，那个墙上破旧的凹口原来是以前人们深夜打酒的地方。深夜的造访不需要惊动夜的安静，买酒人敲敲石板，将一定数量的钱币放进去，里边就会有一两或是更多的酒递出来。

花之圣母大教堂是一座由白色、粉红、绿色的大理石按几何图案装饰起来的美丽的大教堂，是欧洲最美丽、最可爱的天主教建筑。它始建于13世纪，与梵蒂冈圣彼得大教堂、伦敦圣保罗大教堂并列为世界三大圆顶教堂。大教堂内部的门扇上描述耶稣的圣尸下十字架的石雕，以及在大圆屋顶内侧巴扎利及其弟子们的湿绘壁画《最后的审判》，是大教堂的镇堂之宝。登上464级台阶，你可以到达一个高高的平台上，从那里眺望佛罗伦萨的街景，又是另外一种感受。

乔托钟楼位于教堂右侧，高82米，是世界上最漂亮的钟楼之一。最早由著名艺术家乔托于1334年设计和开始建造，属于佛罗伦萨哥特式风格的建筑，比教堂本身更为华丽。钟楼内有370个台阶，登上楼顶俯瞰全城，佛罗伦萨市的名胜古迹和古城风光便可尽收眼底。

洗礼堂位于教堂对面，呈八角形，属罗马式建筑。它有三扇镀金的青铜门，每扇铜门上都有各种各样的人物浮雕和后期拜占廷式的意大利最精美的镶嵌图案，形象逼真、姿态动人，是青铜浮雕大师吉贝尔蒂的杰作。他用了27年（1425～1452年）时间才把它雕成。

阿诺河从佛罗伦萨市中缓慢地流过，从罗马帝国时代开始，它就见证着佛罗伦萨的历史，也成就着佛罗伦萨的历史。河上架着许多座石桥，其中最著名的是维希欧桥，徐志摩曾对它作过感人的描写。这座桥墩中间部分跟一般街道并没有不同，这倒是一个很特别之处。从桥上向城的四周望去，环抱城市的平缓山坡上点缀着一两座村庄和乡间别墅。看到的一切都是那么和谐优美，正如佛罗伦萨本身。

> **佛罗伦萨教堂**

必去理由 现代主义诞生的地方，浪漫的西班牙风情与迷人的地中海风光相结合
适宜季节 四季皆宜
适宜人群 喜欢浪漫的人

一座活的建筑博物馆 巴塞罗那

很多人通过奥运会知道巴塞罗那，其实，那只是一种偏见。巴塞罗那早在12世纪时已成为地中海沿岸的重要商城，如今不但是西班牙第二大城市、最大港口和工业中心，还是著名的历史文化名城和旅游胜地，名声大着呢。

巴塞罗那建城历史悠久，故多名胜古迹，而且发展过程中自觉分开为老城区与新城区。这样一来，老城区多老建筑，新城区多现代化建筑，互不干涉，自由发展。久之，两种截然不同的建筑风格就形成了。现代化建筑更趋现代化，而老建筑则固守着原有的套路。说起巴塞罗那的老建筑，当推1298年所建的巴塞罗那大教堂最宏伟，最具代表性。但只可用以参观瞻仰，已然赶不上时代的步伐。我们今天只说巴塞罗那这座建筑博物馆中依然鲜活、日益求新的现代化建筑。

巴城名景之一为圣帕乌医院，占地面积达10万平方米。由于远离闹市尘嚣，与世隔绝得使它看起来有几分海盗出没的古堡的味道。医院的主楼系哥特式风格建筑，还有高高的塔楼，其别出心裁之处在于把大理石、砂岩、硅、马赛克等各类建筑材料完美地糅合在一起，使浑然一体的建筑群中每一座单个建筑又能正视自己的风格和特色。

加泰罗尼亚音乐厅建成于20世纪初。内外装饰大量使用了彩色玻璃和马赛克，以烘托制造光怪陆离的气氛，剧场大厅上方摆放的神采飞扬的飞天雕塑，有动有静，有光有影，有声有色，使人

> 巴塞罗那迷人的港口风光

404

405

不禁热血沸腾，被世人誉为"西班牙现代主义最完美的作品"。

论最张扬个性和特色的作品，就不能不提到古埃尔家族的古埃尔公园、古埃尔府和米拉大厦了，它们全部是 19 世纪末 20 世纪初西班牙最杰出的建筑大师安东尼奥·高迪的代表性作品。

高迪和古埃尔家族的掌门人是相知甚深的好朋友。当初，高迪想要实现自己的设计理想却无人问津，最后终于得到古埃尔的大力支持。由此，高迪的设计才华得以全面展现，设计出了一系列古埃尔式的建筑。

1914 年落成的古埃尔公园坐落在一个斜坡上，因势制宜，为远眺大海和巴塞罗那城市风光找到了一个绝佳的着眼点。

建于 1889 年的古埃尔府系高迪为古埃尔专门量身定做的豪华府邸，以中央大厅的设计构思最为奇巧：采用满天星式的透光天顶，在内部则饰以精巧的植物花纹和纤细的大理石柱。星光点点漏入，和丝丝缕缕的花纹交缠在一起，气氛祥和安宁。

1910 年建成的米拉大厦是高迪最富创意的作品之一，是一座占地约 1600 平方米的五层住宅。它外观看起来不像楼，反倒像一片起伏不定、正在向前流动的水波。这种创意真是匪夷所思，无怪于甫一落成，即被巴塞罗那市列为有特殊意义的建筑物。

> 巴塞罗那的米拉大厦

后现代美国的缩影纽约

纽约市位于美国东北部哈得孙河口，濒临大西洋，全市由曼哈顿、布鲁克林、昆斯、布朗克斯和斯塔滕岛五个区组成。面积945平方千米。1626年荷兰人用24美元的物品从印第安人手中买下曼哈顿岛，取名为新阿姆斯特丹。1664年被英国人占领，取名纽约。1789年成为新独立的美国第一个首都和美国最大的城市。19世纪开始，纽约向世界性大城市发展。至20世纪初，纽约成为世界最大的城市之一，与伦敦、巴黎齐名。

> 纽约的自由女神像

曼哈顿

在纽约市的各区中，曼哈顿区居最重要地位，一向有"纽约市的心脏"之称。曼哈顿区是纽约市的精华所在，纽约中心区在它南端的华尔街一带，那里高楼林立，是世界和美国的金融中心。著名的自由女神像、联合国总部、时代广场、大都会艺术博物馆、中央公园、第五大道商业区、洛克菲勒中心、百老汇剧院区、唐人街等都在那里。

曼哈顿岛人口160多万，是纽约中心区和神经中枢，影响着整个美国。这里高层建筑密布，街道成为"林中小道"。百老汇大街呈东南西北向斜贯全岛，岛上著名的旅社、餐馆、百货公司、专业商店、影剧院、音乐厅和博物馆大都集中于此。曼哈顿中部有洛克菲勒中心，聚集了许多摩天大楼群。坐落在本区南部第五大道与34街口的帝国大厦，建成于1931年，楼高381米，有102层。世界贸易中心原为两座正方形建筑，高400多米，号称"世界之窗"。但是在"9·11恐怖事件"中，这座著名的双子塔被炸毁，成为美国人心中最惨痛的回忆。中央区西部，伊斯特河畔，是联合国总部所在地，矗立着39层的联合国大厦；其北是联合国会议厅，南为藏书数十万册的联合国图书馆。中央区以北是中央公园，公园西面有林肯中心，是美国的艺术和文化中心，世界各国有名的交响乐队、歌剧团和芭蕾舞团常到此演出。

百老汇

这条"大白道"有50家左右的娱乐场所，簇拥在时代广场一带。这儿曾是战前光彩夺目的繁华之地，耀眼的灯光显示出大型字母组成的街名。在曼哈顿的夜晚，这儿登台表演的明星最多。接

着出现了外百老汇，也就是百老汇圈子外面的百老汇。那里的剧院、演员、票房价值都要低一个档次。接着又出现了外外百老汇，在各方面又低了一个档次。但是，上述状况很快就发生了变化。古老的百老汇有许多建筑在拆除的过程中销声匿迹，剧院区扩展至西边的 9 号大道和北边的 53 号大街，原来的界限就变得模糊起来，后两部分档次有了提高，并且新秀辈出。事实上，在外百老汇表演的节目中，观众并不一定就坐在脏兮兮的边席上，节目中的演员未必就不具备娴熟的表演艺术。今天的外百老汇或者外外百老汇演出的节目，说不定在明天就会产生轰动的效果。它可能把百老汇抛在后面，去昂首征服世界。这样的情况已经有了先例。的确，这些表演，或者出自于一个设备简陋的剧场，或者出自于一个改用的教堂，却正是世界杰出的艺术。

中国城（Chinatown）已具有百年以上的历史，城内居住的华裔第二代约有 6000 人。中国城位于 Chatham Square（林士果广场）的西边一部分，中国城在美国华侨中还有其他两个称呼：华埠和唐人街。目前使用最广的是华埠。中国城内商业发达，交通便利，具有浓郁的中国风情，是纽约市的城中之城和主要观光景点之一。在中国城，世界各国的游客可以品尝美味的中国菜，不过价格不菲。中国城内的居民以中国福建、广西、广东的侨民后裔为主，但普通话已经很通行了，在中国城办理各种事情，说中国普通话通行无阻。中国人在纽约生活比较容易适应，有困难也比较容易得到同胞的帮助。

数字纽约

纽约人口约 742 万，其中白人占 50% 左右，还有来自世界 80 多个国家的移民。曼哈顿金融圈内的人年平均收入高达十几万美元。纽约有约六百座超过 90 米的摩天大楼、二百多家跨国银行与 600 多家媒体、上千家的商业公司和超过 300 家的广告公司。美国 500 家大企业中，有 42 家的总部设在以世贸大楼为中心方圆 5000 米之内。资本主义的经济、生活和价值观，就由曼哈顿岛下的光线电缆、头上的卫星电波，辐射到全世界。

> 曼哈顿夜景

必去理由 好莱坞的故乡，美国西部的文化教育和旅游中心
适宜季节 5月~9月
适宜人群 无数寻找梦想的人

到好莱坞寻梦的地方 洛杉矶

在太平洋东侧的圣佩德罗湾和圣莫尼卡湾沿岸，群山、海洋和沙漠的环抱之中，有一座美丽而繁华的城市。这里既是无数人寻梦的地方，又是一个善于生产梦的地方。这就是洛杉矶（Los Angeles）——"天使的城市"。

洛杉矶位于加利福尼亚州南部。在很久以前，这里原本是印第安人的牧区村落。1781年，西班牙探险家来到这里，很快就统治了这块土地，并在这里建立了城镇。1822年起，它被墨西哥接管，但在1846年美墨战争后，它永远地属于了美利坚合众国。随着美国向西部移民开发的步伐，洛杉矶逐步发展起来。19世纪70~80年代，横贯大陆的南太平洋铁路和连接中西部的圣菲铁路先后开通，以及附近地区石油资源的发现和开发，使这座城市获得了较快发展。进入20世纪后，人工港的建成、巴拿马运河的通航和好莱坞电影业的兴起，更给洛杉矶带来了得天独厚的发展条件。尤其是二战以来，随着现代工业的崛起，商业、金融业和旅游业的繁荣，移民的激增，城区的不断扩展，如今的洛杉矶已经成为美国的第二大城市。

洛杉矶是美国西部最大的工业中心，它的制造业产值约占加利福尼亚州的1/2，居全国第三位。这座城市拥有着极其发达的重化工业，尤其以飞机制造业最为突出，美国三大飞机制造公司中的

> 繁华的洛杉矶夜景

> 鸟瞰洛杉矶全景

洛克希德公司和道格拉斯公司，就分设在市区北面的伯班克和西岸的圣莫尼卡。洛杉矶也是美国太平洋沿岸最大的港口。主要港区在圣佩德罗湾，由东、西毗邻的洛杉矶港和长滩港组成。两港岸线总长 74 千米，水深 12 ~ 18 米，潮差不足 1.2 米，可供 18 万吨以下海轮出入。洛杉矶得天独厚的位置，使它成为美国重要的交通枢纽。美国三条横贯大陆铁路干线都以这里为起点，条条铁路将洛杉矶与太平洋沿岸的各大城市紧密相连。大市区内有大、小机场 10 个，其中位于城西的洛杉矶国际机场，辟有 57 条航线，为美国最繁忙的机场之一。

当然，如果仅有这些工业文明的色彩，洛杉矶并不能成为梦发源的地方。更重要的是，这座城市作为美国西部的文化教育和旅游中心，笼罩着一种绚烂多姿的文化光芒。加利福尼亚大学洛杉矶分校、南加利福尼亚大学和加利福尼亚理工学院等著名高等学府，使这座城市洋溢着浓郁的文化氛围和良好的学术气息。洛杉矶艺术博物馆展出从古埃及时代以来的艺术珍品，自然历史博物馆、科学和工业博物馆、美术馆及音乐中心等公共设施的健全与完善，更为整个城市增添了亮丽的风景线。洛杉矶公共图书馆藏书量居全国第三位，洛杉矶还拥有可容纳 9.2 万名观众的大型体育场，曾主办过 1984 年的第 23 届奥运会。遍布市内的二百多个公园和众多游乐休闲场所，为人们的生活增添着种种乐趣。名闻世界的好莱坞、迪斯尼游乐中心，则是这个城市永远的文化标志，吸引着无数的游客和寻梦的人。

洛杉矶城的中心区位于市区东端，以市政厅及其附近的市、县、州、联邦行政办公大楼为主体，有日本人聚居区"小东京"和华人聚居区"中国城"等。市区东北是这所城市的最初诞生地，带着浓郁的墨西哥色彩的古老广场、街道、商店，至今还伫立在这里，见证这几个世纪以来的风风雨雨。中心区以西的中区是好莱坞所在地，这里高层建筑林立，是全市最繁华的商业街之一，好莱坞大街和横贯全市的森塞特大街、威尔夏大街就从这里穿过。西区大部分为圣莫尼卡山，20 世纪 60 年代初始建的"世纪城"如今已初具规模，是一个多功能的综合性建筑群，被称为"城中之城"。北部圣费尔南多谷地占市区面积 1/2，集中 1/3 人口，是主要住宅区。中南区和东区分别为黑人和墨西哥人聚居地，住房条件较差。南湾区以旅游胜地海滩著称，南部洛杉矶港区则是对外贸易的口岸。

旅游小贴士

外部交通：作为太平洋西海岸主要的交通枢纽，洛杉矶国际机场是世界上最繁忙的航空港之一，几乎所有的国际航线都经过这里。从北京、上海、广州出发每天都有直达洛杉矶的航班。 机场位于市区西南 30 千米处，有机场巴士到达市区，当然你也可以租车，机场里有许多家租车公司的电话，非常方便。

内部交通：全市区通行，共有五条线路，你可以免费换乘五条中的任何一条线路。

地铁：洛杉矶有三条地铁线，红、蓝线是南北向，从市区到好莱坞、长海滩；绿线是东西向，从市区到洛杉矶机场。

好莱坞

闻名世界的"电影城"，电影界的圣地。在著名的 Grauman's Chinese Theater（格劳曼中国剧院）里，几乎所有著名的影星都印下了他们的手印或足印。

环球影城

世界上最大的摄影棚，其中有人工瀑布、人工湖、拍摄电影用的各种道具布景、服装，等等。

> 风靡世界的米老鼠
曾诞生过白雪公主、米老鼠等经典卡通形象的迪斯尼乐园就坐落在洛杉矶。

比华利山

电影中经常出现的好莱坞西侧的高级住宅区。著名影星、导演及富豪都在这里拥有自己的住宅或别墅。

魔积山

一个令人紧张刺激的游乐场所，园地内有 40 多种乘坐的工具，可以自由搭乘，令人油然而生新奇之感。

迪斯尼乐园

全球最知名的游乐园。著名的卡通经典白雪公主、米老鼠和唐老鸭等，既是迪斯尼的象征，也是一代又一代儿童的宠物。

> 美国洛杉矶摩门教教堂

感受南美风情的最佳去处 里约热内卢

　　"上帝花了六天时间创造世界，第七天创造了里约热内卢。"对于这句让巴西人引以为豪的话，如果不亲自到里约热内卢，是不能真切体会到的。里约热内卢是一个风景如画的美丽城市，这里天空透明、海水湛蓝，到处是高耸突兀的奇峰、波澜壮阔的海滩。如果你注重环境质量，热爱自然山水，就不可能不对巴西的里约热内卢心驰神往，一见钟情！

▷ 里约热内卢全景

在葡萄牙语中，里约热内卢是"一月的河流"之意。大概是在 1502 年 1 月，葡萄牙殖民者沿着当时发现了仅 10 个月的新大陆海岸航行，来到了瓜那巴纳海湾，忽见一处前有万顷波涛、后有群山环抱的金色海滩。他们兴奋不已，来不及探个究竟，便将位于大西洋深凹处的港湾误认为是大河的出口，称之为"一月的河流"，葡语中便是里约热内卢。为了纪念这个有趣的错误，后人也就将错就错，把这个充满浪漫色彩的地名一直沿用至今。

里约热内卢有人口约 550 万，是巴西第二大城市和最大的海港。1934 年到 1960 年之间，里约热内卢曾经是巴西的首都。1960 年首都移至巴西利亚后，原属联邦区的领土并入瓜纳巴拉州，成为里约热内卢州中的领地。1975 年 3 月两州合并为里约热内卢州。前瓜纳巴拉州并入里约热内卢市，成为里约热内卢都会区 14 个自治区之一。如今的里约热内卢，是全国的经济、文化中心，有纺织、印刷、汽车、冶金和食品等工业，许多大企业、银行和垄断组织在此设有经理处。遍布全城的高等院校、科研机构和全国著名博物馆、图书馆等，有里约热内卢联邦大学、国立瓜纳巴拉大学和里约热内卢天主教大学，有享有盛名的艺术、文学和科学机构，如巴西文学院、巴西科学院、国

▷ 里约热内卢群山环抱的金色海滩

413

▶ 狂欢节上的人们

立美术博物馆（1818 年）、国立博物馆、国立历史博物馆、印第安人博物馆等，还有国立图书馆（1810 年）等众多图书馆为这个美丽的城市营造了浓郁的文化氛围。里约热内卢还是巴西重要的交通中心，它的国际机场是世界最先进的航空港之一。作为旅游城市的里约热内卢，则更为人们所津津乐道。它是世界最美丽的三大海港之一，一年四季，不分昼夜，景色都很迷人。在这里，可以在一望无边的海滩上享受阳光浴，可以乘缆车登面包山、耶稣山，俯瞰瓜那巴纳海湾和里约热内卢城市风光，参观世界第三大宝石加工厂，世界最大的足球场、军事俱乐部、跨海大桥，欣赏热情奔放的桑巴舞表演。

里约热内卢又被称为"世界狂欢节之城"。每年的 2 月上旬的四旬斋（天主教的节日）开始前一日，里约热内卢全城、巴西全国及世界各地的许多游人都涌向这个城市的街头参加狂欢节。人们涌向主要街道，汇入游行的人群中，载歌载舞，其中最主要的舞蹈就是桑巴舞。这种舞蹈起源于非洲，而又被巴西人糅入了更加丰富、更加狂热的因素。音乐欢快，节奏鲜明，热情奔放，舞步多变，旋转、跳跃、扭动，活跃而轻松，足可感染每一个观众。狂欢节持续三天三夜，风雨无阻。

里约热内卢的美，还突出表现在它是一个美丽的足球之城。里约热内卢人对足球的理念和执著是十分感人的，足球在他们的生活中占据着重要的位置，球魂成了他们振奋民族和城市自豪感的特殊词汇。在里约热内卢，最令人欣赏的格言是足球方面的，其中在儿童中最广为流传的一句是"不会踢足球的男孩子不算男子汉"。

耶稣山

海拔约 700 米，又叫科尔科瓦多山或驼背山，因山上有耶稣神像而得名。这座神像由巴西著名雕塑家瓦尔·科斯塔及其同伴花费了整整 45 年的时间精心设计，协力雕塑，终于在 1931 年完成。雕像总高 38 米，头部长近 4 米，钉在受难十字架上的耶稣两手伸展宽度达 28 米。整座雕像用钢筋混凝土堆砌雕塑而成，重量在 1000 吨以上，屹立在驼峰山的擎天柱石上。从城的每个角落远远望去，都可以清晰地看到耶稣受难的身影。这座建筑不但是里约热内卢的骄傲，也是整个巴西的骄傲。

伊瓜苏大瀑布

高 80 米，宽 5 千米，与加拿大尼亚加拉瀑布和津巴布韦维多利亚瀑布，并称世界三大瀑布，也是世界上最宽的瀑布。

最理想的购物天堂 香港

　　来到香港，不大包小包满载而归是不行的。在香港购物，顾客有着真正上帝般的感受。香港是世界上有名的自由港，大部分商品不收关税，而且商品来自世界各地，种类十分齐全，是亚洲著名的"购物天堂"。

购物场

　　在香港购物，心里必须要有一个购物地图，有备而来才能在最短的时间有最大的效率。香港的购物区主要分为香港岛和九龙两个地段。九龙的尖沙咀、旺角和油麻地，香港岛的中环、金钟、北角和铜锣湾，都是购物的理想去处。而且在香港购物还有一个方便之处，就是许多著名的购物街都是将许多同类的店铺聚在一处，形成各具特色的专门商业街。比方买金饰就最好去九龙的弥敦道，想买进口的音像制器材就去旺角的西洋菜街。周大福、周生生和谢瑞麟是内地都非常有名的金店，其分店更是遍布港岛和尖沙咀。大部分的购物广场都设在地铁沿线，对着地铁线路研究一下血拼路线也是很方便的。

> 天下第一湾 —— 香港浅水湾

香港的购物商场主要有中环的置地广场、太子大厦，金钟太古广场西武，铜锣湾时代广场，尖沙咀海港城，还有崇光百货、九龙塘又一城等。这些商场都有世界名牌的专卖店。这些商场比较高级，商品档次很高，购物环境非常好，价格自然也不低。当然，比起中国内地的专卖店来，香港的物价无疑是要低上许多的，如果在这里购买顶级商品的话，还是非常划得来。比方说 Dunhill（登喜路）和 Hugo Boss（雨果波士）的品牌西装，动辄几万块一套，但是在香港买还是大约要便宜 30%。

对于收入中等的上班族，香港一游还是可以淘到不少价廉物美的好东西，只要你有一双善于发现的眼睛。以上那些大商场里一样有专卖店，一件衣服才一两百，价格比内地便宜差不多一半，不淘个两三件简直对不起自己。而且每到换季，商场里还有大减价的促销活动，折上加折，真的是特别实惠。每次这个时候都有许多内地的游客来港，就冲着大减价来的。

至于油麻地的女人街、旺角的花园街、铜锣湾的赤柱市场，就是小商贩云集的地方了，一般的香港市民更喜欢来这里。里面的店铺价格比一般的商场还要便宜许多，但是不是正品，就见仁见智了。所以只要有足够的时间，又不追求特别的品牌，用心逛一逛，哪里都会有收获。

人们说起香港就称之为"弹丸之地"，香港人口密度很大，商业区尤其人挤人。但是它的购物环境却比大多数人想象的要好。无论商场和街道，都十分的干净整洁，反而没有内地有些地方的局促。

温柔乡

和中环的快节奏相比，浅水湾优雅宁静得像是另外一个世界。在港岛的最南端有一家气氛极好的饭店，常有时尚男女出入。沿着赤柱大街转弯，那一溜的海滩就是浅水湾了。沿着海滩，有许多的小酒馆和餐厅，都有着露天面海的座位。周末的游人很多，多是一对一对手牵着手。一边吹着海风，看着蓝天碧水，一边饮着咖啡，你侬我侬的。旁人看了，也就是只羡鸳鸯不羡仙了。

最妙的景致当然就是看海。选个清闲的下午，到浅水湾来饮下午茶看风景。一溜青山夹出一湾明静的海水，水清沙白，稍远处的海面上零零落落地分布着小小的无名岛屿，天尽头漂着点点白帆，温柔娴静的浅水湾，甜美得如此安逸。

约会胜地浅水湾，最早的印象似乎是来自张爱玲的小说《倾城之恋》。香港的沦陷成就了白流苏和范柳原的爱情，初来香港就住在这里。尤记得那晚暧昧的月色和朦胧的海景。年少时看到此处，总觉得这种爱情更像是一个阴谋。如果没有香港沦陷，这段爱情大约毫无特别之处，但是多么平淡

的爱情也需要优美的景色来配合，想来不管多少年之后，流苏在油盐酱醋、家长里短之间，总会忘不了那一处、那一晚。只不过当年的浅水湾大酒店已经不在原址了，但是浅水湾还在，在一代又一代的情人眼中，依旧动人。

不眠夜

作为国际大都会的香港，似乎就没有一刻安静下来。入夜，维多利亚港两岸灯火通明，奔忙的车流，购物的人流，还有餐厅、酒吧、商店、夜总会闪烁的霓虹灯，夜的香港比起白天似乎更为精彩。难怪人们说没有体验过香港的夜生活不算真正来过香港。

香港的夜宵和粤式的早茶一样是出了名的。除了兰桂坊、SOHO（South of Hollywood Road 荷李活道以南的缩写，荷南美食区）一带的高档中西美食，庙街大排档的云吞面、牛丸、清汤腩、牛杂等也非常美味，尤其是呼朋唤友一起去，吃得开怀又热闹。除了大快朵颐，在香港夜生活的经典节目还有乘坐天星小轮横渡海港，或是登上太平山顶眺望维多利亚港的迷人夜色等。

> 香港山顶公园

417

迷人的香港夜景

必去理由 近现代中国的"缩影"，厚重的历史底蕴，魅力四射的现代文明
适宜季节 5月～9月
适宜人群 所有人

东方之珠 上海

传统与现代的标本

上海是我国最大的商业、金融中心，也是西太平洋地区重要的国际港口城市。交通、通讯发达，正在吸引着越来越多注意的目光。上海是位于长江三角洲的冲积平原，因吴淞江支流上海浦而得名。春秋时属吴国，战国时当地渔民创造了捕鱼工具"扈"，称这一带为沪渎，东晋时在此筑沪渎垒以防海盗，故上海简称"沪"。上海是中国的历史文化名城，被誉为"江海之通津，东南之都会"。"2000年历史看西安，1000年历史看北京，100年历史看上海。"许许多多历史上重要人物的足迹散落在上海各处的不同住宅建筑里，蕴含着一段段耐人寻味的往事。

外滩

去上海，外滩是绝对不能错过的一站。有人说"外滩的故事就是上海的故事"。其变迁也折射着整个城市乃至整个国家的变化。在上海开埠之初，外滩曾是西方列强在上海的政治、金融、商务和文化中心。现在作为国际大都市上海的一个重要部分，它也是国际金融资本在中国的大本营。

在开埠后的一个世纪里，上海修建了3500余幢花园洋房。有欧洲皇宫式，城堡式，英国乡村别墅式，维也纳庄园别墅式，德国、挪威、西班牙、俄罗斯、加拿大、日本式等，以及中西合璧式

> 上海新景

419

▶ 上海东方明珠电视塔夜景

的建筑，使中国第一座国际都市——上海有了"万国建筑博览"的美称。中国近现代史上的许多重大事件都发生在这些洋房里，他们不仅是地理坐标，每一幢花园洋房都是一份珍贵的历史档案。

外滩最美的还是它的夜景。登上和平饭店9层楼上的阳台，就可以凭栏饱览这醉人的一幕了。每当夜幕降临、华灯初上之时，数十幢巍峨大厦沉浸在泛光灯的海洋里，一座座晶莹剔透有如水下宫殿。浦江对岸468米高的东方明珠电视塔，在巧妙的立体彩色泛光

> 上海新世界商场

灯的照射下，好似通体透明的巨大玉柱，立于灯海之上，璀璨夺目。高楼下宽阔的沿江堤上，人流如潮。整个外滩建筑群璀璨夺目，这意境宛如一部不同凡响、恢宏壮阔的交响史诗。随着夜色渐浓，一轮圆月徐徐升起，月光如流水般洒在黄浦江上，给夜色下的外滩更增添了几分色彩。每到周末，外滩万千彩灯齐放，露天音乐会的优美乐曲响彻夜空，更是热闹非凡。

石库门

建筑是一个城市凝固的语言，正如北京有四合院，陕北有土窑洞，上海的特色民居就是石库门。石库门的民居布局和建筑风格可说是真正的中西交汇的产物。

上海的石库门民居独具韵味，石库门民居有新式与老式两种。老式脱胎于中国传统的三合院或四合院形式，是由三开间2楼房或5开间四合院的2层楼房组成，采用欧式联排式。新式的石库门里弄的规模比旧式大，楼屋主要为二三层，层高相对较低；在楼梯平台处设有亭子间等，增加了更实用的面积。弄堂里每户有小小的天井，房子后有半爿小小的"亭子间"和晒台，住户既能"躲进小楼成一统"，又能随时进行社会交际，有事在窗口喊一声就能得到回应。

一方水土养一方人，一种生活方式影响了一种文化。石库门的生活方式促生了上海的弄堂文化，也影响了上海人的精细中见考量的群体性格。对于众多上海市民来说，石库门见证了都市生活的无限内涵。20世纪二三十年代是石库门最风光的时代，居住者多为当年上海的中上层人士。鲁迅、茅盾、周信芳、刘海粟等文化名人都曾在石库门里生活过，石库门里发生的历史，洋洋洒洒足以构成一部上海近代史。

随着上海城市建设的加快，曾居住了60%的上海人的石库门建筑，现在逐渐被一幢幢高楼大厦所取代。石库门在渐渐消逝。也许正是因为如此，作为上海近代文明的象征的石库门，反而更加勾起了人们的留恋，重返石库门的怀旧情绪正在这座城市的各个社会层面弥漫开来。

今日的上海，是一座极具现代化而又不失中国传统特色的海派文化都市。外滩老式的西洋建筑与浦东现代的摩天大厦；徐家汇大教堂和玉佛寺的香烟袅袅；大剧院的交响乐、芭蕾舞和群众剧场的上海本邦戏；红房子的法国大菜，小绍兴的三黄鸡和美国的肯德基……中西合璧，各有各的精彩，繁华的大上海处处显现着它的独特魅力。

必去理由 世界地质大博物馆
适宜季节 四季皆宜
适宜人群 热爱大自然奇景的旅行者

古老与时尚并存的江之门户 东京

东京是日本最大的工业城市，全国主要的公司都集中于此，工业产值居全国第一位。同时，作为一座国际大都市，她也是亚洲地区金融、贸易等交流活动的中心，近年来更成了亚洲流行文化的发源地。在很多亚洲年轻人的眼里，东京是一座充满活力和时代感的城市，她总是走在流行的最前线。流行音乐、偶像电视剧、Walkman（随身听）、手机、化妆品、电子游戏、厚底鞋以及前卫的化妆……这一切时尚年轻人的最爱，都从这里开始。

日本的首都东京，是世界上最大的城市之一。它位于本州关东平原南端，东南濒临东京湾，通连太平洋，不但是日本政治、经济、文化和交通的中心，在地理上也居日本的中心位置。日本大部分国土，都在以东京为中心的 1000 千米范围之内。自 1868 年日本皇室从京都迁到江户并改其名为东京以来，东京一直是日本的首都。东京的总面积为 2188 平方千米，包括 23 个市区、26 个郊区、5 个町和 8 个村，并与周边的千叶、神奈川、琦玉三县构成首都圈，现拥有约 1299 万人口（相当于全日本的 1/10）。每天来自周围城市上下班的人约有 200 万，使东京的市中心白天人声鼎沸，夜晚则几乎变为空城一座。

来到东京，最让人眼花缭乱的就是她的现代化生活方式。银座是东京最繁华的商业区，相传从前这一带是汪洋大海，后来德川家康填海造地，这一块地方成为铸造银币的"银座役所"。明治三年（1870 年）这里更名为"银座"。这里素有"东京的心脏"之称。银座大道全长 150 米，北起京桥，南至新桥，大道两旁的百货公司和各类商店鳞次栉比，专门销售高级商品。银座大道后街有很多饭店、小吃店、酒吧、夜总会。从 1970 年 8 月起，银座大道成为步行商业街，禁止一切车辆通行，街上有许多茶座，游客可以坐在街心饮茶谈天。入夜后，路边大厦上的霓虹灯变幻多端，构成了迷人的银座夜景。

> 东京繁华的夜景

> 东京皇宫

在感受大都市购物、娱乐魅力的同时，欣赏山峰、峡谷、森林、瀑布、沙滩，也是一个不难实现的梦想。东京湾与太平洋相连，行政上属于东京管辖的小笠原诸岛一直延伸到南方1000千米处。东京的西部是多摩地区，这一带有着森林茂密的山峰和泉水潺潺的溪谷，可谓自然的宝库。从东京乘上弹丸式特快电车，向西南方向穿过日本最大的平原——关东平原，很快就能到达富士山。

东京是主要的文化中心。上野公园中的东京国立博物馆以展示对日本的和亚洲的艺术和历史所做的详尽描述著称。上野公园也是一座科学博物馆、一所动物园和两座主要的艺术博物馆的所在地。

> 樱花

艺术博物馆和科学博物馆距离皇苑很近，其他各种博物馆则分布在市内其他地方。东京是日本主要的运输中心，同时也是重要的国际交通中心。电气铁路、地铁、公共汽车路线和公路把东京连成一气。东京站是日本全国铁路的中央终点站。东京的成田机场供国际航班使用，而羽田机场则为国内航班提供服务。

主要景点
富士山、皇宫、明治神宫、东京塔、滨离宫庭园、浅草观音寺、上野公园、隅田川、银座、彩虹大桥、新宿